CATALOGUE SPÉCIAL

DE LA

SECTION PORTUGAISE

A

L'EXPOSITION UNIVERSELLE DE PARIS

EN 1878

PARIS

IMPRIMERIE TYPOGRAPHIQUE DE A. POUGIN

13, QUAI VOLTAIRE, 13

1878

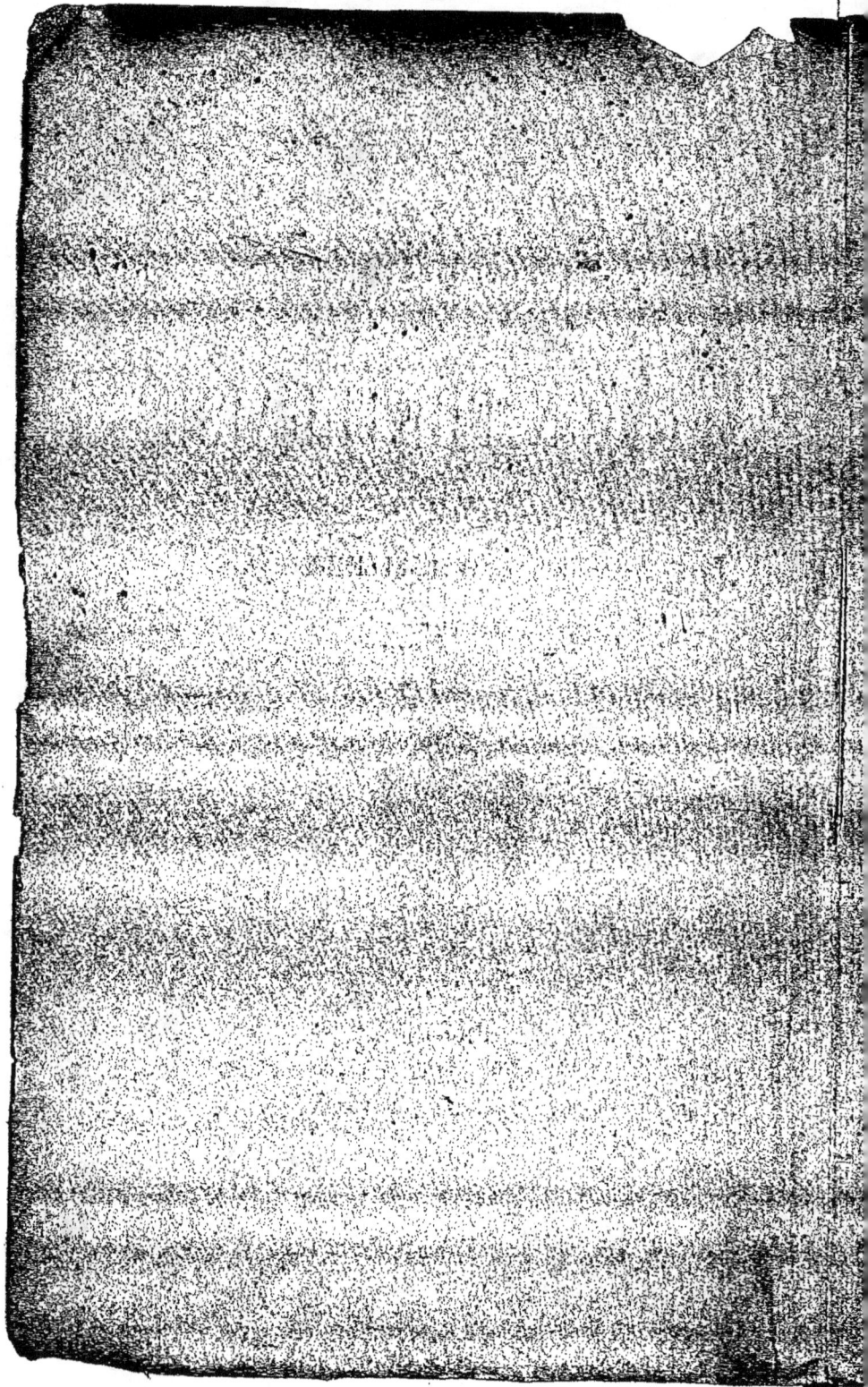

CATALOGUE SPÉCIAL

DE LA

SECTION PORTUGAISE

A

L'EXPOSITION UNIVERSELLE DE PARIS

EN 1878

PARIS

IMPRIMERIE TYPOGRAPHIQUE DE A. POUGIN

13, QUAI VOLTAIRE, 13

1878

PARIS — IMPRIMERIE A. POUGIN, 13, QUAI VOLTAIRE. — 11730

INTRODUCTION

PAR

Le baron de WILDIK

I

Description géographique, orographique et hydrographique du royaume de Portugal.

Le territoire portugais se compose : en Europe, de la partie continentale et des îles adjacentes qui forment les archipels des Azores et de Madère ; en Afrique, de l'archipel du Cap-Vert, d'une partie de la Sénégambie connue sous le nom de Guinée portugaise, des îles de Saint-Thomas et du Prince, de la province d'Angola, sur la côte occidentale, et de celle de Mozambique sur la côte orientale ; en Asie, des provinces de Goa et de Macao ; et, en Océanie, de la province de Timor.

Ce territoire embrasse 2,011,640 kilomètres carrés ; savoir :

Europe.....	Partie continentale. . . .	89.625	
	Archipel des Azores. . . .	2.597	
	Archipel de Madère. . . .	550	
			92.772

			92.772
Afrique.	Archipel du Cap-Vert. . .	2.929	
	Sénégambie.	8.400	
	Saint-Thomas et le Prince.	1.025	
	Angola.	600.000	
	Mozambique.	1.284.000	
			1.896.354
Asie.	Goa.	5.510	
	Macao.	4	
			5.514
Océanie.	Timor.	17.000	17.000
			2.011.640

La partie continentale européenne, ou royaume de Portugal proprement dit, est située à l'extrémité occidentale de l'Europe entre les latitudes 36° 59' et 42° 8' N. et entre les longitudes 0° 21' 0 et 3° 0' E. du méridien de Lisbonne (9° 5' 7" E. de Greenwich). Elle est bornée au N. et à l'E. par l'Espagne, au S. et à l'O. par l'Océan Atlantique. Sa plus grande longueur est de 558 kilomètres, sa plus grande largeur de 220 kilomètres. Elle ressemble à un rectangle présentant un périmètre de 1,795 kilomètres, dont 1,002 de frontière terrestre et 793 de côtes, et mesurant en diagonale 535 kilomètres. Elle est formée des anciennes provinces de : Entre Douro et Minho, Traz-os-Montes, Haute-Beira, Basse-Beira, Extrémadure, Alemtéjo et Algarve.

Sous le rapport orographique, le Portugal est partagé en deux régions bien distinctes séparées par le Tage. Ces régions présentent trois systèmes de montagnes. Le premier système comprend les montagnes des provinces situées au N. du Douro, le second celles des provinces de la Haute et de la Basse-Beira et de la partie de l'Extrémadure située au N. du Tage, et le troisième celles du territoire au S. de ce fleuve.

Les montagnes les plus remarquables de chaque province sont :

Provinces.	Montagnes.	Hauteur. mètres.
Minho.	Peneda.	1.446
	Gerez.	1.442
Traz-os-Montes . .	Larouco.	1.580
	Cabreiro.	1.276
	Maraô.	1.422
	Crôa.	1.270
	Montezinho.	1.600
	Nogueira.	1.321
	Bornes.	1.202
Beira.	Mezas	1.200
	Malcata.	1.000
	Estrella.	1.993
	Açor.	1.330
	Louzã.	1.202
	Leomil.	1.048
	Santa-Helena.	1.100
	Montemuro.	1.380
	Manhouce.	1.120
	Freita.	1.070
	Caramullo.	1.070
Extrémadure au nord du Tage.	Ayre.	600
	Montejunto.	666
	Cintra.	529
Alemtéjo.	Saint-Mamede.	102
	Ossa.	649
	Monfurado	400
	Portel.	400
Extrémadure au sud du Tage.	Arrabida.	499
Algarve	Foia.	903
	Mû.	575
	Monte Figo.	400

On voit par le tableau qui précède que les plus hautes montagnes se trouvent au N. et au centre. Au S. du Tage, le territoire présente une série de plateaux qui se prolongent jusqu'à la chaîne de montagnes peu élevées, qui parcourent l'Algarve de l'E. à l'O. Au centre, et dans la région comprise entre le Tage et la mer, une cordillère dont les points culminants sont Ayre, Montejunto et Cintra parcourt cette partie de la province d'Extrémadure qui ressemble à une presqu'île et se trouve située au N. de Lisbonne. L'extrémité de cette cordillière forme le cap Roca, le point le plus occidental du Portugal et du S. de l'Europe.

La cordillière la plus étendue est celle d'Estrella dont la montagne du même nom est le point culminant du royaume. Son parcours est du N.-E. au S.-O. On rencontre dans cette partie centrale de larges vallées très-fertiles, tandis que dans la région montagneuse du N. les vallées sont plus étroites et plus profondes.

Les fleuves les plus remarquables du Portugal sont : le Minho, le Lima, le Cavado, l'Ave, le Douro, le Vouga, le Mondego, le Tage, le Sado, le Mira et le Guadiana, qui forment autant de bassins indépendants. Le tableau qui suit présente la superficie de chaque bassin en Portugal, ainsi que le parcours et l'étendue navigable de chaque fleuve, et désigne les ports d'embouchure.

FLEUVES et bassins.	SUPERFICIE des bassins.	SOURCE.	PARCOURS total.	PARCOURS en Portugal.	PARCOURS navigable.	PORTS d'embouchure
	k. q.		k.	k.	k.	
Minho. .	871 87	Galice (Espagne)	236	65	40	Caminha.
Lima. .	1,034 37	—	110	58	37	Vianna.
Cavado.	1,587 50	Chaves. . .	100	100	12	Espozende.
Ave . .	1,368 12	Serra de Calveira	73	73	près de l'embouchure.	Villa do Conde.
Douro. .	18,758 06	Espagne . .	640	255	165.	Porto.
Vouga . .	3,741 42	Portugal . .	113	113	42	Aveiro.
Mondego	6,202 01	—	200	200	84	Figueira.
Tage. . .	24,462 28	Espagne . .	810	256	140	Lisbonne.
Sado. . .	7,943 27	Portugal . .	135	135	61	Setubal.
Mira . .	1,644 17	—	89	89	20	V. Nova de Mil-fontes
Guadiana	10,921 58	Espagne . .	700	207	65	Castro Marim.

De tous ces fleuves, le Tage et le Douro sont les plus

importants. Le port de Lisbonne est un des meilleurs et des plus vastes de l'Europe. On a amélioré considérablement les conditions des autres fleuves, dont le parcours navigable a été augmenté et dont les ports sont devenus plus accessibles et plus sûrs.

Les côtes du Portugal sont formées de falaises plus ou moins escarpées et de dunes. Elles sont éclairées par treize phares et reliées par douze stations électro-sémaphoriques. Leur développement total est de 435 milles, savoir :

Côtes de la province d'Entre-Douro et Minho	. . . . .	45	milles.
—	de la Haute-Beira..	70	—
—	de l'Extrémadure.	189	—
—	de l'Alemtéjo.	23	—
—	de l'Algarve	108	—
	Total.	435	milles.

Au long de la côte occidentale règne un courant peu rapide du N. au S., qui est peut-être une ramification du grand courant *Gulph-Stream*. Au cap Saint-Vincent, il tourne à l'E. et continue tout le long de la côte de l'Algarve jusqu'au détroit de Gibraltar. La rapidité et la direction de ce courant varient selon la force et la direction des vents régnants. Lorsque le vent d'E. souffle avec violence, il va jusqu'à se diriger vers l'O. Sa vitesse moyenne est d'une mille par heure.

Les vents dominants de la côte occidentale sont le N.-O., le N. et le N.-E. en été, au printemps et en automne, et le S.-O., l'O. et le N.-O. en hiver; ceux de la côte du sud, moins réguliers en raison de l'orientation des côtes et de l'orographie de l'Algarve, sont ceux du N.-O. et de l'O. au printemps, en été et en automne, ainsi que les vents connus sous le nom de *Levant*, qui soufflent du N.-E. au S.-E. pendant ces deux dernières saisons, et ceux du S.-E. jusqu'au N.-O. pendant l'hiver.

Sur les côtes du nord, la mer a peu de profondeur et le fond est très-rocheux. Le contraire a lieu sur les côtes du sud.

A trois ou quatre milles de la côte de l'Algarve se trouve un banc d'huîtres d'une grande étendue, interrompu en quelques endroits, à la profondeur de trente à quarante mètres.

II.

Météorologie

Quoique jouissant d'un climat tempéré à cause de sa situation géographique, le Portugal présente des différences considérables de conditions climatériques occasionnées par la variété des circonstances météorologiques, orographiques et géologiques de la région qu'il occupe.

Pour l'étude de ces conditions, M. Pery (1) partage le royaume en sept zones, dont voici les principaux caractères :

1° La zone du N.-E. ou terre froide ;
2° La zone chaude du nord ;
3° La zone littorale du nord ;
4° La zone centrale ;
5° La zone littorale du centre ;
6° La zone du sud ;
7° La zone littorale du sud.

1° La zone du N.-E. comprenant les territoires des deux provinces de Beira et Traz-os-Montes connus sous la dénomination de *Terre froide*, et formés de montagnes élevées et des plus hauts plateaux du pays. Elle renferme

(1) *Geographia e estatistica geral de Portugal e colonias*, d'où nous extrayons les renseignements qui suivent.

la montagne d'Estrella, dont le sommet est couvert de neige pendant la moitié de l'année. Il neige fréquemment pendant l'hiver sur les autres montagnes et hauteurs de cette zone.

2° La zone chaude du N., comprenant la partie centrale de la vallée du Douro et les vallées du Tua et du Sabor, entourée presque complétement par la zone froide, dont elle est toutefois séparée par une bande étroite de climat tempéré formant la transition de la *terre froide* à la *chaude*. La température moyenne de cette zone, en raison de sa constitution géologique, de l'orientation de la vallée du Douro, et de l'abri naturel que forment au N. les hautes montagnes qui flanquent cette vallée, est plus élevée que celles des régions voisines. Cette zone comprend la région vinicole du Haut-Douro si connue par ses vins renommés.

3° La zone littorale du N., composée de la province de Entre-Douro et Minho et de la partie de la province de Beira située au N. d'Aveiro. Le voisinage de l'Océan, ainsi que sa constitution géologique et la barrière de montagnes qui l'abritent du côté du levant, en rendent le climat plus tempéré et plus humide que celui de la zone précédente et des zones du S.

4° La zone centrale, limitrophe des zones déjà énumérées et bornée à l'O. et au S. par une ligne qui passe par les montagnes de Bussaço et Louzã, suit le cours du Zezere et, tournant à l'E., longe les monts qui flanquent le Tage, passe par Castello-Branco et Idanha a Nova, et se termine au S. de Penha-Garcia. Cette zone est accidentée par de grandes cordillières de 600 à 1,200 mètres de hauteur. Il y tombe de la neige pendant les hivers rigoureux, mais elle se fond immédiatement. Ses productions agricoles la font distinguer des autres zones.

5° La zone littorale du centre comprise entre Aveiro

et Villa-Nova de Mil-Fontes, bornée à l'E par la zone an-
técédente jusqu'à Abrantes, et de là jusqu'au S. par une
ligne qui traverse les plaines de l'Alemtéjo et passe par
Coruche, Alcacer et S.-Thiago de Cacem. Elle est formée,
au centre, par quelques montagnes dont la hauteur ne
dépasse pas 600 mètres, et au N., de même qu'au S.,
par de vastes plaines.

6° La zone du S. qui comprend toute la province
d'Alemtéjo, la partie de celle de Beira au S. de la parallèle de Castello-Branco, et la plus grande partie de l'Algarve. A peu d'exceptions près elle est formée de vastes
plateaux d'une hauteur moyenne de 200 à 300 mètres, à
peine accidentés par des vallons peu profonds, ce qui
donne à son climat une uniformité qui ne se trouve point
dans les autres zones. Cette région est peu tempérée et
la plus chaude du royaume, quoiqu'elle soit exposée pendant l'hiver à un froid très-intense.

7° La zone littorale du S. comprend les côtes de l'Algarve entre Cacella et Lagos. Elle est bornée au N. par
une ligne qui passe par Cacella, Salir, S.-Barthélémi de
Messines et Silves, et termine à l'O. de Lagos.

Le climat de cette zone est plus tempéré que celui de
l'Alemtéjo malgré la différence de latitude. La barrière
que la chaîne de montagnes de l'Algarve oppose aux
vents du N., contribue aussi à ce que pendant l'hiver
la température n'y baisse pas autant que dans l'Alemtéjo;
et les vents de mer, qui prédominent à de certaines heures
de la journée, adoucissent considérablement la température, en été comme en hiver.

Les études météorologiques du royaume sont dirigées
par l'observatoire de Lisbonne. Comme dépendances de
cet établissement, il y a dans le royaume des stations
météorologiques à Guarda, Moncorvo, Porto, Campo-Maior,
Evora, Béja et Lagos. L'observatoire de l'université de

Coïmbre constitue aussi une station météorologique très-importante.

Quoique ces stations ne soient pas établies sur les points les plus caractéristiques, les phénomènes météorologiques qui y ont été observés suffisent pour donner une idée générale du climat du pays. D'après ces observations, c'est dans la région montagneuse que se produit la plus basse température de 10,90 en moyenne, et de — 7,1 en minimum; ainsi que la plus grande humidité (80,0) et la moindre évaporation (1,660,0). La région entre le Douro et le Minho est une des plus humides de l'Europe. La moyenne de la pluie qui y tombe annuellement est fort supérieure à celle de toute autre contrée de cette partie du monde.

En comparant les observations faites aux stations de Lisbonne, Coïmbre et Porto, avec celles de la station de Campo-Maior, on voit que dans la région située au N. du Tage, il règne une température plus basse, qu'il y tombe plus de pluie, et que l'évaporation y est moindre: ce qui coïncide avec la division orographique que nous avons présentée.

La province de l'Algarve, abritée du côté du N. par les montagnes qui la séparent de l'Alemtéjo, entourée par la mer, et située dans le voisinage de l'Afrique, présente une température plus élevée. Il y tombe plus de pluie et il y règne plus d'humidité; mais l'évaporation y est beaucoup moindre.

Pour qu'on puisse se faire une idée plus exacte de la climatologie du royaume, nous présentons ici le résumé des moyennes annuelles observées à l'observatoire de Lisbonne et aux stations météorologiques que nous venons de mentionner, pendant la période écoulée de 1864 à 1872.

Stations météorologiques.

	GUARDA (a) (Haute-Beira)	PÔRTO (a) Entre Minho et Douro	COIMBRE (b) (Basse-Beira)	LISBONNE (a) (Estrémadure)	CAMPO-MAYOR (a) (Alemtejo)	EVORA (b) (Alemtejo)	LAGOS (b) (Algarve)
Altitude du baromètre en mètres	1,039	85	140 96	103 3	288	319 3	19
Moyenne annuelle des Jours de brouillard	67 5	37 5	71	19 3	23 5	98	4 9
Jours de neige ou de gelée	48 5	0 3	13		7 7	2	0 1
Jours d'orage	26 2	9	58	14 3	16 5	4	8 5
Jours de grêle	4 6		6 6		1 6	2	
Ozone. Hiver	8 9	3 8	13 6	6 6	4 8		
Printemps	8 4	4 1	13 7	5 9	4 4	5 2	
Été	6 4	3 5	10 9	4 3	3 7		
Automne	8 3	3 0	11 7	5 3	4 4		
Tension moyenne de la vapeur atmosphérique, en millimètres. Hiver	6 36	8 14	7 91	7 80	7 09		9 94
Printemps	7 89	10 91	8 31	8 63	7 93	3 08	10 40
Été	10 78	14 63	11 68	11 35	9 14		13 38
Automne	8 83	11 58	9 63	10 33	9 15		12 16
Vents dominants. Hiver	S., NO., SSO., E., O.	E., SE., S., SSO., ESE.	SSE., NO., SE., S., E.	S., NE., NAE.,NNO., SO.	NO., ENE., NE., NNO., SE.	NE., O., N., NO.	SE., O., SO., N., S.
Printemps	NO.,S.-NE.,E.,SSE.	NO., O., SO., N., NAO.	NO., ONO., NNO., ESE.	N., SO., NNO., NO., SSO.	NO., ONO., OSO., NNO., SSO.	E., S., SE.	SO., N., NO., SE., ESE.
Été	NO., S., N., E., N.	SO., NO., NNO., N., OAO.	NO., ONO., NNO., O., ENE.	N., NNO., SO., SO., NNE.	ONO., NO., OSO., NNO., SE.		ONO., N., NO., SE., ESE.
Automne	S., NO., E., O., SSE.	O., SO., E.-SSO., NO.	NO., NNO., SSE., ONO., SE.	N.,SO., SSO., NNO., NNE.	NO., ONO., ENE., SSO., NE.		SE., SO., NO., O., N.
Vitesse moyenne du vent, en kilomètres. Hiver	19		18 1	11 6	9 8		7 1
Printemps	18 5		15 5	19 6	11 5	14 6	6 6
Été	19 9		13 5	10 6	19 4		8 3
Automne	16 7		13 3	13	9 6		6 4
Vitesse maximum du vent, en kilomètres	110		96		73	60	50

RÉGIONS.	PROVINCES et stations météorologiques.	PRESSION atmosphérique. Millimètres	TEMPÉRATURE. Moyenne.	Maximum.	Minimum.	PLUIE tombée. Millimètres.	HUMIDITÉ Millimètres.	ÉVAPORATION Millimètres.	JOURS de pluie.
1º	Traz-os-Montes (*Moncorvo*)..	727 39	15 48	32 6	1 6	674 1	77 1	?	113 0
2º	Haute-Beira (*Guarda*)....	637 30	10 90	34 6	—7 1	999 4	80 0	1,660 0	116 1
3º	Entre-Minho et Douro (*Porto*).	754 72	15 66	37 4	—0 8	1,523 1	75 8	—	114 7
4º	Basse-Beira (*Coïmbre*) ...	750 53	15 22	40 4	—2 1	181 7	74 10	1,756 0	130 5
5º	Extrémadure (*Lisbonne*)	754 85	15 75	37 4	—0 5	745 4	71 5	1,759 0	136 2
6º	Alemtéjo (*Campo Mayor*)...	737 73	16 28	44 3	—3 6	554 1	56 9	2,356 9	95 3
7º	Alemtéjo (*Evora*)	734 43	16 25	39 3	0 2	743 4	63 3	2,239 9	114 9
8º	Algarve (*Lagos*)........	762 47	17 45	38 3	0 4	585 1	67 9	4,482 6	76 5

III

Géologie.

Presque toutes les formations géologiques connues entrent dans la composition du sol du Portugal. C'est même à cette circonstance que l'on doit attribuer, en grande partie, la diversité d'aptitudes agricoles et les différences climatériques de ce pays.

Un tiers de la superficie est composé de roches ignées, telles que le granit, la diorite, les porphyres et les basaltes ; un autre tiers, des terrains sédimentaires les plus anciens, schistes, grauwackes, et calcaires cristallins. Le reste est composé de terrains de formations plus modernes.

Le granit occupe une vaste étendue dans les provinces de Minho, Beira et Traz-os-Montes. Celle de Minho est presque toute granitique, à l'exception de trois bandes de schistes qui la parcourent dans la direction du N.-O. au S.-E. On y trouve quelques variétés de granit, surtout du porphyroïde. Dans celle de Traz-os-Montes, les roches granitiques forment deux masses distinctes, dont l'une au N. et l'autre au S. Dans la Beira, elles occupent presque tout le centre de la province. Dans la partie occidentale du Bas-Minho, il existe une bande de granit et de gneiss, et dans la Beira on trouve deux veines de granit et de mica-schiste. Le reste des provinces de Minho et de Traz-os-Montes est formé de roches schisteuses plus ou moins modifiées par les éruptions granitiques et dioritiques.

Les schistes de la province de Minho appartiennent pour la plupart à l'époque silurienne. A l'O. de cette province, il existe une bande étroite de schistes, psammites et conglomérés de la série carbonifère contenant des dépôts de houille d'anthracite, qui se prolonge vers le S.-O. dans la province de Beira.

A cette vaste région schisteuse succède vers l'O. une bande de grès rouge dans la direction du N. au S., depuis les flancs de la montagne de Bussaco jusqu'aux proximités de Thomar en passant par Coïmbre. Au N., dans la vallée du Vouga, il y a des roches identiques qui appartiennent à la formation triasique.

C'est sur cette formation que reposent les calcaires jurassiques qui commencent dans la Beira et vont se développant et s'élargissant dans l'Extrémadure.

Cette zone jurassique est suivie des calcaires et des marnes de l'époque crétacée, qui occupent près de Leiria une assez vaste superficie. Le crétacé se prolonge vers le S. d'Alcobaça entre deux bandes jurassiques jusqu'à Torres Vedras, et occupe au sud de cette ville presque tout le territoire entre le Tage et l'Océan. C'est dans cette région qu'ont eu lieu les éruptions basaltiques à l'O et au N. de Lisbonne, qui ont déterminé la transformation des calcaires jurassiques et crétacés de Cintra et Pero Pinheiro en marbres magnifiques et variés. L'Extrémadure contient un vaste dépôt tertiaire s'étendant sur les couches crétacées, couvert lui-même près du littoral par des couches de sable de trois à huit kilomètres de largeur. Le sol entre Alhandra et Lisbonne est composé de calcaire et de grès tertiaire, mais de formation marine.

Au S. du Tage, les granits sont moins abondants, quoiqu'on les rencontre en masses considérables au N. et au centre de l'Alemtéjo. Au centre de cette province a eu lieu une éruption de roches porphyriques, remarquable par l'étendue qu'elle occupe, depuis Monte-Mor jusqu'à Serpa. Ces roches éruptives se reproduisent dans quelques autres localités.

Les schistes siluriens de la Beira continuent au S. du

Tage jusqu'aux granits de Niza, et apparaissent ensuite dans les monts de Portalègre avec d'autres plus modernes de l'époque devonienne. Ils constituent toute la partie orientale et méridionale de l'Alemtéjo et du N. de l'Algarve. Ceux du centre de l'Alemtéjo se distinguent de ceux du N. et du S. de la même province en ce qu'ils sont très-altérés, en général, par l'éruption des roches dioritiques et granitiques, et accompagnés par de longues bandes de calcaires cristallins. Au S., les schistes sont limités dans l'Algarve par une bande étroite de calcaires et de grès triasiques, suivie d'une zone de calcaires jurassiques se prolongeant sur quelques points jusqu'à la côte. Sur les autres points du littoral de l'Algarve, cette zone jurassique est séparée de la mer par quelques calcaires et marnes crétacées.

Le reste de la région au S. du Tage, comprise dans les bassins du Tage et du Sado, est couvert par les dépôts tertiaires et par quelques quaternaires dans la vallée du Tage et de ses affluents et en divers endroits du littoral.

En résumé, les granits prédominent au N. et au centre, les syénites et les diorites sont plus fréquents au S. du Tage, et les roches porphyriques se rencontrent presque exclusivement au centre de l'Alemtéjo, ainsi que les basaltes au N. de Lisbonne. Les roches schisteuses présiluriennes, siluriennes et devoniennes occupent le reste du N. et du centre, ainsi que presque tout le S. du royaume. Les couches secondaires constituent presque toute la zone comprise entre Aveiro et Lisbonne, la montagne d'Arrabida et le littoral de l'Algarve. Enfin, les dépôts tertiaires et les terrains d'alluvion couvrent une large superficie au centre et se trouvent disséminés dans tout le pays.

Un grand nombre d'émissions métallifères, formant en

général des groupes distincts, traversent ces formations.
L'étain se trouve presque exclusivement dans la partie
N. E. de Traz-os-Montes. Le plomb, argentifère le plus
souvent, se trouve surtout en plusieurs filons dans les
schistes de la Beira. Quoiqu'il y ait du cuivre dans cette
région, ce métal se rencontre en plus grande abondance
dans l'Alemtéjo.

Le manganèse se trouve exclusivement dans le bas
Alemtéjo, surtout entre Mertola et Beja, comblant l'es-
pace entre les grandes masses de pyrite cuprifère de
Saint-Domingos et Aljustrel.

Le fer se rencontre en filons dans les schistes de
l'Alemtéjo, et entre les couches secondaires au S. de
Leiria, où il est accompagné de couches de lignites. Ce
combustible fossile de l'époque jurassique se trouve
aussi dans les monts de Buarcos.

Il y a des filons importants d'anthracite près des
schistes devoniens des monts de Vallongo et de Bussaco,
ainsi qu'une portion de terrain carbonifère au S.-E. de
Alcacer do Sal.

Il existe, enfin, des filons d'antimoine dans les schistes
devoniens et siluriens.

IV

Population.

Au 31 décembre 1877, il a été procédé dans tout le
royaume au recensement général de la population; mais
le résultat n'en est point encore connu. Le tableau de la
population et de son mouvement en 1875, que nous
donnons plus loin, repose sur les renseignements des
gouverneurs des districts. Il en résulte qu'il y avait alors
4,441,037 habitants dans le royaume et aux îles adjacentes.

Le dernier recensement général avait eu lieu en 1864.
Il accusa une population de 3,978,713 habitants. Quoiqu'on ne puisse accepter comme rigoureusement exact le
chiffre de 4,441,037 habitants attribué à la population en
1875, si l'on admet une augmentation annuelle de 0,8
pour 100, on arrive à celui de 4,328,892, qui se rappro-
che assez du nombre attribué à ladite année.

Voici le tableau comparé de la population en 1864 et
en 1875 à la superficie des districts du royaume :

DISTRICTS ADMINISTRATIFS.	SUPERFICIE HECTARES.	POPULATION EN 1864.	POPULATION EN 1875.
Vianna..	223,819	204,679	211,683
Braga..	273,602	320,769	316,062
Porto.	238,781	423,792	445,587
Bragance.	666,475	164.050	158,280
Villa Real.	445,081	221,851	216,557
Vizeu.	497,848	368,967	372,246
Guarda.	556,225	217,542	219,198
Aveiro..	292,522	252,563	256,389
Coïmbre.	388,310	282,627	302,095
Castello Branco..	662,768	165,473	169,870
Leiria.	349,015	180,504	188,614
Santarem.	686,468	201,226	210,571
Lisbonne.	760,303	454,825	454,691
Portalègre.	644,143	101,129	99,343
Evora.	709,653	104,147	101,198
Béja.	1,087,281	142,897	142,438
Faro.	485,835	179,517	192,916
	8,962,529	3,987,558	4,057,138

Voici quelle a été, à diverses époques, la population du
royaume, à l'exclusion des îles adjacentes :

Années.	Habitants.
1422..	.008.000
1527..	.226.000
1732..	.793.000
1776..	2,905,000
1801..	2.966.000

2

Années.	Habitants.
1835.	3.076.000
1851.	3.467.000
1864.	3.978.713
1870.	3.988.187
1871.	3.990.570
1872.	4.011.908
1874.	4.047.110
1875.	4.057.538

La proportion est très-inégale entre la population rurale et celle des villes. La première est beaucoup plus nombreuse dans les provinces du Nord.

D'après M. Pery, la proportion aurait été en 1874 :

Population des villes.	706.500 habitants.
— rurale.	3.583.500 —

ou de 1,970 : 10,000 habitants.

Selon lui, la durée de la vie serait en moyenne :

A compter de l'époque de la naissance.	31,0
— de l'âge de 3 ans.	49,0
Calculée d'après le nombre des naissances.	32,2

Le recensement de 1864 accusait une population spécifique de 44,48 par kilomètre carré. Les districts de Porto, Braga, Vianna dans la province de Minho ; d'Aveiro, Vizeu et Coimbra, dans celle de la Haute-Beira, et de Lisbonne, Leiria et Villa-Real dépassent la moyenne. Les districts les plus populeux sont ceux de la province de Minho ; ceux de l'Alemtéjo présentent la moindre densité de population.

L'émigration a lieu sur d'assez grandes proportions pour le Brésil. Ce sont les districts du Nord et ceux des Azores qui fournissent le plus d'émigrants. Une statistique officielle évalue à 46,828 le chiffre de l'émigration pour le Brésil pendant la période 1870-1874. Une faible partie de l'émigration se dirige aux Etats-Unis d'Amérique.

Tableau général de la population du royaume et des îles adjacentes, ainsi que de son mouvement, en 1875.

DISTRICTS	SUPERFICIE Hectares	POPULATION Mâle	Femelle	Total	NAISSANCES Garçons	Filles	Total	MARIAGES	DÉCÈS Hommes	Femmes	Total	Naissances par 100 habitants	Décès par 100 habitants
Aveiro	299,522	118,447	137,942	256,389	4,290	4,194	8,484	1,844	2,359	2,251	4,640	3.31	1.80
Beja	1,087,281	71,510	70,928	142,438	2,800	2,763	5,563	1,065	2,255	2,067	4,322	3.91	1.03
Braga	273,002	141,358	174,694	316,052	5,254	4,765	10,019	2,943	2,943	3,215	6,158	3.17	1.95
Bragance	666,475	77,959	80,321	158,280	3,135	3,170	6,305	1,098	2,662	2,538	5,200	3.98	3.29
Castello Branco	662,768	82,595	87,075	169,670	3,213	3,098	6,311	1,593	2,398	2,376	4,764	3.72	2.81
Coïmbre	388,316	114,013	158,082	308,095	4,755	4,402	9,157	1,966	2,738	2,894	5,632	3.03	1.86
Évora	709,653	50,623	50,575	101,198	2,030	1,932	3,962	845	1,389	1,211	2,600	3.92	2.57
Faro	485,835	95,866	97,050	192,916	4,195	4,092	8,245	1,545	2,640	2,770	5,410	4.27	2.80
Guarda	556,925	107,084	112,114	219,198	4,140	4,059	8,199	1,597	3,213	3,236	6,451	2.94	2.94
Leiria	349,045	93,975	95,339	188,674	2,843	2,703	5,546	1,446	1,573	1,445	3,018	2.94	1.60
Lisbonne	760,303	236,957	217,734	454,691	7,616	7,381	14,997	3,597	6,663	6,348	13,011	3.30	2.86
Portalègre	644,143	49,637	49,343	99,343	1,995	1,872	3,867	851	1,723	1,653	3,376	3.89	3.40
Porto	233,781	201,587	244,000	445,587	7,927	7,518	15,445	3,849	5,076	5,319	10,395	3.47	2.33
Santarem	686,468	103,341	107,230	210,571	3,419	3,477	6,596	1,746	1,743	2,147	3,890	3.13	1.85
Vianna	223,810	97,957	113,726	211,683	2,925	2,794	5,719	1,194	1,828	1,981	3,809	2.70	1.80
Villa Real	465,081	104,778	111,779	216,557	4,156	4,135	8,291	1,472	3,363	3,743	6,806	3.83	3.14
Vizeu	697,848	178,925	193,721	372,246	6,807	6,579	13,386	2,499	4,698	4,447	9,045	3.60	2.43
du royaume	8,962,529	1,955,594	2,101,947	4,057,538	71,500	68,594	140,094	30,280	49,166	49,331	98,497	3.45	2.42
Azores { Angra	131,400	37,532	39,923	71,455	1,070	1,119	2,189	494	700	737	1,437	3.06	2.01
Horta	35,100	27,167	35,874	63,041	829	832	1,661	407	502	577	1,079	2.63	1.71
Ponta-Delgada	93,200	61,543	65,707	127,250	2,452	2,275	4,727	958	1,426	1,493	2,919	3.71	2.29
Madère { Funchal	55,000	57,998	63,825	121,753	2,506	2,420	4,926	956	1,364	1,380	2,744	4.05	2.25
des îles adjacentes	314,700	178,870	205,329	386,499	6,857	6,646	13,503	2,815	3,989	4,187	8,176	3.52	2.13
TOTAL GÉNÉRAL	9,277,229	2,138,764	2,307,276	4,434,037	78,357	75,240	153,597	33,095	53,155	53,318	106,573	3.46	2.40

V

Division de la surface du pays sous le rapport de la production agricole.

D'après les meilleurs calculs, la superficie du royaume, qui est de 8,962,529 hectares, présente les divisions suivantes :

Superficie sociale. . . . . 137.529 hectares.
— productive. . . . . 4.642.000 —
— inculte. . . . . . . 4.183.000 —

Voici le tableau de ces divisions par provinces :

PROVINCES.	SUPERFICIE sociale. Hectares.	SUPERFICIE productive. Hectares.	SUPERFICIE inculte. Hectares.	SUPERFICIE totale. Hectares.
Minho.	12,602	498,000	220,000	730,602
Traz-os-Montes . .	7,556	469,000	635,000	1,111,556
Beira	30,673	1,310,000	1,057,000	2,397,673
Extrémadure . . .	60,786	940,000	795,000	1,795,786
Alemtéjo	11,077	1,190,000	1,240,000	2,441,077
Algarve	14,835	235,000	236,000	485,835
	137,529	4,642,000	4,183,000	8,962,529

La superficie sociale comprend la partie du sol occupée par les villes et autres lieux habités, les routes et les voies d'eau. Elle se trouve ainsi répartie :

Lieux habités. . . . . 26.100 hectares.
Routes et chemins de fer. . . . . 20.034 —
Fleuves et rivières . . . . 91.335 —
                                    137,469

La superficie productive présente les divisions suivantes :

		Hectares.	Rapport à la superficie totale.
Vignobles.		204.000	2,2
Arbres fruitiers.	Oliviers. 200.000 Orangers. 8.000 Figuiers. 20.000 Caroubiers. 12.000 Châtaigniers. 10.000 Chênes. 370.000 Autres. 30.000	650.000	7,2
Céréales.	Blé. 260.000 Maïs. 520.000 Avoine. 270.000 Orge. 70.000 Riz. 7.000	1.127.000	12,5
Cultures diverses.	Légumes. 90.000 Pommes de terre. 30.000 Jardins potagers. 50.000 Lin. 25.000 Autres. 50.000	245.000	2,7
Prairies.	Temporaires. 10.100 Permanentes. 30.000	40.000	0,4
Pâturages naturels.		1.466.000	16.3
Jachères.		650.000	7,2
Forêts.	Pins. 210.000 Chênes-liéges et autres. 50.000	260.000	2,9
		4.642.000	

La superficie inculte, qui occupe 4,483,000 hectares, comprend la partie improductive formée par les sommets des montagnes, les endroits rocheux et les sables de la côte, pouvant s'évaluer à 153,500 hectares, et la partie inculte, susceptible de culture, qui embrasse 4,029,500 hectares.

Sous le rapport agricole, le Portugal peut être divisé en quatre régions, savoir : celles du nord, du centre, du sud et la région montagneuse.

La région du nord, qui comprend les provinces d'Entre-

Douro et Minho et de la Haute-Beira, occupe une superficie de 1,842,158 hectares. Elle est plutôt montagneuse que plate, et d'une fertilité extrême, autant à cause de l'abondance des eaux d'alluvion que de l'irrigation. La culture du maïs y est plus développée que dans les autres régions. Elle est riche en bestiaux et en animaux propres au service de l'agriculture. La petite propriété et la petite culture y dominent. Elle est considérée comme terme moyen entre la région des céréales et celle de la vigne de la division de Gasparin, ou comme occupant le milieu entre les régions tempérée, humide et chaude tempérée de Bella.

La région du centre, qui comprend la province de l'Extrémadure jusqu'au Tage, occupe la superficie de 1,795,786 hectares. Quoiqu'on y rencontre des landes fort étendues, elle renferme néanmoins dans le bassin du Tage des vallées que les inondations de ce fleuve rendent très-fertiles. Elle produit du blé et du maïs et beaucoup de riz. On y rencontre la propriété moyenne aussi bien que la grande propriété. Elle n'est pas très-riche en bestiaux et correspond à la région de la vigne et à la chaude tempérée.

La région du sud est formée des deux provinces de l'Alemtéjo et de l'Algarve et embrasse une superficie de 2,926,912 hectares. C'est la région la plus chaude et la plus sèche. L'Algarve en forme une subdivision caractérisée par la végétation du palmier, du caroubier et d'autres espèces. La culture prédominante est celle du blé. L'élève des porcs y a lieu sur une grande échelle. Cette région correspond à celle de l'olivier de Gasparin et à la chaude de Bella.

La région montagneuse ou du N.-E. embrasse une superficie de 2,397,673 hectares et comprend les provinces de la Basse-Beira et de Traz-os-Montes. Elle est formée de terrains plus ou moins montagneux. Les coteaux et les vallées en sont très-fertiles et offrent d'excellents pâturages au printemps. Elle produit de bon seigle, du blé et du maïs, et abonde en bœufs, en moutons et en chèvres. La petite culture y domine. Elle correspond à la région des céréales de Gasparin et à la tempérée mixte de Bella.

M. Pery partage le royaume en sept régions agricoles qu'il fait correspondre aux sept régions climatériques déjà mentionnées. Selon cette division, qui caractérise avec précision les conditions agricoles du pays, les sept régions offrent les faits suivants : La région du nord est caractérisée par le chêne et le châtaignier, le seigle du printemps et de l'été, et les pâturages de l'été et de l'automne. Le mûrier prospère dans les terrains abrités de cete région. La région chaude du nord est par excellence celle de la vigne ; l'olivier et le blé y prospèrent aussi. La région littorale du nord est caractérisée par le châtaignier, le seigle et le maïs du printemps et de l'été. Le raisin n'y mûrit pas entièrement. L'oranger s'y développe dans les lieux abrités. La région centrale est une région mixte où l'on rencontre également le châtaignier, le chêne, le chêne à glands, l'olivier et la vigne. Elle est propre à la culture du blé, du seigle et du maïs du printemps. La région littorale du centre est caractérisée par l'olivier, l'oranger, la vigne et le blé d'automne et du printemps. La région du S. est spécialement caractérisée par le chêne-liége et le chêne à glands, la vigne et le blé d'automne et du printemps. La région littorale du sud est caractérisée par le caroubier qui pousse et se développe spontanément, ainsi que par le palmier nain, originaires d'Afrique, mais parfaitement acclimatés dans cette région, et par le figuier, l'oranger, l'olivier, le blé d'hiver et de printemps, et le maïs. Quelques végétables exotiques s'y développent aussi. Un caractère botanique commun aux trois dernières régions est l'acclimatation parfaite de l'agave américaine et du *cactus opuntia* importés du Brésil.

VI

Productions agricoles.

Céréales. — Le maïs est, de toutes les céréales, celle dont la production est la plus considérable en Portugal.

La culture de cette espèce domine dans les provinces du nord, où elle excède de beaucoup celle du blé.

Le maïs offre, en Portugal, 23 variétés. Celui des régions du sud produit de 18 à 20 semences dans les terrains secs, et de 35 à 40 dans les terrains humides. Celui des régions du nord du royaume en produit 50 et quelquefois 100. Le pain de maïs est le plus consommé par les populations rurales du nord.

Les blés portugais présentent 29 types vulgaires compris dans deux groupes, *tendres et durs (molares* et *rijos)*, correspondant aux espèces botaniques : *sativum, turgidum et durum.* Ils rapportent communément de 10 à 15 semences et 30 quelquefois.

Le seigle croît dans les endroits montagneux ; il ne présente que deux variétés et rapporte dix fois la semence. Les habitants des campagnes en consomment en grande quantité.

La culture du riz, qui avait pris de grandes proportions, a beaucoup diminué : ce qui s'explique par la répugnance avec laquelle on s'y est adonné dans les derniers temps, attendu qu'elle altère la salubrité des lieux où s'exerce ce genre d'industrie agricole.

La production des céréales est loin de suffire à la conommation. Aussi l'importation en est-elle considérable.

Lin. — La culture du lin est fort développée dans le Nord. Cette plante textile rapporte par hectare 7 hectolitres de graines et 400 kilogrammes de fibres produisant 46 kilogrammes de bon lin propre à filer.

Arbres fruitiers. — Parmi la grande variété d'arbres fruitiers qui croissent en Portugal, il faut citer comme offrant une source considérable de richesse agricole : l'oranger, le citronnier et le figuier. L'exportation d'oranges pour l'Angleterre et de figues sèches est très-importante. Le figuier prospère partout, mais principalement dans l'Algarve.

L'olivier couvre une grande partie de la superficie agricole. Il présente trois variétés dont les fruits sont ainsi classés : les olives *dures*, qui sont petites et longues, mûrissant tard et produisant peu d'huile ; celles de Cordoue, très-grosses et bonnes à être mises en conserve ; et les vertes, qui produisent en abondance une huile excellente. Cette dernière variété est la plus vulgaire dans le pays. La culture de cet arbre florit principalement dans les provinces d'Alemtéjo, d'Extrémadure et de Traz-os-Montes.

La fabrication de l'huile est une des branches importantes de l'industrie agricole du Portugal, et qui a fait assez de progrès. Elle est susceptible de se développer en l'améliorant.

Bois et forêts. — La superficie boisée comprend :

Les bois et forêts	260,000	hectares.
Les lieux plantés d'arbres fruitiers.	650,000	—
1/4 de la superficie des terres arables où il se trouve des arbres fruitiers	500,000	—
	141,000	—

soit 15,3 pour 100 de la superficie totale du royaume.

La superficie des bois et forêts se divise ainsi :

Forêts de l'Etat	24,000	hectares.
— municipales	2,000	—
— de pins.	184,000	—
Taillis de chênes et de châtaigniers.	50,000	—
	260,000	—

Les régions les mieux boisées se trouvent sur la rive droite du Tage, ainsi que dans le Haut Alemtéjo et dans une partie du centre. Les provinces de Traz-os-Montes et de Beira possèdent plusieurs localités bien arborisées.

Le chêne occupe le premier rang parmi les arbres qui peuplent le Portugal. Au sud du Tage et dans la région sèche et chaude, on rencontre le chêne-yeuse (*quercus ilex*) et le chêne-liége (*quercus suber*). Dans la région plus froide du nord, domine le *Quercus pedunculata* et le *Quercus sessiflora*. — La valeur de la production annuelle du liége est estimée à 6,000,000 de francs environ.

Les côtes de l'Océan sont peuplées de pins de deux variétés : le *Pinus pinaster vel maritima* et le *Pinus pinea*.

Les forêts de l'Etat embrassent 24,000 hectares de superficie. La plus considérable est celle de Leiria, de la contenance de 9,914 hectares, où le pin maritime se trouve en abondance. Les principales espèces qui peuplent ces forêts sont : les pins sauvages, les pins pignons, les chênes, les châtaigniers, les yeuses, les aulnes, les platanes, les peupliers et les mûriers.

La forêt de Leiria, administrée par le gouvernement, contient une fabrique de résine bien montée, pouvant produire annuellement 150,000 kilogrammes de résineux excellents, un chantier pour la préparation des poteaux pour la télégraphie électrique, et une fabrique de goudron, dont les produits sont consommés par l'arsenal de la marine, et alimentent en grande partie le marché du pays. Les poteaux pour la télégraphie sont injectés par le système Boucherie, au nombre de 15,000 environ, par an, équivalant à près de 1,200 mètres cubes de bois. Les résineux sont exportés pour l'Angleterre, la Hollande et Hambourg.

Prairies et pâturages. — Les prairies artificielles se rencontrent dans la province de Minho presque à l'exclusion du reste du royaume.

Les provinces de Traz-os-Montes et de Beira possèdent d'excellents pâturages.

Celles d'Alemtéjo et d'Algarve ne produisent qu'au printemps et au commencement de l'été des pâturages plus ou moins abondants.

Les prairies temporaires sont formées par les terrains d'irrigation de la province de Minho et d'une partie de celle de Traz-os-Montes, qui sont convertis en prairies après la récolte du maïs. On y emploie le trèfle, la luzerne, le holque et d'autres herbages. Les prairies permanentes sont formées par les terrains inondés qui se rencontrent sur quelques points du royaume.

Les pâturages comprennent tous les terrains en jachère et les pâturages naturels, même ceux qui sont affectés à la production du foin.

Vins. — La culture de la vigne est une des grandes sources de richesse agricole du Portugal; ses produits constituent l'élément le plus considérable de commerce du royaume. Dans toutes les provinces du continent et aux archipels des Azores et de Madère on recueille du vin en quantité suffisante pour la consommation du pays et pour une large exportation. Le Portugal présente une extrême variété de crus; ce qui dérive du relief très-accidenté du pays, de la multiplicité des formations géologiques, des grandes différences qui existent entre les constitutions des terrains arables, de la nombreuse diversité des expositions des vignobles, le tout occasionnant une variété considérable de conditions géologiques et climatériques, ainsi que des innombrables cépages cultivés et des diverses méthodes qu'on emploie pour la culture de la vigne et la fabrication du vin.

Les vignobles occupent une superficie de 204,000 hectares. La production annuelle peut s'évaluer à 4,000,000 d'hectolitres. La région viticole la plus importante est celle du Douro, qui produit les vins de Porto, de renommée universelle. Elle est située sur les versants des montagnes entre lesquelles le Douro se trouve encaissé, depuis la frontière d'Espagne jusqu'à son entrée dans la province de Minho. En dehors de cette région, il y a des terroirs qui produisent des vins qui se confondent par la force et la saveur avec ceux de Porto ; ce sont ceux de *Villa Flor, Alfandega da Fé, Moncorvo* et *Macedo de Cavalleiros*. Les arrondissements de Bragance, Villa-Real, Braga et Porto produisent une assez grande quantité de vins fins ou ordinaires, propres à la consommation, ou à la fabrication de l'eau-de-vie.

Au centre du royaume, dans le district d'Aveiro, se trouve la région de Baïrrada, remarquable par la production de bons vins rouges et blancs très-estimés. Ils ressemblent par le corps, la densité et la force alcoolique à ceux de Porto ; mais ils se rapprochent pour le goût de ceux du midi de la France. Le district de Vizeu produit les vins de la *Haute-Beira*, dont la renommée s'accroît de plus en plus ; et dans celui de Castello-Branco on récolte ceux de la Basse-Beira dans les localités de *Fundâo, Tentugal* et *Certâ*.

La région viticole située au nord du Tage produit plusieurs qualités de vins rouges et blancs très-estimés, dont voici les noms et les principaux caractères.

Cartaxo, vins rouges consommés à Lisbonne et exportés pour le Brésil ;

Carcavellos, vins blancs généreux, très-estimés, qui prennent place immédiatement après les vins blancs de Porto et de Madère ;

Collares, qui comprend plusieurs variétés : vins rouges

et blancs ayant beaucoup de ressemblance avec ceux de Bordeaux et légèrement acidulés ;

Termo, c'est-à-dire, *district de Lisbonne* : vins rouges assez alcooliques, dont on fait une grande exportation ;

Camarate, vins de table assez estimés, se conservant bien et ressemblant lorsqu'ils sont vieux à ceux de Porto ;

Bucellas, vins très-connus et très estimés, blancs, légers, un peu épais et tant soit peu acides, tenant le milieu entre le chablis et les vins du Rhin ;

Arruda dos Vinhos et *Torres Vedras* : vins rouges ordinaires consommés à Lisbonne ;

Abrigada et Merciana : vins très-savoureux et renommés dans le pays ;

Cadafoes : bons vins formant un type entre les vins maigres de *Cadaval* et les vins alcooliques de *Cartaxo*.

Au sud du Tage :

Lavradio, vins rouges, généreux et secs, dont quelques variétés sont liquoreuses et balsamiques. Ils sont très-connus dans le commerce, qui en fait une grande exportation. La région du Lavradio offre aussi les variétés suivantes : *Barreiro, Samouco, Mouta* et *Seixal* ;

Setubal : vins muscats très-connus ; *Chamusca* et *Almeirim* : vins assez alcooliques dont on distille de bonnes eaux-de-vie ; *Evora et Redondo* : vins ordinaires, savoureux et agréables comme vins de table. On trouve dans la région d'Evora des crus excellents, qui produisent une quantité abondante de bons vins propres à l'exportation, tels que ceux de : *Cuba, Vidigueira, Villa de Frades, Villalva, Béja, Ferreira, Estremoz, Villa Viçosa, Elvas, Borba* et *Campo Maior*.

La région comprise entre le Douro et le Minho produit les vins connus en Portugal et au Brésil sous le nom de *vins verts*, qui sont froids, peu alcooliques, peu généreux, et se distinguent par leur âpreté. Elle produit aussi quelques vins fins plus ou moins généreux.

A l'extrémité nord de la province d'Alemtejo, *Portalègre* est le centre d'une région qui produit des vins fins, légers et peu alcooliques.

Les vins de l'Algarve sont fins et capiteux. Les plus remarquables sont ceux de *Tavira, Olhaõ* et *Fuzeta*.

Voici quelle est la moyenne de la force alcoolique des vins portugais envoyés à l'Exposition de Londres en 1874, déterminée par l'alcoomètre de Salleron, et le résumé des essais pratiqués avec le gleucomètre de Guyot pendant les vendanges de 1877 (1).

RÉGIONS VITICOLES.	FORCE ALCOOLIQUE			QUANTITÉ DE SUCRE POUR 100 PARTIES			
				MOUTS ÉLÉMENTAIRES.			MOUTS composés
	Maxima.	Minima.	Moyenne.	Maxima.	Minima.	Moyenne.	Moyenne.
DOURO. { 1re qualité.	27	12	21,34	27, 6	19,90	23,83	21,38
2e —	23	11	15				
3e —	15	9	12, 7				
Traz-os-Montes.	16	11	13, 7	27,55	18,55	23,04	21,92
Minho.	14	7	10, 1	19,64	15,54	17,60	17,18
Haute-Beira.	22	10	14, 7	23.70	18,30	21,03	20,48
Basse-Beira.	22	7	14, 8	25,54	17,90	21,80	20,89
Extrémadure.	27	10	15, 5	28,59	16,80	22,69	21,39
Alemtéjo.	25	11	15, 1	24,74	18,55	21,70	21,53
Algarve.	18	12	15, 4	26,15	19,88	23,13	23,08
Madère.	»	»	» - »	25,60	19,17	22,38	23,35

L'exportation des vins portugais est considérable et tend à s'accroître.

(1) *Mémoire sur les vins de Portugal*, par M. le conseiller de Moraes Soares.

En voici le tableau relatif aux années 1874, 1875 et
1876 :

ANNÉES	MADÈRE — Décalitres.	PORTO — Décalitres.	AUTRES QUALITÉS — Décalitres.	TOTAL — Décalitres.
1874.	69,277	2,964,905 2	2,380,827 7	5,315,009 9
1875.	84,002 8	3,242,703	1,748,858 5	5,075,564 3
1876.	87,644 6	3,446,891 5	2,050,627 8	5,285,163 9
Total. . .	240,924 4	9,254,499 7	6,180,314 0	15,675,738 1

La valeur de cette exportation a été :

ANNÉES	MADÈRE — Francs.	PORTO — Francs.	AUTRES QUALITÉS — Francs.	TOTAL — Francs.
1874.	2,187,266	39,688,033	10,274,105	51,349,404
1875.	2,374,822	50,256,158	9,222,483	61,853,443
1876.	2,451,438	43,295,861	11,174,888	56,922,187
Total. . .	7,023,526	132,440,032	30,671,476	170,125,034

L'exportation pour les divers pays étrangers se trouve
détaillée dans le tableau qui suit :

Tableau de l'exportation des Vins portugais en 1874, 1875 et 1876.

PAYS de DESTINATION.	VIN DE MADÈRE			VIN DE PORTO			VINS D'AUTRES QUALITÉS		
	1874 Décalitres.	1875 Décalitres.	1876 Décalitres.	1874 Décalitres.	1875 Décalitres.	1876 Décalitres.	1874 Décalitres.	1875 Décalitres.	1876 Décalitres.
Allemagne	8,795	»	7,745	94,667 6	81,127 7	90,058 6	63,013	23,210 7	36,327 4
Autriche	»			100	2,076 7	6,955 1	318	»	2,085
Belgique	6,824	208 8	1,558 6	833,382	839,993	834,245 4	9,215 4	5,776 4	973,547 5
Brésil	»						1,544,589	1,450,896 3	
Danemark	»		223	37,476 5	41,783 7	43,634 9	4,488	»	
Espagne	13,5	345 6	175	103	74	36 7	43,205 8	56,797	42,880
États-Unis	996 3	6,753	175	42,351	15,495 4	7,384 6	4,718 6	4,992 3	26,909
France	105 6	44 5	63 9	5,650 9	9,361 4	7,736	258,393 1	122,107 3	612,816 6
Grande-Bretagne	44,098	62,603 8	13,084 4	1,793,271 2	2,170,415	2,057,623 5	109,038 6	84,938	65,823 6
Hollande	»		»	16,733 6	12,208 6	16,378 5	664 6	1,786	4
Italie	»		»	7,675	»	815	8,764	11,722 7	4,017
Maroc	12,944	19 6	»	1,047 5	»		2,261 5	27,674 5	582
Russie	»	8,108 8	42,824 2	24,953	39,205 2	33,152 2	3,739	»	90
Suède et Norvége	341 1	105 6	»	23,418 6	26,619 2	48,361	4,894	10,942 1	»
Buenos-Ayres	»		»	4,636	4,331 9	508	14,276		»
Chili	»		»		277 5		34	142	
Paraguay	»		»		»		4,238 8		»
Pérou	»		»	907 8	»	»	604		»
Uruguay	737 9	3,639 4	615 3	540	2,674	»	3,659 6	2,928	943,657
Possessions portugaises d'Afrique	920 6	2,124 3	1,554 8	»	»	»	486,347	196,013 2	
d'Asie	»			»		»	14,292	18,201	36,526
Destinations diverses.				4,593			102,376 3	15,784	8,364
	69,277	84,009 8	87,644 6	2,864,905 2	3,242,703	3,146,891 5	2,380,827 7	1,748,858 5	2,050,627 8

Sériciculture. — L'élève des vers à soie est fort ancienne en Portugal. Après avoir flori sous le marquis de Pombal, elle tomba dans un grand état de décadence; mais de nos jours on n'a rien négligé de ce qui peut contribuer à son développement.

Des distributions gratuites de mûriers ont eu lieu aux frais du gouvernement, et des expositions séricicoles ont été créées.

Ces efforts furent secondés par la recherche de la soie portugaise lors de l'épizootie du bombyx, dont le Portugal n'eut pas à souffrir l'invasion. Aussi la production a-t-elle augmenté considérablement. On l'évalue présentement à 250,000 kilogrammes par an. C'est surtout dans les provinces du nord que l'élève du ver à soie s'est bien développée. Les principaux districts producteurs sont ceux de Bragance, Guarda, Vizeu et Villa-Real.

La soie portugaise est considérée d'excellente qualité. Les races de bombyx élevées dans le pays sont : la piémontaise, la grenadine, la japonaise et la race dite indigène. S. M. le roi dom Louis a exposé en 1884 des cocons de l'espèce *bombyx cinthia* qu'il a introduite en Portugal. Quoique moins délicats que les produits du *bombyx mori,* ceux de cette espèce sont moins coûteux.

L'exportation de la soie en cocons s'est accrue depuis 1856 jusqu'en 1872 de 870 à 33,700 kilogrammes. Pendant la même période, celle de la soie écrue s'est élevée de 1,080 à 2,833 kilogrammes.

Pour compléter cet aperçu, nous présentons, avec le tableau de la moyennne annuelle des principaux produits agricoles du royaume, celui de la quantité et de la valeur des aliments composant la masse des subsistances dans la partie continentale du royaume (1), ainsi que celui de la

(1) Extrait du compte rendu de M. le conseiller de Moraes Soares.

3

quantité d'aliments consommés annuellement par chaque habitant (1). En comparant ces deux derniers tableaux avec celui de la production, on pourra plus facilement se rendre compte de l'état de l'agriculture, et apprécier quelles sont les branches de l'industrie agricole qu'il convient de développer afin que leurs produits suffisent à la consommation du pays.

Tableau de la moyenne annuelle des productions agricoles du royaume.

PRODUITS		UNITÉS	QUANTITÉS
Céréales	Blé..........	hectolitres	3,000,000
	Maïs..........	»	7,150,000
	Seigle..........	»	2,340,000
	Orge et avoine...	»	1,000,000
Pommes de terre........		»	3,000,000
Légumes divers..........		kilogrammes	50,000,000
Riz..............		»	6,500,000
Lin { graine..........		hectolitres	170,000
{ brut..........		kilogrammes	10,000,000
Oranges..........		milliers	250,000
Citrons..........			33,000
Châtaignes..........		hectolitres	300,000
Amandes..........		»	22,000
Noix..........		»	29,000
Huile d'olive..........		»	250,000
Vin..........		»	4,000,000
Miel..........		kilogrammes	800,000
Cire..........		»	1,200,000

directeur général du commerce et de l'industrie au ministère des travaux publics, sur les services de la dépendance de ce ministère depuis sa création jusqu'en 1870.

(1) Extrait d'un travail excellent et approfondi de M. le conseiller Ferreira Lapa, directeur de l'Institut général d'agriculture de Lisbonne, et professeur de technologie rurale, de chimie agricole et d'analyse chimique dans le même établissement. Ce travail, qui s'intitule : *Considérations sur le régime alimentaire moyen portugais,* a été publié en 1873 comme annexe au compte rendu de M. de Moares Soares sur les subsistances.

Tableau de la quantité des prix alimentaires et de la valeur des aliments composant la masse des subsistances dans la partie continentale du royaume de Portugal.

CLASSES.	ARTICLES.	UNITÉS.	MOYENNE de la consommation annuelle.	PRIX	VALEURS. Par articles.	VALEURS. Par classes.	CONSOMMATION par habitant. annuelle	CONSOMMATION par habitant. Par jour.
				fr. c.	fr.	fr.		
1° Céréales.	Maïs	kilogr.	427,185,728	0,24	85,037,250		247,69	0,15
	Blé		221,988,736	0,30	67,829,838	182,566,92		
	Seigle		126,303,336	0,21	96,664,163			
2° Viandes de	Porc		36,857,184	1,00	36,857,184		49,91	0,05
	Boeuf		20,478,547	1,11	22,717,733			
	Mouton		9,294,014	0,77	7,174,233	76,208,959		
	Chèvre		4,477,978	0,77	8,460,349			
	Volaille							
	Gibier		4,478,048	1,33	5,965,175			
3° Fécules.	Pommes de terre		183,095,68	0,11	17,018,631		40,28	0,02
	Légumes secs		45,928,704	0,36	16,535,365	39,181,051		
	Riz		12,566,375	0,44	5,585,050			
4° Herbes potagères.	Haricots vert et ses équivalents		139,699,907	0,08	11,841,658	11,611,658	3,07	0,01
5° Fruits verts.	Raisins et leurs équivalents		220,643,520	0,05	12,757,913	12,757,913	0,83	0,01
6° Fruits secs.	Figues, châtaignes et leurs équivalents.		11,482,176	0,21	3,189,466	3,189,466	0,83	0,01
7° Poisson.	Frais		43,395,872	0,55	7,442,414	19,079,379	4,95	0,02
	Salé		43,013,133	0,88	11,567,928			
8° Oeufs et laitages.	Oeufs		17,184,900	0,60	10,355,411		10,79	0,03
	Lait	litres.	17,568,729	0,33	5,856,243	41,335,142		
	Fromage		12,974,849	1,66	21,694,168			
	Beurre		1,048,705	3,33	3,495,793			
9° Huiles.	Huile d'olive.		13,788,611	0,77	10,716,697	10,716,697	3,79	0,01
10° Spiritueux et boissons fermentées.	Vin		267,917,444	0,38	104,184,560		28,42	0,07
	Vinaigre		39,031,219	0,27	2,764,927	108,812,481		
	Alcool		1,148,247	1,66	1,913,604			
11° Denrées coloniales.	Sucre	kilogr.	15,309,568	1,44	22,113,840		7,15	0,01
	Café		1,011,669	2,22	2,381,466	27,353,080		
	Thé		213,333	13,33	2,851,773			
						532,772,445	139,12	0,37

Tableau de la quantité d'aliments consommés annuellement par chaque habitant en Portugal, ainsi que des matières azotées, carbonatées, salines et de l'eau qu'ils contiennent.

Groupes alimentaires.	Espèces des aliments.	Quantité annuelle par groupes pour chaque habitant.	Quantité annuelle par habitant.	Quantité d'azote pour 100.	Matières azotées.	Matières carbonatées.	Matières salines.	Quantité d'eau pour 100.	Quantité d'eau.
		kilogr.	kilogr.	kilogr.	kilogr.	kilogr.	kilogr.	kilogr.	kilogr.
Céréales.	Maïs.	200,000	109,00	1,60	10,900	82,330	1,300	13	14,170
	Blé.		58,00	2,00	10,400	38,480	1,000	14	8,420
	Seigle.		33,00	1,70	3,500	33,480	0,570	15	4,950
Viande de.	Porc.	20,000	9,63	3,47	0,334	0,324	0,100	74	7,126
	Bœuf.		5,25	3,60	1,200	0,310	0,020	78	4,119
	Mouton.		2,41	3,22	0,490	0,031	0,020	78	1,810
	Chèvre.		1,17	3,32	0,240	0,043	0,010	73	0,877
	Volaille et gibier.		1,44	3,50	0,310	0,095	0,010	70	1,000
Fécules.	Pommes de terre.	95,000	40,00	0,35	0,800	3,826	0,375	75	30,000
	Riz.		3,00	1,00	0,187	2,370	0,060	12	0,360
	Légumes secs.		12,00	4,40	3,300	8,830	0,290	13	1,360
Plantes potagères.	Haricots verts et leurs équivalents.	36,500	36,50	2,50	6,700	11,600	0,050	60	19,230
Fruits frais.	Raisin et sel équivalents.	60,000	60,00	0,43	3,000	20,000	1,500	61	36,500
Fruits secs.	Figues et châtaignes ou leurs équivalents.	3,000	3,60	0,70	0,120	1,890	0,090	30	0,900
Poissons.	Frais.		3,50	0,50	0,440	0,390	0,045	75	2,625
	Sec.		2,40	5,00	1,050	0,070	0,745	47	1,598
Œufs et laitages.	Œufs.	19,714	4,440	2,00	0,587	1,202	0,064	60	2,634
	Lait.		4,450	0,64	0,181	1,302	0,032	67	3,275
	Fromage.		0,274	0,50	0,950	0,788	0,239	45	1,585
	Beurre.		0,214	0,64	0,010	0,226	0,019	7	0,019
Huile.	Huile d'olive.	3,600	3,60	»	»	3,600	»	»	»
Spiritueux et boissons fermentées.	Vin.	72,900	70,00	0,005	0,131	15,232	2,217	78	52,500
	Vinaigre.		2,60	0,001	0,006	0,250	0,004	93	7,340
	Alcool de 20°.		0,300	»	»	0,048	»	80	0,252
Denrées coloniales.	Sucre.	4,336	4,000	»	»	3,600	»	10	0,400
	Café.		0,280	2,50	0,044	0,148	0,008	35	0,070
	Thé.		0,006	3,20	0,010	0,042	0,001	»	0,003
Totalité par an.		»	474,980	»	44,896	222,890	8,760	»	200,093
Quantité par jour.		»	1,301	»	0,122	0,610	0,024	»	0,532

VII

Division et valeur de la propriété.

Il n'existe pas de statistique complète de la division de la propriété depuis 1868. Le tableau qui suit, relatif à cette année, indique dans quelle proportion la propriété se trouvait alors divisée dans les districts du royaume, son étendue moyenne, la moyenne du nombre de propriétés par hectare, le nombre de propriétaires, et son rapport à la totalité de la population.

Tableau de la division de la propriété en Portugal.

DISTRICTS	NOMBRE de propriétés.	NOMBRE de propriétés par hectare.	MOYENNE de chaque propriété.	NOMBRE de contribuables.	COMPARAISON avec la population des districts
			hectares.		
Vianna	377,312	1 68	0 58	50,043	24 5
Braga	419,637	1 53	0 65	56,991	17 7
Porto	259,843	1 11	0 89	62,310	14 7
Bragance	384,082	0 57	1 73	36,920	22 5
Villa Real	514,592	1 15	0 86	52,831	23 8
Vizeu	698,261	1 40	0 71	80,175	24 7
Guarda	393,682	0 71	1 40	58,032	27 0
Castello-Branco	229,917	0 35	2 90	36,595	22 1
Aveiro	583,379	1 99	0 50	71,516	28 3
Coïmbre	629,401	1 62	0 61	80,470	28 4
Leiria	381,517	1 10	0 91	51,617	27 0
Santarem	241,146	0 35	2 84	49,675	24 6
Lisbonne	207,546	0 27	3 66	63,046	18 9
Portalègre	63,869	0 10	10 08	17,865	17 4
Evora	47,123	0 07	13 15	15,132	14 5
Béja	78,346	0 07	13 87	27,908	19 5
Faro	167,732	0 34	2 92	42,759	23 8
	5,678,385	0 64	1 55	853,385	21 4

On voit par le tableau qui précède, que la petite propriété se trouve dans les districts d'Aveiro, Vianna Coïmbre, Braga, Vizeu, Porto et Leiria, tandis que la grande est plus fréquente dans ceux de Bragance, Santarem, Castello-Branco, Faro, Lisbonne, Portalègre, Béja et Evora. Dans la province de l'Alemtéjo, ainsi que dans les districts de Lisbonne, Santarem et Castello-Branco, la grande culture correspond aux grandes propriétés. Il n'est pas rare d'y rencontrer une seule propriété rurale constituant une exploitation agricole de plus de 10,000 et même 20,000 hectares.

Quant à la valeur de la propriété, nous ne pouvons l'estimer que d'après le revenu imposable, qui sert de base en 1869 au service de la contribution foncière. En voici le tableau :

Tableau du revenu imposable des propriétés rurales et urbaines en 1869 et de la valeur vénale correspondante.

DISTRICTS.	PROPRIÉTÉS RURALES. Revenu imposable.	PROPRIÉTÉS URBAINES. Revenu imposable	VALEUR VÉNALE des propriétés rurales et urbaines correspondant à leur revenu imposable.
	francs.	francs.	francs.
Aveiro.	4,627,000	422,000	94,666,000
Béja.	5,405,000	350,000	115,127,000
Braga.	5,255,000	444,000	114,088,000
Bragance.	4,338,000	188,000	90,572,000
Castello Branco.	2,994,000	133,000	62,588,000
Coimbre.	6,911,000	583,000	149,955,000
Evora.	5,088,000	450,000	110,877,000
Faro.	5,605,000	361,000	119,311,000
Guarda.	4,611,000	122,000	94,733,000
Leiria.	3,638,000	144,000	75,644,000
Lisbonne.	19,377,000	9,214,000	572,466,000
Portalègre.	4,794,000	444,000	104,833,000
Porto.	7,538,000	4,422,000	239,244,000
Santarem.	6,981,000	377,000	146,866,000
Vianna.	3,933,000	227,000	83,222,000
Villa Real.	4,333,000	244,000	91,588,000
Vizeu.	9,500,000	433,000	198,722,000
	104,908,000	18,288,000	2,464,502,000

VIII

Bestiaux.

Le dernier recensement général des bestiaux en Portugal a eu lieu en 1870. C'est de ce travail officiel que nous extrayons les renseignements qui suivent.

D'après ce recensement, le nombre de têtes de toutes espèces serait de 5,209,344 avec la valeur de 130,744,384 francs; mais il a été reconnu (1) qu'il offre des données inférieures de 11,8 pour cent au nombre, et de 33 pour cent à la valeur. Les rectifications faites en conséquence ont élevé le nombre de têtes au chiffre de 5,786,610, et leur valeur à celle de 174,061,920 francs. Voici le tableau du recensement général rectifié.

ESPÈCES	NOMBRE de têtes.	VALEUR — francs.	VALEUR MOYENNE par tête. fr. c.
Chevaline	88,000	14,108,692	160 21
Mulassière	50,690	8,315,199	164 02
Asine	137,950	3,781,846	27 41
Bovine	624,568	90,250,109	168 82
Ovine	2,977,454	14,812,930	4 97
Caprine	936,863	4,735,200	5 05
Porcine	971,085	38,057,944	39 18
	5,786,610	174,061,920	

Espèce chevaline. — Les races de chevaux qui se pro-

(1) Compte rendu de M. le conseiller de Moraes Soares. Nous recommandons la lecture de ce travail excellent et plein d'érudition à tous ceux qui désirent avoir une connaissance approfondie de cette branche de l'industrie agricole du Portugal.

duisent actuellement en Portugal peuvent se ramener à deux types, savoir : le type *galicien* et le type *bétique lusitan*.

Le type galicien est petit de taille, sobre et dur au travail. Il se trouve dans le nord du pays, surtout dans la province de Minho, ainsi qu'en Asturie, dans les provinces basques et en Navarre. Comme variété de ce type, on rencontre dans les provinces portugaises et espagnoles sus-nommées, ainsi que dans les provinces limitrophes, des chevaux connus en Espagne sous le nom de castillans. Cette variété est composée de sujets de plus forte taille, ayant la plus grande aptitude au travail comme bêtes de charge et de trait. Il s'en produit dans quelques localités du Minho et de la Beira, et surtout dans la province de Traz-os-Montes..

Le type bétique-lusitan, dont la production a lieu dans dans toute la vaste étendue de la Bétique et de la Lusitanie des Romains, se trouve partout en Portugal, surtout dans les provinces du sud. Les chevaux de ce type joignent à l'élégance des formes celle de l'allure, mais ils ne sont pas aussi durs au travail que ceux du type galicien.

Le représentant, en Portugal, des castes fines du type bétique-lusitan est le cheval de la race d'Alter. Les castes communes, quoique présentent les caractères généraux du type, ont les formes plus ou moins sveltes. On distingue entre elles les chevaux riverains du Tage et ceux de l'Alemtéjo, qui sont les meilleurs.

D'après le recensement, la population hippique du royaume se subdivise de la manière suivante :

	Nombre.
Chevaux.	29.861
Juments	42.799
Poulains de 2 à 3 ans	7.056
	79.716

Le rapport de cette population à la superficie est de 0.88 pour 100 hectares et de 20.82 pour 1,000 habitants. Classée selon les services qu'elle rend, il existait en 1870 :

			Nombre.
Bêtes de selle.	Chevaux	9.602	17.641
	Juments	8.039	
Bêtes de trait.	Chevaux	3.325	4.211
	Juments	886	
Bêtes affectées au service agricole.	Chevaux	3.552	7.753
	Juments	4.201	
Bêtes de charge.	Chevaux	5.396	11.506
	Juments	6.110	
Bêtes propres à tout service.	Chevaux	7.658	19.818
	Juments	12.160	
Juments poulinières			11.403
Chevaux étalons			328
Poulains.			7.056
			79.716

L'amélioration de l'espèce chevaline est l'objet des soins constants des particuliers et du Gouvernement, qui ne néglige rien de ce qui peut y contribuer. Il a établi des haras, créé des expositions et des primes d'encouragement.

L'augmentation considérable de l'espèce et le perfectionnement des types a été le résultat de ces mesures.

Quoique le commerce des chevaux ait accompagné le développement du commerce général, l'importation a été supérieure à l'exportation, savoir :

Périodes.	Importation.	Exportation.
1842, 1843, 1848.	252	171
1851, 1855, 1856.	660	322
1861 à 1865.	1.042	593
1866 à 1870.	1.064	353
1876.	1.531	325

Espèce mulasssière. — En 1870 il existait, d'après le recensement, 50,690 têtes, dont 47,812 d'individus adultes. La population spécifique de cette espèce est de 0,56 par 100 hectares et de 13,24 pour 1,000 habitants.

Voici le nombre de mulets affectés aux divers services :

Bêtes de trait.. . . . . 1.041
— de selle ou de charge... . . . . 25.729
— pour le service agricole. 21.042
                                          47.812

Cette espèce, sobre et dure au service, est la plus propre pour les climats chauds. Aussi la rencontre-t-on en plus grande quantité dans les districts du centre et du sud.

Voici dans quelles proportions a eu lieu le mouvement commercial de l'espèce mulassière :

Périodes.	Importation.	Exportation.
1842, 1843, 1848.	51	384
1854, 1855, 1856.	220	488
1861 à 1865.	318	1.172
1866 à 1870.	578	804
1876.	982	440

Espèce asine. — Cette espèce, si utile par les nombreux services qu'elle rend, figure sur le recensement pour 137,950 têtes, qui se réduisent à 67,390 têtes normales, et offre la densité de 1,83 pour 100 hectares, et 36,04 pour 1,000 habitants. Le Portugal est, par conséquent, un des pays d'Europe dont la population spécifique de cette espèce est la plus nombreuse. C'est surtout dans les arrondissements ruraux où existe la petite propriété, ainsi que dans les lieux plantés de vignes et accidentés, qu'on rencontre un plus grand nombre d'individus de cette espèce servant de bêtes de charge pour le transport du fumier, des fruits, du bois et du charbon, ainsi que de bêtes de selle.

L'importation et l'exportation a eu lieu dans les proportions suivantes :

Périodes.	Importation.	Exportation.
1842, 1843, 1848	90	241
1851, 1855, 1856	191	138
1861 à 1865	302	310
1866 à 1870	516	353
1876	513	468

Espèce bovine. — Les races bovines portugaises sont :
1° La race du Minho ou *galicienne*, très-propre au travail, disséminée dans la Galicie et le Minho. A l'abattoir
de Lisbonne, les bœufs de cette race pèsent en général
de 360 à 450 kilogrammes et fournissent 56 à 58 pour
100 de viande nette. Les vaches produisent en moyenne
annuelle 1,000 litres de lait, d'une qualité telle que 24 à
25 litres peuvent rapporter 1 kilogramme de beurre.
Quoique de fabrication inférieure, la consommation de
ce produit, connu sous le nom de beurre de Vianna, a
pris d'assez grandes proportions dans les localités de la
province même et à Lisbonne.
Cette race présente trois groupes distincts : les rouges,
les jaunes et les fauves.
2° La race de *Barrozo*, qui se rencontre surtout dans
les montagnes de Barroso et de Gerez, ainsi que dans la
partie de la province de Minho la plus éloignée de la mer.
Elle est également propre à l'engrais et au travail. Les
vaches sont assez laitières, pouvant fournir de 1,000 à
1,200 litres de lait par an. Avec 18 litres de ce lait on
peut faire 1 kilogramme de beurre, ou 3 kilogrammes
de fromage. Ces produits se fabriquent à Barrozo, dans
une proportion très-inférieure, mais il y a tout lieu de
croire que l'ouverture de nouvelles voies de communication déterminera le développement de cette fabrication et

l'amélioration de ses produits. Les bœufs de cette race envoyés à l'abattoir de Lisbonne pèsent de 400 à 500 kilogrammes et fournissent de 52 à 56 pour 100 de viande nette.

Aux concours de bœufs gras de Braga, ainsi qu'aux expositions de Porto, on a vu des bœufs de la race de Barrozo pesant de 400 à 500 kilogrammes. Il est probable qu'ils n'auraient pas fourni moins de soixante pour cent de viande nette.

Cette race présente une variété qui tient le milieu entre celle de Barrozo et la mirandaise. On la nomme *maronaise*. Son aptitude dominante est pour le travail, auquel on l'emploie surtout dans le pays viticole du Doure. Les bœufs de cette espèce sont robustes et légers, et d'un pas toujours ferme, ce qui est d'un grand avantage dans les chemins montueux et accidentés de cette région du pays.

3° La race *mirandaise*. — Cette race est la plus importante à cause de la généralisation de son type, qui s'étend depuis la province de Traz-os-Montes jusqu'à une grande partie de la Beira et de l'Extrémadure. Elle offre les variétés suivantes : la *bragançaise*, la *mirandaise riveraine* et la *mirandaise de l'Extrémadure*.

Cette race est essentiellement propre au travail violent. Les vaches fournissent peu de lait. En ce qui concerne les qualités propres à l'engrais, les bœufs mirandais ne sont point inférieurs à ceux de la race de Barrozo; ils pèsent en général de 500 à 600 kilogrammes, et produisent de 53 à 57 et même 60 pour cent de viande nette.

4° La race *d'Arouca*. — Comme son nom l'indique, elle est originaire de l'arrondissement d'Arouca, dans le district d'Aveiro. Elle s'étend dans toute cette partie de la Beira qui, à partir des hauteurs de Lamego dans la direction des monts de Caramulo, se trouve ensuite renfermée entre le Douro et le Vouga, en dehors du littoral.

Elle présente trois variétés.

Cette race est composée d'animaux excellents au travail, robustes et endurants. Ils pèsent, en général, de 360 à 500 kilogrammes et fournissent de 51 à 56 pour cent de viande nette. Les vaches ne donnent pas moins de 600 litres de lait, en moyenne annuelle. Avec 15 à 18 litres de ce lait, on peut produire un kilogramme de beurre.

Aux expositions de Porto, on a vu des bœufs de cette race pesant de 800 à 1,000 kilogrammes, qui auraient certainement produit 60 pour 100 de viande nette.

5° La race sauvage riveraine du Tage ou de *Ribatéjo*, qui tire son nom de la région où on la rencontre. Les bœufs de cette race sont employés aux travaux agricoles et au trait; les taureaux figurent aux courses. Les bœufs autant que les vaches sont propres à l'abattoir.

Cette race n'est pas aussi bonne pour le travail que la mirandaise et ses variétés, parce qu'elle est petite, faible et difficile à dompter. Les bœufs pèsent généralement 225 kilogrammes et les vaches 150, fournissant en viande à l'abattoir 50 pour 100 de leur poids. Les vaches donnent fort peu de lait.

6° La race hollandaise, désignée en Portugal par le nom de *turine*, qui est le proto-type des races laitières de première classe dans la région d'où elle est originaire, mais qui perd beaucoup de ses qualités en Portugal, où en raison du climat elle produit au maximum de 10 à 15 litres de lait par jour et de 2,000 à 2,500 litres par an, et rapporte 50 litres par 100 kilogrammes de foin. D'où il faut conclure que cette race n'est en Portugal qu'une variété de la race hollandaise.

7° La race d'Alemtéjo, ou *alemtejana*, est une race spéciale assez commune, qui comprend les variétés de *mertola* et *garvonais*. On la trouve dans tout l'Alemtéjo.

Elle est assez ordinaire, mais apte au travail, et se subdivise en grande race et petite race.

Les bœufs de la grande race pèsent de 360 à 600 kilogrammes, et rapportent 51 et quelquefois 56 pour 100 en viande ; ceux de la petite race pèsent de 260 à 400 kilogrammes, et produisent en viande 49, 50 et même 54 pour 100 de leur poids. Elle est peu laitière.

8e La race *algarvienne*, spéciale à l'Algarve, docile et assez sobre, de couleur châtain-clair presque fauve, assez bonne pour le travail et propre à l'engrais. Les bœufs de cette race pèsent de 250 à 360 kilogrammes et rapportent 49 à 53 pour 100 de bonne viande. Les vaches ne sont pas bonnes laitières, en général.

Il y a encore, en Portugal, quelques autres variétés de la race bovine qui ne rentrent dans aucun des types que nous venons de mentionner, mais qui n'ont qu'une importance toute locale.

Le recensement de 1870 offre à l'égard de la race bovine les chiffres suivants :

	Nombre de têtes.
Bœufs...............	256.031
Vaches..............	162.538
Taureaux...........	3.950
Jeunes bœufs employés au travail.....	49.858
Veaux...............	48.097
	520.474

Le nombre de têtes représente presque 10 pour 100 de la totalité des bestiaux, et la valeur de 54,7 pour 100 de celle de la masse totale. Il est de 5,80 par kilomètre carré, et de 136 pour 1,000 habitants.

L'élève des bœufs a lieu principalement dans les districts de Porto, Braga, Vianna, Aveiro, Vizeu et Villa-Real, où l'on emploie le régime de l'étable. Partout ailleurs on fait un usage général du régime du pâturage. C'est surtout dans les districts de Santarem, Evora, Portalègre, Lisbonne et Béja que l'on rencontre les grands troupeaux, à cause des pâturages naturels qui y abondent.

Le commerce des bœufs a augmenté considérablement, surtout celui de l'exportation pour l'Angleterre, ainsi que le démontre le tableau suivant :

Périodes.	Importation.	Exportation.
1842, 1843, 1848.	3.374	989
1851, 1855, 1856.	8.598	3.689
1861 à 1865.	36.461	9.239
1866 à 1870.	33.509	16.616
1876.	48.428	14.708

Race ovine. — Cette race comprend en Portugal les trois types européens *bordaleiro*, *mérinos* et *estambrino*.

Les moutons vulgairement appelés *serranos* appartiennent au premier type, et se rencontrent surtout dans les districts de Vianna, Braga, Vizeu, Coïmbre, Leiria, Santarem et Lisbonne. Leur poids moyen est de 18 à 20 kilogrammes, rapportant 50 pour cent de viande. La toison, qui pèse un peu plus d'un kilogramme, déchète au lavage de 45 à 55 pour cent. On trouve dans quelques endroits des moutons de meilleure qualité. Cette race disparaît peu à peu, soit par le croisement, soit par l'amélioration des pâturages.

Les moutons de la région située entre Campo-Maior et Marvão rentrent dans la classe des mérinos, qui est si connue, et dont ils forment une variété. Ils pèsent en moyenne 30 kilogrammes et fournissent une toison de 2 à 5 kilogrammes qui perd de 70 à 75 pour cent au lavage. Une seconde variété de cette race est celle des environs de Lisbonne, à la toison blanche, du poids de 3 à 4 kilogrammes, avec déchet au lavage de 60 à 70 pour cent. Enfin, une troisième variété de la même race est celle qui se rencontre dans les arrondissements de Moncorvo, Villa-Flor et Mirandella dans la province de Traz-os-Montes, produisant une toison blanche de 4 à 6 kilogrammes qui déchète de 30 pour cent au lavage.

Il y a en Portugal peu de moutons qui puissent se considérer comme appartenant réellement à la troisième race, quoiqu'il y en ait une assez grande quantité dont la laine semble en présenter le caractère; mais ils ne sont, à proprement parler, qu'une des exagérations plus ou moins grandes de la première race.

Le nombre de têtes porté sur le recensement est de 2,706,777; savoir:

		Nombre de têtes.
Moutons	blancs	294.890
	noirs	293.193
Brebis	blanches	901.398
	noires	920.314
Agneaux	blancs	139.143
	noirs	157.839
		2.706.777

La moyenne spécifique de la population ovine est de 30,2 par kilomètre carré.

Voici, d'après le recensement, le tableau de la production moyenne de la laine:

DISTRICTS.	NOMBRE de têtes.	LAINE blanche. — kilogrammes.	LAINE noire. — kilogrammes.	TOTAL de la production de la laine. kilogrammes.
Aveiro	68,242	25,387,830	66,476,670	91,864,500
Béja	257,748	28,307,000	276,138,000	304,445,000
Braga.	74,916	40,297,576	14,625,382	54,922,958
Bragance. . .	447,668	768,030,000	372,455,500	1,140,485,500
Castello Branco	173,452	214,333,000	77,469,000	291,802,000
Coïmbre	179,570	66,432,300	143,919,500	210,351,800
Évora.	221,610	152,245,000	386,240,500	538,485,500
Faro	42,990	9,938,100	27,784,200	37,722,300
Guarda. . . .	234,430	386,768,000	107,822,280	494,590,280
Leiria. . . .	93,444	46,737,000	69,222,000	115,959,000
Lisbonne . . .	94,669	188,900,000	35,112,000	224,012,000
Portalègre . .	213,834	505,707,516	35,007,381	540,714,897
Porto.	41,869	18,951,000	3,800,500	22,751,500
Santarem. . .	110,000	29,848,060	111,509,100	141,357,160
Vianna	34,139	10,843,250	8,001,700	18,844,950
Villa Real. . .	123,961	193,500,000	26,811,000	220,311,000
Vizeu	257,659	118,133,000	200,556,000	318,689,000
	2,700,777	2,804,358,632	1,962,950,713	4,767,309,345

Espèce caprine. — Ce bétail appartient en Portugal à la race zoologique de la chèvre domestique, dite chèvre commune d'Europe. Il y en a de couleurs variées, à poil ras et à poil long, de grande et de petite taille. Les plus belles chèvres se trouvent dans les montagnes d'Estrella, ainsi que dans l'Alemtéjo, où elles sont plus laitières.

Le nombre de têtes de ce bétail, d'après le recensement, est de 936,869, savoir :

Boucs.. . . . . 101.827
Chèvres.. . . . . 708.200
Chevreaux. 126.842

La population caprine tend à diminuer à mesure que la culture se développe et se perfectionne dans le pays. Sa densité spécifique est de 10,4 par kilomètre carré.

4

Espèce porcine. — Cette espèce comprend en Portugal deux races se rattachant au type *bisare* et au *romanico*.

La première de ces races domine presque exclusivement dans les provinces de Traz-os-Montes, Minho et Beira, ainsi que dans la partie de l'Extrémadure au nord du Tage. Les porcs de cette race peuvent fournir de 200 à 250 kilogrammes de viande, mais en général ils n'en produisent que 120 à 150 kilogrammes. Ils croissent lentement et engraissent difficilement.

La seconde race peuple l'Alemtejo, l'Algarve et toute l'Extrémadure au bord du Tage. Les porcs sont roux et fournissent 100, 150 et même 200 kilogrammes de viande. C'est la meilleure race porcine du pays.

Dans le but d'en améliorer les qualités, on a essayé le croisement des races portugaises avec les races anglaises du Yorkshire et du Berkshire. Les essais ont en général produit d'assez bons résultats.

D'après le recensement, il y a 776,868 têtes de ce bétail, présentant la densité spécifique de 8,66 par kilomètre carré.

Nous terminons cette notice sur les bestiaux par le tableau de leur distribution, tel qu'il figure au recensement général non rectifié (1), ainsi que par celui de l'importation et de l'exportation en 1876.

(1) Nous avons vu (page XXXIX) que ce recensement offre des données inférieures de 11,8 pour 100 au nombre, et de 33 pour 100 à la valeur.

Tableau de la distribution des bestiaux d'après le recensement officiel.

DISTRICTS.	NOMBRE DE TÊTES		NOMBRE DE TÊTES NATURELLES		NOMBRE DE TÊTES NORMALES		VALEUR		VALEUR MOYENNE	
	naturelles.	normales.	par 100 hectares.	par 100 habitants.	par 100 hectares.	par 100 habitants.	absolue.	par 100 hectares.	par tête naturelle.	par tête normale.
							fr. c.	fr. c.	fr. c.	fr. c.
Aveiro	201,107	57,900	68 70	800 82	19 44	230 67	8,472,463 33	2,793 78	40 65	44 14
Beja	210,696	69,846	12 40	3,292 82	6 42	498 70	8,492,587 38	753 48	17 76	147 33
Braga	227,352	27,271	83 31	715 57	26 83	230 41	13,295,084 72	4,870 32	58 42	181 46
Bragance	623,962	73,521	93 62	3,875 53	10 88	450 44	10,084,443 94	1,513 10	16 16	139 45
Castello-Branco	354,085	44,619	38 56	2,167 82	6 98	255 33	2,969,842 33	838 62	10 09	85 77
Coimbre	373,885	48,645	50 57	1,117 44	12 52	173 70	6,197,244 55	1,595 95	19 80	127 39
Évora	201,468	62,128	39 21	4,204 08	8 76	622 26	9,243,022 38	1,305 28	22 03	148 43
Faro	426,526	33,157	26 04	714 83	6 82	187 30	3,249,787 72	580 66	25 52	97 45
Guarda	346,738	44,531	62 70	1,622 03	7 91	206 37	4,546,935 22	817 26	13 03	102 44
Leiria	253,693	37,840	58 90	1,148 57	10 84	211 42	3,580,473 44	1,100 36	18 67	101 47
Lisbonne	233,336	62,389	30 68	536 40	8 20	163 40	9,401,562 50	1,236 50	40 28	150 70
Portalègre	303,618	59,188	61 11	1,057 91	9 18	610 15	7,507,760 11	1,165 53	19 07	128 85
Porto	687,433	75,583	80 20	448 40	34 34	780 82	17,559,719 50	7,502 56	93 57	232 06
Santarém	279,943	55,780	40 77	1,413 70	8 41	281 41	6,365,105 14	998 60	24 18	123 02
Vianna	107,755	43,788	48 14	530 81	19 55	245 55	4,552,337 77	2,033 93	42 24	140 03
Villa Real	307,714	33,610	69 01	1,408 77	12 06	245 27	5,823,364 44	1,308 37	18 96	108 46
Vizeu	145,097	59,512	83 38	4,560 51	14 95	223 72	7,144,785 11	1,434 52	17 20	120 00
Bêtes pour le service de l'armée.	2,424	2,424	58 08	1,360 57	10 61	248 54	129,243,445 88	1,441 70	24 81	135 88
							1,530,068 12	»	631 58	631 58
	5,309,344	933,623	58 12	1,361 20	10 64	249 18	130,774,384 00	1,458 78	25 09	131 05

**Tableau de l'importation et de l'exportation
des bestiaux en 1876.**

| ESPÈCES | IMPORTATION | | EXPORTATION | |
	Nombre de têtes.	Valeurs. Francs.	Nombre de têtes.	Valeurs. Francs.
Asine.	513	27,705	468	21,088
Caprine.	1,310	10,916	18,319	126,994
Chevaline.	1,531	385,888	325	56,100
Ovine.	5,018	28,316	67,249	598,100
Mulassière	982	295,055	446	82,833
Porcine.	13,003	237,011	6,431	455,722
Bovine	48,428	4,438,722	14,708	6,901,172
		5,523,613		8,242,009

IX

Administration et institutions agricoles

Administration. — Tout ce qui a rapport à l'agriculture est du ressort du ministère des travaux publics, du commerce et de l'industrie, et de la dépendance immédiate de la direction générale du commerce et de l'industrie, qui comprend une division spécialement affectée au service de l'agriculture. L'administration générale des forêts du royaume forme une des annexes de ce ministère.

Il y a dans chaque district un agronome chargé de la direction technique des stations expérimentales, de professer un cours public d'agriculture, et de faire des conférences agricoles en divers endroits du district. Il existe également dans chaque district un vétérinaire rétribué par le gouvernement, ayant spécialement à sa charge l'intendance des bestiaux, tout le service officiel de vétéri-

naire, la direction des haras et l'enseignement professionnel de la zootechnie.

L'étude des questions agricoles dans les districts est de
la compétence des conseils d'agriculture districtale dont
l'existence et le service ont été réglés par décret du
28 février 1877. Les dépenses à la charge de ces sociétés
sont défrayées par les revenus des districts et allouées par
les comités généraux. Les sociétés sont appelées à émettre
leur vote délibératif ou consultatif sur les moyens propres
à développer l'agriculture et à en perfectionner ou améliorer les conditions. Elles administrent les fermes expérimentales et organisent les expositions agricoles et les
concours de bestiaux. Cette institution si utile est dans
une voie prospère. A peine fondée, elle compte déjà des
fermes-écoles districtales à Faro, Vizeu, Porto et Bragance.

L'enseignement agricole embrasse en Portugal le cours
d'études supérieures de l'Institut général d'agriculture de
Lisbonne, le cours pratique formant le complément de
ces études, ainsi que celui d'agriculture pratique élémén-
taire professés à la ferme-école de Cintra, près de la capitale, et les cours d'agriculture élémentaire et de zootechnie
dirigés par les agronomes et les intendants des bestiaux
dans chaque district administratif.

L'Institut général d'agriculture de Lisbonne est un bel
établissement de son genre. On y professe les quatre cours
supérieurs d'agronomie, de sylviculture, de génie agricole
et de médecine vétérinaire. Les trois premiers cours
forment la section agricole; le quatrième constitue la
section vétérinaire. Les professeurs de cette section
forment le *Conseil spécial vétérinaire*, chargé de tout ce
qui concerne les intendances du bétail dans les districts,
les haras, et de toutes les spécialités vétérinaires. Le professorat de l'Institut est composé d'hommes éminents, et

compte plusieurs illustrations dont le pays s'honore. Les élèves de la section agricole reçoivent à la fin de leurs études le titre d'agronomes ou d'ingénieurs sylviculteurs, et ceux de la section de vétérinaire celui de médecin vétérinaire.

L'Institut possède un musée de produits agricoles et forestiers, et de machines, des cabinets de physique, de zoologie et de géologie, de génie rural, d'anatomie normale et pathologique, de chirurgie et de matière médicale, un laboratoire de chimie, une salle de dessins, un hôpital vétérinaire avec sa pharmacie, un atelier sidérotechnique et un jardin expérimental. Comme annexe à l'Institut, il y a un beau dépôt d'étalons.

Un cours d'agriculture est aussi professé à l'université de Coïmbre dans la faculté de philosophie et des sciences naturelles.

Il existe à Lisbonne une société dont l'initiative empressée, constante et dévouée, a exercé l'influence la plus avantageuse sur le progrès de l'agriculture portugaise, autant par ses publications que par les conférences et les expositions qu'elle a réalisées à Lisbonne et en d'autres localités. C'est la Royale Société centrale d'Agriculture, présidée par S. M. le Roi Dom Ferdinand, et dont M. le Conseiller d'Andrade Corvo, professeur d'économie agricole et forestière à l'Institut général d'agriculture (1), est le vice-président.

Plusieurs institutions de crédit agricole se sont établies successivement et ont contribué largement à la prospérité de l'agriculture.

Le pays se trouve aujourd'hui placé dans des conditions très-favorables au développement agricole. Au nombre des principaux bienfaits qui les ont déterminées, il faut

1. Actuellement ministre des affaires étrangères.

citer : l'extinction des majorats, l'affranchissement des biens de mainmorte, la répartition plus égale des impôts, la construction multipliée d'excellentes routes et de chemins de fer, et l'ouverture d'autres voies de communication terrestres, ou fluviales.

L'agriculture est la première, la plus abondante source de richesse du Portugal. Affranchie de ses entraves, un nouveau jour a lui pour elle. Espérons que la sollicitude du gouvernement et le dévouement de tous lui assureront toute la prospérité que lui promettent, d'ailleurs, les conditions si variées d'un sol presque exceptionnel par son étonnante fertilité.

X

Mines

Le Portugal possède de grandes richesses minérales que les anciens ont connues et dont ils ont laissé de nombreuses traces d'exploitation. Cependant l'industrie minérale fut entièrement négligée pendant une longue période, et l'on peut dire que son progrès ne date que de nos jours.

Autrefois, les mines étaient considérées comme des propriétés nationales dont le domaine utile appartenait exclusivement au gouvernement; mais à l'avénement du système constitutionnel, ce monopole fut aboli et l'industrie privée put exploiter les mines moyennant un impôt annuel de 5 pour 100 du produit. Cet état de choses, qui réalisait déjà un grand progrès, continua jusqu'au 31 décembre 1852, date de la loi qui régit depuis lors le service des mines. Nous allons faire connaître les dispositions principales de cette loi, qui a été, malgré ses défauts, si féconde en bons résultats.

Le principe fondamental de la loi consiste en ce que l'Etat est le propriétaire des mines.

Les minerais sont partagés en cinq classes, selon leurs conditions particulières ou les moyens employés pour les exploiter. La première classe comprend tous les minerais dont l'exploitation est entièrement libre de toute permission ou formalité, pourvu que l'exploitation en ait lieu au moyen d'établissements volants : tels sont les sables aurifères et les minerais qui se rencontrent dans les lits des fleuves et dans les terrains d'alluvion. La deuxième classe comprend ceux qui peuvent être exploités par le propriétaire du sol ou avec son consentement : telles sont les pierres et les terres. La troisième classe comprend les minerais dont l'exploitation peut être faite par le propriétaire du sol ou par tout autre individu, mais avec permission préalable du gouvernement : les tourbières appartiennent à cette classe. La quatrième classe comprend ceux qui peuvent être exploités par n'importe quel individu avec permission du gouvernement, malgré l'opposition du propriétaire du sol, tels que les pierres et les terres nécessaires à l'industrie manufacturière ou aux constructions publiques. La cinquième classe comprend tous les minerais pour l'exploitation desquels la concession spéciale du gouvernement est nécessaire : les minerais métallifères, les dépôts de sel ou de combustibles, dont l'exploitation exige des travaux d'art ou des établissements fixes, appartiennent à cette classe.

Quiconque découvre une mine comprise dans la cinquième classe a droit à sa concession, lors même qu'il n'est pas propriétaire du sol. Il doit la faire enregistrer par la chambre municipale de l'arrondissement et adresser une requête au ministre des travaux publics.

pour que ses droits à la découverte soient déclarés : un terme de huit mois est accordé pour cela. Avant de faire droit à la demande, le ministre ordonne l'inspection officielle des conditions de la mine. Il faut dans l'espace de six mois avoir trouvé les capitaux nécessaires et choisi un ingénieur directeur des travaux pour que l'on soit considéré à même d'exploiter. Si ces conditions ne sont pas remplies à l'expiration du terme, la mine est mise au concours et une prime est décernée à celui qui en a fait la découverte.

Les fouilles ont lieu avec consentement du propriétaire du sol, ou, sur son refus, avec permission du gouvernement, pourvu que celui qui y procède se rende responsable pour tous dommages. Lorsque les investigations ne peuvent se faire qu'au moyen de puits ou de galeries, la permission du gouvernement est indispensable.

La concession se fait pour temps illimité; mais elle est restreinte à l'indivisibilité, et aux conditions de conserver la mine en exploitation active, de garantir la sûreté des travaux et de payer au gouvernement l'impôt de 5 pour 100 du revenu net. Le propriétaire du sol reçoit la moitié du montant de cet impôt. Il ne peut pas s'opposer à l'exploitation.

Outre l'impôt proportionnel que nous venons de mentionner, le concessionnaire doit payer l'impôt fixe de 80,000 reis (444 francs) par unité de terrain de dix mille brasses carrées.

Le royaume est partagé en quatre districts minéralogiques. Le premier comprend les provinces de Traz-os-Montes et de Minho; le second, celles de la Haute et de la Basse-Beira; le troisième, celle de l'Extrémadure, et le quatrième, celles de l'Alemtéjo et de l'Algarve. Un ingénieur est attaché à chaque district en qualité d'inspecteur.

Les inspections sont faites aux frais du gouvernement. Les ingénieurs qui en sont chargés surveillent les travaux et font observer les règles concernant la sûreté, la bonne exploitation des gîtes et l'exécution des projets approuvés par le ministère des travaux publics.

Près de ce ministère siége le conseil des mines, dont les ingénieurs des districts sont membres.

Fer. — Toutes les provinces du royaume abondent en minerais de fer.

Les terrains granitiques et les schistes cristallins contiennent des filons de fer magnétique. Un des gîtes les plus importants de fer oxydulé magnétique est celui de Serra dos Monges, dans la province d'Alemtéjo, situé dans d'excellentes conditions pour une grande exploitation à cause de sa proximité du chemin de fer d'Evora à Lisbonne. La même province contient d'autres gîtes remarquables de ce minerai à Villa-Boïm, près d'Elvas, et à Campo-Maior, près de la frontière d'Espagne. Les terrains de la série mésozoïque de l'Algarve contiennent des quantités considérables de ce fer, ainsi que les terrains jurassiques de l'Extrémadure, où les gîtes les plus importants sont ceux de Mendiga, Serro Ventoso et Arrimal.

On trouve aussi en Portugal d'autres minerais de fer, tels que l'oligiste, les hématites et les carbonates, dont quelques gîtes sont très-riches. A Moncorvo, il y a des filons remarquables d'oligiste, occupant une zone de dix kilomètres de longueur et 1,700 mètres de largeur. A Quadramil, dans la province de Traz-os-Montes, on rencontre un gîte très-riche, ayant sur une étendue de 6 à 8 kilomètres une puissance quelquefois de 20 mètres et renfermant des hématites brunes et des oxydes hydratés.

Il y a de puissants filons de fer carbonaté sur le flanc de la Serra de Mocana dans le district d'Aveiro, à Santiago da Ribeira, Cabeço dos Mouros et Ferrarias de S. Luiz. On en trouve également dans la province d'Alemtéjo.

Plomb. — Ce minerai est assez abondant en Portugal, surtout dans les districts de Villa Real, Vizeu, Aveiro, Portalègre et Béja.

Parmi les mines de plomb, il faut citer celles de Varzea dos Trovões, dans la commune de Saint-Jean de Pesqueira, qui produit aussi de l'argent; celles de Carvalhal, Braçal et Mealhada, dans le district d'Aveiro. Cette dernière, qui est la plus importante, a une usine pour le traitement du minerai. Il y a encore la mine de Coval da Mó, qui est le prolongement des gîtes de Braçal et Mealhada. Toutes ces mines rapportent encore peu de minerai, mais elles sont susceptibles d'un grand développement.

Les mines de Mertola, près du Guadiana, contiennent des sulfures de plomb produisant 70 pour 100 de plomb et 500 à 600 grammes d'argent par tonne; les carbonates de plomb, qui les accompagnent, ont quelquefois une teneur argentifère plus élevée. Les sulfates de plomb cristallisés et amorphes y accompagnent aussi les autres minerais; et le cuivre gris se présentant accidentellement associé aux minerais de plomb, ceux-ci ont alors une teneur de 950 à 1000 grammes d'argent par tonne.

Il y a dans le district de Lisbonne une mine de plomb située sur l'extrémité occidentale de la Serra de Grandola.

Cuivre. — Les mines principales de cuivre encaissé dans les granits et les porphyres sont celles de Pecena, Commenda, Sobral, Alpedreira, Alcala et Alcalaïm, situées dans le district d'Evora, où le nombre des filons est d'ailleurs considérable. Il y a aussi des filons très-puissants à Saint-Manços, au sud d'Evora, ainsi qu'à Xerès et Barcas, sur la rive du Guadiana, près de la frontière d'Espagne.

La province d'Alemtéjo possède plusieurs gîtes de cui-

vre encaissés dans les schistes cristallins, dont les
principaux sont ceux de Bugalho, Azambujeira et Mostardeira. Le district d'Aveiro en possède aussi de très-
abondants à Palhal, Telhadella et Moinho do Pintor. La
première de ces mines est très-importante. Située dans
une excellente position par rapport à la rivière Caïma,
dont le lit traverse ses filons, elle a des roues hydrauliques à auges, alimentées par un canal de 2 kilomètres
de longueur; une route nouvelle relie la mine au port de
Saint-Martin, ou au chemin de fer du Nord. La teneur
moyenne du minerai est de 15 pour 100 de cuivre.
On en fait une assez grande exportation pour l'Angleterre.

La grande région métallifère de la province espagnole
de Huelva se prolonge jusqu'en Portugal, où l'on trouve
les grands amas pyriteux de Saint-Domingos, Aljustrel et
Grandola, présentant une zone de 110 kilomètres de longueur.

Le minerai extrait de la mine de Saint-Domingos, la plus considérable des trois, est la pyrite de
fer cuivreux, contenant en moyenne 3,5 pour cent de
cuivre et 49 à 50 pour cent de soufre. Son développement a occasionné la construction d'un chemin de fer de
18 kilomètres de longueur, reliant la mine à la rive
gauche du Guadiana, la navigabilité de ce fleuve sur une
distance de 40 kilomètres pour les navires à grande cale,
et la construction du port de Pomarão, où les navires
reçoivent le minerai directement des wagons. L'exportation du minerai est considérable pour l'Angleterre, où il
va alimenter les fabriques d'acide sulfurique.

Etain. — On trouve de l'étain, à gisement dans les
granits, à Rebordosa, près de Porto; de l'oxyde d'étain à
Rodas de Maraõ, Ramalhoso et Portella de Gaiva. Dans
la province de Traz-os-Montes on connaît un grand nombre

de filons stannifères concentrés dans les localités de Paredes, Paradella, Saint-Martin d'Angueira et Montezinhos.

Manganèse. — L'Alemtéjo et la zone des amas pyriteux de Saint-Domingos, Aljustrel et Grandola offrent des gîtes de manganèse dont l'exportation a lieu pour l'Angleterre.

Zinc. — Le minerai de zinc est représenté en Portugal par les blendes associées en général aux sulfures de plomb. Il y a des blendes argentifères, dont quelques-unes deviennent de véritables minerais d'argent.

Antimoine. — La région principale de l'antimoine se trouve dans le district de Porto, renfermée dans les arrondissements de Gondomar, Vallongo et Paredes. Ce minerai se trouve également dans l'arrondissement de Montemor, district d'Evora, et dans celui d'Alcoutim, district de Faro.

Il y a aussi en Portugal quelques mines de nickel, de cobalt, de zinc argentifère et d'argent.

Il existe plusieurs mines de charbon dont l'exploitation a été souvent interrompue, comme peu lucrative.

Les terrains carbonifères sont très-limités. Les formations houillères les plus remarquables sont celles de Bussaco et de Pedro de Cova, qui est la seule évidemment exploitable. Ce dernier bassin est exploité depuis quatre-vingts ans environ. Le charbon en est très-pur et sert aux usages domestiques. La ville de Porto en est le débouché.

Il existe des couches de charbon minéral exploitable dans les terrains jurassiques des provinces de Beira et d'Extrémadure. La mine du cap Mondego, près de Buarcos, produit du charbon un peu pyriteux, mais qui peut satisfaire à un grand nombre de besoins industriels en le soumettant à une préparation mécanique. Le coke qu'il produit est léger, mais assez résistant. On trouve aussi à Valverde du charbon parfois très-sec, et, dans ce cas, très-susceptible d'être appliqué au chauffage des chaudières à vapeur. Ces charbons jurassiques ne sont pas bitumineux. La mine de Chão Preto, près de la ville de Leiria, produit du charbon brunâtre, quelquefois fort semblable au lignite; souvent il est noir, luisant, et il peut être considéré, dans ce cas, comme houille jurassique, passant du lignite à la houille.

Le district de Leiria est riche en grès bitumineux formant des couches très-puissantes, quelquefois demi-fluides. Les gîtes principaux sont à Granja, Marrazes, Pedras Negras et Canto d'Azeche. Celui de Granja est en voie d'exploitation. On y trouve dans les couches marneuses et argileuses du phosphate de chaux. Cette découverte, qui est récente, a déjà acquis une certaine importance, car l'exploitation du phosphate a pris d'assez larges proportions.

Le même district possède des bois fossiles formant des couches dignes d'être étudiées. La couche la plus riche est à Marrazes, près de la ville de Leiria.

Le Portugal n'est pas abondant en tourbe. On trouve cette substance minérale en quelques endroits; mais comme le terrain tourbeux est situé très-bas, l'exploitation ne serait pas avantageuse parce qu'il serait totalement perdu pour l'agriculture.

Sel. — On évalue à 1,200 le nombre de marais salants qui existent sur la côte de Portugal, et à 22.000,000 leur production en hectolitres.

Il existe à peine une saline qui produit une très-petite quantité de sel.

L'exportation du sel est l'objet d'un commerce important, à Setúbal et à Lisbonne. Elle a atteint en 1866 le chiffre de 246,000,000 de kilogrammes et la valeur de 1,400,000 francs.

Tableau général des mines au 31 décembre 1877.

DISTRICTS.	MINES à concession définitive.	CONCESSIONS devenues nulles. Mines avec diplome de découverte légale.	Mines à concession provisoire.	Mines à concession définitive.	Mines ayant obtenu une seconde concession définitive.	MINES DONT LA CONCESSION DÉFINITIVE était en vigueur au 31 décembre 1877. Antimoine.	Asphalte.	Charbon.	Charbon et fer.	Plomb.	Cuivre.	Cuivre et plomb.	Étain.	Fer.	Fer et Manganèse.	manganèse.	Total.	AIRES en hectares des demarcations des mines, dont les concessions définitives étaient en vigueur au 31 déc. 1877.
Aveiro	20	5	1	3	»	»	»	»	»	8	6	»	»	1	»	»	47	2890,7531
Béja	155	34	9	33	3	1	»	»	»	3	11	»	»	1	39	69	124	6786,0531
Braga	14	6	5	6	4	1	»	»	»	»	1	»	»	»	»	»	»	»
Bragance	6	4	1	2	»	1	»	1	»	»	1	»	»	1	»	»	9	1744,8165
Castello Branco	5	»	1	»	1	»	»	1	»	2	»	»	1	»	»	1	3	143,0000
Coimbre	25	5	3	9	3	2	»	1	»	»	14	»	3	7	16	4	23	340,3760
Evora	6	1	1	1	2	»	»	»	»	»	»	»	»	»	»	1	»	4998,6600
Faro	3	»	»	4	»	»	»	»	»	4	»	»	1	3	»	»	6	870,6000
Guarda	17	10	2	4	2	2	»	2	»	4	1	»	»	6	»	»	13	419,8750
Leiria	34	3	4	11	8	»	»	2	»	5	2	»	»	»	»	6	35	21303,1060
Lisbonne	9	»	2	1	1	6	»	5	»	1	»	»	2	»	»	2	9	1835,9882
Portalègre	10	3	»	»	»	»	2	»	»	5	»	»	1	»	»	»	18	537,2170
Porto	27	4	2	1	»	»	»	»	»	8	»	»	2	»	»	»	»	149,0250
Santarem	1	»	»	»	»	»	»	»	»	»	»	»	»	»	»	»	»	»
Vianna do Castello	»	»	»	»	»	»	»	»	»	»	»	»	»	»	»	»	»	»
Villa Real	7	4	1	»	»	»	»	»	»	»	2	»	»	»	»	»	3	396,5890
Vizeu	12	1	1	1	»	»	»	»	»	»	3	1	»	2	»	»	11	736,3404
Total.	341	72	27	78	15	10	2	10	6	37	39	1	11	25	55	80	276	40851,3993

Voici quelle a été la moyenne de la production annuelle des mines et la valeur moyenne des minerais pendant les trois périodes 1851 à 1860, 1861 à 1870 et 1871 à 1872.

MINERAIS	1851 à 1860		1861 à 1870		1871 à 1872	
	Tonnes métriques	Valeur — francs	Tonnes métriques	Valeur — francs	Tonnes métriques	Valeur — francs
Pyrite cuprif.	8.956	300.000	235.840	7.005.000	146.894	4.333.000
Cuivre......	1.235	309.000	4.227	1.022.000	1.892	450.000
Plomb	930	211.000	2.931	638.000	2.213	488.000
Antimoine...	60	17.000	164	50.000	19	5.500
Etain........	12	17.000	7	17.000	»	»
Charb. de ter	15.462	372.000	19.002	578.000	12.387	305.000
Manganèse..	»	»	8.832	611.000	14.226	1.226.000
Zinc argentif.	»	»	16	2.000	»	»
Nickel.......	»	»	5	2.000	»	»
Argent.....	»	»	1 2	500	»	»
Pyrite de fer.	4	»	23	500	»	»
Fer.........	»	»	1.340	17.000	2.423	26.000
	26.679	1.226.000	272.388.2	9.942.000	180.054	6.833.500

Cette courte notice sur les mines du Portugal suffit pour donner une idée générale de la grande richesse minérale de ce pays (1). Nous y joignons, pour la compléter, le tableau des principaux minerais extraits des mines du royaume, pendant la période décennale de 1866 à 1876.

(1) Voir pour des renseignements plus complets une excellente notice de M. das Neves Cabral, ingénieur des mines, sur l'*Industrie minérale du Portugal*.

Tableau de l'exportation des principaux minerais extraits des mines du royaume
de 1866 à 1876

ANNÉES	PLOMB		CUIVRE		ÉTAIN		FER ET MANGANÈSE		PHOSPHATE DE CHAUX	
	Kilogr.	Valeur Francs	Kilogr.	Valeur Francs	Kilogr.	Valeur Francs	Kilogr.	Valeur Francs	Kilogr.	Valeur Francs
1866	»	»	915,014	6,969,844	»	»	649,039	59,533	6,741	36,427
1867	938,787	72,479	411,873,242	5,474,233	»	»	1,809,168	103,616	47,938	4,083
1868	951,145	136,972	85,694,995	4,398,383	»	»	5,223,165	498,500	469,437	23,161
1869	2,516,288	383,022	140,738,545	7,014,494	9,800	14,861	12,993,794	442,661	72,504	12,500
1870	1,039,413	237,938	274,362,600	9,178,966	498,800	30,477	14,427,937	650,872	408,504	17,027
1871	2,323,325	316,788	417,667,463	5,673,705	91,453	43,801	4,422,482	217,616	»	»
1872	1,592,865	249,466	181,689,545	9,077,588	56,540	94,372	21,444,270	1,494,888	1,817,000	97,344
1873	1,407,597	260,305	222,024,664	11,027,777	28,218	26,005	30,945,122	1,303,916	154,000	8,555
1874	1,426,829	308,346	168,053,884	8,275,722	33,348	16,494	35,008,820	1,216,450	355,598	11,300
1875	862,903	278,550	187,776,450	8,809,155	57,735	21,577	43,821,665	787,572	4,479,240	164,355
1876	1,289,334	456,744	61,773,442	8,115,200			24,568,746	559,505	2,901,942	76,550

5

XI

Carrières.

Il n'existe pas de statistique complète du nombre de carrières et de leur production. D'après une enquête faite en 1872, par le bureau des mines, il existait alors 802 carrières en exploitation, distribuées de la manière suivante :

District d'Aveiro	67 carrières.
— Béja	61 —
— Braga	33 —
— Castello-Branco	15 —
— Coïmbre	20 —
— Evora	46 —
— Faro	9 —
— Leiria	18 —
— Lisbonne	105 —
— Portalègre	9 —
— Santarem	37 —
— Vianna	74 —
— Vizeu	103 —
— Villa-Real	89 —
Açores: Angra	27 —
Horta	16 —
Ponta-Delgada	73 —
	802 carrières.

Marbre. — Le Portugal est très-riche en marbres, calcaires et grès. La province d'Alemtéjo produit des calcaires cristallins dont les carrières se trouvent à Extremoz, Borba, Villa Viçosa et Montes Claros, Vianna et Monte de S. Luiz. Celles de Montes Claros peuvent fournir de beaux monolithes pour les constructions monumentales, offrant toutes les nuances, du fond tout à fait noir au blanc très-pur. Les carrières d'Extremoz produisent de beau marbre blanc le plus pur, mais d'une dureté qui le rend peu propre à la statuaire. L'exportation de ces marbres est aisée depuis la construction du chemin de fer de l'Est.

Les calcaires des environs de Lisbonne fournissent de beaux marbres de couleurs très-variées; ils sont large-

ment exploités pour la consommation intérieure et pour
l'exportation.

On trouve aussi dans le district de Coïmbre des carrières très-puissantes de marbres et de pierres employés
pour l'ornementation et la construction. Les calcaires de
ce district sont très-beaux et blancs, en général ; mais ils
ne résistent pas facilement à l'influence atmosphérique.
On y trouve aussi des calcaires siliceux dont on fait des
pierres à moulin.

On fait à Lisbonne le sciage mécanique des marbres,
soit à la vapeur, soit au moyen de roues hydrauliques.

Granits. — Tout le royaume possède des granits en
abondance ; ils sont employés comme pierre de taille dans
les constructions. C'est surtout dans le district de Porto
qu'on s'en sert pour bâtir les maisons et les monuments.
Il y a même des granits très-durs, qui servent à paver
les chaussées de cette ville.

Ardoises. — Près de Vallongo, dans le district de Porto,
il y a des carrières d'ardoises très-consistantes et, en général, faciles à tailler, qu'on emploie à toute sorte d'ornements intérieurs. On peut en extraire des morceaux de
dimensions suffisantes pour en faire des tables de billard.
Ces ardoises sont excellentes pour la toiture. Une compagnie anglaise les exploite largement et les exporte principalement pour l'Angleterre et le Brésil.

Argiles. — Les argiles sont très-nombreuses et répon-
dent à tous les besoins industriels. Nous citerons les
argiles ocreuses du district de Coïmbre et les argiles réfractaires de celui de Leiria, les terres à porcelaine de
Feira et les argiles d'Abrigada, employées dans la fabrication du grès. Tous ces gisements sont considérables. Les
argiles de Casal dos Ovos et de Valle de Lobos sont excellentes pour en faire des creusets et des pots à fabriquer
le verre. La terre à porcelaine de Feira est employée à la

fabrique de Vista Alegre, qui est la plus importante et la plus considérable du royaume.

Sables. — Les sables susceptibles d'être employés comme matériel de construction appartiennent à la formation triassique, et se trouvent dans des régions distinctes, savoir: à l'est d'Aveiro, dans le district de Coïmbre, et dans l'Algarve.

XII

Eaux minérales.

Le Portugal est fort riche en eaux minérales dont les applications thérapeutiques sont très-variées. D'après le compte-rendu de la commission officielle chargée en 1867 de l'étude et de l'analyse de ces eaux (1), on connaissait à cette époque 81 sources. M. Pery porte à 108 le nombre de sources dont il a reconnaissance en résultat de ses explorations dans le royaume, et il les répartit entre les provinces de la manière suivante:

Province de Minho.	17	sources.
— Traz-os-Montes.	13	—
— Beira.	35	—
— Extrémadure.	26	—
— Alemtéjo.	15	—
— Algarve.	2	—

L'analyse qui en a été faite les a classées ainsi:

Eaux sulfureuses.	72	sources.
— salines.	8	—
— salines muriatiques.	4	—
— salines cuprifères et arsénicales.	2	—
— salines nitreuses.	2	—
— alcalino-gazeuses.	3	—
— gazeuses.	10	—
— indéterminées.	7	—
	108	sources.

(1) Cette commission était composée de M. Schiappa de Azevedo, ingénieur des mines, chef de bureau des mines au ministère des travaux publics, du docteur Thomas de Carvalho, médecin, et du docteur Agostinho Vicente Lourenço, chimiste.

En voici la classification sous le rapport de leur température :

Eaux froides	(jusqu'à 20° C.)	34 sources.
— fraîches	(— 25° C.)	12 —
— tièdes	(— 32° C.)	11 —
— chaudes	(— 38° C.)	17 sources.
— très-chaudes	(38° C. et au-dessus)	10 —
— dont la température n'est pas connue . . .		24 —
		108 sources.

Ce nombre représente 1 source par 822 kilom. carrés.

Les eaux dont la température est la plus élevée sont
celles de S. Pedro do Sul (69° C), Vizella (66° C), Gerez
(63° C), Aregos (60° C) et Chaves (56° C).

Dans le compte rendu de la commission, M. Schiappa
de Azevedo tire les conclusions suivantes :

1° Que les sources minérales du Portugal se trouvent
en plus grande abondance dans les régions les plus éloignées des roches basaltiques et triasiques, qui représentent dans le voisinage de Lisbonne des volcans une
période géologique antérieure à la période actuelle ;

2° Que les eaux minérales s'y rencontrent en plus
grande abondance dans les terrains montagneux, de préférence aux terrains plats ;

3° Que dans les terrains plus accidentés, les sources qui
jaillissent du granit sont les plus nombreuses, et s'y
trouvent le plus souvent en contact avec des roches granitiques ou sédimentaires d'autres formations, ou, pour
le moins, de nature et d'origine différentes.

Le Portugal a un très-grand nombre de sources d'eau
ferrugineuse.

Quelques sources thermales possèdent au plus haut
degré les qualités thérapeutiques correspondantes, et
sont très-fréquentées. Mentionnons spécialement celles de
Vizella, Bussaco, Luz, Vidago, Caldas de Rainha, Alcaça-
rias et Cabeço de Vide, qui figurent au tableau qui suit.

NOMS DES SOURCES	TEMPÉRATURE	ACIDE sulfhydrique (grammes)	SELS CONTENUS DANS LES EAUX	POIDS du résidu solide (gramme)	QUANTITÉ d'eau en 24 heures (hectolitres)
			PROVINCE DE MINHO.		
Vizella { Mourisco	36°.5	0,00869	Silicates et chlorures alcalins, sols calcaires et magnésiens.	0,3310	
Lameira	35°.5	0,00913	Idem.	0,3415	
Medico	31°.5	0,00987	Idem.	0,2415	
Poyas	25°	0,00242	Idem.	0,2935	3,270
Monsao	31° à 39°		Chlorures, sulfates alcalins et calcaires.	0,4615	2,500
Gerez	55° à 59°		Silicates, chlorures alcalins et calcaires.	0,2675	9,190
Metalle	39°.5		Chlorures et sulfates alcalins et calcaires.	0,1147	
Entre Rios		0,00180	Id.	0,2310	270
			PROVINCE DE TRAZ-OS-MONTES.		
Moledo	42°	0,00435	Chlorures, silicates de chaux et de magnésie, fer, alumine.	0,8547	9,300
	39°.5	0,00081	Idem.	0,2670	
			PROVINCE DE BEIRA.		
Arega	57°	0,00235	Sulfates et chlorures alcalins, sels calcaires et de magnésie, fer et alumine.	0,8900	3,000
S. Pedro do Sul	69°	0,00140	Sulfates, chlorures et silicates de chaux et de magnésie, fer et alumine.	0,3150	4,600
Alcafache	45°	0,00081	Idem.	0,3040	4,390
Felgueiras	31° à 39°		Idem.	0,3446	800
Vidago	froide.		Évolution d'acide carbonique, carbonates de potasse, de soude, le chaux, de magnésie et de fer, chlorure de potassium, silica, alumine, matières organiques.		
Chaves	50°		Idem.	1,145	
Vilarelho	16°.4		Idem.	1,9000	
Lúso	25°		Silices et silicates alcalins.	0,0392	
			PROVINCE D'ESTRÉMADURE.		
Caldas da Rainha	33°.8	0,00350	Chlorures de sodium, sulfates de chaux, de magnésie, de soude et de potasse, carbonates de chaux, magnésie, silica. Variables suivant la marée. On trouve de+soude de potassium et de magnésie, sulfate de chaux et de magnésie, fer, alumine.	2,7850	
Arsenal de la marine de Lisbonne	froide.	0,04100		16,2960 à 33,9140	
Alcaparias do Duque à Lisbonne	34°	0,04300	Évolution d'une grande quantité d'azote et de quantités minimes d'acide carbonique et d'oxigène. Chlorure de sodium, sulfate de chaux, de soude, de potasse, carbonate de chaux et de magnésie, silica.		
Cucos	~32°		Chlorures de sodium, de potassium, de calcium et de magnésie, sulfate de chaux, carbonates de chaux et de magnésie.		
			PROVINCE D'ALENTEJO.		
S. José do Deserto en Aljustrel (bain extérieur)	froide.		Réaction fort acide, sulfate de fer et de cuivre, chlorures alcalins, sulfates de chaux, de magnésie, d'alumine, de zinc, silica et arsenic (0,00189).		
Cabeço de Vide	25°	0,00603	Calcaires et carbonates alcalins.	0,3275	
			PROVINCE DE L'ALGARVE.		
Monchique	31° à 61°	sulfureuse.	Sulfates et chlorures alcalins, carbonates de chaux et de magnésie, silica, fer et alumine.	0,3848	
Tavira	25°		Idem.	0,4700	

XIII

Industrie.

Il n'existe pas de statistique complète de l'industrie portugaise. Les renseignements qui suivent sont extraits d'un recensement officiel fait en 1867 dans le but exclusif de procéder à la répartition des taxes de la contribution industrielle, et surtout de la géographie et statistique générale de M. Pery.

D'après ce recensement, le nombre des contribuables était de 199,174, réparti comme suit :

Grande industrie.	9.402
Petite industrie.	106.157
Commerce.	73.368
Arts et métiers.	10.247

Le nombre d'industries et de professions portées sur le recensement est de 421.

La grande industrie comprenait les établissements suivants :

Filatures.	55	Fabrique de faïence émaillée.	3
Fabriques de cordage.	178	Fabriques de glace.	2
— d'impression de tissus.	12	— de pâtes alimentaires.	22
Fabrique de tissus.	488	Fabriques de toiles cirées.	4
Teintureries.	39	— de produits chimiques.	10
Fabriques de savon.	24		
— de papier.	45	Fabrique de guano.	1
Fonderies.	28	Fabriques de bouchons de liége.	15
Pisons.	255		
Fabriques de faïence.	13	Imprimeries.	81
— de porcelaine.	1	Orfévreries.	484
Verreries.	6	Fabriques d'huile d'olive	3.500
Tanneries.	228	— d'eau-de-vie.	601

La petite industrie comprenait les établissements qui suivent :

Moulins	10.984	Couturières	122
Boulangeries	2.773	Perruquiers	2.299
Fours à cuire le pain	1.383	Menuiseries	571
Métiers à tisser	4.162	Forgerons	3.570
Tailleurs	646	Maréchaux-ferrants	1.086
Cordonneries	2.360	Tonneliers	155
Saboteries	1.255	Sculpteurs sur bois	25
Chapelleries	195	Ferblantiers	377

On voit que cette statistique est loin d'être exacte. Nous ne présentons les données qui précèdent que pour donner une très-faible idée de la manière dont l'industrie est répartie en Portugal.

INDUSTRIE CÉRAMIQUE. — L'industrie céramique s'est fort développée et perfectionnée. On fabrique de la poterie et de la faïence dans tous les districts ; mais les localités qui se distinguent le plus dans cette fabrication sont : Caldas de Rainha, Extremoz, Vianna d'Alemtéjo, Lisbonne, Abrigada, où il y a une fabrique de tubes à drainage et de briques réfractaires, Molellos, renommée par sa poterie noire, et Flor da Rosa.

La fabrique de porcelaine la plus remarquable du pays est celle de Vista-Alègre, dans le district d'Aveiro. Les porcelaines de Vista-Alegre sont fort estimées. La fabrique, qui est fort ancienne, a reçu toutes les améliorations modernes, et elle est parvenue à produire de véritables objets d'art, tels que vases, statuettes, etc., remarquables par la beauté des dessins et des couleurs, ainsi que par leur finesse.

On trouve des fabriques de verres et de cristaux à Marinha-Grande, dans le district de Leiria, à Lisbonne, à Vista-Alegre et à Oliveira de Azemeis, dans le district d'Aveiro. La première jouit à juste titre d'une bonne renommée. Le recensement de 1867, présente à l'égard de cette industrie, les données suivantes :

```
Fabriques de tuiles ou de briques. . . . . . .      620
   —     de poterie ordinaire. . . . . . . . . . 1.408
   —     de faïence. . . . . . . . . . . . . . .   13
   —     de porcelaine. . . . . . . . . . . . .     1
   —     de verres. . . . . . . . . . . . . .        6
```

INDUSTRIE TEXTILE. — *Tissus de lin.* — La fabrication du lin est assez importante à Lisbonne, Porto, Coïmbre, Aveiro, Santarem, Guimaraês et dans d'autres localités. Les principaux produits sont : du fil à coudre, de la toile de toutes qualités, des toiles à voiles et à matelas, du linge de table damassé, des coutils, des dentelles, des rideaux, etc. La petite industrie figure pour une assez large part dans la production de la toile. Les produits des fabriques de Guimaraês sont fort estimés et jouissent dans le pays d'une faveur bien méritée. On y fabrique de la batiste et d'autres tissus fins qui peuvent rivaliser avec quelques produits similaires de l'étranger. Les principaux débouchés sont le royaume et ses colonies, et le Brésil.

Les dentelles portugaises méritent une attention toute spéciale. Elles sont le produit d'une petite industrie qui tend sensiblement à se perfectionner et à s'accroître, et qui est exercée exclusivement par les femmes à Vianna, à Horta dans l'île du Fayal, à Peniche, à Setubal et à Villa do Conde. Les dentelles les plus renommées sont celles de Peniche et de Setubal. Elles sont du genre Honiton, imitation de guipure et de Chantilly, mais toutes faites à la main dans le coussin à fuseaux.

Tissus de coton. — L'industrie du coton s'est fort développée pendant les dernières années. L'importation du coton en masse atteint la moyenne annuelle de 1,800,000 kilogrammes. Le nombre des filatures et des fabriques de tissus s'accroît tous les jours surtout dans les districts de Porto, Lisbonne, Penafiel et Vizella. Les possessions d'Afrique sont le débouché principal des produits de cette industrie. L'exportation des tissus de coton a été, en 1874, de 145,889 kilogrammes, de la valeur de 646,255 francs.

Tissus de laine. — Malgré les vicissitudes que cette industrie a souffertes autant des conséquences funestes des guerres civiles qu'à cause des vices de la législation tributaire des matières premières; elle a toujours accompagné les progrès de l'industrie similaire des nations les plus avancées. S'il y a encore un assez grand nombre de localités où l'on rencontre le travail manuel avec une simplicité toute primitive, il faut aussi constater que les fabriques des districts de Lisbonne, Portalegre et Guarda offrent le travail mécanique avec les méthodes les plus perfectionnées de l'industrie manufacturière, et des produits qui ont mérité plusieurs prix ou mentions honorables aux Expositions universelles et internationales.

Cette industrie produit dans la province d'Alemtejo des couvertures, des étamines, des ceintures, des draps, dits *saragoça*, consommés dans le pays. Le district de Portalègre possède une excellente fabrique administrée par la Compagnie nationale de tissus de laine de Portalègre, établie dans la ville de ce nom. Elle produit des draps très-estimés. Cette ville possède encore des fabriques qui produisent des draps de plusieurs qualités, des châles, des couvertures, des jupons de couleur et de la laine en fil. La petite industrie de cette province n'emploie pas moins de 1,100 métiers à tisser.

Dans la province d'Algarve l'industrie de la laine offre un caractère tout à fait domestique. Elle y occupe 400 métiers environ, et se borne à produire de la bure et de couvertures.

La province de Beira nous présente cette industrie dans son plus grand développement. Dans la Haute-Beira, le district de Coïmbre offre une certaine importance en ce qui concerne la petite industrie qui produit du drap *saragoça*, de la bure, des baïettes, des draps de couleur à raies et à carreaux et de l'étamine. Les gens du peuple s'habillent avec les draps fabriqués dans le district. Les bures sont exportées pour les marchés des deux Beira, de l'Alemtéjo et de l'Algarve, et même pour ceux d'Espagne. Le district de Vizeu se trouve dans les mêmes conditions.

Dans la Basse-Beira, il y a plusieurs fabriques plus ou moins importantes. C'est la ville de Covilhâ qui occupe le premier rang pour les manufactures des tissus de laine. Les fabriques de cette localité produisent des casimirs, des draps veloutés, unis, *raglans* et *saragoça*, de la castorine, de la bure de toute espèce, des baïettes, de la sérafine des tissus à carreaux de couleur, des châles, etc. Elles ne consomment pas moins de 1,500,000 kilogrammes de laine en suint de production nationale. Lisbonne et Porto leur fournissent les produits chimiques et les drogues, et l'Espagne leur envoie l'indigo et de grandes quantités de garance et de cochenille. Elles tirent l'écorce de noyer des environs de Covilhâ, le pastel des localités du district de Guarda, qui le cultivent et le préparent, et le sumac de Villa-Nova de Foscoa et des environs. Presque tout le savon est fabriqué dans les localités de la frontière d'Espagne.

Le district de Guarda, compris dans la même province, est aussi remarquable pour la fabrication des draps *saragoça*, qui constituent l'article principal de production.

Le Brésil et les colonies portugaises sont les débouchés des produits de cette industrie nationale.

D'après la statistique officielle, il y avait en 1867 trois

fabriques de drap à Lisbonne, 39 à Porto, 11 à Castello-Branco, 42 à Guarda et 4 à Portalegre.

Tissus de soie. — Cette industrie est fort ancienne en Portugal, où elle a joui de grands priviléges. Sous le marquis de Pombal, une filature modèle fut établie près de Bragance aux frais de l'Etat, et les soies qu'on y obtint purent rivaliser avec celles d'Italie. De progrès en progrès, les soieries portugaises furent préférées aux anglaises. Quoique un peu déchue et ne pouvant soutenir aujourd'hui la lutte avec les produits similaires de France et d'Angleterre, elle a encore assez d'importance et produit des tissus unis, brodés ou damassés, des velours, des rubans, des mouchoirs, de la passementerie et quelques dentelles. On fait des soies moulinées et torses à Lisbonne, Lamego, Porto, Sinfaês, Amarante, Marco de Canavezes, Povoa de Lanhoso, Armamar, Valença et Funchal. Les principaux débouchés sont les colonies portugaises, le Brésil et l'Espagne.

INDUSTRIE DES VÊTEMENTS. — Le nombre d'établissements concernant cette industrie est de 5,714 sur la statistique de 1867.

Voici la valeur de l'exportation des principaux produits de cette classe en 1856, 1872, 1874 et 1875 :

	1856 Francs.	1872 Francs.	1874 Francs.	1875 Francs.
Habillements.....	317.400	362.600	153.000	174.000
Chapeaux........	151.900	225.800	246.000	211.000
Coiffures diverses..	14.200	17.800	14.200	48.900
Chaussures......	179.000	1.101.500	1.003.000	1.346.900
Gants..........	3.500	64.000	1.300	119.000
Parapluies......	13.500	24.400	15.000	6.000
	679.500	1.797.100	1.432.500	1.905.800

Les produits de cette industrie s'exportent pour les colonies portugaises et pour le Brésil.

La fabrication des chapeaux est très-ancienne en Portugal. La chapellerie fine, fabriquée à Lisbonne et à Porto, ne le cède en rien à celle de l'étranger et suffit à la consommation du pays. Il y a dans les districts de Braga et Aveiro plusieurs fabriques de chapeaux de feutre de toutes qualités, dont les produits sont consommés dans le pays et exportés pour les colonies et le Brésil.

La production de cette industrie peut s'évaluer à 11,100,000 francs par an. Les matières premières qu'elle emploie sont environ 580 kilogrammes de peluches de soie, 25,500 kilogrammes de poils et 35,400 kilogrammes de feutre.

La chaussure a fait de grands progrès sous le rapport de la perfection des articles. Il y a des fabriques de chaussures à Lisbonne, Porto et Braga, dont quelques produits ont été récompensés aux expositions internationales. La valeur annuelle de l'exportation est, en moyenne, de 1,040,000 francs. L'importation est insignifiante.

On fabrique en Portugal des gants qui suffisent à la consommation, et qu'on exporte en assez grande quantité. Cette industrie a fait beaucoup de progrès. Les peaux de production nationale sont préparées et teintes dans le pays. D'après la statistique officielle, il y avait en 1867 dans tout le royaume 23 fabriques employant 100 couturières.

Papier. — Imprimerie. — La fabrication du papier est une industrie ancienne en Portugal. Les principales fabriques sont établies à Oliveira de Azemeis, Feira, Penella, Miranda do Corvo, Torres Novas, Louzã et Thomar. D'après les statistiques de 1867, il y avait alors 45 fabriques de papier à écrire et à imprimer et 25 de papier d'emballage et de coton, employant en tout 1921 ouvriers, et consommant 4,000,000 de kilogrammes de chiffons. La production du papier peut s'évaluer annuellement à 2,000,000 de kilogrammes.

Le district d'Aveiro possède le plus grand nombre de fabriques ; mais les meilleures se trouvent dans les districts de Lisbonne (Abelheira et Alemquer), Santarem (Thomar) et Coïmbre (Louză).

L'imprimerie a fait d'immenses progrès en Portugal. Les récompenses décernées aux produits de cette industrie par les jurys de toutes les Expositions internationales en sont la preuve éclatante. Il y a actuellement 90 imprimeries, environ, faisant partie de l'industrie privée. Les établissements les plus importants sont : l'Imprimerie nationale de Lisbonne, celle de l'université de Coïmbre et celle de l'Académie royale des sciences de Lisbonne.

L'Imprimerie nationale de Lisbonne est un très-bel établissement du genre, créé en 1768 par le marquis de Pombal, qui y annexa une fonderie de types et une école de gravure. En 1769, il y fut adjoint une fabrique de cartes à jouer qui servit pendant longtemps à défrayer en grande partie les dépenses de tout l'établissement. Objet de la sollicitude constante du gouvernement, l'Imprimerie nationale a toujours flori sous l'administration zélée et intelligente de ses directeurs et protes, parmi lesquels on compte des noms dignes de figurer avec honneur auprès de ceux des meilleurs établissements de l'étranger. Elle emploie 300 ouvriers. Les recettes sont en moyenne de 795,000 francs.

L'imprimerie nationale de Lisbonne a atteint un si haut degré de perfection dans l'exécution de ses travaux, qu'elle a mérité aux grands concours de Londres, Paris, Vienne et Philadelphie, les plus hautes distinctions et l'honneur d'être considérée comme un des établissements les plus remarquables de l'art typographique en Europe.

MÉTAUX. — L'industrie métallurgique a acquis assez d'importance, surtout à Lisbonne et à Porto, où il y a des fonderies bien montées et des fabriques de machines à vapeur et de machines agricoles et industrielles.

Sur le recensement de 1867 figurent 3,566 forges et serrureries, 40 coutelleries, 65 fabriques de meubles en fer, 20 d'armes à feu, 11 de fil de fer, 28 fonderies de fer, 10 de bronze et 63 de cuivre; 11 poteries d'étain, 3 fabriques de balances et de poids, 2 de plomb de chasse, 169 laminoirs et 484 orfévreries.

Le tableau suivant présente la quantité et la valeur des matières premières pour ces industries en 1873, 1874 et 1875, pour alimenter ces industries.

MÉTAUX.	1873		1874		1875	
	Kilog.	Francs.	Kilog.	Francs.	Kilog.	Francs.
Acier.	937,696	1,359,100	1,019,585	1,605,000	1,099,525	771,300
Antimoine..	11,478	18,360	1,303	1,216	4,693	4,110
Mercure.	15,592	151,380	23,384	236,500	21,292	106,600
Plomb.	361,946	188,940	392,649	225,400	324,346	106,650
Cuivre...	240,479	535,740	274,479	533,800	156,784	366,100
Étain.	75,940	210,000	93,711	211,360	62,843	120,400
Fer.	24,932,899	6,755,700	22,634,135	5,624,340	28,333,114	7,180,600
Fer-blanc.	1,118,928	846 470	1,142,916	827,560	1,267,319	711,300
Laiton.	323,867	1,176,220	234,449	531,290	227,043	499,100
Zinc..	164,779	156,561	144,712	108,910	235,771	156,500
	Grammes.		Grammes.		Grammes.	
Or.	78,597	168,580	88,700	7,500	39,500	5,600
Platine.	4,789	4,705	2,280	2,350	101,115	3,100
Argent.	223,877	156,560	94,760	19,050	172,430	30,700

L'exportation des matières premières et des produits de cette industrie a été pendant les trois années sus-désignées :

MÉTAUX.	1873		1874		1875	
	Kilog.	Francs.	Kilog.	Francs.	Kilog.	Francs.
Acier. . . .	92,381	47,900	135,085	38,380	114,011	77,040
Plomb . . .	54,417	39,280	28,669	4,570	148,822	46,850
Cuivre. . .	50,621	191,780	194,473	163,530	271,999	105,310
Étain. . . .	730	1,440	188	400	13,002	13,830
Fer. . . .	1,065,063	651,700	1,209,704	577,810	1,712,566	680,460
Fer-blanc. .	3,442	5,450	244	500	10,578	6,160
Laiton . .	96,121	133,170	95,758	53,420	85,197	72,020
Mercure. . .	80	720	3,930	24,550	67	600
Zinc. . . .	140	60	1,951	2,000	»	»
	Grammes.		Grammes.		Grammes.	
Or.	145,910	178,530	22,252	75,080	23,848	122,800
Argent . . .	2,552,808	321,900	2,624,509	632,480	498,096	138,200

Pêcheries. — L'industrie de la pêche est assez importante. Elle n'emploie pas moins de 30,000 pêcheurs et 4,000 barques.

La pêche maritime la plus considérable est celle de la sardine, qui a lieu sur toute la côte, et celle du thon et du merlan sur la côte de l'Algarve.

Les principales pêches fluviales sont celles du saumon et de l'alose dans le Minho. Les fleuves et les côtes du Portugal ne fournissent pas moins de 127 espèces de poissons et 19 de coquillages.

L'exportation du poisson a été en 1876 :

	Kilog.	Francs.
Thon frais, sec ou salé.	2.229.948	297.500
Sardine —	4.139.736	764.500
Autres espèces —	1.559.375	231.700
	7.929.059	1.293.700

La valeur totale de l'exportation des produits des pêcheries a été en 1876 de 1,783,000 francs.

6

XIV

Commerce.

Le commerce du Portugal s'est accru considérablement depuis que les idées libérales ont commencé à prévaloir dans le système économique du pays. Les cabinets qui se sont succédé depuis 1860 ont introduit dans le tarif des douanes des réformes favorisant le libre échange autant que l'ont permis les circonstances financières du pays, ce qui n'a pas manqué d'exercer une grande influence sur le développement du commerce national.

La valeur de l'importation a été constamment supérieure à celle de l'exportation, ainsi que le démontre le tableau suivant :

Valeur de l'importation et de l'exportation du royaume et des îles adjacentes de 1865 à 1876.

ANNÉES	IMPORTATION — francs	EXPORTATION — francs
1865	137.902 900	111.714.700
1866	147.370.200	106.609.100
1867	146.722.200	96.075.700
1868	137.892.700	100.227.200
1869	125.512.000	98.956.200
1870	140.784.600	112.741.400
1871	150.916.600	119.225.100
1872	161.805.100	129.116.700
1873	189.145.800	131.193.800
1874	157.368.600	127.771.500
1875	200.353.800	135.456.700
1876	191.662.500	(a) 113.980 900

(a) Ce chiffre ne comprend pas l'exportation nationalisée.

Pour qu'on puisse se faire une idée plus complète du développement du commerce général du Portugal, nous comparons dans le tableau qui suit les valeurs des importations et des exportations en 1866, 1870 et 1876, d'après la classification qui leur est assignée par le tarif des douanes.

Tableau de la valeur de l'importation et de l'exportation en 1866, 1870 et 1876.

ARTICLES selon la classification du tarif des douanes.	IMPORTATION			EXPORTATION		
	1866 Francs.	1870 Francs.	1876 Francs.	1866 Francs.	1870 Francs.	1876 Francs.
Animaux vivants	5,358,400	5,402,200	54,54,500	3,636,300	14,080,300	8,235,400
Dépouilles et produits d'animaux	8,893,900	7,623,200	9,772,500	7,430,300	4,929,700	7,841,600
Pêcheries	8,609,900	6,801,500	8,157,000	1,064,400	1,621,000	1,783,500
Laines	11,317,800	9,574,000	14,829,300	3,197,500	1,579,000	1,317,100
Soieries	3,935,600	3,116,200	4,476,200	579,600	650,600	291,200
Cotons	31,481,100	26,305,700	23,527,200	2,303,800	9,067,100	1,790,900
Lin	3,673,500	6,471,300	4,963,900	363,500	323,400	413,300
Bois	2,857,600	3,628,600	5,520,900	4,051,600	4,800,500	6,463,900
Farineux	12,468,900	14,948,200	25,768,900	1,394,700	1,779,500	1,576,400
Denrées coloniales	20,452,600	22,659,200	18,142,700	1,385,000	1,004,600	3,585,600
Matières végétales	3,236,100	2,971,600	2,911,500	13,790,900	11,784,000	14,043,300
Métaux	18,402,300	13,461,000	37,659,500	13,495,700	3,375,400	4,190,600
Minéraux	5,548,400	8,682,100	10,082,800	7,837,000	11,434,900	4,442,560
Boissons	4,547,900	4,168,300	1,258,900	42,924,500	48,755,500	57,188,200
Verres et produits céramiques	1,284,400	836,200	1,665,200	468,200	227,000	163,400
Papier et ses applications	1,351,400	1,108,300	2,106,700	331,900	380,500	343,600
Produits chimiques	1,420,800	1,418,500	1,926,800	1,549,100	1,939,100	1,866,400
Produits divers	1,348,900	1,386,200	2,048,300	211,500	219,000	481,700
Manufactures diverses	3,949,500	3,384,300	10,841,300	4,599,900	4,793,600	1,554,600
Tissus mélangés	511,500	444,000	769,400	»		»
	147,370,200	140,784,600	191,662,500	106,609,100	112,741,410	113,980,900

On voit par le tableau qui précède que les principaux articles d'importation sont : les métaux, les farineux, le coton, les denrées coloniales, la laine manufacturée, les pêcheries, les dépouilles et produits d'animaux et les minéraux.

Le vin est l'article le plus considérable de l'exportation nationale. Les denrées coloniales, les bestiaux, les produits et dépouilles d'animaux et les minéraux sont ceux dont l'exportation a le plus d'importance après celle des vins.

Le commerce avec les colonies est de plus en plus florissant. Les réformes opérées dans le but de favoriser le progrès des provinces d'outre-mer, y ont déterminé un développement agricole très-considérable, qui s'est traduit nécessairement par l'augmentation du commerce colonial.

De toutes les possessions portugaises, ce sont celles d'Afrique qui font le plus de commerce avec la métropole. Elle en importe les denrées coloniales, des matières végétales diverses, de l'ivoire, etc., et y exporte des métaux, des cotons, des boissons et presque tous les produits de l'industrie nationale. La majeure partie du commerce avec les colonies s'effectue sous pavillon portugais.

Le tableau que nous présentons plus loin fait connaître l'importance du commerce avec les pays étrangers. Nous le précédons, pour l'expliquer, de quelques observations à l'égard du commerce de chacun des pays avec lesquels le Portugal entretient le plus de relations commerciales.

L'Angleterre est la nation avec laquelle ces relations sont le plus importantes. Elle envoie en Portugal ses tissus de coton, de laine et de fil, ses charbons, ses machines industrielles, ses fromages, ses métaux et ses minéraux, et elle en reçoit les vins, les minerais, l'huile, le coton en masse, les oranges et autres fruits, les bœufs, le liége et une grande partie d'articles divers. Le commerce avec cette puissance a eu un accroissement constant et considérable.

La France, en ce qui concerne les importations, occupe

e second rang dans les relations commerciales du Portugal. Les principaux articles d'importation sont : les soieries, les objets de luxe et de modes, les meubles, la carrosserie, la sellerie, les cuirs, la papeterie, les métaux ouvrés et les quincailleries. Les exportations, qui ont augmenté beaucoup depuis 1861, consistent principalement en vin, liége, ivoire, café, graines oléagineuses, figues sèches, fruits secs et confits.

Le commerce du Portugal avec le Brésil est assez considérable, surtout celui de l'exportation des produits de l'industrie nationale, dont ce pays est un débouché très-important. En échange de ses produits industriels et agricoles, le Portugal reçoit principalement du Brésil, du café, du sucre, ainsi que d'autres denrées coloniales, du coton, des peaux sèches et du tabac.

Les importations d'Espagne, qui s'effectuent pour la plupart par la frontière terrestre, consistent en produits naturels et agricoles, bœufs, chevaux, mulets, laines et farineux alimentaires. Les exportations consistent en quelques produits de l'industrie nationale et en vin, liége et poisson salé ou mariné.

Les relations commerciales avec les Etats-Unis tendent à s'accroître. Le Portugal en importe du blé en grain et en farine, du pétrole, du tabac en feuilles, des douves, des planches et des poutres, et il y exporte du vin, du liége, de l'huile, des oranges, de la cire et quelques autres produits agricoles. Les importations sont de beaucoup supérieures aux exportations.

Le mouvement commercial avec les autres puissances n'est pas aussi considérable, mais il s'est fort développé depuis l'accomplissement des réformes libérales que nous avons indiquées, et la conclusion de traités de commerce dont les tarifs conventionnels ou les stipulations spéciales n'ont pas manqué de déterminer l'accroissement des relations commerciales et l'écoulement des produits naturels, première source de richesse du Portugal.

Tableau des principales Importations en 1876

ARTICLES	UNITÉS	QUANTITÉS	VALEUR FRANCS
Bétail.	Têtes.	64,785	5,523,600
Peaux fraîches.	Kilogr.	310,979	271,300
— sèches.	—	1,914,646	2,649,800
— préparées.	—	228,718	1,084,000
Morue.	—	15,398,628	7,529,300
Laine en masse.	—	1,558,708	3,340,400
Tissus de laine.	—	671,498	9,406,900
Poils bruts.	—	56,625	428,500
Soie en masse.	—	16,886	596,300
Tissus de soie.	—	1,337,653	2,968,800
— confectionnés.	—	10,451	1,019,000
Coton en masse.	—	204,432	2,842,300
— en fil écru.	—	201,860	440,200
— — teint.	—	34,469	144,500
— — retors.	—	131,006	818,200
Tissus de coton.	—	5,808,028	18,424,600
Lin en masse.	—	2,531,761	2,579,900
— fil blanc et écru.	—	126,166	457,000
Tissus de lin.	—	771,143	1,536,000
Bois.	»		5,329,950
Orge en grain.	Kilogr.	1,920,819	343,500
Maïs —	—	36,441,850	6,894,400
Blé —	—	45,927,903	12,149,400
— en farine.	—	3,471,383	1,204,200
Riz en grain.	—	2,780,082	3,646,200
Légumes. { Fèves.	—	2,992,029	438,700
{ Autres.	—	805,133	222,400
Fécules.	—	774,563	306,200
Sucré brut.	—	17,823,638	9,506,800
— raffiné.	—	212,327	182,500
Mélasse.	—	1,607,718	350,800
Café en grain.	—	1,776,959	2,951,500
Thé.	—	243,759	1,269,200
Tabac en carotte.	—	18,559	65,255
— en feuilles.	—	1,703,595	2,835,300
— en cigares.	—	29,371	384,794
— autres espèces.	—	11,342	116,278
Graines oléagineuses.	—	2,760,355	343,750
Charbon de terre.	—	217,656,942	6,694,000
Pétrole.	—	3,692,945	1,011,300
Autres combustibles fossiles.	—	36,120,516	1,053,300
Fer laminé.	—	6,403,293	2,378,970
Fil de fer.	—	1,199,921	523,500
Fer ouvré.	—	3,435,645	2,352,538
Acier.	—	753,867	391,400
— ouvré.	—	254,676	1,223,600
Cuivre pur ou avec alliage.	—	320,033	654,000
— ouvré.	—	136,019	937,600
Soufre. { Brut.	—	1,768,757	238,300
{ Sublimé.	—	1,149,314	341,400
Eau-de-vie.	Décalitres.	53,009	509,700
Genièvre.	—	40,051	331,350
Papier d'emballage.	Kilogr.	327,557	654,300
— à écrire.	—	204,147	519,950
Livres imprimés.	—	58,871	250,466
Indigo.	—	79,203	712,200
Machines industrielles.	—	5,412,382	5,042,000
Montres, pendules, etc.	Nombre.	36,825	1,009,600
Instruments de musique.	—	»	661,900

Tableau des principales Exportations en 1876

ARTICLES	UNITÉS	QUANTITÉS	VALEUR — FRANCS
Bétail.	Têtes.	173,646	8,242,000
Viandes, fraîches, salées ou sèches.	Kilogr.	669,897	1,091,800
Cire brute.	—	51,013	204,700
— ouvrée.	—	1,578,660	4,137,800
Ivoire.	—	48,448	577,100
Œufs.	—	»	277,000
Peaux brutes.	Kilogr.	976,692	944,500
— préparées.	—	19,313	58,700
Huile de poisson	—	238,382	130,600
Poisson, frais, sec ou salé. { Thon.	—	2,229,948	297,500
{ Sardine.	—	4,139,736	794,500
{ Divers.	—	1,559,375	201,700
Poisson mariné.	—	679,439	77,300
Laine en masse.	—	752,401	1,120,000
Soie en masse.	—	480	32,700
— en cocons.	—	19,778	138,300
— en fil retors.	—	2,701	107,000
Coton en masse.	—	43,935	44,400
Liége brut.	—	16,252,022	4,356,800
— ouvré.	—	1,159,069	1,026,700
Pommes de terre.	—	6,869,528	1,134,500
Céréales en farine.	—	1,535,566	91,000
Légumes.	—	910,888	215,700
Cacao.	—	375,212	301,000
Café en grain.	—	1,661,785	2,741,600
Confitures.	—	234,161	501,000
Conserves.	—	347,686	96,900
Caoutchouc.	—	478,877	1,506,800
Espèces médicinales.	—	275,193	208,800
Fourrages.	—	1,287,068	348,900
Caroube.	—	15,000	1,440
Amandes.	—	541,047	360,700
Châtaignes.	—	259,500	28,200
Figues sèches	—	7,911,631	1,739,000
Oranges.	Milliers.	551,988	3,095,000
Fruits verts.	Kilogr.	3,897,598	1,067,000
— secs.	—	297,478	109,700
Ail	—	207,063	55,400
Oignons	—	8,031,459	986,000
Plantes potagères.	—	132,423	24,000
Orseille.	—	459,305	307,300
Vin.	Décalitres.	5,285,163	56,922,187
Vinaigre.	—	75,289	209,000
Huile d'olive.	—	377,902	2,641,200
— de palme et de coco.	Kilogr.	1,019,233	611,200
Résine copale.	—	202,173	226,400
Graines oléagineuses.	—	1,153,036	398,200
Chaux.	—	981,288	50,400
Pierres de taille.	—	1,309,931	74,200
Minéraux. { Plomb.	—	1,289,334	456,800
{ Cuivre.	—	61,770,412	3,115,200
{ Étain.	—	57,735	21,000
{ Fer et manganèse.	—	21,508,746	559,600
{ Phosphate de chaux.	—	2,901,912	76,600
Sel.	—	246,081,017	1,413,600
Bi-tartrate de potasse.	—	534,333	290,900
Tissus de coton.	—	650,603	1,357,500
— confectionnés.	—	1,629	186,300
— de lin.	—	32,659	78,500
Bois brut et ouvré.	»	»	1,084,800
Pâtes alimentaires.	Kilogr.	90,706	50,700
Acier ouvré (coutellerie)	—	108,518	139,500
Fer ouvré.	—	1,007,039	566,000
Argent ouvré.	Grammes.	645,502	113,200
Livres imprimés.	»	»	299,000
Chaussures.	Paires.	155,042	712,500
Chapeaux.	Nombre.	45,786	214,900

Tableau comparé de la valeur du commerce d'importation et d'exportation du royaume, avec ses colonies et les pays étrangers en 1866, 1870 et 1875.

	IMPORTATION			EXPORTATION		
	1866.	1870.	1875.	1866.	1870.	1875.
	fr.	fr.	fr.	fr.	fr.	fr.
Possessions portugaises { en Afrique.	4,360,900	5,147,500	4,252,200	3,048,700	4,201,900	5,985,300
en Asie.	317,300	384,600	165,900	155,400	327,700	118,600
Allemagne.	1,385,400	2,220,300	4,524,800	1,001,700	968,100	4,650,100
Autriche.	534,140	5,200	111,300	»	»	»
Belgique.	33,700	40,400	1,950,800	»	»	»
Danemark.	45,100	100	»	463,500	507,700	532,400
Espagne.	13,048,500	10,147,900	12,598,800	7,489,100	10,255,300	733,400
France.	22,323,700	13,281,600	22,851,100	3,602,400	2,208,800	7,391,600
Grande-Bretagne.	74,251,800	69,310,100	102,280,700	63,864,900	69,270,300	7,066,100
Italie.	362,000	739,800	1,116,800	1,683,400	639,800	77,293,100
Pays-Bas.	1,319,700	2,215,000	2,417,500	1,267,100	791,000	791,000
Russie.	2,934,200	6,665,900	6,654,200	1,501,300	1,165,300	1,449,800
Suède et Norvège.	2,629,000	2,657,000	4,061,700	864,800	1,227,700	1,038,000
Turquie.	»	122,300	»	»	846,400	520,900
Maroc.	»	263,200	712,100	»	700	»
Brésil.	19,013,700	17,656,900	13,796,400	16,899,400	20,400	543,400
Chili.	»	900	»	»	17,834,000	23,471,000
États-Unis.	2,793,800	9,393,400	12,806,600	22,600	22,600	47,606
République Argentine.	»	88,400	6,200	4,205,700	1,024,100	2,092,800
de l'Uruguay.	»	61,400	»	»	340,000	228,500
Provenances et destinations diverses.	2,017,300	453,000	44,700	876,400	232,200	108,000
					1,088,800	1,822,100
	147,370,200	140,784,600	200,353,500	106,609,100	112,744,400	135,456,700

XV

Navigation.

Le mouvement de la navigation dans les ports du royaume est considérable. Nous en donnons le tableau général composé pour les années 1874, 1875 et 1876, suivi des tableaux de la navigation par pavillons pendant la même période.

Les travaux d'amélioration des ports et des voies fluviales, ainsi que les facilités que la législation douanière a accordées pour tout ce qui concerne l'entrée et la sortie des navires, le chargement et le déchargement des marchandises, le service de fiscalisation sanitaire et les lazarets n'ont pas manqué d'avoir une grande influence sur le développement de la navigation dans les ports portugais. Le mouvement qui ne fut que de 9,000 navires en 1868, a été de près de 10,600 en 1876.

La marine marchande portugaise possédait, en 1876, une flotte de 602 navires jaugeant 107,292 mètres cubes. On en trouve plus loin le tableau.

Le nombre des constructions a augmenté depuis 1871 dans tous les chantiers du royaume, ainsi que le démontre le tableau respectif. Les principaux chantiers sont: Vianna, Porto, Villa do Conde, Espozende, Aveiro et Setubal.

Il existe des lignes de bateaux à vapeur subventionnées par l'Etat, faisant le service entre Lisbonne et les îles adjacentes et les possessions portugaises d'Afrique.

Tableau général du mouvement de la navigation en 1874, 1875 et 1876.

ANNÉES	ENTRÉE						SORTIE					
	NAVIRES CHARGÉS		NAVIRES SUR LEST		TOTAL		NAVIRES CHARGÉS		NAVIRES SUR LEST		TOTAL	
	Nombre	Tonnage mètres cubes	Nombre	Tonnage mètres cubes	Nombre	Tonnage mètres cubes	Nombre	Tonnage mètres cubes	Nombre	Tonnage mètres cubes	Nombre	Tonnage mètres cubes
1874 à voiles	5,741	620,438	3,172	366,922	8,913	987,360	6,941	780,524	2,112	258,594	9,053	1,039,118
1874 à vapeur	1,060	818,716	1,078	958,329	2,138	1,777,045	1,736	1,626,481	415	445,844	2,151	2,072,325
1874 Total	6,801	1,439,154	4,250	1,325,251	11,051	2,764,405	8,677	2,407,005	2,527	704,438	11,204	3,111,443
1875 à voiles	6,071	653,078	2,687	289,579	8,758	942,657	6,609	683,772	2,570	287,662	9,179	971,434
1875 à vapeur	1,442	1,001,316	1,184	1,061,089	2,626	2,082,405	1,987	2,242,551	602	514,541	2,589	2,757,092
1875 Total	7,513	1,654,394	3,871	1,350,668	11,384	3,705,062	8,596	2,926,323	3,172	802,203	11,768	3,728,526
1876 à voiles	6,122	715,500	2,035	224,442	8,157	939,942	5,923	609,773	2,233	321,813	8,156	931,586
1876 à vapeur	1,467	1,062,973	902	866,336	2,369	1,929,309	1,810	1,417,830	596	542,428	2,406	1,960,258
1876 Total	7,589	1,778,473	2,937	1,090,778	10,526	2,869,251	7,633	2,027,603	2,829	864,241	10,562	2,891,844

Tableau général de la Navigation par Pavillons en 1874.

PAVILLONS	ENTRÉE						SORTIE					
	NAVIRES A VOILES		NAVIRES A VAPEUR		TOTAL		NAVIRES A VOILES		NAVIRES A VAPEUR		TOTAL	
	Nombre	Tonnage en mét. cub.	Nombre	Tonnage en mét. cub.	Nombre	Tonnage en mét. cub.	Nombre	Tonnage en mét. cub.	Nombre	Tonnage en mét. cub.	Nombre	Tonnage en mét. cub.
Portugais	5,826	437,847	269	189,365	6,095	627,212	5,866	416,073	263	188,497	6,129	604,570
Allemand	94	19,357	63	73,944	157	93,301	95	19,556	63	85,390	158	104,946
Américain	189	67,420	»	»	189	67,420	182	65,093	»	»	182	65,093
Anglais	1,320	265,848	1,339	1,184,802	2,659	1,450,650	1,311	273,214	1,355	1,316,194	2,666	1,589,408
Argentin	»	»	1	1,195	1	1,195	»	»	3	3,638	3	3,638
Autrichien	5	1,358	»	»	5	1,358	4	673	»	»	4	673
Belge	5	1,125	3	2,476	8	3,701	6	1,562	3	2,476	9	4,038
Brésilien	17	4,833	27	26,100	44	30,933	9	3,020	28	28,465	37	31,485
Danois	85	10,715	1	845	86	11,560	88	14,759	»	»	88	44,759
Espagnol	584	17,195	184	76,272	768	93,467	715	22,090	187	105,703	902	127,704
Français	158	27,336	182	177,044	340	204,380	152	28,132	182	295,590	334	323,722
Grec	4	194	»	»	4	194	15	195	»	»	15	195
Hollandais	86	11,845	36	32,133	122	43,978	87	25,255	34	30,953	123	56,268
Italien	30	9,945	2	1,486	32	11,431	27	10,207	2	1,486	39	11,693
Russe	97	30,970	»	»	97	30,970	92	32,932	3	3,553	95	36,485
Suédois et Norwégien	416	84,272	31	11,383	447	92,665	419	125,923	26	10,380	445	136,303
Turc	»	»	»	»	»	»	»	433	»	»	1	433
	8,913	987,360	2,138	1,777,045	11,051	2,764,405	9,053	1,039,148	2,451	2,072,325	11,204	3,411,443

NOTA. — Ce tableau ne comprend pas les navires entrés et sortis pour cause de relâche, savoir :

ENTRÉS { À voiles..... 315 } 401   SORTIS { À voiles..... 138 } 214
          { À vapeur..... 86 }   { À vapeur..... 76 }

Tableau général de la Navigation par Pavillons en 1875.

PAVILLONS	ENTRÉE — NAVIRES À VOILES Nombre	Tonnage en mét. cub.	NAVIRES À VAPEUR Nombre	Tonnage en mét. cub.	TOTAL Nombre	Tonnage en mét. cub.	SORTIE — NAVIRES À VOILES Nombre	Tonnage en mét. cub.	NAVIRES À VAPEUR Nombre	Tonnage en mét. cub.	TOTAL Nombre	Tonnage en mét. cub.
Portugais.	6,140	442,732	766	384,271	6,906	827,003	6,502	149,001	733	356,563	7,235	805,564
Allemand.	103	25,778	71	84,170	174	109,948	112	30,086	77	93,936	189	134,020
Américain.	498	67,045	1	1,281	499	68,326	204	65,776	»	»	204	65,776
Anglais.	1,434	226,913	1,392	1,243,470	2,466	1,470,383	1,675	245,013	1,328	2,949,893	2,463	2,494,906
Autrichien.	3	1,106	»	897	3	1,108	3	897	»	»	3	897
Belge.	2	761	»	»	»	761	»	446	2	1,071	2	1,517
Brésilien.	6	1,445	33	34,765	39	35,910	6	624	20	21,832	26	22,357
Danois.	70	10,529	70	70	70	10,529	69	11,236	»	»	69	11,236
Espagnol.	486	12,420	202	92,661	688	105,091	598	13,516	202	75,295	80	88,811
Français.	486	14,502	202	177,200	238	191,702	78	14,527	163	213,821	241	228,948
Hollandais.	84	9,860	154	18,313	238	27,882	69	40,228	28	28,646	97	38,874
Italien.	67	6,488	21	3,216	88	9,404	69	8,300	3	2,676	24	10,976
Russe.	21	20,718	4	1,212	25	21,930	21	24,720	1	1,212	71	22,932
Suédo's et Norwégien.	310	103,239	44	24,846	417	128,085	374	100,066	30	12,146	404	112,212
	8,758	942,657	2,620	2,062,405	11,384	3,603,002	9,179	973,434	2,737	11,768	3,728,825	

NOTA. — Ce tableau ne comprend pas les navires entrés et sortis pour cause de relâche, savoir :

ENTRÉS { À voiles . . . 211 } 254   SORTIS { À voiles . . . 177 } 208
        { À vapeur . . . 43 }   { À vapeur . . . 31 }

Tableau général de la Navigation par Pavillons en 1876.

PAVILLONS	ENTRÉE						SORTIE					
	NAVIRES À VOILES		NAVIRES À VAPEUR		TOTAL		NAVIRES À VOILES		NAVIRES À VAPEUR		TOTAL	
	Nombre	Tonnage en mèt. cub.	Nombre	Tonnage en mèt. cub.	Nombre	Tonnage en mèt. cub.	Nombre	Tonnage en mèt. cub.	Nombre	Tonnage en mèt. cub.	Nombre	Tonnage en mèt. cub.
Portugais	5,629	417,172	704	338,461	6,333	755,633	5,598	395,589	709	342,947	6,307	708,537
Allemand	95	28,843	83	109,333	478	138,176	95	28,688	79	108,632	174	137,320
Américain	208	69,426	5	4,940	213	74,366	209	62,733	1	4,100	210	73,833
Anglais	984	201,427	1,183	1,174,626	2,167	1,376,053	987	199,904	1,211	1,193,707	2,198	1,593,611
Autrichien	2	924	»	»	2	924	3	1,249	1	328	4	1,577
Belge	»	»	»	»	»	»	1	367	4	4,612	5	4,970
Brésilien	3	690	32	81,685	35	32,375	2	450	30	29,615	32	30,065
Danois	45	6,859	»	»	45	6,859	47	7,662	»	»	47	7,662
Espagnol	420	14,948	154	72,659	574	87,607	444	16,084	156	73,959	600	90,023
Français	145	25,269	147	163,735	292	189,004	153	42,012	151	168,121	304	210,133
Hollandais	67	10,767	26	17,910	93	28,677	69	11,755	28	20,404	97	32,159
Italien	58	19,684	1	37	59	19,721	61	21,313	1	37	62	21,350
Russe	81	25,537	»	»	81	25,537	79	27,120	»	»	79	27,120
Suédois et Nor-wègien	420	178,399	34	45,923	454	184,322	408	116,679	35	16,796	443	133,475
	8,246	938,842	2,419	1,929,309	10,526	2,869,251	8,232	934,586	2,446	1,960,258	10,678	2,891,844

NOTA. — Ce tableau ne comprend pas les navires entrés et sortis pour cause de relâche, savoir :

ENTRÉS { A voiles . . . . . 89 } 139 { A vapeur . . . . . 50 }

SORTIS { A voiles . . . . . 76 } 116 { A vapeur . . . . . 40 }

Tableau de la marine marchande portugaise en 1876

PORTS D'ARMEMENT	NOMBRE de navires enregistrés dans chaque port	TONNAGE en mètres cubes	TOTAL	
			Nombre de navires	Tonnage Mètres cubes
PARTIE CONTINENTALE		m. c.		m. c.
Lisbonne	163	40,434 833	»	»
Porto	144	37,699 825	»	»
Sétubal	38	1,859 014	»	»
Aveiro	27	3,384 622	»	»
Caminha	21	2,396 306	»	»
Villa Nova de Portimaô	18	1,411 906	»	»
Vianna	17	2,208 661	»	»
Villa do Conde	12	1,245 356	»	»
Figueira	11	1,478 884	»	»
Espozende	9	1,061 351	»	»
Ericeira	8	517 286	»	»
Tavira	6	466 622	»	»
Villa Real	6	375 514	»	»
Faro	3	231 000	»	»
Olhaô	3	306 872	»	»
S. Martinho	3	332 267	»	»
Lagos	1	61 000	»	»
Odemira	1	85 000	»	»
Villa Nova de Milfontes	1	54 315	492	93,175 228
ILES ADJACENTES				
Funchal	18	2,422 440	»	»
Ponta Delgada	13	4,315 076	»	»
Angra	4	770 007	»	»
Horta	2	334 088	32	7,841 611
COLONIES				
Loanda	29	1,975 171	»	»
Cap-Vert (Saint-Vincent)	22	1,340 960	»	»
Mozambique	14	1,184 325	»	»
Damaô	6	602 790	»	»
Macao	3	829 753	»	»
Diu	2	183 935	»	»
Goa	2	158 685	78	6,275 619
	602	107,292 458	602	107,292 458

Tableau du nombre de navires marchands construits dans les chantiers des ports du royaume depuis 1870 jusqu'à 1876.

ANNÉES	DÉPARTEMENT MARITIME DU NORD		DÉPARTEMENT MARITIME DU CENTRE		DÉPARTEMENT MARITIME DU SUD		TOTAL	
	Nombre de constructions	Jaugeage — Mètres cubes	Nombre de constructions	Jaugeage — Mètres cubes	Nombre de constructions	Jaugeage — Mètres cubes	Nombre de constructions	Jaugeage — Mètres cubes
1870	12	2.288,065	4	355,296	5	170,428	21	2.813,489
1871	14	2.580,765	2	298,462	9	178,000	25	3.057,247
1872	18	2.853,144	1	410,271	7	255,000	26	3.218,415
1873	18	3.092,233	9	682,878	9	206,291	36	3.981,402
1874	23	2.763,097	6	378,731	18	469,756	47	3.611,584
1875	24	3.770,221	7	280,671	19	453,751	50	4.604,643
1876	15	2.019,754	7	591,648	11	386,444	33	2.997,846
	124	19.387.299	36	2.697.957	78	2.119.370	238	24.184.626

XVI

Organisation politique du Portugal.

La charte constitutionnelle octroyée en 1826 par le roi Don Pedro IV est la loi fondamentale de la monarchie portugaise. L'acte additionnel du 25 juillet 1852 en a modifié ou interprété quelques articles.

La forme du Gouvernement est la monarchie représentative et héréditaire. Le trône est occupé par la dynastie de la maison de Bragance depuis 1640, époque de la glorieuse restauration du royaume après soixante ans de domination espagnole.

La religion catholique, apostolique, romaine est la religion de l'Etat. Quoique la charte ne permette qu'aux étrangers l'exercice des autres religions, pourvu que les édifices destinés aux cultes respectifs n'aient aucune apparence extérieure de temples, la tolérance religieuse est extrême, et l'on jouit en Portugal de la plus grande liberté de conscience.

La charte reconnaît comme citoyens portugais : ceux qui naissent en Portugal, quoique fils d'étrangers, à moins que leurs pères n'y résident pour le service de leur nation : les fils de père portugais et les enfants naturels de mère portugaise, nés à l'étranger, qui viennent établir leur domicile en Portugal; les fils de père portugais, nés à l'étranger, lorsque leurs pères y résident pour le service du Portugal, et lors même qu'ils ne viennent point fixer leur domicile dans ce royaume; les étrangers naturalisés, quelle que soit leur religion.

Il faut, pour obtenir des lettres de naturalisation, être majeur, avoir des moyens reconnus de subsistance, et compter au moins un an de résidence en territoire portugais. Les étrangers issus de sang portugais par leur père ou leur mère et venant fixer leur domicile en Portugal peuvent être dispensés de ce temps de résidence. Cette dispense peut encore être accordée, en tout ou en partie, à l'étranger marié à une Portugaise, et à tout individu ayant rendu ou appelé à rendre un service important à la nation.

La qualité de citoyen portugais se perd par la naturalisation en pays étranger ou par l'acceptation sans la permission du roi, d'une grâce, d'une pension ou d'un emploi quelconque d'un gouvernement étranger. Le bannissement fait aussi perdre les droits de citoyen pendant toute la durée de cette peine.

Quatre pouvoirs politiques se partagent le gouvernement de l'État. Ces pouvoirs, qui sont indépendants, sont le législatif, le modérateur, l'exécutif et le judiciaire. Le Roi et les Chambres représentent la nation.

Pouvoir législatif. — Ce pouvoir est exercé par les Chambres et la sanction du Roi. Le corps législatif est composé de deux Chambres : celle des pairs et celle des députés.

Les Chambres font les lois, les interprètent, les révoquent, ou en suspendent l'exécution; elles fixent tous les ans les dépenses publiques, les contingents des impôts directs, et l'effectif des armées de terre et de mer; elles autorisent le gouvernement à contracter des emprunts et déterminent les moyens de payer la dette publique; elles règlent l'administration des domaines de l'État et en décrètent l'aliénation; elles créent ou suppriment les emplois publics et en fixent la rétribution; elles déterminent le poids, la valeur, le type et la dénomination des monnaies, ainsi que les types des poids et des mesures ; elles accordent ou refusent l'entrée des forces étrangères de terre ou de mer dans le royaume ou dans ses ports; elles

7

veillent enfin à l'observance de la Constitution de l'État, et sont spécialement chargées de pourvoir au bien général de la nation.

C'est au sein de la représentation nationale formée des deux Chambres que le Roi, le Prince Royal, le Régent ou la Régence prêtent serment de fidélité à la Constitution. Ce sont encore les Chambres qui élisent le Régent ou la Régence et qui fixent les limites de son autorité. Elles reconnaissent aussi le Prince Royal comme successeur du trône, et désignent le tuteur du Roi mineur s'il n'a pas été désigné par son père.

Le Roi nomme le président et le vice-président de la Chambre des pairs. Il nomme également ceux de la Chambre des députés qu'il choisit entre cinq candidats qu'elle lui présentent.

La Chambre des pairs se compose de membres sans nombre fixe nommés à vie par le Roi et choisis parmi les citoyens âgés de trente ans, au moins, et compris dans les catégories désignées dans la loi du 6 mai 1878.

Aux termes de cette loi, le choix du souverain ne peut retomber que sur les individus occupant ou ayant occupé les plus hauts emplois de l'Etat, sur les propriétaires ou les capitalistes possédant un revenu de 800,000 reis (4,400 francs), et sur les industriels ou commerçants ayant payé 1,400,000 reis (7,700 francs), de contributions industrielles. Cette loi excepte uniquement de ses restrictions ceux qui auront fait preuve d'un mérite éclatant ou rendu des services extraordinaires et hors ligne. La dignité de pair est héréditaire. Elle se transmet comme droit d'aînesse aux descendants légitimes en ligne droite à l'exclusion des collatéraux. Si le descendant aîné n'est pas enfant mâle, la succession au titre de pair échoit au plus âgé des fils. Pour être admis dans la Chambre des pairs par droit de succession, il faut être âgé de 30 ans, au moins, exhiber un certificat de bonne conduite délivré par trois pairs, présenter un diplôme d'instruction supérieure et satisfaire aux conditions censitiques ou de catégorie que la loi exige. Le Prince Royal, ainsi que ses frères, ont le droit de siéger à la Chambre des pairs, dès qu'ils ont atteint l'âge de vingt-cinq ans. Les archevêques et les évêques du Royaume sont pairs de droit. A la mort du Roi, cette Chambre convoque le corps législatif s'il faut nommer une Régence. Elle s'érige en tribunal pour juger les crimes commis par les membres de la famille royale, ainsi que par les ministres, les conseillers d'Etat, les pairs et les députés. Elle a aussi le droit de connaître de la responsabilité des ministres et des conseillers d'Etat.

La Chambre des députés est renouvelée tous les quatre ans. Les sessions législatives sont annuelles et commencent le 2 janvier. Leur durée ordinaire est de trois mois; mais elle peut se prolonger au delà de ce terme selon le nombre et l'importance de ses travaux. Les sessions de la Chambre des pairs commencent et finissent en même temps que celles de la Chambre des députés.

Cette Chambre se compose de 108 députés. Pour être éligible, il faut avoir un revenu annuel dont le minimum est fixé à 400,000 reis (2.222 francs). Sont toutefois dispensés de cette condition censitique : les officiers de l'armée de terre ou de mer, les prêtres, les docteurs, les bacheliers et, en général, tous ceux qui ont un cours complet d'instruction supérieure.

Tout citoyen est électeur, pourvu qu'il soit majeur et qu'il possède un revenu annuel de 100,000 reis au moins (555 francs). La qualité d'électeur appartient également à tout individu qui, n'ayant point ce revenu, possède un cours complet d'instruction supérieure ou secondaire. La loi électorale du 23 novembre 1859 a défini plus positive-

ment les conditions de cens requises pour être électeur
ou éligible, selon la nature du revenu qui en confère la
qualité.

L'initiative de tout ce qui a rapport aux impôts et au
recrutement de l'armée appartient exclusivement à la
Chambre des députés. C'est elle qui doit procéder à l'examen de la dernière administration de l'État et indiquer
les moyens d'en réformer les abus. Elle discute les projets de loi présentés par les ministres. Elle seule peut
décréter la mise en accusation des ministres et des conseillers d'État.

La qualité de député se perd en acceptant du gouvernement un bénéfice quelconque, tel que distinction honorifique ou emploi rétribué.

L'initiative des projets de loi appartient au gouvernement ou aux membres de l'une ou de l'autre Chambre.
Les projets sont discutés en premier lieu dans la Chambre
où ils ont été présentés et soumis ensuite à l'approbation
de l'autre Chambre. Si les votes des deux assemblées
législatives ne sont pas d'accord entre eux, ou si l'une
n'adopte pas les altérations faites par l'autre, les projets
de loi sont soumis à une commission mixte composée d'un
nombre égal de pairs et de députés, et le vote de cette
commission sert de base à un nouveau projet de loi.

Le Roi a la faculté d'accorder ou de refuser sa sanction
aux projets de loi qui lui sont présentés; mais il doit faire
connaître sa décision pendant les trente jours qui en
suivent la présentation.

Pouvoir modérateur. — Ce pouvoir est le centre
de toute l'organisation politique de l'État. Il est exercé
exclusivement par le Roi, chef suprême de la nation,
chargé de veiller à la conservation de l'indépendance,
de l'équilibre et de l'harmonie des autres pouvoirs politiques.

Dans l'exercice de ce pouvoir, le Roi, dont la personne est sacrée et inviolable, a la libre faculté de nommer un nombre illimité de pairs et de convoquer extraordinairement les Chambres lorsque le bien de l'État l'exige. Il peut, également prolonger la durée des sessions législatives, les suspendre temporairement, et dissoudre même la Chambre des députés, selon que les circonstances réclament l'adoption de ces mesures. Il a aussi la faculté de nommer ou de démettre librement ses ministres, de suspendre de leurs fonctions les magistrats contre lesquels des plaintes graves sont portées, sur consultation préalable du Conseil d'État, et d'accorder le pardon ou des commutations de peines aux criminels condamnés par les tribunaux. Il a enfin le droit d'amnistie, qu'il exerce en cas urgent et lorsque l'humanité ou le bien de l'État lui conseille d'user de cette prérogative.

Pouvoir exécutif. — Le Roi est le chef du pouvoir exécutif. Il l'exerce par l'intermédiaire de ses ministres sur lesquels pèse toute la responsabilité des actes émanés de ce pouvoir. Le roi est irresponsable.

Les principales attributions du pouvoir exécutif sont : la convocation des Chambres pour la session ordinaire ; la présentation des évêques ; la nomination des magistrats et des fonctionnaires ecclésiastiques, civils, militaires ou diplomatiques ; la direction des affaires politiques et commerciales avec les puissances étrangères et la conclusion des traités internationaux de n'importe quelle nature ; la concession de lettres de naturalisation, de titres, de décorations et de récompenses pour services rendus à l'État ; la confection des règlements pour l'exécution des lois ; l'application légale des recettes destinées par les Chambres aux services publics ; le consentement aux lettres apostoliques et aux constitutions ecclésiastiques, ou leur refus ; l'emploi des moyens propres à maintenir la sûreté externe et interne de l'État ; enfin, la direction supérieure et générale de l'administration publique.

Cette direction est confiée à sept ministères ; savoir : de l'intérieur, des finances, de la justice et du culte, de la guerre, de la marine et des colonies, des travaux publics, du commerce et de l'industrie et des affaires étrangères.

Il y a un Conseil d'État composé de douze membres, qui est consulté sur toutes les affaires d'un caractère grave, lorsqu'il s'agit d'adopter des mesures générales en matière d'administration publique, de déclarer la guerre ou de conclure la paix, de faire des négociations avec les puissances étrangères, ainsi que dans toutes les occasions où le Roi se propose d'exercer les attributions du pouvoir modérateur. Ce conseil, qui est présidé par le Roi, est composé de douze membres, qui peuvent être rendus responsables de l'exercice de leurs fonctions si leurs conseils sont contraires aux lois et à l'intérêt de l'État. Le Prince Royal est membre du conseil, dès qu'il atteint l'âge de dix-huit ans.

Outre le Conseil d'État, il y a comme auxiliaires de l'administration générale plusieurs conseils ou comités consultatifs, tels que ceux de l'instruction publique, des travaux publics, des mines, des douanes, etc.

Pouvoir judiciaire. — Ce pouvoir est exercé par des juges et des jurés. Ceux-ci donnent leur opinion sur le fait, tandis que les juges font l'application de la loi.

Les juges sont nommés à vie ; ils ne peuvent être destitués qu'en vertu d'une sentence judiciaire. Ils sont, ainsi que les officiers de justice d'ordre inférieur, responsables de leurs prévarications et de tout abus de pouvoir.

La justice est administrée par des tribunaux ordinaires et de première instance, ainsi que par des cours d'appel. Il y a, en outre, une cour suprême dont les attributions principales consistent à accorder ou refuser la révision des procès, à connaître des délits commis par ses membres ou par les juges des cours d'appel et à décider en dernier ressort les conflits de juridiction et de compétence de ces cours.

La loi fondamentale de la monarchie portugaise contient plusieurs dispositions très-libérales, en ce qui concerne les droits civils et politiques des citoyens. Nous allons en énumérer les principales.

La loi est égale pour tous. Les emplois civils, politiques ou militaires sont accessibles à tout citoyen, sans autre préférence que celle qui résulte de son talent ou de ses vertus. Tout individu peut communiquer sa pensée verbalement ou par écrit et la publier par l'organe de la presse sans censure préalable, à la seule condition d'être tenu responsable des abus pratiqués dans l'exercice de ce droit, selon les cas déterminés et prévus par la loi. Personne ne peut être persécuté pour motif de religion, pourvu que celle de l'État soit respectée et que la morale publique ne souffre pas d'offense.

Le domicile du citoyen est inviolable. On ne peut y entrer pendant la nuit sans son consentement, à moins que l'entrée de la force ou de l'autorité publique ne soit réclamée du dedans, ou qu'il faille le défendre contre l'incendie ou l'inondation. Pendant le jour, l'entrée n'y est permise qu'avec les formalités légales.

L'emprisonnement ne peut avoir lieu qu'en vertu d'un mandat judiciaire délivré dans les vingt-quatre heures qui suivent l'arrestation. Ce mandat doit être accompagné d'une note par laquelle le juge fait savoir à l'accusé le motif de son emprisonnement, les noms de ses accusateurs et ceux des témoins à charge. A la seule exception du cas de flagrant délit, l'arrestation ne peut avoir lieu qu'en vertu d'un ordre écrit de l'autorité légitime.

La peine du crime ne va jamais au delà de la personne du délinquant. C'est ainsi que la confiscation des biens du criminel n'a plus lieu, et que l'infamie ne se transmet jamais à ses parents, quel que soit le degré de parenté.

L'abolition de la peine de mort pour crimes politiques est une des conditions de l'acte additionnel à la charte. Depuis la promulgation de cet acte elle a été abolie, même pour les autres crimes, et elle ne figure plus que dans le code militaire.

Les fonctionnaires sont responsables des abus qu'ils commettent dans l'exercice de leurs fonctions.

La culture, l'industrie, le commerce, n'importe quel genre de travail, tout est libre avec les seules restrictions réclamées par les mœurs, ainsi que par la sûreté et l'hygiène publiques.

La charte garantit les secours publics, l'instruction primaire gratuite, l'établissement de collèges et d'universités pour l'enseignement des sciences, des lettres et des beaux-arts, et la noblesse héréditaire avec ses prérogatives honorifiques.

Le droit de pétition est parfaitement libre. Tout citoyen peut présenter par écrit au pouvoir législatif ou à l'exécutif n'importe quelle plainte ou requête, et leur signaler toute infraction des règles constitutionnelles.

En cas de rébellion ou d'invasion, les garanties constitutionnelles peuvent être suspendues.

Tableau de la division politique du royaume.

DISTRICTS ADMINISTRATIFS	NOMBRE d'assemblées électorales.	NOMBRE d'électeurs.	NOMBRE d'éligibles.
Lisbonne.	10	52,146	17,231
Porto	9	37,739	12,509
Vizeu.	9	34,056	5,666
Aveiro.	6	29,263	4,431
Coïmbre.	6	28,253	3,719
Braga	7	27,118	8,085
Faro.	4	26,754	2,814
Santarem	5	24,580	5,570
Villa Real	5	23,715	5,102
Guarda	5	23,437	4,246
Bragance.	4	22,832	3,577
Vianna.	5	22,361	4,520
Leiria	4	24,868	2,099
Béja	3	18,451	2,530
Castello Branco.	4	15,804	2,935
Evora	3	9,368	2,225
Portalègre.	3	8,721	2,278
	92	420,466	89,327
Ponta Delgada.	2	10,035	4,075
Funchal	2	7,317	857
Horta.	2	5,951	504
Angra	2	6,467	747
	8	28,770	4,183
	100	455,236	95,520

Partie continentale du royaume. / *Iles adjacentes.*

Les possessions d'outre-mer forment huit cercles électoraux ; savoir : Nova Goa, Margaõ et Macao, en Asie ; Loanda, Mozambique, Cap-Vert et Saint-Thomas, en Afrique ; et Timor, en Océanie.

XVII

Organisation administrative du royaume et des iles adjacentes.

Sous le rapport administratif, le royaume de Portugal se divise en deux parties distinctes, savoir : le royaume proprement dit, ou partie continentale en Europe, avec les îles qui en dépendent et que l'on désigne par le nom d'îles adjacentes, et les colonies d'outre-mer. L'administration de ces dernières étant du ressort du ministère de la marine et des colonies, nous nous en occupons dans un chapitre spécial.

Le royaume proprement dit comprend les anciennes provinces de : Entre Douro et Minho, Traz-os-Montes, Haute-Beira, Basse-Beira, Extrémadure, Alemtéjo et Algarve. Les îles adjacentes comprennent l'archipel des Azores, composé des îles de Santa Maria, Saint-Miguel, Tercère, Graciosa, Saint-Georges, Pico, Fayal, Flores e Corvo, et celui de Madère, formé par les îles de Porto Santo, Madère et Desertas.

Le royaume est partagé en 21 districts administratifs ou départements, dont 17 pour la partie continentale et 4 pour les îles adjacentes. Les districts se divisent en arrondissements communaux (concelhos), et ceux-ci en paroisses (freguezias).

Tout récemment, la loi du 6 mai 1878 a modifié profondément l'organisation administrative du pays. Nous en résumons les principales dispositions pour donner une idée générale de tout l'organisme.

Les corps administratifs sont : le comité général pour le district ; la chambre municipale pour l'arrondissement communal, et le comité paroissial pour la paroisse. Une commission exécutive fonctionne aussi dans le district comme déléguée du comité général. Les fonctions des corps administratifs sont gratuites et obligatoires jusqu'à l'âge de soixante-cinq ans. Ces corps sont d'élection populaire, et la durée de leur service est fixée à quatre ans, sauf le renouvellement de la moitié des membres de deux en deux ans. Ils peuvent être dissous par le gouvernement, sur consultation préalable du procureur général de la couronne et lorsque de graves motifs de convenance publique conseillent d'avoir recours à cette mesure.

Le comité général du district est composé de procureurs élus directement par les arrondissements communaux, et dont le nombre est fixé à 25 pour le district de Lisbonne, à 23 pour celui de Porto et à 21 pour tous les autres districts. Il se réunit deux fois par an, au 1er mai et au 1er novembre. L'ouverture et la clôture de chaque session, dont la durée est d'un mois, est faite par le gouverneur civil au nom du roi. Les attributions du comité général sont très-variées. En voici les principales :

Comme chargé de veiller aux intérêts du district, il doit administrer tous les biens et les établissements du district, et délibérer sur tout ce qui y a rapport; régler et diriger l'administration des hospices d'enfants trouvés ou des asiles pour l'enfance; créer des établissements de bienfaisance, d'instruction et d'éducation; d'ordonner l'ouverture, la construction, la réparation et l'entretien des routes districtales; créer les emplois nécessaires pour le service du district; nommer ou révoquer les professeurs rétribués par le coffre districtal; faire des emprunts et célébrer les contrats jugés d'utilité publique; confectionner les règlements pour l'exécution de tous les services permanents, ainsi que pour ceux de la police municipale, dont l'uniformité doit s'étendre à tous les arrondissements du district; fixer les quotes-parts des chambres municipales aux dépenses districtales, ainsi que la taxe additionnelle aux contributions directes et générales de l'État, qui constitue la recette du district; fixer la dotation de tous les services; régler toutes les dépenses; délibérer sur l'acquisition ou l'expropriation de propriétés pour motif d'utilité publique, et approuver le budget du district. Les délibérations qu'il prend en cette qualité sont exécutoires, indépendamment de confirmation de tout tribunal ou de toute autorité, à la seule exception de celles qui portent sur l'acquisition ou l'aliénation d'immeubles, les transactions en matière judiciaire, l'émismission d'emprunts lorsque les charges inhérentes absorbent plus du dixième de la recette annuelle et la démission des fonctionnaires. Ces délibérations ne deviennent exécutoires qu'après approbation du gouvernement.

Comme autorité tutélaire de l'administration municipale et paroissiale, il accorde ou refuse son approbation aux délibérations des chambres municipales et des comités de paroisse, qui ne peuvent devenir exécutoires, aux termes du code administratif, sans sa sanction, et il recommande à l'initiative de ces corps municipaux et paroissiaux les mesures qui peuvent favoriser les intérêts de leurs administrations respectives, tout en leur donnant les indications et les instructions nécessaires pour les services dont l'exécution dépend de sa confirmation.

Comme auxiliaire des services d'intérêt général de l'État, il exerce les attributions qui lui sont conférées par les lois, propose au gouvernement la liste triple pour la nomination du conseil de district, et émet son vote consultatif sur toutes les affaires à l'égard desquelles le gouvernement croit devoir le consulter.

Les délibérations du comité général, qui ne dépendent point de la sanction du gouvernement, ou qui sont prises dans l'exercice de la tutelle qu'il exerce sur les corps municipaux et paroissiaux, ne peuvent être altérées ou annulées que par résolution contentieuse du conseil de district, et uniquement lorsqu'il en résulte offense de droits ou nullité pour cause d'incompétence ou de vice de forme.

Dans la première réunion qui suit son élection, le comité général élit trois de ses membres pour constituer la commission districtale, qui siége au chef-lieu du district. Les fonctions en sont permanentes et consis-

tent à exécuter ou faire exécuter toutes les délibérations
du comité général, représenter le district, proposer le
budget distrital et exercer pendant la vacance de celui-ci
les attributions qui lui incombent à l'égard de toutes les
affaires dont la résolution ne peut être différée sans pré-
judice de l'administration, mais dont l'importance ne jus-
tifie point la convocation extraordinaire du comité général.
Les résolutions de cette commission sont exécutoires jusqu'à leur sanction par le comité, devant lequel appel peut
être porté en recours. Elle propose au gouvernement la
réunion extraordinaire du comité général du district.

La chambre municipale, ou corps administratif de l'arrondissement communal, ou municipe, est composée de
13 membres à Lisbonne, de 11 à Porto, et de 7 dans les
autres arrondissements. Elle siége au moins une fois par
semaine et exerce à l'égard du municipe des attributions
identiques pour la plupart à celles du comité général à
l'égard du district. C'est ainsi qu'elle a à sa charge l'administration des biens du municipe, la création d'établissements de bienfaisance, d'instruction et d'éducation, la
nomination et la révocation des fonctionnaires municipaux et des professeurs d'instruction primaire rétribués
par le municipe, l'émission des emprunts municipaux, la
construction, l'entretien et la réparation des routes municipales, des ponts, des fontaines et des aqueducs, l'imposition de contributions directes et indirectes avec
application aux besoins de l'arrondissement de taxes
de police, le permis, la durée et la suppression des foires
et des marchés, l'établissement des cimetières, la dénomination des rues et autres lieux publics, ainsi que le
numérotage des maisons, l'organisation du service contre
l'incendie, la fixation des recettes et des dépenses municipales, la police municipale proprement dite, urbaine ou
rurale, l'exercice des fonctions qui lui sont attribuées par

les lois et par les règlements généraux du district, et l'émission de vote consultatif en matière d'intérêt public lorsqu'il lui est requis par l'autorité administrative ou par le comité général du district. L'administrateur de l'arrondissement assiste aux séances de la chambre municipale avec vote consultatif. Les délibérations de la chambre en matière d'impôts, de création ou suppression d'emplois, d'emprunts, d'acquisition ou d'aliénation d'immeubles, et de règlements d'un caractère permanent, ne deviennent exécutoires qu'après sanction du comité général du district. Elles peuvent être altérées ou annulées par les tribunaux du contentieux administratif. L'exécution en incombe au président.

Le comité de paroisse se compose de cinq membres élus par les habitants de la paroisse. Le curé prend part et a voté dans toutes les délibérations du comité portant sur les intérêts ecclésiastiques de la paroisse et l'administration de la fabrique, lorsque celle-ci relève du comité. Il se réunit en séance ordinaire tous les quinze jours. Le régidor de la paroisse y assiste avec vote consultatif.

Ses principales attributions sont : l'administration de la fabrique de l'église, celle des biens et des intérêts de la paroisse, et l'exécution des actes qu'il doit pratiquer en vertu du caractère de comité de bienfaisance dont il est aussi revêtu. En cette dernière qualité il a à sa charge l'extinction de la mendicité, le rôle de tous ceux qui ont droit à l'assistance publique, l'obtention de secours pour les pauvres et la fiscalisation du service des enfants trouvés. Il délibère sur les contrats paroissiaux, l'acquisition ou l'aliénation d'immeubles, l'expropriation pour cause d'intérêt public, la construction, la réparation et l'entretien des chemins vicinaux ; les recettes et les dépenses de l'église paroissiale lorsqu'elle en administre la fabrique : en un mot, sur tout ce qui a rapport à l'administration exclusive de la paroisse.

Les magistrats administratifs sont : le gouverneur civil, pour le district; l'administrateur, pour le municipe; et le régidor pour la paroisse.

Le gouverneur civil est nommé librement par le gouvernement dont il est le délégué et le représentant. Parmi les nombreuses attributions qu'il exerce en cette qualité il faut citer celles de faire procéder aux élections de tous les corps électifs aux époques fixées par la loi, de transmettre aux autorités subalternes les lois, les règlements et les ordres supérieurs accompagnés d'instructions convenables pour leur exécution; d'exercer l'inspection générale et supérieure sur l'exécution des lois et des règlements administratifs; de faire organiser la statistique et le cadastre du district; de fiscaliser le service des finances publiques; d'exercer sa surintendance sur les établissements d'instruction primaire et secondaire; de veiller sur l'exercice de l'autorité ecclésiastique et de tous les magistrats et corps administratifs du district.

Le gouverneur civil a aussi à sa charge toute la police du district, la tutelle de l'administration des confréries et des institutions de piété ou de bienfaisance. Il est tenu de visiter annuellement le district. Ses décisions peuvent être en tout temps révoquées par le gouvernement, et appel en peut être porté devant le tribunal suprême administratif en cas d'incompétence, d'excès de pouvoir, ou d'offense de droits. Il est assisté dans ses fonctions par un secrétaire général.

L'administrateur d'arrondissement est nommé par décret royal rendu sur proposition du gouverneur civil. Il doit autant que possible exhiber un diplôme d'instruction supérieure. Ce fonctionnaire est chargé, sous l'autorité et l'inspection du gouverneur civil, de l'exécution immédiate des lois et des règlements d'administration publique, dans la circonscription de son arrondissement. Il a la surintendance des établissements d'instruction, de piété et de bienfaisance. Il exécute les lois et les règlements de police générale et fait arrêter les malfaiteurs et les prévenus, prête son aide aux employés judiciaires ou du fisc, et peut procéder aux visites domiciliaires avec les formalités légales. Il est encore chargé d'ouvrir et d'enregistrer les testaments, de recevoir les récusations des testamentaires, de recevoir les legs destinés à toute fondation, ou application pieuse, ou d'utilité publique et de tenir le registre civil. Il prête à la Chambre municipale l'aide qui lui en est requis pour l'exécution de ses délibérations, et suscite l'observance des devoirs qui incombent à ce corps administratif, aussi bien qu'aux comités de paroisse. Enfin, il fonctionne comme juge dans les procès d'exécution administrative, suivant les termes prescrits dans les règlements respectifs. A Lisbonne et à Porto, les administrateurs sont affectés au service des quartiers (*bairro*) et n'exercent pas les attributions de police qui sont, dans ces villes seulement, à la charge d'un corps spécial de police.

Le régidor de paroisse est nommé par le gouverneur civil sur proposition de l'administrateur d'arrondissement communal. Ses fonctions sont gratuites, obligatoires pendant un an et compatibles avec celles de juge de paix. Il exécute les ordres de l'administrateur de l'arrondissement et lui donne connaissance de toute délibération du Comité paroissial dépassant sa juridiction ou portant offense aux lois; il ouvre les testaments aux termes du code civil; il veille à la propreté des rues et à l'entretien des chemins vicinaux dans les limites de sa paroisse; il fait la police de la paroisse, et il pratique tous les actes qui lui incombent en vertu des lois et des règlements. Il est aidé dans l'exercice de ses fonctions par des gardes de police dont le service est gratuit et obligatoire pendant un an, et qui sont nommés par l'administrateur communal.

Il y a dans chaque district un tribunal administratif portant le nom de Conseil de district, présidé par le gouverneur civil et composé de quatre membres nommés par le gouvernement, sur proposition en liste triple du Comité général. Deux membres, au moins, doivent être bacheliers en droit. La durée du service des membres du Conseil est fixée à quatre ans, après lesquels ils peuvent être nommés de nouveau. Le Conseil peut être dissous par le gouvernement. Le secrétaire général du gouverneur civil exerce près de ce tribunal les fonctions de ministère public. La qualité de membre du Conseil de district est incompatible avec toute autre charge administrative d'élection ou de nomination. Le Conseil se réunit une fois par semaine, et, extraordinairement, toutes les fois que le service public l'exige.

Les attributions du Conseil de district sont consultatives et contentieuses. Comme corps consultatif, le Conseil émet son opinion sur toutes les affaires à l'égard desquelles les lois exigent son vote, ou le gouverneur civil juge à propos de le consulter. Comme tribunal du contentieux administratif, il juge en première instance les réclamations contre les arrêtés, les règlements et les délibérations des chambres municipales et des comités de paroisse; les réclamations relatives aux élections des autorités et des corps administratifs, ainsi que des confréries et des administrations des établissements de piété ou de bienfaisance; les réclamations en matière de contributions directes de l'État et sur l'imposition, la répartition et le payement des contributions municipales; les différends qui s'élèvent au sujet de l'exécution des contrats du district, des municipes ou des paroisses; le contentieux de l'administration de tous les établissements de piété et de bienfaisance; les réclamations pour l'exemption des charges districtales, municipales ou paroissiales; les

8

comptes des chambres municipales, des comités de paroisse, des confréries, dont la recette est inférieure au minimum qui tombe sous la compétence de la cour des comptes ; les réclamations fondées sur l'utilité générale, ou les actes de l'autorité publique ainsi que toutes les questions occasionnées par l'offense ou la violation de droits fondés sur les lois et les règlements d'administration publique.

L'appel des décisions du Conseil de district est porté au tribunal suprême administratif. Ce tribunal est composé d'un président et de six membres effectifs. Deux aides du procureur général de la couronne et des finances, assistés d'un auditeur y exercent les fonctions de ministère public. Comme tribunal du contentieux administratif, il délibère en dernier ressort sur les appels portés contre les décisions des autorités administratives, sur les conflits de juridiction, les excès ou les abus des autorités, ainsi que plusieurs autres objets désignés par la loi. Comme corps purement administratif, il est consulté par le gouvernement sur les questions d'administration publique et sur tous les règlements pour l'exécution des lois.

Tableau de la division administrative du royaume et des îles adjacentes.

ANCIENNES PROVINCES	DISTRICTS ADMINISTRATIFS (1)	SUPERFICIE Hectares.	NOMBRE d'arrondissements communaux.	NOMBRE de provinces administratives.
Partie continentale.				
Entre Douro et Minho.	Vianna	223,819	10	228
	Braga	273,002	13	517
	Porto	233,781	17	382
Traz-os-Montès.	Villa Real	445,081	14	256
	Bragance	666,475	12	314
Haute-Beira.	Aveiro	292,522	16	180
	Vizeu	497,848	26	365
Basse-Beira.	Coïmbre	388,310	17	487
	Guarda	556,225	14	331
	Castello Branco	662,768	12	146
Extramadure.	Leiria	349,015	12	116
	Santarem	686,468	18	151
	Lisbonne	760,363	25	208
Alemtejo.	Portalègre	644,143	15	94
	Evora	709,653	13	110
	Béja	1,087,281	14	100
Algarve.	Faro	483,835	15	66
		8,962,529	263	3,801
Iles adjacentes.				
Azores.	Angora	»	5	38
	Horta	259,700	7	39
	Ponta Delgada	»	7	44
Madère.	Funchal	55,000	10	52
		314,700	29	173
Partie continentale.		8,962,529	263	3,801
Iles adjacentes.		314,700	29	173
		9,277,229	292	3,974

(1) Les districts portent les noms des villes qui en sont les chefs-lieux.

XVIII

Organisation judiciaire.

Sous le rapport judiciaire, le royaume proprement dit, avec les îles adjacentes qui en dépendent, est divisé en trois provinces qui correspondent aux cours royales (*relaçoés*) de Lisbonne, Porto et Ponta Delgada. Chacune de ces provinces se divise en arrondissements judiciaires (*comarcas*), qui se subdivisent en cantons (*julgados*) subdivisés eux-mêmes en justices de paix formées de la réunion de quelques paroisses. Enfin, chaque paroisse a un juge d'élection populaire (*juiz eleito*) dont les attributions sont très-limitées.

La cour supérieure instituée par la charte constitutionnelle siége à Lisbonne : c'est le tribunal suprême de justice. Sa juridiction s'étend à toute la monarchie. Cinq cours royales en relèvent : ce sont, avec les trois du royaume et des îles adjacentes, que nous avons déjà mentionnées, celles de Saint-Paul de Loanda dans le gouvernement d'Angola et de Goa dans l'Inde portugaise. Cette cour juge en dernier ressort les appels qui lui sont portés des jugements ou arrêts des cours royales, et elle est compétente pour décider les conflits de juridiction et juger les magistrats et les membres du corps diplomatique. Elle est composée d'un président et de dix conseillers.

Les cours royales jugent en seconde instance les affaires civiles ou criminelles dont elles sont saisies par voie d'appel. On peut porter appel des jugements de ces cours devant la cour suprême, excepté en matière civile lorsque la valeur en litige dépasse 600,000 reis (3,333 fr.). Ces cours exercent un pouvoir disciplinaire sur les tribunaux inférieurs et les avocats qui en ressortent. La cour de Lisbonne se compose d'un président, d'un vice-président et de dix-sept juges ou conseillers; celle de Porto a le même personnel et celle de Ponta Delgada a un président, un vice-président et sept conseillers.

Il y a dans chaque arrondissement judiciaire un tribunal de première instance présidé par un juge (*juiz de direito*). Ces tribunaux exercent leur juridiction en matière tant civile que criminelle, excepté à Lisbonne et à

Porto, où la juridiction criminelle est confiée à des tribunaux spéciaux. Les juges de première instance ne font qu'appliquer la loi dans les cas où le jury a seul le droit de connaître du fait ; ils jugent en police correctionnelle et ils exercent sur les magistrats d'ordre inférieur une juridiction et un pouvoir de surveillance analogues à ceux que les cours royales ont sur eux-mêmes. Leurs décisions sont sans appel si la valeur de l'objet en litige ne dépasse pas 20,000 reis (111 fr.) en valeur immobilière ou 30,000 reis (166 fr.) en valeur mobilière. Ils remplissent aussi les fonctions de juges en matière commerciale excepté à Lisbonne et à Porto, où il y a des tribunaux de commerce.

Les juges ordinaires (*juizes ordinarios*) exercent leur juridiction dans les cantons. Ils décident sans appel en matière civile jusqu'à concurrence de 4,000 reis (22 fr.) en valeur immobilière, et de 6,000 reis (33 fr.) en valeur mobilière.

Les juges de paroisse ne peuvent décider qu'à l'égard de valeurs minimes.

Les juges de paix, dont les fonctions sont toutes de conciliation, exercent quelques attributions assez importantes en matière commerciale. Toute action judiciaire en matière civile doit être précédée d'une tentative de conciliation en justice de paix.

Le ministère public est supérieurement exercé par le procureur général de la couronne et des finances, qui fonctionne près le tribunal suprême et la Chambre des pairs constituée en cour de justice. Ce ministère est exercé dans chaque cour royale par un procureur du roi, et dans les tribunaux de première instance, ainsi que devant les juges ordinaires, par des délégués du procureur du roi, qui remplissent aussi les fonctions de juges d'instruction. Le procureur général est consulté par le gouvernement en matière d'administration des finances : de là sa dénomination de procureur général de la couronne et des finances. Il émet aussi son vote consultatif sur tout ce qui a rapport à l'application des règles du droit, et il est aidé dans ce service par six jurisconsultes fonctionnant près les divers ministères. Chaque procureur du roi a un substitut aux cours royales de Lisbonne et de Porto.

Le jury est de neuf ou douze jurés, selon que le nombre d'individus portés sur le rôle en cette qualité dépasse ou non le chiffre de 200. Il est appelé à décider des faits criminels, et ne fonctionne dans les affaires civiles que lorsque toutes les parties consentent à se soumettre à sa décision. Il n'est pas compétent dans les contestations avec le fisc, les procès sommaires ou les affaires de police correctionnelle. Pour être juré, il faut remplir certaines conditions de capacité et de cens. Il y a des jurés spéciaux fonctionnant dans les tribunaux de commerce. Le jury commercial se compose de quatre à douze membres élus pour un an parmi les principaux commerçants de la localité.

Il n'y a que les sujets anglais qui jouissent, à titre de réciprocité, du privilége d'un jury mixte, composé d'un nombre égal de jurés anglais et portugais. Tous les étrangers sont justiciables des tribunaux du pays.

Les conseillers de la cour suprême, ceux des cours royales et les juges de première instance, ainsi que les fonctionnaires du ministère public, ont des traitements fixes portés au budget du ministère de la justice. Les juges ordinaires sont rétribués par les chambres municipales. Indépendamment de ces traitements, tous les fonctionnaires de n'importe quelle catégorie de l'ordre judiciaire perçoivent les émoluments fixés par la loi pour les divers actes de procédure.

Voici le tableau de la division judiciaire du royaume et des îles adjacentes :

COURS d'appel ou relaçoés.	DISTRICTS ADMINISTRATIFS soumis à la juridiction des cours d'appel.	NOMBRE d'arrondissements judiciaires.	NOMBRE de tribunaux ordinaires, ou julgados.	NOMBRE de justices de paix.
Lisbonne.	Lisbonne.	20	63	74
	Castello Branco.	5	7	19
	Leiria.	6	6	33
	Santarem.	6	12	33
	Portalègre.	4	11	28
	Evora.	4	9	22
	Béja.	6	22	24
	Faro.	5	10	24
	Funchal.	2	9	23
Porto..	Porto.	14	8	81
	Vianna.	6	4	56
	Braga.	8	5	61
	Villa Real.	7	7	48
	Bragance.	7	5	26
	Aveiro.	8	8	41
	Coïmbre.	8	9	41
	Vizeu.	12	14	93
	Guarda.	8		25
Azores..	Ponta Delgada.	4	7	14
	Angra.	3	7	14
	Horta.	4	7	18
		146	236	798

XIX

Organisation ecclésiastique.

La division ecclésiastique du royaume et des îles adjacentes comprend le patriarchat de Lisbonne, les archevêchés de Braga et d'Évora et seize évêchés. Le nombre des paroisses comprises dans ces dix-neuf diocèses est de 3,982.

L'église portugaise ou lusitanienne, forme quatre provinces métropolitaines, dont les chefs-lieux sont : Lisbonne, Braga et Évora, pour le royaume et les îles, et Goa pour les possessions d'outre-mer.

Le titre de patriarche, conféré au prélat qui gouverne la province métropolitaine de Lisbonne, est simplement honorifique. Ses attributions sont celles d'un archevêque. Son vicaire général est archevêque *in partibus*. La dignité de cardinal est attachée à celle de patriarche de Lisbonne.

L'archevêque de Braga porte le titre de primat des Espagnes, qui lui est disputé par l'archevêque de Tolède. Celui de Goa s'intitule primat d'Orient.

Voici le cadre général de la division ecclésiastique du royaume et des îles adjacentes :

ARCHEVÊCHÉS.	ÉVÊCHÉS SUFFRAGANTS.	NOMBRE DE PAROISSES.
Lisbonne.		369
	Castello Branco. .	79
	Guarda. . . .	182
	Lamego. . . .	247
	Leiria. . . .	50
	Portalègre. . .	34
	Angra. . .	124
	Funchal. .	52
Braga.		1,275
	Aveiro. . . .	73
	Bragance. . . .	210
	Coïmbre. . .	274
	Pinhel. . .	123
	Porto. . .	334
	Vizeu. . .	204
Evora.		134
	Béja. . .	114
	Elvas. . .	38
	Faro.	66
		3,082

Le haut clergé est rétribué par l'État ou en reçoit un subside. Les archevêques et les évêques ont des traitements fixes, à charge du Trésor public, ainsi que les chanoines et les prêtres d'ordre inférieur de quelques cathédrales. Il y a d'autres cathédrales qui ont un revenu propre affecté à la rétribution de leurs chanoines. Enfin, il y en a d'autres dont les biens ne suffisent pas à leurs dépenses et qui reçoivent, par conséquent, une légère subvention du gouvernement.

Afin de diminuer les dépenses qu'entraîne la dotation du haut clergé, il a été décrété que les canonicats et autres bénéfices ecclésiastiques de l'ordre supérieur se conserveront vacants, jusqu'à ce que le nombre d'évêchés puisse être réduit au moyen d'un concordat. Cette mesure économique est en pleine vigueur, attendu que le concordat avec le Saint-Siége n'a pas encore eu lieu.

Le clergé des paroisses, à l'exception de celui des îles adjacentes, n'est pas rétribué par l'État. Il est maintenu par les revenus de l'église, par le casuel et par une contribution spéciale des paroisses (*congrua*). On s'est occupé, à plusieurs reprises, de la dotation du clergé, et les Chambres ont même été saisies d'un projet de loi fixant aux curés des traitements proportionnels à l'étendue et à l'importance des paroisses. Mais, comme cette réforme aurait grevé le Trésor d'une somme assez considérable, on en a différé l'accomplissement, jusqu'à ce que l'état des finances se soit amélioré.

Les archevêques et les évêques sont nommés par le roi; mais la nomination a besoin d'être confirmée par le Saint-Siége. La couronne a le droit de nommer définitivement aux bénéfices ecclésiastiques.

La publication des décrets des conciles et des lettres apostoliques dépend de l'autorisation ou du refus de la couronne. L'approbation des Chambres est même nécessaire, lorsqu'il s'agit d'une mesure générale ou de la conclusion d'un concordat.

Les séminaires ne sont point entretenus par l'État. Les dépenses en sont défrayées par le revenu provenant de la vente de la bulle de la Sainte-Croisade. Le produit de cette bulle, dont l'acquisition dispense de certains préceptes de l'église en matière de jeûne et d'abstinence, est spécialement affecté à l'entretien des séminaires et à subvenir aux besoins des paroisses les plus pauvres.

Séminaires.	Nombre d'élèves.
Faro	26
Angra	25
Braga	470
Bragance	19
Coïmbre	262
Evora	51
Funchal	30
Guarda	18
Lamego	235
Leiria	27
Santarem	89
Portalègre	17
Porto	103

Cours ecclésiastiques.	
Vizeu	40
Aveiro	40
Béja	6
Castello Branco	4
Elvas	61
Pinhel	4
Total	1.497

XX

Armée.

L'organisation militaire du pays a été l'objet d'études approfondies de la part des ministres qui se sont succédé au portefeuille de la guerre. Le maréchal duc de Saldanha, ce général illustre, de réputation européenne, dont le pays déplore la perte récente, et dont le nom est lié à toutes les entreprises tendant à régénérer le Portugal, réorganisa l'armée en 1851; mais comme les éléments dont il pouvait disposer étaient insuffisants pour accomplir une réforme radicale, ses successeurs se sont occupés avec zèle de la restauration de l'armée portugaise et de tout ce qui a rapport à l'organisation militaire et à la défense du pays.

Il n'est aucune branche du service à la charge du ministère de la guerre, qui n'ait subi de grandes améliorations, surtout pendant l'administration de M. Fontes Pereira de Mello (1). L'armée portugaise est redevable à cet officier d'un mérite si éclatant, et que le pays compte au nombre de ses hommes d'État les plus éminents, de réformes importantes qui ont porté spécialement sur l'organisation des armes scientifiques, l'administration militaire, le service sanitaire et les établissements d'instruction pour l'armée. Il a consacré de larges sommes à l'acquisition du nouveau matériel de guerre, et surtout à augmenter l'effectif de l'artillerie. Un tel état de prospérité a plusieurs fois déterminé les éloges spontanés que la presse étrangère s'est empressée de faire à l'armée portugaise, en ce qui concerne l'armement, l'équipement et la belle tenue militaire.

(1) Actuellement président du conseil des ministres et ministre de la guerre.

L'armée est recrutée à peu près selon l'ancienne loi française. Tout citoyen doit tirer au sort dès qu'il atteint l'âge de vingt ans. Les remplacements, qui pouvaient avoir lieu moyennant une somme payée au gouvernement, ne sont plus permis. Le service militaire est obligatoire pendant huit ans; mais après trois ans passés sous les drapeaux, le soldat rentre dans ses foyers faisant partie du cadre de la réserve; et ce n'est qu'après les huit ans fixés pour la durée du service qu'il est complètement libéré.

Le royaume avec les îles adjacentes forme cinq divisions militaires. En voici le tableau :

Chefs-lieux.	Districts administratifs compris dans chaque division.
1re **Lisbonne**	Funchal. Leiria. Lisbonne. Santarem.
2e **Vizeu**	Aveiro. Castello Branco. Coïmbre. Guarda. Vizeu.
3e **Porto**	Braga. Bragance. Porto. Vianna. Villa Real.
4e **Evora**	Béja. Evora. Faro. Portalègre.
5e **Angra**	Angra. Horta. Ponta Delgada.

L'effectif de l'armée en temps de paix doit être de 31,502 hommes; mais comme le gouvernement est autorisé à licencier annuellement toute la force qui n'est pas indispensable, on peut évaluer à 23,000 le nombre de soldats en activité de service.

L'état-major général de l'armée se compose de 1 maréchal général, 8 généraux de division et 22 généraux de brigade.

L'arme du génie comprend un état-major et un bataillon de sapeurs, composé de six compagnies. Les soldats de ce bataillon doivent tous connaître un métier.

L'artillerie se compose d'un état-major, de deux régiments et de quatre compagnies de garnison. En temps de guerre, il y a un second régiment de garnison.

Chaque régiment d'artillerie de campagne a huit batteries de six canons chacune. Le régiment de garnison a huit compagnies auxquelles s'ajoutent en temps de guerre deux batteries de montagne.

Il y a à Vendas Novas, près de Lisbonne, un polygone où les officiers, sous-officiers et soldats vont recevoir l'instruction pratique et compléter ainsi l'enseignement théorique des écoles. Dans un des régiments en garnison à Lisbonne, il existe une école, ou cours secondaire théorique et pratique pour les sous-officiers.

Cette arme va recevoir bientôt une nouvelle organisation.

La cavalerie se compose de 8 régiments, dont 2 de lanciers et 6 de chasseurs. Chaque régiment a trois escadrons et chaque escadron deux compagnies. Une école spéciale de cavalerie vient d'être créée.

L'infanterie se compose de 18 régiments d'infanterie de ligne et de 12 bataillons de chasseurs.

En temps de paix chaque régiment de ligne a deux bataillons de quatre compagnies chacun. En temps de guerre il est augmenté de quatre compagnies. Neuf bataillons de chasseurs ont huit compagnies et trois n'en

ont que six ; mais en temps de guerre chaque bataillon
a huit compagnies.

Il y a en outre deux compagnies d'administration militaire, dont l'une, forte de 111 hommes de tous grades,
est effectée au service de la manutention, et l'autre, composée de 85 hommes, est attachée aux hôpitaux.

Parmi les réformes les plus importantes de M. Fontes,
il faut citer celle qui a réorganisé la justice militaire. Il a
promulgué un nouveau code, extrait de celui des nations
dont les armées peuvent servir de modèles de discipline,
et donné une nouvelle organisation aux tribunaux militaires.

La justice militaire est administrée en première instance par les conseils de guerre, qui siégent aux chefs-lieux
des divisions, et en seconde et dernière instance par le
tribunal supérieur de guerre et de marine, composé d'un
président et de six membres, tous officiers généraux, dont
trois de l'armée de mer. Ce tribunal est assisté d'un juge
rapporteur, d'un officier supérieur faisant fonction de
ministère public et d'un défenseur militaire. La composition mixte de ce tribunal provient de ce qu'il juge en
dernier ressort tous les inculpés appartenant soit à l'armée de terre, soit à la flotte.

L'arsenal de Lisbonne est un vaste établissement avec
plusieurs dépendances. Il renferme une collection très-com-
plète d'armes et d'armures anciennes et un grand dépôt
d'armes blanches et à feu. Les produits des ateliers qui
y sont annexés ne le cèdent en perfection et en solidité à
ceux d'aucune fabrique étrangère. La fonderie de canons,
qui en dépend, est abondamment pourvue de tous les appareils de fabrication les plus modernes et produit d'excellents canons rayés. On y fabrique des carabines et des
fusils striés de divers systèmes, se chargeant par la cu-
lasse, de bonne qualité et d'une grande précision.

Tableau général de l'effectif de l'armée portugaise.

| | EN TEMPS DE PAIX. | | | | | | EN TEMPS DE GUERRE. | | | | | |
| | HOMMES. | | | | | | HOMMES. | | | | | |
	Officiers.	Sous-officiers et soldats.	Total.	Chevaux.	Mulets.	Canons.	Officiers.	Sous-officiers et soldats.	Total.	Chevaux.	Mulets.	Canons.
État-major général.	32	»	32	64	»	»	32	»	32	64	»	»
Corps d'état major.	31	»	31	31	»	»	31	»	31	31	36	»
Génie.	58	508	566	2	»	»	58	928	986	7	»	»
Artillerie.	208	3,041	3,249	319	600	108	421	8,253	8,674	817	2,784	192
Cavalerie.	224	3,184	3,408	2,536	»	»	376	5,072	5,448	4,696	»	»
Infanterie.	930	23,316	24,246	108	»	»	1,596	57,432	59,028	216	»	»
	1,483	30,019	31,502	3,060	600	108	2,514	71,685	74,199	5,834	2,820	192

XXI

Marine.

La marine de guerre portugaise, affaiblie par maintes vicissitudes, est encore loin de pouvoir correspondre aux services qu'elle doit rendre; mais il faut constater que depuis quelques années elle est l'objet de toute la sollicitude des pouvoirs publics. L'effectif de la flotte, composée pour la plupart de corvettes et de canonnières à vapeur, commence à suffire aux besoins les plus urgents du service.

Voici le tableau des navires composant la flotte :

NAVIRES.		TONNAGE en mètres cubes.	FORCE de vapeur. — chevaux.	CANONS.	OFFICIERS et matelots composant les équipages.
Corvettes à vapeur.	Vasco de Gama (cuirassé)	1,500.000	500	7	150
	Estephania	1,476,336	400	19	335
	Bartholomeu Dias	1,249,107	400	17	287
	Rainha de Portugal	1,020,000	150	8	153
	Mindello	1,020,000	150	8	153
	Duque de Terceira	848,012	220	5	225
	Sagres	813,711	300	4	»
	Infante dom Henrique	848,000	200	10	»
Canonnières à vapeur.	Sá da Bandeira	848,012	200	13	204
	Rio Lima	539,000	100	5	116
	Tameça	539,000	100	5	116
	Sado	539,000	100	5	116
	Téjo	369,426	100	2	94
	Douro	369,426	100	2	100
	Quelimane	286,000	40	1	34
Vapeurs.	Tete	111,500	6	1	21
	Sena	111,500	35	1	21
Transports à vapeur.	India	1,201,300	160	2	111
	Africa	1,400,000	260	2	60
NAVIRES A VOILES.					
Frégate D. Fernando		1,406,272	—	19	112
Corvette Duque de Palmella		647,960	—	6	93
Yacht Algarve		55,719	—	1	20
Cutter Ligeiro		67,186	—	1	20
Caïque Argus		65,000	—	1	20
				145	2,561

Il n'y a pas de corps d'infanterie ou d'artillerie de marine. Celui des marins de la flotte fait tout le service à bord.

Voici quel est l'effectif du personnel de la flotte :

Officiers de marine.	193
Ingénieurs-constructeurs.	7
Officiers de santé.	23
Pharmaciens	2
Officiers comptables	33
Aumôniers	8
Corps d'ingénieurs-mécaniciens	92
Officiers mariniers	100
Infirmiers.	39
Personnel affecté au service des machines. . . .	265
Personnel complétant les équipages	438
Corps de marins de la flotte.	2,029
TOTAL.	3,329

L'école navale, que nous citons parmi les établissements d'enseignement spécial, a un cadre de 20 aspirants. L'admission d'aspirants surnuméraires est permise, selon les circonstances. Les élèves qui en sortent reçoivent le brevet d'enseigne et forment la compagnie des gardes-marine composée de 51 individus. Ils doivent faire une croisière de trois ans et subir un examen pratique en mer avant d'être promus au grade de lieutenant en second, auquel ils ont droit dès qu'ils ont rempli ces deux conditions.

Divers comités siègent près du ministère de la marine comme auxiliaires de l'administration supérieure : ce sont les comités consultatifs de marine, d'hygiène navale, de perfectionnement de l'artillerie, d'instruction et d'administration.

Comme dépendances du ministère de la marine, il existe de beaux établissements parmi lesquels il faut citer l'hôpital de la marine de Lisbonne, excellent dans son genre; la caserne des marins de la flotte, édifice spacieux et élégant, situé dans les meilleures conditions au bord du Tage; l'arsenal de la marine et la corderie nationale.

L'arsenal est un vaste établissement renfermant les chantiers de construction, le dépôt d'armes, de munitions et de vivres, le musée naval et l'école navale. Il a produit de belles constructions.

La corderie nationale fournit tous les cordages, ainsi que toute la toile à voiles à l'usage de la flotte. Elle a subi des améliorations très-importantes en ce qui concerne les moyens mécaniques de production et peut rivaliser avec les établissements analogues de l'étranger quant à la perfection et la bonté de ses produits.

Pour la conscription de l'armée de mer, le littoral est divisé en quatre départements administrés par des intendants et subdivisés en dix-sept districts maritimes. Voici le tableau de cette division, ainsi que des contingents de marins que chaque district doit fournir :

Tableau de la division maritime du royaume et des îles adjacentes.

DÉPARTEMENTS MARITIMES.	DISTRICTS.	CONTINGENTS DE MARINS pour l'année 1877-1878.
Du Nord	Caminha.	15
	Vianna.	134
	Porto.	160
	Aveiro.	12
	Figueira.	33
Du Centre	S. Martinho.	60
	Lisbonne.	204
	Setubal.	26
Du Sud	Lagos.	17
	Villa Nova de Portimao.	27
	Faro.	72
	Tavira.	35
	Villa Real de S. Antonio.	9
Des Azores	Ile de Madère.	55
	Ile Tercère.	26
	Ile S. Miguel.	34
	Ile du Fayal.	32
	TOTAL.	941

XXII

Finances.

RECETTES.

Les sources de revenu de l'État sont très-variées ; mais on peut les ramener à trois grandes classes, savoir : les les impôts directs, les impôts indirects et les revenus divers. Nous présentons ici l'analyse succincte des impôts qui jouent les rôles les plus importants dans le système tributaire du royaume.

IMPOTS DIRECTS.

Impôt foncier. — Cet impôt est prélévé sur les biens-fonds. Le montant en est désigné annuellement par le Corps législatif, qui en fixe le contingent pour chaque district administratif.

La répartition de cet impôt se fait au moyen d'un rôle général confectionné dans chaque arrondissement par le contrôleur (*escrivaõ de fazenda*). Toutes les propriétés immobilières de l'arrondissement y sont décrites avec leurs valeurs productives, et c'est d'après ce rôle qu'a lieu la distribution proportionnelle de la contribution entre les propriétaires. Les réclamations contre toute inexactitude du rôle sont soumises à un comité de répartition, composé de l'administrateur de l'arrondissement, du contrôleur, du délégué ou du sous-délégué du procureur du roi et de deux propriétaires nommés par le Conseil municipal. Le contrôleur et le comité sont aidés dans leurs travaux par un certain nombre d'experts, dont une moitié est nommée par le comité et l'autre par le Conseil municipal. Après l'examen du comité, les rôles sont considérés définitifs et servent de base à la répartition de l'impôt.

Tout contribuable a la faculté de porter appel des décisions du comité devant les conseils de district et, en dernier ressort, devant le tribunal suprême administratif. La loi fixe la durée des termes accordés pour les réclamations.

La base sur laquelle repose cet impôt est la suivante, pour la partie continentale du royaume :

Districts administratifs.	Contingents assignés à chaque district.
	Francs.
Aveiro	359,000
Béja.	346,170
Braga.	399,220
Bragance	298.260
Castello Branco.	273,960
Coïmbre.	441,990
Evora.	477,980
Faro.	340,010
Guarda.	308,250
Leiria.	275,860
Lisbonne	2,266,090
Portalègre..	421,670
Porto..	846,270
Santarem.	665,190
Vianna..	373,480
Villa Real.	362,460
Vizeu.	506,420
Total.	9,162,280

Cette somme constitue le montant de l'impôt foncier ordinaire; mais en y joignant celui de l'impôt spécial qui retombe sur les propriétés accrues sur les rôles depuis 1868, de l'augmentation extraordinaire de 20 pour 100, décrétée en 1872, de l'impôt additionnel pour les routes, de 40 pour 100, ainsi que celui de la recette applicable au payement des employés de l'ordre inférieur du service des finances, il atteint le chiffre de 15,953,800 francs, porté sur le budget pour la partie continentale du royaume.

Aux îles adjacentes, l'impôt foncier ne doit pas excéder 8 pour 100 de la matière imposable.

La recette totale de cet impôt est calculée, pour l'exercice 1878-1879, à la somme de 17,273,600 francs, qui est loin de correspondre à tout ce qu'il y a lieu d'exiger de la valeur de la propriété. En effet, si nous la considérons comme la dîme du revenu des immeubles, ce revenu serait de 172,736,000 francs, et il est absurde de la supposer réduite à d'aussi faibles proportions.

Impôt sur les loyers des maisons. — Cet impôt, créé en 1872, a remplacé en partie l'ancienne contribution personnelle. Il consiste en une taxe de 6 pour 100 sur les valeurs locatives ou les loyers des maisons, qui ne sont pas inférieurs à 20,000 reis (111 francs), dans les localités du premier ordre; 15,000 reis (83 francs), dans celles du deuxième; 10,000 reis (55 francs), dans celles du troisième et du quatrième, et de 5,000 reis (27 francs), dans celles du cinquième et du sixième. La classification des localités pour le prélèvement de cet impôt est la même que pour la contribution industrielle.

L'imposition est faite par arrondissements. Des informateurs-experts, nommés par les comités répartiteurs de la contribution foncière, sont chargés du service de cette contribution dans chaque arrondissement.

Le rôle doit déclarer le nom du contribuable, l'ordre de la localité où il réside ou dans laquelle il possède des propriétés soumises à la contribution, le loyer ou la valeur locative sur lesquels retombe l'impôt, et le chiffre de la contribution. Il est remis au comité répartiteur de la contribution foncière, qui en donne connaissance aux contribuables et délibère sur les réclamations. On peut porter appel des délibérations du comité devant le conseil de district et le tribunal suprême administratif.

Sont exceptés de cette contribution : les palais épiscopaux, les presbytères et autres maisons religieuses, les propriétés ou édifices où fonctionnent les services publics généraux ou municipaux, et les établissements de bienfaisance, les établissements industriels proprement dits et leurs ateliers et magasins, ainsi que les ateliers et les écuries des établissements agricoles.

Cet impôt est grevé de la taxe de 40 pour 100 (impôt pour les routes), et atteint ainsi le chiffre de 1,718,888 fr.

Contribution somptuaire. — Elle se compose de taxes fixes adaptées à la classification des localités et portant :

Sur les domestiques mâles ;

Sur les chevaux, juments, mules ou mulets ;

Sur les véhicules destinés au transport des personnes.

Cette contribution ne peut retomber sur les domestiques affectés au service des établissements de piété et de bienfaisance, des boulangeries, des hôtels ; sur les chevaux ou mulets dont les fonctionnaires publics se servent dans l'exercice de leurs fonctions ou qui sont employés aux travaux agricoles, les juments et les chevaux des haras, les poulains jusqu'à l'âge de quatre ans et les bêtes de charge ou de transport ; ni sur les voitures de place.

Voici le tableau des taxes fixes de la contribution somptuaire. La classification des localités est la même que pour le service de la contribution industrielle :

UNITÉS IMPOSABLES.	TAXES DANS LES LOCALITÉS.					
	De 1re et 2e classe		De 3e classe.		De 1re, 2e et 3e classe.	
	Reis.	fr. c.	Reis.	fr. c.	Reis.	fr. c.
Un domestique mâle. . . .	1,600		1,400		1.400	
Deux domestiques mâles. .	4,100		3,400		3,400	
Trois domestiques mâles. .	12,200		9,500		9,500	
Quatre domestiques mâles.	27,200		21,700		21,700	
Chaque domestique en plus	6,800		5,400		5,400	
Un cheval, jument ou mulet	8,200		6,800		1,400	
Deux chevaux, juments ou mulets	20,400		16,300		3,400	
Trois chevaux, juments ou mulets	40,700		33,900		8,200	
Quatre chevaux, juments ou mulets.	67,900		54,300		13,600	
Chaque cheval, jument ou mulet en plus.	17,000		13,600		3,400	
Chaque voiture à deux roues, attelée de deux chevaux ou mulets, en sus de la taxe de l'attelage.	20,400		17,000		10,200	
Chaque voiture à quatres roues, attelée de deux chevaux ou mulets, en sus de la taxe de l'attelage.	40,700		32,900		20,400	

Chaque voiture à deux ou à quatre roues attelée d'un seul cheval paye la moitié de la taxe qui y correspondrait si l'attelage se composait de deux chevaux.

Les personnes qui font peindre leur blason sur les panneaux des voitures payent la taxe de 10,000 reis (55 fr.) quelle que soit la classe de la localité.

Tout individu, national ou étranger, résidant dans le royaume ou aux îles adjacentes, est soumis à l'impôt somptuaire, à l'exception des membres des corps diplomatique et consulaire des nations étrangères.

Le service de cette contribution est organisé de la

même manière que celui de l'impôt sur les loyers. La recette en est prévue au budget pour la somme de 595,111 francs qui comprend l'impôt additionnel de 40 pour cent pour les routes.

Contribution industrielle. — Cette contribution a remplacé l'ancienne dîme (*decima*) du produit de l'industrie et la contribution des fabriques (*maneio*), ainsi que quelques impôts additionnels. Elle se compose maintenant :

De taxes fixes non soumises à la répartition, mais imposées sur quelques classes ou groupes d'industries dans la proportion de leurs bénéfices présumés ;

De taxes variables soumises à la répartition et imposées sur d'autres industries selon la classification des localités où elles s'exercent et les bénéfices de chaque industriel.

A cet effet, les localités du royaume et des îles adjacentes sont divisées en six classes, savoir :

1e classe, localités ayant 100,000 habitants et au-dessous.
2e —   —   de 50,000 —   à 100,000
3e —   —   de 4,000 —   à 50,000
4e —   —   de 2,000 —   à   4,000
5e —   —   de   500 —   à   2,000
6e —   —   de   500 ou moins.

Le gouvernement a la faculté d'assigner à toute localité une classe supérieure ou inférieure, s'il est prouvé que l'application rigoureuse de la règle générale donne lieu à une classification injuste selon les forces industrielles de cette localité.

Tout individu exerçant une industrie, une profession, un art ou un métier est redevable de l'impôt industriel. Il en est de même des sociétés et des compagnies industrielles.

Dans le but de favoriser le développement de l'industrie,

les fabriques nouvellement établies jouissent d'un privilége assez important, qui consiste à ne payer que le tiers de la taxe industrielle pendant les deux premières années de leur existence, et les deux tiers pendant les deux années suivantes.

Le rôle des industriels, dressé par le contrôleur, est la base de cette contribution. Les contribuables peuvent examiner le rôle et présenter leurs réclamations au contrôleur avec appel au comité des répartiteurs, composé des mêmes autorités qui font partie de celui de la contribution foncière et de deux industriels. Ce comité est aidé dans ses fonctions par des experts nommés par le délégué du trésor du district. Il vérifie l'exactitude du rôle et prend connaissance des réclamations.

Pour la répartition de l'impôt, les taxes sont divisées en huit classes dans lesquelles se trouvent compris tous les genres d'industrie imposables selon l'ordre des localités, savoir :

CLASSES des industries.	TAXES DANS LES LOCALITÉS											
	De 1e classe.		De 2e classe.		De 3e classe.		De 4e classe.		De 5e classe.		De 6e classe.	
	Reis.	fr. c.	Reis.	fr. c.	Reis.	fr. c.	Reis.	fr. c.	Reis.	fr. c.	Reis.	fr. c.
1e	200,000	1,111,11	160,000	888,88	100,000	55,555	80,000	444,44	60,000	333,33	40,000	222,22
2e	80,000	444,44	65,000	361,11	40,000	22,222	30,000	166,66	25,000	138,88	18,000	100,00
3e	60,000	333,33	50,000	277,77	35,000	194,44	25,000	138,88	20,000	111,11	15,000	83,33
4e	40,000	222,22	35,000	194,44	25,000	138,88	18,000	100,00	15,000	83,33	10,000	55,51
5e	26,000	144,44	22,000	122,22	16,000	88,88	12,000	66,66	10,000	55,55	5,500	30,55
6e	16,000	88,88	13,000	72,22	9,000	50,00	7,000	38,88	5,300	30,53	3,000	16,66
7e	8,000	44,44	6,500	36,11	4,000	22,23	2,000	16,56	2,300	12,77	1,500	7,22
8e	1,600	8,88	1,400	7,27	1,000	5,55	750	4,16	550	3,05	400	2,22

Il serait trop long d'énumérer toutes les dispositions réglementaires de l'impôt industriel et de décrire les industries sujettes aux taxes fixes et variables. Il suffit de dire que la création de cet impôt reposant sur des bases plus équitables que les contributions qu'il a remplacées, a réalisé un véritable progrès. Outre les grands avantages qui découlent de la simplification du système tributaire, le législateur a eu surtout en vue d'affermir le principe d'égalité et d'accorder aux contribuables toute la latitude possible à l'égard des réclamations.

Le revenu de la contribution industrielle, avec celui de la taxe additionnelle de 40 pour 100 à titre d'impôt pour les rentes, est prévu au budget pour la somme de 6,755,000 francs.

Impôt sur les mines. — Les concessionnaires des mines paient un impôt fixe dont la valeur dépend de l'étendue du terrain exploité et une taxe proportionnelle au produit net des frais d'extraction du minerai.

L'impôt fixe est de 80,000 reis (444 fr.) par unité de terrain de 10,000 brasses carrées. L'impôt proportionnel ne peut dépasser 5 pour 100 du produit net. Cependant le gouvernement a la faculté de convertir cet impôt en une rente fixe payée annuellement par le concessionnaire, ou même de l'en exempter totalement. Il s'est réservé cette faculté, qu'il n'exerce d'ailleurs que fort sobrement et sur information favorable du conseil des travaux publics et des mines, dans le but de favoriser ce genre d'industrie, qui est destiné à jouer un grand rôle dans l'avenir économique et industriel du Portugal.

Le produit de cet impôt, évalué à 222,222 francs, constitue un fonds spécial appliqué à l'amélioration de cette branche d'industrie par les moyens que le gouvernement juge convenables. Les entrepreneurs de l'exploitation des mines sont exempts du payement de l'impôt pendant les deux années qui suivent la concession. L'exportation des produits des mines n'est sujette à aucun droit de sortie.

Impôts pour la construction et l'entretien des routes, (*imposto de viaçaõ*). — Cette contribution est une espèce d'impôt additionnel dont le revenu doit être appliqué à la construction et à l'entretien des voies de communication. Il est prélevé dans la proportion de :

40 pour 100 sur les contributions foncière, somptuaire, sur les loyers, industrielle et d'enregistrement ;

30 pour 100 sur l'impôt sur les intérêts ;

20 pour 100 sur l'impôt sur les grades et les diplômes universitaires ;

5 pour 100 sur l'impôt sur les pêcheries.

Impôt sur les intérêts (*decima de juros*). — C'est une taxe de 10 pour 100 sur le revenu des capitaux prêtés à intérêt. La recette en est prévue pour la somme de 1,285,555 francs. Elle atteindrait un chiffre considérable si la majeure partie des transactions de ce genre n'était frauduleusement soustraite au manifeste exigé par la loi.

Impôt sur les banques. — La loi du 9 mai 1872 a aboli tous les priviléges d'exemption d'impôts accordés aux sociétés anonymes et aux compagnies dont les intérêts et les dividendes sont soumis à la taxe de 10 pour cent. Cette disposition législative s'applique également aux intérêts et aux dividendes des banques, des compagnies ou des sociétés anonymes étrangères de toute espèce ou nature, en ce qui concerne les opérations et les transactions qu'elles font en territoire portugais. Les intérêts des titres de la dette consolidée et des obligations de la compagnie du Crédit foncier sont exempts de cet impôt, dont la recette est évaluée à 844,444 francs.

Timbre. — L'impôt du timbre est prélevé sur une foule d'actes qui n'ont pas de valeur légale sans l'apposition du timbre. La recette de cet impôt, qui comprend celle de la vente du papier timbré, s'élève à 5,450,000 francs.

Enregistrement. — Cet impôt porte sur la transmission de la propriété par vente ou décès. L'imposition a lieu sur les actes de transmission perpétuelle ou temporaire de propriété immobilière de toute nature, à titre onéreux, quelle que soit la dénomination ou la forme du titre de transmission, ainsi que de transmission de propriété mobilière de toute espèce, y compris les titres de dette publique et les actions des banques, des compagnies ou des sociétés anonymes, ainsi que les droits d'une valeur de 100,000 reis (555 francs) acquis par succession légitime ou testamentaire, par dot ou donation, à l'occasion de la vérification de la transmission. En un mot, tous les actes de transmission de propriété située ou existant en territoire portugais sont redevables de cette contribution.

Sont exempts de cette contribution : les actes de transmission à titre gratuit entre ascendants et époux, ou en faveur des établissements de piété ou de bienfaisance; les subrogations faites au nom de la loi en titres de dette consolidée; les baux des terrains qui n'ont jamais été cultivés; les expropriations pour cause d'utilité publique et la transmission de la propriété littéraire ou artistique.

Pour les transmissions mobilières ou immobilières, la contribution d'enregistrement est de 3 pour 100 entre collatéraux du 2° degré, 6 pour 100 entre collatéraux du 3° et du 4° degré et de 10 pour 100 entre toutes autres personnes.

Elle est de 6 pour 100 pour les transmissions d'immeubles à titre onéreux et de 3 pour 100 pour les contrats de permutation.

Les taxes sont calculées d'après la valeur des biens mentionnés sur les actes, suivant la déclaration des parties contractantes.

L'impôt d'enregistrement est dû en entier par ceux qui acquièrent les biens, dans les permutations par les deux permutants, et dans les adjudications par l'adjudicataire ou par l'exécuté.

Les prévisions du budget à l'égard du revenu de cet impôt sont de 9,652,444 fr., avec la contribution additionnelle de 40 pour 100 pour les routes.

Impôt sur les grâces (direitos de mercê). — On désigne sous ce nom un impôt très-ancien en Portugal, mais qui a subi plusieurs modifications. Il est prélevé sur la concession des titres de noblesse, des décorations, des pensions, des lettres de naturalisation, sur les donations, l'établissement de sociétés ou de compagnies et la nomination aux emplois publics. La recette en est de 765,666 fr., y compris l'impôt additionnel de 20 pour 100 pour les routes.

IMPÔTS INDIRECTS

En ce qui concerne les impôts indirects, le budget pour l'exercice 1878-1879 présente le chiffre total de 74.940,388 fr.

La recette des douanes, provenant des droits d'importation, d'exportation et de réexportation, figure sur ce budget pour la somme de 38,077,777 fr. Elle a augmenté progressivement par suite des nombreuses modifications dont le tarif a été l'objet dans le but de favoriser le libre échange par la diminution des taxes et la suppression des droits différentiels. Les réformes opérées dans le service fiscal ont largement contribué à cette augmentation.

L'impôt sur l'importation et la fabrication des tabacs constitue une grande source de revenu. Il est prévu au budget pour la somme de 15,378,000 fr. La vente du tabac est libre; mais la culture en est seulement permise aux îles adjacentes.

L'impôt sur la consommation à Lisbonne est perçu sur la viande, les farineux, le bétail, les légumes, les céréales, le vin, le vinaigre, l'eau-de-vie, les liqueurs et les combustibles consommés dans cette ville. Il présente le revenu de 7,805,000 fr., dont il est déduit 11,000 fr., qui sont distribués comme prime d'encouragement pour l'amélioration des bestiaux destinés à la consommation de la capitale.

L'impôt du *real d'agua* est d'origine très-ancienne. Il paraît remonter à 1604. Ce fut primitivement une contribution d'un *real*, sur chaque livre de viande et de deux reis sur chaque pinte de vin consommés à Lisbonne. Le revenu de cet impôt eut plusieurs applications, entre autres celle de subvenir aux frais de canalisation de l'eau nécessaire à la consommation de la capitale; d'où lui vient le nom de *real d'agua* (contribution pour l'eau). Cette contribution pesa bientôt sur presque toutes les villes du royaume et fut affectée, soit aux travaux de fortification, soit aux entreprises d'utilité publique.

La loi du 27 décembre 1870 a fait retomber cette contribution sur les denrées suivantes :

Boissons alcooliques	20 reis par litre.
» fermentées	10 » par »
Viandes fraîches, sèches, salées ou préparées	10 » par kilogramme.
Vin	6 » par litre.

La loi du 18 mai 1872 y a ajouté les articles suivants :

Riz	10 reis par kilogr.
Huile d'olive	10 » par litre.

Elle a en outre surchargé les taxes sur les boissons alcooliques et sur le vin, ainsi que suit :

Boissons alcooliques	30 reis par litre.
Vin	5 » par »

Le corps législatif est saisi d'un projet de loi qui doit augmenter le revenu de cet impôt, qui s'élève actuellement à 4,675,000 fr.

L'impôt spécial sur le vin et les boissons alcooliques ou fermentées destinées à la consommation de Porto et entrant par les barrières de cette ville, produit 1.538,000 fr. En voici les taxes :

Vin. . . . . 110 reis par décalitre.
Eau-de-vie et autres spiritueux. 260 » par »

Impôt sur les céréales. — Les céréales étrangères admises à l'importation par les douanes maritimes ou terrestres, paient les mêmes droits d'entrée que les nationales, et sont grevées, en outre, de taxes spéciales qui constituent l'impôt sur les céréales, dont le revenu figure au budget pour la somme de 2,364,000 francs.

Impôt sur les pêcheries. — C'est une espèce de contribution industrielle que les pêcheurs payent sur le produit de leurs pêches. Il consiste en un droit de 6 pour 100 proportionnel aux bénéfices des pêcheurs. Le revenu de cet impôt qui n'était, en 1843, que de 111,000 francs, s'élève aujourd'hui à 725,000 francs.

Impôt sur le transit des chemins de fer. — Il consiste en 5 pour 100 du revenu brut des lignes de chemin de fer. Ayant rapporté en 1864-1865 la somme de 86,200 fr., il atteint déjà le chiffre assez important de 477,000 francs.

La dénomination des autres impôts indirects explique suffisamment leur nature. Le produit en est mentionné au tableau général des recettes pour l'année 1875-1877.

REVENUS DIVERS

Sous le titre de revenus divers, le budget comprend une foule de recettess d'origines multiples et fort variées. Les plus importantes se trouvent énumérées au tableau général des recettes, où elles sont prévues pour la somme de 13,061,000 francs.

Tableau général des recettes et des dépenses de l'État, d'après le budget présenté au Corps législatif pour l'exercice 1877-1878.

RECETTES.

		Francs.
	Impôt foncier	17,273,600
	— industriel	6,755,000
	— sur les loyers des maisons	1,748,900
	— sur les capitaux prêtés à intérêt	1,285,600
	— sur les opérations des banques	844,500
	— sur les grâces	765,700
	— somptuaire	595,000
	Inscriptions universitaires	326,600
Impôts directs.	Contributions sur les mines	222,000
	Amendes judiciaires	147,200
	Intérêts des sommes dues au Trésor	198,300
	Émoluments des chancelleries consulaires	463,900
	Émoluments des ministères	342,200
	— des capitaineries des ports	28,800
	— des bureaux des hypothèques	20,600
	Impôts divers	206,900
	3 % sur les impôts en arrérage	167,200
		31,362,000
Timbre et Enregistrement.	Enregistrement avec additionnels	9,652,000
	Timbre	5,450,000
		15,102,000
	Droits d'importation	37,041,700
	— d'exportation	902,700
	— de réexportation	139,300
Impôts indirects.	— d'octroi à Lisbonne	7,805,500
	— de tonnage	510,000
	— sanitaires, de quarantaine et de lazaret	325,500
	— Émoluments des douanes (part de l'État)	533,300
	Impôt sur l'importation des céréales	2,364,400
	A reporter	49,616,400

10

		Francs.
	Report.	49,616,400
Impôts indirects.	Impôt sur le vin et les boissons à Porto.	1,538,800
	— sur les tabacs.	15,378,900
	— sur les consommations (real d'agua).	4,675,000
	— sur les pêcheries.	725,100
	Taxe complémentaire sur les droits de douane.	1,746,000
	Impôt sur le transit des chemins de fer.	477,900
	Impôts spéciaux pour l'amélioration de quelques ports. . . .	696,300
	— divers.	85,600
		74,940,000
Revenus divers.	Recettes du chemin de fer du Minho et du Douro.	4,194,500
	— du chemin de fer du Sud et du Sud-Ouest. . . .	2,500,000
	— de l'Administration des postes.	2,578,800
	— de l'Administration des forêts nationales.	238,800
	— de l'Imprimerie nationale.	722,200
	— du Télégraphe électrique.	516,600
	Péage des ponts et des barques de passage.	283,300
	Recettes éventuelles.	700,000
	— de diverses provenances. .	1,326,800
		13,061.000
Compensations de dépenses.	Intérêts des titres de dette publique en portefeuille.	3,891,000
	Autres.	2,771,000
		6,662,000

RÉSUMÉ.

Impôts directs.	31,362,000
Timbre et enregistrement.	15,102,000
Impôts indirects.	74,940,000
Revenus divers.	13,061,000
Compensations.	6,662,000
Total des Recettes	141,127,000

DÉPENSES.

DETTE PUBLIQUE.

Francs.

Dette intérieure.	Intérêts des titres en circulation.	33,091,835	36,825,093
	Intérêts des titres en portefeuille.	3,733,258	
Dette extérieure.	Intérêts des titres en circulation.	25,840,001	25,998,060
	Intérêts des titres en portefeuille..	158,059	

Service de la dette publique. 378,480

63,201,633

MINISTÈRE DES FINANCES.

Charges générales.

Liste civile. 3,172,220
Corps législatif. 463,230
Intérêts et amortissements à la charge
  du Trésor. 9,093,640
Frais divers et traitements des classes
  inactives. 3,369,280   16,098,370

SERVICE DU MINISTÈRE PROPREMENT DIT.

Administration supérieure des finances.   795,828
Douanes 4,287,189
Hôtel des Monnaies. 252,785
Administration des finances dans les
  districts. 3,579,055
Traitements des employés surnumé-
  raires ou en retraite. 968,991
Frais divers. 326,511
Dépenses relatives à des exercices ré-
  volus. 144,441   10,354,800

26,453,170

MINISTÈRE DE L'INTÉRIEUR.

	Francs.
Secrétairerie d'État.	222,281
Conseil d'État.	11,111
Tribunal suprême administratif.	138,815
Gouvernements civils des districts.	560,901
Subventions aux municipalités.	1,555,555
Sûreté publique.	2,206,536
Hygiène publique.	299,005
Frais divers.	91,666
Instruction publique.	4,955,010
Bienfaisance publique.	1,325,144
Traitements d'employés surnuméraires ou en retraite.	414,032
Dépenses relatives à des exercices révolus.	6,111
	11,786,197

MINISTÈRE DE LA JUSTICE ET DU CULTE.

Secrétairerie d'État.	159,588
Diocèses du royaume.	810,470
Tribunal suprême de justice.	155,622
Tribunaux de 2ᵉ instance.	388,685
— de 1ʳᵉ instance.	491,129
Ministère public.	475,965
Prisons.	546,100
Dépenses d'exercices révolus.	2,500
Traitements d'employés en retraite.	190,907
Subventions à quelques couvents de religieuses. . . .	13,333
Frais divers.	67,222
	3,301,521

MINISTÈRE DE LA GUERRE.

Secrétairerie d'État.	257,985
État-major de l'armée et commandements militaires.	556,541
Corps de toutes les armes.	14,236,295
Places de guerre.	139,644
Établissements divers et justice militaire.	2,057,078
Officiers en commission.	171,585
— en disponibilité ou en inactivité temporaire.	132,200
— en retraite ou sans avancement.	3,553,358
A reporter.	21,104,686

	Francs.
Report	21,104,686
Vétérans et invalides	81,057
Frais divers	1,006,335
Dépenses d'exercices révolus	15,000
	22,207,078

MINISTÈRE DE LA MARINE ET DES COLONIES.

Secrétairerie d'État et annexes	244,507
Flotte	2,740,564
Tribunaux et établissements divers	320,125
Arsenal de la marine et annexes	4,193,783
Frais divers	465,888
Traitements des employés ou des officiers en service aux colonies, surnuméraires, retraités, vétérans ou invalides	716,269
Dépenses d'exercices révolus	5,277
	8,686,413

MINISTÈRE DES AFFAIRES ÉTRANGÈRES.

Secrétairerie d'État	107,059
Corps diplomatique	575,000
— consulaire	332,000
Frais éventuels	434,439
Traitements des fonctionnaires en retraite ou en inactivité	82,825
Dépenses d'exercices révolus	2,777
	1,534,100

MINISTÈRE DES TRAVAUX PUBLICS, DU COMMERCE ET DE L'INDUSTRIE.

Secrétairerie d'État	254,577
Personnel administratif et technique	789,014
Traitements des employés surnuméraires ou retraités	443,276
Routes	7,638,888
Chemins de fer	3,060,693
Télégraphes et phares	1,329,293
Travaux divers	2,246,106
Établissements d'instruction agricole et industrielle	421,097
Forêts nationales	291,096
Administration des postes	2,035,377
A reporter	18,509,417

	Francs.
Report.	18,509,417
Direction générale des travaux géodésiques, topographiques, hydrographiques et géologiques du royaume.	420,302
Frais divers.	352,857
Dépenses d'exercices révolus..	3,333
	19,285,909

RÉSUMÉ.

Service de la dette publique.	63,201,633
Ministère des finances.	26,453,170
— de l'intérieur.	11,786,197
— de la justice et du culte.	3,301,521
— de la guerre.	22,207,078
— de la marine et des colonies.	8,686,413
— des affaires étrangères.	1,534,100
— des travaux publics, du commerce et de l'industrie.	19,285,909
Total des Dépenses.	156,456,021

DETTE PUBLIQUE

Voici l'état de la dette publique au 31 décembre 1877 :

	Reis.	Francs. cent.
Intérêts de la dette intérieure consolidée, correspondant aux titres en circulation. . .	5,956,530,325	33,091,835 14
Intérêts de la dette extérieure consolidée, correspondant aux titres en circulation. . .	4,651,200,334	25,840,001 85
Total.	10,607,730,659	58,931,836 99

Cette somme, au taux de 3 pour 100, correspond au capital de 353,591,021,966 reis ou 1,964,394,566 fr. 47 centimes, qui se décompose ainsi :

	Reis.	Francs.	cent.
Dette intérieure.	198,551,010,833	1,103,061,171	33
Dette extérieure.	155,040,011,133	861,333,395	14
Total pour la dette con- solidée..	353,591,021,966	1,964,394,566	47
Dette flottante au 31 dé- cembre 1877	8,878,887,000	49,327,150	»
Total de la dette publique.	362,469,908,966	2,013,721,716	47

Les titres en portefeuille, au 31 décembre 1877, dont les intérêts sont :

	Reis.	Francs.	cent.	
de.	671,986,500	3,733,258	33	pour la dette intérieure.
de.	28,450,746	158,059	70	pour la dette extérieure.
Ensemble.	700,437,246	3.891,318	03	

figurent sur le budget actif au chapitre des compensations des dépenses et représentent le capital de 23,347,908,200 reis ou 129,710,601 francs.

Le chiffre de la dette portugaise, quoique assez considérable et représentant de lourds sacrifices, est loin d'indiquer que le Portugal ait abusé du crédit dont il jouit depuis 1852.

En effet, à partir de cette époque, le pays est entré dans une voie de prospérité toujours croissante. Les recettes de l'État ont augmenté par suite des réformes opérées dans le système tributaire et dans l'administration des finances ; et si les dépenses les ont excédées, déterminant ainsi un déficit dont les proportions ont parfois été assez considérables, on est forcé de reconnaître qu'elles ont été occasionnées par le besoin impérieux de développer les grandes sources de richesses matérielles du pays et d'acquérir les moyens de défense contre toute invasion étrangère. Aussi, les emprunts réalisés depuis 1852 ont-ils été appliqués à la construction des routes royales, districtales ou municipales, des chemins de fer et du réseau des lignes télégraphiques, à la création d'établissements pour l'enseignement industriel et agricole, à la subvention d'entreprises de navigation entre le royaume et ses colonies, aux travaux de fortification, de géodésie, d'hydrographie, etc., à l'amélioration des ports et des fleuves, à l'acquisition de l'armement nécessaire à la défense du territoire, à l'achat de navires de guerre, en un mot, à reconstruire ce que les guerres civiles si fréquentes et si prolongées avaient détruit, et à lancer le pays dans le chemin du progrès.

A l'appui de cette assertion, nous présentons le tableau des dépenses du ministère des travaux publics, du commerce et de l'industrie, depuis 1852 jusqu'au 30 juin 1876 :

		Francs.	Francs.
Routes.	Personnel technique . . .	5,209,900	
	Construction	99,122,900	
	Etudes	2,574,400	
	Conservation	14,710,800	
	Réparation	3,097,000	
	Subventions pour la construction des routes districtales et municipales.	13,679,500	139,294,500
Chemins de fer. (Études, construction, exploration, fiscalisation, subventions, etc.)	Du Nord et de l'Est . .	73,232,700	
	Du Sud et du Sud-Ouest	52,360,800	
	Du Minho	30,585,300	
	Du Douro	22,818,900	
	De l'Algarve	1,755,500	
	De Lisbonne à Cintra . .	44,500	
	De la Haute-Beira. . . .	358,800	
	De la Basse-Beira. . . .	83,500	
	De Béja à l'Algarve . . .	5,700	
	De Caminha à Valença. .	5,100	
	Frais divers.	176,700	181,427,500
	A reporter.		320,722,000

		Francs.	Francs.
	Report.		320,722,000
Télégraphie électrique.	Personnel.	11,282,900	
	Construction et réparation des lignes.	1,968,700	
	Matériel et frais divers.	2,752,400	16,004,000
Phares.	Personnel.	484,000	
	Construction et réparation	164,800	
	Conservation et frais divers	1,051,900	1,700,700
Enseignement industriel.	Institut industriel de Lisbonne	2,702,800	
	Institut industriel de Porto	851,200	
	Frais divers.	5,000	3,559,000
Enseignement agricole.	Institut général d'agriculture.	3,012,000	
	Ecole régionale de Cintra	1,086,500	
	— d'Evora.	251,400	
	Intendances des bestiaux, Haras et autres établissements.	465,800	
		870,200	
	Expositions et études agricoles	843,000	
	Frais divers.	135,400	6,664,300
Forêts nationales.	Administration générale.	374,400	
	— subalterne	812,800	
	Personnel technique et de fiscalisation.	142,200	
	Frais d'entretien et dépenses de la fabrique de résineux.	4,728,800	
	Construction et exploration du chemin de fer américain de la forêt de Leiria.	3,250,400	
	Frais divers.	295,800	9,604,400
Travaux géologiques, hydrographiques, etc.	Travaux géodésiques.	3,247,100	
	— chorographique	762,200	
	— hydrographiques	768,300	
	— géologiques.	665,100	
	Administration, ateliers de gravure, etc.	752,200	6,194,000
	A reporter.		364,449,300

		Francs.	Francs.
Report.			364,449,300
Travaux géologiques, hydrographiques, etc.	Observatoire astronomique de Lisbonne. . . .	128,900	
	Section photographique.	315,000	
	Frais divers.	227,300	671,200
Travaux d'amélioration des ports et des fleuves. . . .			18,560,000
Subventions aux entreprises de navigation.			6,106,000
Expositions nationales et internationales.			2,135,000
Subventions aux élèves étudiant à l'étranger. . . .			280,000
Administration des postes.			42,910,000
Travaux divers.			37,502,000
Dépenses éventuelles et frais divers.			26,412,000
Travaux publics aux îles adjacentes.			25,434,000
Administration supérieure et personnel technique du ministère.			14,890,000
Total.			539,350,700

Une telle application ne pouvait manquer de consolider le crédit national. Aussi les capitaux portugais et étrangers ont-ils toujours répondu avec empressement à l'appel qui leur a été porté. C'est là la conséquence de la paix profonde dont le Portugal jouit depuis vingt-six ans et du progrès immense qu'il a fait à l'ombre des institutions libérales qui le gouvernent.

La situation du pays est chaque fois plus encourageante. La répartition plus équitable des impôts, l'accroissement de la matière imposable, le développement constant du commerce et de l'activité agricole et industrielle, les réformes que le cabinet actuel, composé d'hommes d'Etat expérimentés et éminemment patriotes, dont les noms sont annexés à toutes les tentatives utiles accomplies, tout doit déterminer l'élévation des recettes publiques et contribuer à rétablir dans un avenir très-prochain l'équilibre financier, ainsi qu'à affermir de plus en plus le crédit dont le Portugal jouit à juste titre depuis qu'il a abordé avec courage et persévérance son œuvre de régénération à laquelle l'Europe a déjà applaudi.

XXIII

Instruction publique.

Tout le service de l'instruction publique, à la seule exception des enseignements industriel et agricole et des écoles militaires, est placé sous la dépendance du ministère de l'intérieur et spécialement à la charge d'une direction générale. Un comité consultatif de l'instruction publique fonctionne près de ce ministère. Il est composé de six membres qui doivent émettre leur opinion en matière d'instruction publique, proposer les réformes à accomplir et les programmes d'études à adopter.

ENSEIGNEMENT PRIMAIRE

La loi du 2 mai 1878, vient de réorganiser l'enseignement primaire. En voici les dispositions principales.

L'instruction primaire pour les deux sexes comprend deux degrés, savoir : l'enseignement élémentaire et le complémentaire.

L'enseignement élémentaire pour le sexe masculin embrasse la lecture, l'écriture, les quatre opérations fondamentales de l'arithmétique et les fractions, les éléments de grammaire portugaise, les principes du système décimal des poids et mesures et ceux de dessin et de morale et le catéchisme pour les élèves appartenant au culte catholique. Pour le sexe féminin, il embrasse en outre les travaux d'aiguille d'un usage général et les plus nécessaires aux classes les moins favorisées de la fortune.

L'enseignement complémentaire pour le sexe masculin comprend la lecture et la récitation de morceaux en prose et en vers; la calligraphie; l'arithmétique et la géométrie élémentaires avec leurs applications les plus usuelles; la grammaire et les exercices grammaticaux; le système

légal des poids et des mesures ; les éléments de chrono-
logie, de géographie et d'histoire du Portugal ; le dessin
linéaire et ses applications les plus communes ; la morale
et l'histoire sainte ; des notions élémentaires d'hygiène,
ainsi que d'agriculture ; la gymnastique, le chant ; les
droits et les devoirs du citoyen. L'enseignement complémentaire pour le sexe féminin comprend, en outre, les
devoirs de la mère de famille, la broderie, la couture et
la taille des vêtements, et l'art de faire des dentelles
et des fleurs.

L'instruction primaire élémentaire est obligatoire depuis l'âge de six ans jusqu'à celui de douze, pour tous les
enfants dont les parents ou tuteurs ne peuvent justifier
qu'ils les font instruire à domicile ou dans une école particulière, qu'ils résident à plus de deux kilomètres de
distance de l'école gratuite, publique ou particulière, ou
qu'en raison de leur pauvreté ils n'ont pas les moyens de
les envoyer à l'école. Les comités de paroisse fournissent
aux enfants pauvres, orphelins ou dont les parents n'ont
pas de moyen de subsistance, les vêtements, les livres,
ainsi que tout ce qui leur est nécessaire pour pouvoir
aller à l'école. Les contraventions aux dispositions de la
loi, qui rendent l'enseignement obligatoire sont punies
par la réprimande publique ou l'amende d'un jour de
travail, ou de la somme correspondante, selon les cas.

Les écoles primaires se divisent en deux classes : les
écoles d'enseignement élémentaire et les écoles d'enseignement élémentaire et complémentaire. Dans les chefs-
lieux d'arrondissement il y a une école, au moins, de la
seconde classe, et dans chaque paroisse une de la première.

L'enseignement primaire est gratuit.

Les chambres municipales doivent favoriser l'établissement de cours élémentaires ou complémentaires noc-
turnes et dominicaux pour les adultes. Avec l'aide de l'au-

torité administrative, des curés et des membres des comités de paroisse, elles organisent des commissions chargées de promouvoir la fréquentation des écoles, l'acquisition et la distribution de vestiaire, de livres et d'autres objets pour les enfants pauvres; la fondation de prix pour les élèves, la concession de secours et de subventions aux familles indigentes, afin qu'elles puissent donner l'instruction à leurs enfants; en un mot, tout ce qui a rapport à répandre et à développer l'instruction populaire. Ces commissions sont composées de quatre citoyens, au moins, et de trois dames, habitants de la paroisse.

Tous les ans, il y a dans les chefs-lieux d'arrondissement des examens publics d'instruction primaire, élémentaire et complémentaire. Les élèves des écoles particulières ou des maîtres particuliers y sont admis avec ceux des écoles publiques. Ceux qui sont approuvés dans cet examen ont droit à l'admission dans les lycées nationaux, sans en subir de nouveaux.

Il y a, à Lisbonne et Porto, des écoles normales de première classe, destinées à former des professeurs des deux sexes pour l'enseignement primaire des deux degrés. Le personnel de ces deux écoles est entretenu aux frais de l'État; mais les frais de pension des élèves, d'acquisition et de conservation des édifices, ainsi que du mobilier, de la bibliothèque et des prix, doivent être défrayés par les comités généraux des districts respectifs. Dans les autres districts administratifs, la loi a déterminé la création d'écoles normales de seconde classe, en nombre non inférieur à dix, et dont l'entretien doit rester à la charge des comités généraux de district.

La partie continentale du royaume avec les îles adjacentes, est divisée en douze circonscriptions scolaires, placées sous la surveillance d'autant d'inspecteurs rétribués par le gouvernement. Ces fonctionnaires doivent changer de circonscription tous les trois ans. Il y a dans chaque arrondissement communal un comité scolaire composé de trois membres choisis de préférence dans le conseil municipal et nommé par lui. Ces comités sont élus pour deux ans, et leurs fonctions consistent à aider les chambres municipales et les inspecteurs dans l'exercice de leurs attributions. Dans toute paroisse où il y a une école, il y a un délégué paroissial nommé par le comité scolaire.

Tous les ans, une conférence de professeurs a lieu au chef-lieu d'arrondissement. Sa durée ne peut dépasser huit jours. Le but de ces conférences est le perfectionnement des méthodes d'enseignement, les moyens de les réaliser et la discussion de tout ce qui a rapport à l'instruction primaire.

Les appointements des professeurs des écoles primaires sont à la charge des chambres municipales. L'État alloue, pour venir en aide aux besoins du service de l'instruction primaire, la subvention annuelle de 1,111,000 francs.

Telles sont, en résumé, les principales dispositions de la nouvelle loi qui régit l'enseignement primaire. Le gouvernement s'est toujours efforcé d'améliorer cette branche si importante du service public et a créé une fort grande quantité d'écoles. En effet, le nombre d'écoles entretenues par le gouvernement, qui n'était que de 1,489 en 1851, s'élevait, en 1876, à celui de 2,054.

Voici le tableau détaillé des écoles primaires, officielles ou particulières, en 1876, et du nombre d'élèves qui les ont fréquentées pendant la même année.

Tableau général des écoles primaires officielles et particulières existant en 1878, et du nombre d'élèves pendant l'année scolaire 1875-1876.

DISTRICTS	ÉCOLES OFFICIELLES						ÉCOLES PARTICULIÈRES			
	Nombre d'Écoles		Nombre d'Élèves		Nombre d'Élèves par 1,000 habit.		de	de	Nombre d'Élèves	
	de Garçons	de Filles	Garçons	Filles	Garçons	Filles	Garçons	Filles	Garçons	Filles
Aveiro	133	30	8,277	1,963	70·00	14·31	18	15	806	392
Beja	72	32	3,353	1,397	45·89	19·46	15	24	392	430
Braga	113	17	6,883	1,593	49·04	8·24	65	36	2,520	1,189
Bragance	126	27	4,706	1,599	61·03	20·05	6	6	141	98
Castello Branco	98	24	3,887	1,442	47·51	16·48	11	20	389	641
Coimbre	137	32	7,639	1,912	53·70	12·27	91	13	888	478
Evora	40	13	1,943	811	31·91	16·43	13	20	318	649
Faro	55	21	2,691	1,476	35·64	14·23	86	33	1,588	877
Guarda	200	42	7,917	2,848	74·21	25·24	19	12	266	162
Leiria	91	18	3,234	609	33·90	6·31	4	8	95	189
Lisbonne	164	73	7,906	4,287	33·36	19·60	124	321	8,180	7,780
Portalegre	57	16	2,048	986	40·34	19·80	9	28	379	564
Porto	169	44	8,552	2,689	42·47	11·09	151	115	6,763	3,734
Santarem	105	27	4,696	1,485	45·80	13·93	21	45	836	943
Vianna	95	43	6,226	892	63·98	7·99	55	9	1,690	205
Villa Real	139	45	8,501	2,400	81·89	21·44	30	93	1,314	1,641
Vizeu	247	66	11,734	2,117	65·91	15·80	24	28	737	732
Total	2,054	540	100,082	31,199	51·29	14·88	622	817	27,299	21,698
Angra	39	13	1,821	876	57·48	9·33	19	61	717	1,387
Funchal	27	9	980	369	17·40	5·81	7	5	123	68
Horta	31	15	1,679	1,358	60·20	31·90	53	191	384	128
Ponta Delgada	39	31	1,800	2,002	31·01	30·00	4		2,088	2,800
Total	136	68	6,280	3,905	35·60	18·80	83	190	3,312	4,383
Total général	2,190	608	106,352	35,104	49·90	15·90	705	1,007	30,604	26,061

Partie continentale du Royaume (Aveiro … Vizeu)

Îles adjacentes (Angra, Funchal, Horta, Ponta Delgada)

ENSEIGNEMENT SECONDAIRE.

Cette branche de l'enseignement public était dans l'état le plus déplorable lorsque parut le décret réformateur de 1844, en vertu duquel un lycée fut créé dans chaque chef-lieu de district. Outre les lycées, il y a des écoles d'instruction secondaire entretenues par l'État dans les localités les plus éloignées des chefs-lieux. Les lycées sont de première ou de seconde classe. Ils n'ont pas d'internat. L'enseignement y est entièrement gratuit.

Le cours général professé dans les lycées est de cinq ans et comprend : le portugais, le latin, les humanités, l'histoire, les mathématiques élémentaires, les éléments de physique, de chimie et d'histoire naturelle, les principes du droit naturel, la littérature, la rhétorique, le dessin linéaire et les langues française et anglaise. Le grec est enseigné dans les lycées de première classe, et l'hébreu à Santarem, à Coïmbre et à Lisbonne, où il y a aussi une chaire d'arabe. La lange allemande est professée également à Porto, à Coïmbre et à Lisbonne.

Il y a une section commerciale près le lycée de Lisbonne. Le cours, qui est de deux ans, comprend l'arithmétique appliquée au commerce, la géométrie et les éléments d'algèbre, la géographie mathématique, commerciale et industrielle, l'histoire générale du commerce et de l'industrie et celle des produits du commerce, naturels ou manufacturés, la tenue des livres, les éléments de l'économie politique, la statistique commerciale, le régime douanier, le droit commercial et maritime élémentaire, l'allemand, l'anglais et le français.

Chaque lycée est dirigé par un recteur. Les professeurs sont rétribués par l'État. On s'est occupé avec la plus grande sollicitude d'améliorer par tous les moyens possibles l'état de cette branche de l'enseignement. Parmi

les mesures adoptées dans ce but, il faut mentionner,
comme l'une des plus utiles, la loi qui permet au gouvernement de substituer aux écoles de latin fonctionnant en
dehors des lycées, des cours de français ou d'anglais,
d'économie politique, industrielle ou rurale, et de principes généraux d'administration publique, ainsi que de
créer dans les lycées, et dans la mesure des ressources du
budget, des cours de commerce, de mécanique et d'économie industrielles, d'agriculture et d'économie rurale.

Tableau du mouvement scolaire des Lycées nationaux et des écoles annexes d'instruction secondaire, en 1875.

CIRCONSCRIPTION des lycées et des écoles annexes.	NOMBRE d'élèves des lycées.	NOMBRE d'élèves des écoles secondaires annexées aux lycées.	TOTAL	NOMBRE d'élèves des écoles secondaires particulières ayant subi leurs examens dans les lycées.
Aveiro	63	15	78	195
Béja	59	9	68	30
Braga	278	15	293	720
Bragance	92	19	111	29
Castello Branco . .	42	24	66	58
Coimbre	110	50	160	1,030
Evora	67	58	125	61
Faro	146	—	146	54
Guarda	156	6	162	79
Leiria	58	3	61	12
Lisbonne	232	11	243	1,404
Portalègre	49	6	55	44
Porto	181	24	205	799
Santarem	71	23	94	169
Vianna	95	15	110	89
Villa Real	99	18	118	74
Vizeu	257	8	265	355
	2,055	304	2,359	5,202
Angra	19	—	79	25
Porta	163	20	183	39
Ponta Delgada . .	113	4	117	16
Funchal	47	—	47	22
	402	24	426	102
Total . . .	2,457	328	2,785	5,304 (1)

(1) Le nombre d'élèves des écoles secondaires particulières qui ont de-
mandé à être admis aux examens dans les lycées est de 6,489.

11

Nous avons inséré dans le tableau qui précède, avec le mouvement scolaire des lycées et des écoles publiques d'instruction secondaire qui en dépendent, celui du nombre d'élèves des écoles secondaires particulières qui ont subi leurs examens dans les lycées du gouvernement, pendant l'année 1875, pour qu'on puisse se faire une idée assez exacte du nombre de jeunes gens qui suivent, en moyenne, les cours secondaires dans le royaume et aux îles adjacentes.

ENSEIGNEMENT SUPÉRIEUR.

Comme établissements d'instruction supérieure, le Portugal possède l'université de Coïmbre, l'École polytechnique de Lisbonne, l'académie polytechnique de Porto, les écoles de médecine et de chirurgie de Lisbonne, Porto et Funchal et le cours supérieur de lettres, qui sont sous la dépendance du ministère de l'intérieur.

L'université de Coïmbre, fondée en 1290, par le roi Dom Denis, est le premier établissement d'instruction supérieure en Portugal. Il figure dignement parmi les meilleures universités de l'Europe. L'enseignement y embrasse cinq facultés, savoir : la théologie, le droit, la médecine, les mathématiques et la philosophie. En outre, un cours spécial de droit administratif y a été institué en 1853.

Les grades que l'université confère sont : le baccalauréat simple, le baccalauréat complet (1), la licence et le doctorat.

1. Le titulaire de ce grade se nomme *bacharel formado*, comme qui dirait : bachelier accompli.

11

Les établissements auxiliaires de l'université sont fort bien montés et abondamment pourvus de bons instruments. Ce sont : la bibliothèque, riche de plus de soixante mille volumes et d'un grand nombre de manuscrits, l'observatoire astronomique, les musées d'anatomie physiologique et pathologique, les cabinets de zoologie, de minéralogie et de physique, le laboratoire de chimie et un beau jardin botanique. L'université possède, en outre, une imprimerie qui fournit les livres classiques aux étudiants.

Voici le tableau comparé du nombre d'étudiants de l'université de Coïmbre pendant les années scolaires de 1870-71 à 1876-1877 :

FACULTÉS.	ANNÉES SCOLAIRES.		
	1870-1871.	1872-1873.	1876-1877.
Théologie	39	83	40
Droit.	343	398	401
Cours administratif . . .	6	3	1
Médecine	56	81	84
Mathématiques.	104	129	122
Philosophie.	262	265	217
TOTAL	810	959	865

Le cours de dessin annexé au cours d'études est fréquenté en moyenne par 150 élèves.

Le recteur de l'université porte le titre de *prélat*, quoique le plus souvent il ne soit que laïque. Les savantes fonctions de cette haute dignité universitaire sont remplies actuellement par M. le Vicomte de Villa-Maïor, membre effectif de l'Académie royale des sciences de

Lisbonne, et ancien professeur de l'École polytechnique de cette capitale.

Le nombre de professeurs est de 74 dont 21 substituts. Les chaires, au nombre de 60, sont ainsi réparties entre les facultés :

Théologie.	8 chaires.
Droit	15 —
Médecine	13 —
Mathématiques.	9 —
Philosophie.	8 —
Total	53 —

L'année scolaire 1876-1877 a produit 1 docteur et 2 licenciés en droit, 1 licencié en philosophie et 98 bacheliers. Ces derniers se répartissent de la manière suivante :

Faculté de théologie.	3 bacheliers.
Faculté de droit.	67 —
Faculté de médecine.	22 —
Faculté de mathématiques.	1 —
Faculté de philosophie	5 —
Total	98 —

L'École polytechnique de Lisbonne est un bel établissement d'instruction supérieure fort bien organisé. C'est dans cette école que les jeunes soldats sortant du collége militaire ou des rangs de l'armée avec les études préparatoires exigées par le programme d'admission vont suivre le cours d'études générales et communes à toutes les armes. Il y a aussi à cette école un cours de génie civil. Elle n'a point d'internat. Pendant leurs études les élèves continuent à faire partie des cadres de leurs régiments. Tout officier, sous-officier ou soldat, et tout individu non militaire a le droit d'être admis à l'école, pourvu qu'il

satisfasse aux examens d'entrée et aux conditions d'âge
désignées par la loi.

Le cours complet de l'école est professé en treize chaires
et comprend : la trigonométrie sphérique, l'algèbre supérieure et la géométrie analytique, les calculs différentiel,
intégral, des variations et des probabilités et la cynéma-
tique; la mécanique rationnelle et des machines; l'astronomie et la géodésie; la physique mathématique et
expérimentale; la chimie inorganique; l'analyse chimique
et la chimie organique; la minéralogie et la géologie;
l'anatomie et la physiologie comparées et la zoologie; la
botanique; l'économie politique et le droit administratif
et commercial. Il y a, en outre, un cours de géométrie
descriptive en deux parties et un cours de dessin.

Le cours est professé par douze professeurs et huit
substituts.

Voici quel a été le nombre d'élèves pendant les années
scolaires 1872-1873 à 1876-1877 :

| ANNÉES SCOLAIRES. | ÉLÈVES MILITAIRES. | | | ÉLÈVES non militaires. | TOTAL. |
	APPARTENANT à l'armée de terre.	APPARTENANT à la marine.	TOTAL.		
1872-1873	61	19	80	85	165
1873-1874	53	18	71	87	158
1874-1875	59	7	66	103	169
1877-1876	71	6	77	99	176
1876-1877	74	4	78	123	201
Moyenne annuelle.	63,6	10,8	74,4	99,4	173,8

L'Académie polytechnique de Porto est une école où
l'on enseigne, avec moins de développement qu'à l'École

polytechnique de Lisbonne, l'arithmétique, l'algèbre et la géométrie, l'algèbre appliquée à la géométrie, la géométrie descriptive, le dessin, la trigonométrie sphérique, les principes d'astronomie et de géodésie, l'histoire naturelle appliquée aux arts et métiers, la physique et la mécanique industrielles, la chimie et l'exploitation des mines, la botanique, l'agriculture et l'économie rurale, le commerce et l'économie industrielle, l'économie politique et le droit commercial et la mécanique.

Les élèves qui en sortent reçoivent des diplômes d'ingénieurs des ponts et chaussées, d'ingénieurs des mines, ou de commerçants. Il y a aussi à cette école un cours préparatoire pour l'École navale de Lisbonne.

Les professeurs sont au nombre de seize, dont quatre substituts.

Les cours ont été fréquentés :

En 1870-1871 par 304 élèves.
En 1871-1872 — 357 —
En 1872-1873 — 378 —

Le cours supérieur de lettres, fondé par le feu Roi Dom Pedro V, et à ses frais, comprend les chaires d'histoire universelle et portugaise; de littératures latine et grecque; de littérature moderne de l'Europe en général, et de la portugaise en particulier, de philosophie transcendante, et d'histoire philosophique universelle. Le cours d'études est de deux ans, après lesquels les élèves sont reçus licenciés ès lettres.

Le nombre d'élèves est, en moyenne, de 20 par an.

ENSEIGNEMENT SPÉCIAL.

Les principaux établissements d'instruction spéciale sont : l'École de l'armée, le Collége militaire, l'École navale, l'Institut agricole, l'Institut industriel, les Académies des beaux-arts de Lisbonne et de Porto, et le Conservatoire royal de Lisbonne.

École de l'armée. — Elle correspond aux écoles spéciales d'application existant dans d'autres pays. Les officiers et les sous-officiers sortant de l'École polytechnique vont y recevoir l'instruction spéciale de leurs armes respectives. On y complète aussi le cours du génie civil.

La durée des cours d'études de toutes les armes est de deux ans, à la seule exception de l'arme du génie, dont le cours est fixé à trois ans. Les élèves sortent de l'école avec le grade de sous-lieutenant.

L'école est placée sous le commandement d'un général. Un commandant en second, deux directeurs d'études, dix professeurs, quatre répétiteurs et cinq instructeurs en forment le personnel.

Collège militaire. — Ce collège est destiné à recevoir les fils des officiers de l'armée de terre ou de mer, morts ou blessés en combat, ou ayant rendu des services méritants. La loi fixe les règles de préférence pour l'admission des candidats. Une partie des élèves sont boursiers; l'autre est admise sur payement de la pension. Les élèves sortent de l'école avec le grade de sergent-major-aspirant à officier, et ils vont compléter leurs études militaires à l'École de l'armée ou à l'École polytechnique.

École navale. — Cette école est destinée à former des officiers de marine. Les jeunes aspirants suivent une partie des cours à l'École polytechnique et complètent à l'École navale leur instruction spéciale. A la fin des études, ils reçoivent le grade amovible de garde-marine, qui correspond à celui de sous-lieutenant de l'armée de terre. Ils sont alors immédiatement embarqués sur un vaisseau-école, ou sur tout autre navire, et vont faire un voyage d'instruction ou une station qui doit durer trois ans. Ils sont alors soumis à un examen pratique qui doit être subi en mer et en présence d'un jury spécial ; et c'est après avoir passé cet examen qu'ils reçoivent le brevet de lieutenant en second.

L'école possède un musée et une bibliothèque.

Une école pratique d'artillerie navale fonctionne à bord d'une frégate stationnée à Lisbonne, sous la dépendance de l'École navale.

Le cours de marine militaire professé à l'École navale comprend : le calcul et la mécanique, l'astronomie et la navigation, l'artillerie, la construction et l'architecture navales, et les machines à vapeur, et le droit maritime et international.

Outre ce cours, on professe des cours spéciaux pour les ingénieurs et les mécaniciens de la flotte, d'hydrographie et de pilotage.

Institut agricole. — L'Institut général d'agriculture de Lisbonne est destiné à former des agronomes, des ingénieurs agricoles, des sylviculteurs et des vétérinaires. Il possède un hôpital vétérinaire, un laboratoire de chimie, un musée de modèles, de machines, d'instruments et de produits agricoles, un dépôt d'étalons et une bibliothèque. Un terrain est annexé à cet établissement pour les démonstrations d'agriculture et de botanique. La ferme-modèle de Cintra est placée sous la dépendance de l'Institut.

Un cours d'études inférieures, destiné à former de bons ouvriers agricoles, est aussi professé dans cet établissement.

Les élèves ayant complété leurs études concourent aux places d'officiers vétérinaires de l'armée, ainsi qu'à celles d'intendants des bestiaux et de vétérinaires des districts administratifs.

Institut industriel et commercial de Lisbonne. — Le

programme d'études de cet établissement comprend, outre les cours d'instruction générale pour les ouvriers et les commerçants, six cours pour l'instruction spéciale des directeurs, maîtres et contre-maîtres de fabriques et d'établissements industriels, des conducteurs de travaux publics, de conducteurs de machines, des télégraphistes, des entrepreneurs de travaux et des fabricants d'instruments de précision.

Une excellente fabrique d'instruments de précision fait partie de l'Institut industriel de Lisbonne. Elle est considérée comme école pratique où l'on fait des instruments de toute espèce et où l'on répare ceux qui sont importés de l'étranger pour les services techniques. On y fabrique des baromètres, des théodolithes et des niveaux aussi parfaits que ceux de provenance étrangère.

L'Institut industriel de Porto a la même organisation que celui de Lisbonne.

Voici quel a été le nombre d'élèves immatriculés dans les établissements d'instruction industrielle et commerciale, depuis 1870 jusqu'à 1877.

ÉCOLES	1870-71	1871-72	1872-73	1873-74	1874-75	1875-76	1876-77
Institut industriel et commercial de Lisbonne...	427	576	718	780	890	840	877
Institut industriel de Porto.	1,592	1,697	1,806	1,234	1,147	1,132	1,408

Le nombre d'élèves immatriculés dans les cours de l'Institut général d'agriculture, a été en 1875-1876, de 43, savoir : 29 agronomes, 5 vétérinaires et 9 vétérinaires-agronomes.

Académie royale des beaux-arts de Lisbonne. — C'est un bon établissement du genre, sous le rapport de l'organisation et du professorat. On y professe le dessin et la peinture historiques, le dessin d'ornement et d'architecture civile, la peinture de paysage et des produits naturels, la sculpture, la gravure historique et la gravure sur bois. Pendant l'année scolaire 1876-1877, le nombre d'élèves de l'Académie a été de 210.

Académie des beaux-arts de Porto. — On y enseigne le dessin historique, la peinture, la sculpture, l'architecture, la perspective et l'anatomie. Le nombre d'élèves, en 1876-1877, a été de 49.

Conservatoire royal de Lisbonne. — Cet établissement comprend dans le cadre de l'enseignement : l'art dramatique et la musique vocale et instrumentale. Il a produit des sujets très-distingués. Voici le tableau du nombre d'élèves du Conservatoire, de 1871 à 1877 :

Années scolaires.	Nombre d'élèves.
1871-1872	276
1872-1873	246
1873-1874	243
1874-1875	193
1875-1876	165

ÉTABLISSEMENTS SCIENTIFIQUES.

L'Académie royale des sciences de Lisbonne, dont la création remonte à 1779, est une corporation qui a rendu des services éclatants aux sciences et aux lettres, et qui compte dans son sein les talents les plus distingués du Portugal. Le roi Dom Louis est le protecteur en titre de l'Académie. Son père, le roi Dom Ferdinand, en est le président honoraire, et M. Teixeira de Vasconcellos en est actuellement le vice-président effectif, élu pour deux ans.

L'Académie comprend deux classes : celle des sciences et celle des lettres. Ces classes sont subdivisées en sections. Les sections de la première classe s'occupent des mathématiques, des sciences physiques, de l'histoire naturelle, des sciences médicales et des sciences appliquées; celles de la seconde classe s'occupent de littérature, de morale et de jurisprudence, d'économie politique, d'histoire et d'archéologie. L'Académie se compose de 40 académiciens, dont 20 pour chaque classe, et de membres correspondants, nationaux ou étrangers, en nombre illimité.

L'Académie publie des annales fort intéressantes. Elle possède une excellente imprimerie, une bibliothèque riche de 13,000 volumes et un musée numismatique très-précieux.

Observatoires astronomiques. — Il y a, en Portugal, trois établissements destinés aux observations astronomiques; ce sont : l'observatoire royal de Lisbonne, l'observatoire de Coïmbre et l'observatoire de l'École polytechnique de Lisbonne.

L'observatoire royal de Lisbonne est situé près de cette capitale, sur un mont dont l'altitude est de 93 mètres. Il est construit sur le plan de celui de Pulkowa.

La collection des instruments que possède cet observatoire, sont : un grand équatorial de 7 mètres de distance focale et $0^m,38$ d'ouverture de l'objectif; un instrument de passages par la première verticale du système de Struve, avec $2^m,31$ de distance focale et $0^m,16$ d'ouverture; un cercle méridien de $0^m,15$ d'ouverture et 2 mètres de distance focale; un instrument de passages du système Oom, de $0^m,07$ d'ouverture et $0^m,78$ de distance focale; un réfracteur parallactique de $1^m,95$ de distance focale et $0^m,117$ d'ouverture; un explorateur de $0^m,64$ de distance focale et $0^m,077$ d'ouverture; un pendule normal de Krille, régulateur des appareils électrico-chronométriques; divers chronomètres et pendules; un chronographe ; des appareils électriques ; un zygomètre ; des collimateurs, baromètres, thermomètres et appareils télégraphiques.

Le Portugal est redevable de ce bel établissement à l'amour pour la science et à la libéralité du feu roi Dom Pedro V, ainsi qu'à l'initiative du savant astronome portugais Filippe Folque. L'observatoire est aujourd'hui confié à la direction savante et zélée de M. J. Oom.

L'observatoire de Coïmbre, fondé par le marquis de Pombal, est une des dépendances de l'Université. Il est affecté spécialement à l'enseignement pratique de l'astronomie, qui est une des chaires de la faculté de mathématiques. Les principaux instruments qu'il possède sont : un équatorial, un cercle méridien, un instrument de passages par la première verticale et un pendule sidéral de Berthoud. Le personnel technique se compose du directeur, de deux astronomes et de deux calculateurs.

Observatoires météorologiques. — Il y a en Portugal deux observatoires pour l'observation des phénomènes météorologiques. Ce sont ceux de Lisbonne, et de Coïmbre.

L'observatoire de Lisbonne est une dépendance de l'École polytechnique de cette capitale. Il fut fondé en 1854 par les efforts et sous la direction du professeur de cette école, M. Guillaume Pegado, à qui revient la gloire d'avoir initié le service météorologique en Portugal. Il reçut le nom d'Observatoire de l'infant Dom Louis, qu'il conserve encore. Le service magnétique y fut inauguré en 1857.

Cet établissement possède une belle collection d'instruments. Les observations s'y font tous les jours à neuf heures du matin, à midi, à trois et à neuf heures du soir. On y détermine deux fois par mois la valeur absolue de la déclinaison et de l'inclinaison magnétiques, et une fois par mois celle de la composante horizontale de la force magnétique du globe. Le service de météorologie télégraphique est organisé entre l'observatoire de Lisbonne et celui de Paris, les stations météorologiques du royaume et celle de Funchal.

Les stations météorologiques du royaume sont celles de : Porto, Guarda, Campo-Maïor, Evora et Lagos. Chaque station a un baromètre à l'échelle métrique de la construction d'Adie, ajusté d'après l'étalon de l'observatoire de Lisbonne, un psychromètre d'Auguste, un thermomètre à minima du système Negretti et Zambra, un thermomètre à maxima de Rutherford, un udomètre de Babinet, un anémomètre de Robinson, un évaporimètre, et un ozonomètre de Jame.

L'observatoire météorologique de Lisbonne est placé sous la direction de M. João Carlos de Brito Capello et de deux observateurs, MM. Gama Lobo et Alves do Rio.

L'observatoire météorologique de Coïmbre, une des annexes de l'Université, possède une collection complète d'instruments pour les observations météorologiques et magnétiques. Sur la terrasse, il a une coupole à rotation contenant un réfracteur parallactique avec spectomètre pour les observations de la physique solaire. Son personnel comprend un directeur et trois observateurs.

Travaux géodésiques. — Ces travaux sont à la charge de la direction générale des travaux géodésiques, topographiques, hydrographiques et géologiques du royaume, qui est placée sous la dépendance du ministère des travaux publics. Elle emploie 37 officiers de tous grades, appartenant aux cadres du génie, du corps d'état-major, et de ceux des autres armes, 12 graveurs, 2 dessinateurs, 30 sous-officiers et soldats du bataillon du génie et divers employés subalternes.

Parmi les travaux les plus importants que cette direction a exécutés jusqu'en 1874, il faut mentionner : la triangulation générale du royaume ; le levé de la carte générale du Portugal, commencé sur l'échelle de 1 pour 10,000 et continué sur celle de 1 pour 100,000 ; celui d'une carte géographique, déjà publiée, sur l'échelle de 1 pour 500,000 ; la majeure partie de l'atlas chorographique du Portugal ; les études et les travaux hydrographiques de plusieurs ports et rivières ; la reconnaissance géologique pour le levé de la carte générale géologique du royaume sur l'échelle de 1 : 500,000, qui est presque achevée ; la classification d'un nombre considérable de roches et de fossiles trouvés dans le pays et la publication de divers mémoires géologiques.

La section de gravure de la direction générale, à laquelle se trouve annexé un atelier lithographique, a gravé avec une perfection admirable tous les travaux que nous avons mentionnés. En 1872, on y a ajouté une section photographique destinée à remplacer la gravure sur pierre par la photolithographie, ou par la photogravure. Les modifications qui y furent introduites par le chef de section, M. José Julio Rodrigues, sont de telle importance qu'il obtint des résultats fort supérieurs à ceux des sections analogues de l'étranger. Dans l'espace de deux ans, cette section a produit plus de 14,000 photographies, près de 800 gravures et plus de 70 copies photographiées, obtenues au moyen de sels d'argent.

Elle a exécuté aussi plusieurs reproductions par les procédés de la phototypie et de l'héliogravure, et elle poursuit les travaux de perfectionnement de la photolithographie et de la photogravure appliquées à la reproduction des cartes géographiques. M. Rodrigues a déclaré que le procédé photolithographique, « est essentiellement portugais, et que l'honneur revient au Portugal d'avoir établi sur des bases sûres l'emploi des lames métalliques très-minces, fonctionnant parfaitement dans les méthodes variées de l'impression photo-chimique. »

Musées. — Il y a deux musées d'histoire naturelle, dont l'un à Lisbonne et l'autre à Coïmbre.

Le musée de Lisbonne est établi dans l'édifice de l'École polytechnique. Il possède de précieuses collections ornithologiques, conchyliologiques et géologiques, autant du royaume et de ses colonies que de l'étranger.

Celui de Coïmbre, ou musée de l'Université, est établi dans un édifice majestueux. Attenant aux cabinets d'histoire naturelle, il y a un cabinet de physique où l'on admire une machine d'induction de Ruhmkorff qui a 100 kilomètres de fil et produit des étincelles de 50 centimètres.

Les cabinets d'anatomie, de physiologie et de chimie médicale, ainsi qu'un vaste dispensatoire de pharmacie, se trouvent dans le même édifice.

Lisbonne possède un musée d'archéologie, un musée colonial, et un musée industriel.

Bibliothèques. — Les principales bibliothèques publiques sont celles de Lisbonne, Evora, Braga et Villa Real.

La bibliothèque de Lisbonne est riche de plus de 300,000 volumes.

L'Académie royale des sciences a une bibliothèque de 13,000 volumes. L'université de Coïmbre compte 82,000 volumes dans sa bibliothèque et possède une riche collection de manuscrits.

Nous complétons ces renseignements sur l'instruction publique par le tableau détaillé des dépenses qu'elle entraîne, à la charge de l'État.

La somme totale de 7,714,553 francs, affectée par le budget de l'exercice 1878-1879 au service de l'enseignement public, se répartit ainsi :

ÉTABLISSEMENTS D'INSTRUCTION PUBLIQUE DONT LES FRAIS SONT A LA
CHARGE DU MINISTÈRE DE L'INTÉRIEUR.

	francs.
Comité consultatif.	6,666
Université de Coïmbre.	502,659
École polytechnique de Lisbonne.	327,536
Académie polytechnique de Porto.	105,785
École médico-chirurgicale de Lisbonne.	83,370
École médico-chirurgicale de Porto.	90,222
École médico-chirurgicale des Azores.	5,707
Cours supérieur de lettres.	18,888
Académie des beaux-arts de Lisbonne.	60,277
Académie des beaux-arts de Porto.	26,240
Conservatoire de Lisbonne.	32,127
Lycées nationaux.	383,379
Écoles d'instruction secondaire.	101,740
Écoles normales primaires.	49,507
Écoles primaires.	1,626,649
Académie royale des sciences de Lisbonne et annexes.	79,345
Archives nationales.	39,333
Bibliothèques publiques.	69,055
Imprimerie nationale de Lisbonne.	797,188
Imprimerie de l'Université.	59,083
Frais divers.	295,282
Subventions aux principaux théâtres.	195,002
	4,955,040

ÉTABLISSEMENTS A LA CHARGE DES AUTRES MINISTÈRES.

École de l'armée.	173,311
Collége militaire.	105,866
École navale.	39,796
Enseignement agricole élémentaire.	19,444
Institut général d'agriculture et annexes.	280,041
Institut industriel de Lisbonne.	81,222
Institut industriel de Porto.	59,833
TOTAL.	5,714,553

Résumant les chiffres qui précèdent, voici les sommes qui correspondent à chacune des grandes branches du service de l'instruction publique, savoir :

	Francs.
Instruction supérieure	1,140,833
— secondaire	485,119
— primaire	1,676,156
Écoles militaires	318,973
Enseignement agricole	299,485
— industriel	141,055
Beaux-Arts	118,644
Académie des sciences, archives nationales et bibliothèques	187,733
Imprimeries de l'État	856,271
Subventions aux théâtres	195,002
Frais divers	295,282
TOTAL	5,714,553

XXIV

Voies de communication.

Routes. — La construction des routes royales est un des bienfaits les plus importants que le Portugal ait retiré de la création du ministère des travaux publics. Anciennement, le manque de routes faisait partie du système stratégique et défensif du pays. Avant 1850, les voies de communication entre les centres de population n'étaient que des sentiers battus, remplis de fondrières et sur lesquels les attelages traînaient péniblement des chariots à deux roues, ou portaient des litières. En 1849, il n'y avait que 42 kilomètres de routes construites et 16 en construction.

12

Présentement il y a 6,315 kilomètres de routes de construits et 2,161 en études ou en construction.

Le gouvernement s'occupe toujours avec la plus grande activité de l'achèvement de plusieurs routes secondaires.

Il a recommandé aux gouverneurs civils de procéder aux plans de classification des routes districtales de deuxième classe, et le comité des travaux publics s'occupe sans relâche de l'examen des projets relatifs à leur construction. Les routes municipales ont également attiré l'attention et la sollicitude du gouvernement, qui a pris les mesures nécessaires pour l'exécution de la loi qui régit la construction des chemins municipaux.

Tableau des routes construites par l'État au 30 juin 1877.

| DISTRICTS. | ROUTES ROYALES. | | ROUTES DISTRICTALES. | ROUTES MUNICIPALES. |
	MÈTRES construits.	KILOMÈTRES par 1,000 hectares de superficie.	Mètres.	Mètres.
Vianna.	208,624,1	0,933	» »	» »
Béja.	304,232,9	1,113	11,443,8	» »
Porto.	279,630,4	1,196	15,752,9	25,185,0
Villa Real.	208,359,7	0,467	13,500,0	» »
Bragance.	112,089,0	0,168	» »	» »
Aveiro.	117,589,0	0,402	172,420,8	42,631,5
Vizeu.	352,010,9	0,706	23,116,8	» »
Guarda.	244,494,9	0,384	11,240,5	196,7
Coïmbre.	213,061,6	0,548	96,841,4	» »
Castello Branco.	257,111,5	0,387	14,614,6	» »
Leiria.	180,405,5	0,515	30,048,0	68,0
Santarem.	179,050,8	0,260	80,310,0	6,016,4
Lisbonne.	408,495,8	0,442	291,693,2	67,114,0
Portalègre.	191,936,2	0,298	16,091,8	624,5
Evora.	172,333,3	0,242	19,891,8	5,892,1
Béja.	160,029,4	0,147	24,695,8	3,485,1
Faro.	171,975,0	0,357	42,593,9	688,6
TOTAL.	3,431,430,0	0,382	864,255,3	151,901,9

Voici l'état des routes construites, en construction, en projet ou en étude au 30 juin 1877 :

Routes royales construites			3,431,430 00
Routes districtales	construites par l'État..	864,255 30	
	id. aux frais des districts	314,581 75	1,178,837 05
Routes municipales	construites par l'État...	151,901 90	
	id. aux frais des communes.	1,552,844 01	1,704,745 91
	Total. . . .		6,315,012 96
Routes royales en construction : . .		303,225 28	
Routes royales dont les projets dépendaient de l'approbation du ministère.		300,464 49	
Routes royales en étude.		1,558,251 00	2,161,940 77

Chemins de fer. — L'initiative de la construction des chemins de fer en Portugal est une des gloires indélébiles du ministère Saldanha-Fontes, qui a doté le pays de cet élément si puissant de progrès et de civilisation. Les cabinets qui lui ont succédé ont continué son œuvre, et n'ont reculé devant aucun sacrifice pour étendre le réseau des chemins de fer portugais.

Ce réseau relie ensemble les chefs-lieux de treize districts administratifs et de soixante arrondissements communaux, sans compter un très-grande nombre de villes où villages importants.

Les tableaux qui suivent présentent l'état actuel des chemins de fer, ainsi que leur revenu brut total et kilométrique.

État des chemins de fer portugais au 30 juin 1876.

LIGNES.	POINTS EXTRÊMES.	NOMBRE de KILOMÈTRES.	
En exploitation.			
Du Nord et de l'Est.	Lisbonne à Villa Nova de Gaïa. . . . . Embranchement à la frontière.	502	Administrée par la Compagnie royale des chemins de fer portugais.
Du Sud et du Sud-Ouest.	Barreiros à Quintós et branche de Setubal. . .	186	
	Casa Branca à Extre-moz..	79	312
	Béja à Casevel.. . . .	47	Administrées par L'État.
Du Minho. . . .	Porto à Braga.	54	
Du Douro. . . .	Ermezinde à Cahide..	38	
	TOTAL. . . .	906	
En construction.			
Du Nord et de l'Est.	Villa Nova de Gaïa à Porto.	6	Construite par la Compagnie royale des chemins de fer portugais.
Du Sud et du Sud-Ouest.	Quintos au Guadiana.	5	64
	Casevel à Faro. . . .	59	
Du Minho. . . .	Nine à Caminha. . . .	64	78
	Villa Nova da Cerveira à Valença.	14	Construite par l'État.
Du Douro. . . .	Cahido à Pinhaô. . . .	81	
	TOTAL. . . .	229	

Lignes à voie réduite.

DÉSIGNATION DES LIGNES.	NOMBRE de KILOMÈTRES.	
De Porto à Povoa de Varzim.	28	Administrées par des entreprises particu-lières.
D'Aljustrel à Figueirinha..	22	
De Saint-Domingos à Pomaraô..	17	
De la mine de Mongès à la ligne du Sud-Est.	4	
CHEMINS AMÉRICAINS.		
De Marinha Grande au port de St-Martin.	36	Administrées par l'État
Des mines de Braçal à l'embouchure du Mau.	8,454	— par une en-treprise particulière.

Voici quel a été le revenu brut des chemins de fer en exploitation.

CHEMINS DE FER DU NORD ET DE L'EST.

ANNÉES.	Kilomètres en exploitation.	Revenu par kilomètre.	Revenu total.
		francs.	francs.
1868		11,150	5,663,900
1869	508	12,230	6,219,300
1870		12,690	6,449,000
1871		13,480	6,770,000
1872		15,180	7,625,000
1873		18,900	9,517,000
1874	502	18,400	9,265,400
1875		19,400	9,696,400
1876		19,050	9,564,100
1877		21,300	10,729,200

CHEMINS DE FER DU SUD ET DU SUD-EST.

1870	212	5,940	1,259,800
1871	259	6,000	1,554,300
1872	284	6,200	1,760,500
1873		6,260	1,954,100
1874		7,050	2,201,000
1875	312	7,090	2,213,800
1876		7,360	2,297,300

CHEMINS DE FER DU MINHO.

1876	54	16,300	880,500

CHEMINS DE FER DU DOURO.

1876	46	9,760	449,000

Télégraphes. — L'établissement de la première ligne électrique date de 1855. Le télégraphe visuel disparut bientôt pour faire place au nouveau système dont le réseau s'étendit rapidement sur tout le royaume. L'administration des télégraphes qui avait un caractère essentiel-lement militaire, comme faisant partie du cadre de l'armée, fut remplacée par une direction générale desservie par des fonctionnaires civils, et placée sous la dépendance du ministère des travaux publics. Elle a été l'objet de réformes successives, qui a amélioré le service. Le tarif des transmissions ont été soumis à plusieurs révisions, et la diminution des taxes a largement contribué à l'augmentation du nombre de transmissions et par conséquent à l'élévation des recettes de cette branche de l'administration publique.

Le nombre de stations, qui était de 104, en 1865, s'élevait à 147, en 1876 : celui des dépêches reçues ou transmises s'est élevé pendant la même période de 141,007 à 1,055,061.

Voici quel était en 1876 l'état des lignes télégraphiques du royaume :

Stations de l'État, ou de 1re classe	96
Stations sémaphoriques avec service électrique, ou de 1re classe.	10
Stations municipales et d'entreprises particulières (de 2e et de 3e classe).	41
	147

Étendue du réseau. . . . . 3,506 kilomètres.
Développement des fils conducteurs. . 7,593 —

Le revenu des télégraphes a augmenté constamment. De 454,400 francs, en 1865, il est parvenu à atteindre par une progression constante, le chiffre de 568,000 francs. La construction, la réparation et l'entretien des lignes a coûté à l'État, jusqu'au 30 juin 1877, la somme de 4,721,100 francs.

Les lignes électriques ou sémaphoriques sont la propriété de l'État, à la seule exception des lignes établies avec l'autorisation du gouvernement et destinées exclusivement au service privé d'une entreprise ou d'un individu.

Cette autorisation peut être refusée ou révoquée, lorsque le bien public l'exige, sans appel.

Postes. — Ce service très mal organisé avant 1852, est devenu fort régulier à mesure que le réseau des routes et des chemins de fer s'est étendu. Avant cette époque, les ports de lettres variaient selon le poids et la distance, plusieurs lignes postales étaient en fermage, et un bon nombre d'exemptions de port accordées aux fonctionnaires publics donnaient lieu à de graves abus. Aujourd'hui le fermage a cessé entièrement; le poids est le régulateur de la taxe pour toute distance; l'affranchissement a lieu au moyen de l'estampille; le service se fait quotidiennement entre les centres principaux de population, et trois fois par semaine entre les autres localités.

Les taxes normales sont :

Lettres. — 25 reis (14 centimes environ) jusqu'au poids de 10 gr. Au-dessus de ce poids la taxe supplémentaire est de 25 reis par 7 grammes.

Journaux. — 5 reis (3 centimes environ) jusqu'au poids de 40 grammes.

Manuscrits sous bande et échantillons de marchandises. — 20 reis (11 centimes) jusqu'au poids de 7 grammes.

Les bureaux de postes peuvent émettre des bons pour la transmission des sommes en argent qui leur sont remises à cet effet. Les sommes à transmettre ne doivent point excéder 100,000 reis (555 francs) si elles sont payables aux chefs-lieux des districts; 50,000 reis si elles le sont dans les localités où il y a des receveurs, et 20,000 reis si elles doivent l'être dans les localités privées de ces fonctionnaires.

Le royaume et les îles adjacentes sont divisés en huit circonscriptions postales formant une direction générale qui dépend du ministère des travaux publics. Chaque circonscription est gouvernée par une administration. Le nombre de lignes postales était en 1876 de 457, dont 40 étaient desservies en voiture, 6 par mer ou par navigation fluviale, 131 à cheval et 280 à pied.

Le revenu des postes constitue une source assez importante de recette, qui s'est développée énormément depuis 1853. Ce revenu a été :

En 1853-1854. . . . . 1,112,900 francs,
En 1863-1864. . . . . 2,302,400 francs,
En 1873-1874. . . . . 2,754,000 francs.

Il est prévu au budget de l'exercice 1878-1879 pour la somme de 2,578,800 francs. Cette diminution provient de ce que le Brésil ayant adhéré en 1877 à l'union générale des postes célébrée à Berne, il n'y aura plus lieu de taxer les lettres, les journaux ou les imprimés venant de cet empire dûment affranchis.

Les estampilles servant à l'affranchissement sont fabriquées à l'hôtel des monnaies de Lisbonne.

XXV

Établissements de crédit.

Le Portugal, qui n'eut pendant cinquante ans d'autre Banque que celle de Lisbonne, n'en compte pas aujourd'hui moins de cinquante.

Fondée en 1821 dans le but principal de procéder à l'extinction du papier-monnaie, elle eut en 1846 à souffrir une grande crise qui en amena la dissolution. Sur ses ruines et avec les éléments qui purent en être conservés s'éleva la banque actuelle de Portugal, dont la fondation fut décrétée le 19 novembre de cette année. Cette Banque est encore le premier établissement du genre dans le pays. Elle eut pendant longtemps le privilége exclusif d'émettre des billets. Ce privilége s'étend aujourd'hui à quelques autres banques.

Il y a en Portugal quelques banques de crédit agricole dont la fondation repose sur la loi du 22 juin 1867, qui n'est que la conséquence de celle de 1866, qui avait permis que les établissements de bienfaisance formassent avec leurs capitaux des banques de crédit agricole ou industriel, dont les fonds de garantie ou de réserve seraient composés des valeurs résultant du désamortissement de leurs biens.

Au 31 décembre 1875, il y avait dans tout le royaume 11 banques avec statuts approuvés par le gouvernement, 40 banques commerciales ou sociétés commerciales faisant des opérations de banque, et 3 banques agricoles et industrielles.

En voici le tableau :

Tableau général des Banques portugaises
au 31 décembre 1875.

VILLES où LES BANQUES sont établies.	DÉNOMINATIONS DES BANQUES.	CAPITAUX. — francs.	OBSERVATIONS.
Lisbonne.	Banque de Portugal. . . .	44,444,000	Banques avec statuts approuvés par le Gouvernement.
	— nationale d'outre-mer..	20,000,000	
	Banque lusitanienne . . .	22,000,000	
	London et Brazilian Bank (limited) de Londres (succursale)..	11,250,000	
	Caisse de crédit industriel.	2,777,000	Banques commerciales ou sociétés commerciales faisant des opérations de banque.
	Banque nationale portugaise.	20,000,000	
	Société générale, agricole et financielle du Portugal.	60,000,000	
	Banque du peuple.	416,000	
	— commerciale de Lisbonne.	22,222,000	
	Compagnie de crédit commercial.	3,333,000	
	Banque de Lisbonne et des Azores.	27,777,000	
	Banque Union de Portugal et du Brésil	27,777,000	
	Banque nationale insulaire..	33,333,000	
	Compagnie de crédit lisbonnais.	2,222,000	
	Caisse d'emprunts lisbonnais.	2,222,000	
Porto.	Banque commerciale de Porto.	11,111,000	Banques avec statuts approuvés par le Gouvernement.
	Banque mercantile de Porto.	10,000,000	
	Nouvelle Compagnie : « Utilité publique ».	11,111,000	
	Banque Union.	16,666,000	
	— Alliance.	22,222,000	
	London et Brazilian Bank (limited) de Londres (succursale)..	11,250,000	
	Banque de Porto.	5,555,000	Sociétés commerciales faisant des opérations de banque.
	— portugaise.	55,555,000	
	— industrielle de Porto.	5,555,000	
	Compagnie de crédit de Porto.	5,555,000	
	Caisse économique à prêts sur gages.	2,777,000	
	Banque nationale.	22,222,000	
	— du commerce et de l'industrie.	1,111,000	
	Banque agricole et industrielle de l'Extrémadure..	8,333,000	

VILLES où LES BANQUES sont établies.	DÉNOMINATIONS DES BANQUES.	CAPITAUX. francs.	OBSERVATIONS.
Porto. . . .	Compagnie commerciale et industrielle de Porto.. . .	11,111,000	Sociétés commerciales faisant des opérations de banque.
	Compagnie Union populaire à prêts sur gages..	2,777,000	
	Banque du Minho..	3,333,000	Banque avec statuts approuvés par le Gouvernement.
Braga. . . .	— commerciale de Braga..	3,333,000	Sociétés commerciales faisant des opérations de banque.
	Banque mercantile de Braga.	6,666,000	
Vianna. . .	— commerciale de Vianna.	3,333,000	Idem.
	Banque mercantile de Vianna.	6,666,000	
	— de Vianna..	2,777,000	
	— agricole et industrielle viannaise..	447,000	Banque agricole
Evora. . . .	Banque de l'Alemtéjo. . . .	6,000,000	Banques ou sociétés commerciales faisant des opérations de banque.
	— d'Evora.	5,555,000	
Guimaraês.	— de Guimaraês. . . .	2,777,000	Idem.
	— commerciale de Guimaraês.	3,333,000	
Villa Real.	Banque commerciale, agricole et industrielle de Villa Real.	4,444,000	Idem.
Pezo da Regoa. . .	Banque da Regoa..	3,333,000	Idem.
Lamego.. .	— du Douro..	5,000,000	Idem.
Covilhã. .	— de Covilhã	16,666,000	em
Povoa de Varzim.	— de Povoa de Varzim..	2,777,000	Idem.
Coïmbre. .	Banque commerciale de Coïmbre.	11,111,000	Idem.
Chaves. . .	Banque de Chaves. . . .	3,333,000	Idem.
Bragance. .	— de Bragance.. . . .	5,555,000	Idem.
Barcellos. .	— de Barcellos. . . .	6,666,000	em.
Ponte de Lima. . .	— agricole, commerciale et industrielle de Ponte de Lima.	6,666,000	Idem.
Funchal. . .	Banque commerciale de Funchal..	6,666,000	Idem.
Vizeu. . . .	Banque agricole et industrielle de Vizeu.	333,000	Banque agricole et industrielle.
Faro	Banque agricole et industrielle de Faro.	166,000	Idem.

Nous comparons dans le tableau qui suit le mouvement de toutes ces banques ou établissements faisant des opérations de banque en 1858, 1863, 1869 et 1875. Il donne une idée du progrès du crédit commercial du pays.

ANNÉES	NUMÉRAIRE en caisse. — francs.	ESCOMPTE de traites. — francs.	PRÊTS sur gages — francs.	DÉPÔTS — francs.	BILLETS en circulation. — francs.
1858	13,761,000	24 072,000	13,305,000	17,677,000	10,472,000
1863	19,038,000	63,683,000	12,405 000	29,083,000	13,844,000
1869	21,761,000	72,838,000	38,450,000	39,416,000	13,522,000
1875	171,700,000	171,700,000	51,144,000	136,194,000	26,505,000

Crédit foncier. — La loi du 1er juillet 1863, qui a réglé définitivement le service de l'enregistrement des propriétés et de leurs hypothèques, ainsi que de leur transmission et des actes correspondants, est venue combler une lacune qui rendait très-difficiles les emprunts sur la propriété. Celle du 13 juillet suivant a porté règlement sur les sociétés de crédit foncier et agricole. Un an après, la Compagnie du Crédit foncier portugais se formait avec le capital de 9,000,000,000 reis (55 millions de francs) représenté en actions de 550 francs, avec le privilége exclusif d'émettre des billets hypothécaires dans tout le royaume pendant 25 ans.

Les emprunts ont lieu au moyen d'obligations hypothécaires, émises au pair, et que les emprunteurs négocient librement. C'est par conséquent le prix de vente de ces obligations qui détermine le taux de l'intérêt des emprunts.

M. le duc d'Avila et de Bolama est le gouverneur de la Compagnie du Crédit foncier portugais. Nous extrayons les données suivantes du compte rendu qu'il a présenté

tout récemment à l'assemblée générale des action-
naires.

Depuis sa fondation jusqu'au 31 décembre 1877, la Compagnie a contracté 3,196 emprunts représentant la
somme totale de 53,692,400 francs qui se divise ainsi :

        3,144 emprunts hypothécaires . . . . . 50,631,000 francs.
          6 emprunts aux administrations
                districtales. . . . . 1,191,000 francs.
        46 emprunts aux administrations
                municipales . . . . 1,870,400 francs.
                                                  ─────────────────
                                                  53,692,400 francs.

Ces emprunts se classent ainsi :

			Reis.	Reis (1).
908 de	90,000	à	500,000	265,410,000
702 de	500,000	à	1,000,000	506,952,000
620 de	1,000,000	à	2,000,000	896,202,000
543 de	2,000,000	à	5,000,000	1,727,172,000
230 de	5,000,000	à	10,000,000	1,580,796,000
121 de	10,000,000	à	20,000,000	1,717,002,000
52 de	20,000,000	à	40,000,000	1,436,616,000
12 de	40,000,000	à	70,000,000	635,040,000
7 de	70,000,000	à	140,000,000	699,444,000
1 de	140,000,000	à	200,000,000	199,998,000
Total. 3,196				9,664,632,000

Soit 53,692,400 francs.

Le dernier dividende de la Compagnie a été de 8 pour
100.

Caisses d'épargne. — Plusieurs établissements de banque et quelques monts-de-piété ont des caisses d'épargne
dont les conditions de versement et d'intérêt sont assez
variées. Le minimum du dépôt qui puisse être fait à celle

(1) 180 reis = 1 franc.

de la Banque de Portugal est de 100 reis (55 cent.), et le maximum de 600,000 reis (3,333 francs). L'intérêt est ordinairement de 3 pour 100. — Le mont-de-piété de Lisbonne possède aussi une caisse d'épargne dont les versements sont appliqués à faire des prêts sur gages.

Assurances mutuelles sur la vie. — Les compagnies portugaises d'assurances sur la vie sont :

La Cᵉ *Equidade*	dont le capital est de	5,555,000 fr.
— *Garantia*	—	5,555,000 —
— *Bonança*	—	8,761,000 —
— *Providente*	—	20,000,000 —

Il y a, en outre, quatre compagnies étrangères d'assurances sur la vie, dont les succursales fonctionnent avec autorisation du gouvernement d'après la législation qui régit les sociétés anonymes étrangères.

Assurances maritimes, fluviales, contre l'incendie et terrestres. — Les compagnies portugaises d'assurances de ce genre sont :

La Cᵉ *Equidade*	du capital de	5,555,000 fr.
— *Garantia*	—	5,555,000 —
— *Segurança provinciana*	—	222,000 —
— *Segurança*	—	8,300,000 —
— *Bonança*	—	8,761,000 —
— *Seguros dos arraes do rio Douro*	—	200,000 —
— *Tranquillidade portuense*	—	2,222,000 —
— *Indemnisadora*	—	5,555,000 —
— *Protectora* (pour le recrutement)	—	3,555,000 —
— *Seguros Douro*	—	5,555,000 —
— *Confiança portuense*	—	5,555,000 —

Il n'y a pas moins de quinze succursales de Compagnies étrangères d'assurances fonctionnant dans le pays.

XXVI

Poids et mesures. — Système monétaire.

Poids et mesures. — Le système métrique décimal est adopté en Portugal depuis 1852. Il a fort heureusement remplacé l'ancien système, dont la nomenclature si variée et surtout l'inégalité, car chaque localité avait, pour ainsi dire, des étalons différents de poids et de mesures, en faisaient un vrai dédale qui n'était rien moins que pratique et avantageux pour les opérations commerciales.

Système monétaire. — L'unité monétaire portugaise est le *real* (1). Voici le cadre légal des monnaies :

PIÈCES D'OR.

Couronne	du poids de 17,740 gr.	de la valeur de 10,000 reis.		
1/2 couronne	—	8,868 —	—	5,000 —
1/5 de couronne	—	3,537 —	—	2,000 —
1/10 de couronne	—	1,774 —	—	1,000 —
Tolérance de poids			2 p. 1,000	
— de titre.			2 p. 1,000	
Titre. . . . . . . 916 2/3 d'or fin.			2 p. 1,000	

PIÈCES D'ARGENT.

5 *testons,*	du poids de 12,50 gr.	de la valeur de	500 reis.	
2 *testons,*	—	5,00 —	—	200 —
1 *teston,*	—	2,50 —	—	100 —
1/2 *teston.*	—	1,25 —	—	50 —
Tolérance de poids			3 p. 1,000	
— de titre, ...			2 p. 1,000	
Titre. . . . . . . 916 2/3 d'or fin.			2 p. 1,000	

MONNAIES DE BILLON.

Pièces de 3, 5, 10 et 20 reis.

L'hôtel des monnaies de Lisbonne a frappé depuis 1854, jusqu'au 30 septembre 1877 :

(1) 1/180e de franc.

	Pièces.		Reis.	Reis.	
741,303	d'or	de	5,000	3,706,515,000	
555,200	—	—	2,000	1,110,400,000	
63,057	—	—	1,000	68,057,000	4,884,972,000
14,685,210	d'argent	—	500	7,342,605,000	
3,795,195	—	—	200	759,039,000	
2,702,702	—	—	100	270,270,200	
1,360,444	—	—	50	68,022,200	8,439,936,400
5,605,000	de cuivre	—	20	112,100,000	
3,835,000	—	—	10	38,350,000	
7,890,000	—	—	5	39,450,000	
1,580,002	—	—	3	4,740,006	194,640,006
					13,519,548,406

XXVII

Bienfaisance publique.

Le service de la bienfaisance publique est placé sous la dépendance du ministère de l'intérieur, dont il forme une section.

ÉTABLISSEMENTS DE BIENFAISANCE.

Les établissements de bienfaisance sont fort nombreux en Portugal. Nous comprenons sous cette dénomination les asiles pour la vieillesse et pour l'enfance, les hôpitaux, les miséricordes ou hospices pour les enfants trouvés, les confréries religieuses exerçant la charité dans leurs établissements où à domicile, et les crèches. La plupart de ces établissements sont entretenus par leurs revenus qui sont considérables, ou aux frais du public. Il y en a fort peu qui le soient par le gouvernement ou qui en reçoivent quelque subvention.

Un recensement de 1861 porte le nombre des établissements de bienfaisance à 9,861. En voici le tableau :

DISTRICTS.	CONFRÉRIES religieuses.	MISÉRICORDES avec leurs hospices.	CONFRÉRIES sans statuts approuvés.	HÔPITAUX.	HOSPICES pour voyageurs.	MAISONS de refuge.	ÉTABLISSEMENTS pour femmes vieilles et infirmes.	ASILES pour l'enfance.	Orphelinats.	de mendicité.	d'invalides.	TOTAL.
Aveiro.	600	6	27	4	»	»	»	»	»	»	»	638
Béja.	279	32	140	15	3	»	»	1	1	»	»	469
Braga.	1,236	6	30	11	2	3	»	»	2	»	»	1,291
Bragance.	724	17	»	4	»	»	»	»	»	»	»	745
Castello Branco.	290	31	11	11	1	»	»	1	»	1	»	343
Coimbre.	224	26	»	8	4	»	»	»	1	»	»	358
Evora.	445	31	4	16	1	»	»	1	1	»	»	106
Faro.	163	20	»	11	»	»	»	»	»	»	»	198
Guarda.	604	21	»	6	1	»	»	1	»	»	»	631
Leiria.	196	18	181	11	9	3	»	11	4	1	»	296
Lisbonne.	567	48	»	37	1	»	3	1	2	2	»	864
Portalègre.	547	31	42	22	1	»	»	1	»	»	»	274
Porto.	948	8	»	10	5	3	»	4	»	»	»	1,046
Santarem.	404	30	65	6	»	»	»	1	»	»	»	445
Vianna.	875	15	3	9	1	»	»	1	»	»	»	965
Villa-Real.	204	4	»	3	»	»	»	»	»	»	»	213
Vizeu.	567	12	»	4	1	»	»	»	»	»	»	584
	8,343	356	501	196	25	9	3	17	10	4	1	9,465
Angra.	144	5	»	6	»	»	»	1	1	1	»	157
Horta.	95	3	»	1	»	»	»	1	»	1	»	101
Ponta Delgada.	32	3	»	4	»	»	»	1	»	1	»	40
Funchal.	90	3	»	3	»	»	»	»	1	»	»	98
	361	14	»	14	»	»	»	2	2	3	»	396
	8,704	370	501	210	25	9	3	19	12	7	1	9,861

13

Voici, d'après les comptes présentés au gouvernement, quels étaient les revenus et les charges de ces établissements :

	Francs.
Valeur des propriétés.	93,038,000
Revenu annuel.	11,614,000
Dépenses	11,950,000
Dettes actives.	61,180,000
Dettes passives.	3,730,000

Un grand nombre de ces établissements de bienfaisance possèdent des écoles d'instruction primaire.

En comparant ce nombre d'établissements à la totalité de la population, on trouve le rapport de 1 établissement de bienfaisance sur 450 habitants.

Parmi ces établissements, il faut citer comme dignes de mention spéciale : l'hôpital Saint-Joseph avec ses annexes, l'hospice des fous, la Miséricorde, et l'orphelinat de Lisbonne ; les hôpitaux de Porto, l'orphelinat et la Miséricorde d'Evora, et l'institut des sourds-muets de Braga.

ASSOCIATIONS DE PRÉVOYANCE

Secours mutuels. — Les sociétés de secours mutuels sont d'origine très-ancienne en Portugal. Leur nombre en est considérable.

Le caractère principal de ces sociétés consiste à venir en aide aux sociétaires dans les circonstances les plus critiques ou les plus difficiles de la vie, soit dans la maladie, la vieillesse ou l'incapacité. Il y en a plusieurs qui se chargent des funérailles de leurs membres et qui proportionnent des pensions ou des secours à leurs familles. Quelques-unes entretiennent des écoles.

Depuis 1852 jusqu'à 1875, le gouvernement a accordé son approbation aux statuts de 242 associations de ce genre. Le pouvoir exécutif n'a rien à voir à l'administration économique de ces sociétés qui sont tenues seulement de présenter annuellement au ministère des travaux publics, du commerce et de l'industrie, le compte rendu de leur gérance. Elles sont autorisées par une loi spéciale à acquérir et posséder des propriétés urbaines ou rurales pour l'établissement de leurs bureaux d'administration. Elle portent pour la plupart le nom de monts-de-piété (*monte pios*).

Pensions de survivance pour les familles. — Les principales associations de ce genre sont : le mont-de-piété des serviteurs de l'État, auquel sont admis les fonctionnaires civils et militaires, moyennant le versement d'un jour de solde par mois; le mont général de piété et ceux des secrétaireries d'État, de la marine, des douanes, des employés de la maison du roi, et le mont-de-piété maritime et commercial.

Sociétés coopératives. — Ces sociétés jouissent d'une grande liberté en ce que le gouvernement s'est borné à établir, dans la loi qui en a permis la création, les règles principales que les associés doivent observer dans la confection des statuts. Pour rendre cette tâche plus facile, des modèles de statuts ont été publiés dans le journal officiel pour les sociétés coopératives de consommation, de constructions et de crédit. La seule intervention administrative du gouvernement à l'égard de ces sociétés consiste en ce que leurs statuts doivent être envoyés au ministère des travaux publics, du commerce et de l'industrie, afin d'y procéder à leur enregistrement et à la publication sur la feuille officielle. Depuis 1867, date de la loi qui en autorise la création, trente sociétés ont été fondées.

XXVIII

Description générale des îles adjacentes.

Les îles adjacentes du royaume de Portugal sont celles qui forment les deux archipels des Azores et de Madère, situées dans l'Océan Atlantique.

L'organisation générale de ces îles est la même que celle de la partie continentale du royaume.

Sous le rapport administratif, elles forment les trois districts d'Angra, Horta, Ponta Delgada pour les Azores et celui de Funchal pour l'archipel de Madère.

Ces quatre districts comprennent 29 arrondissements communaux et 173 paroisses administratives.

La population des deux archipels s'élevait, en 1875, à 383,499 habitants (1).

Sous le rapport judiciaire, l'archipel des Azores forme 11 arrondissements judiciaires, comprenant 21 tribunaux ordinaires et 46 justices de paix. Ces arrondissements relèvent de la cour d'appel de Ponta Delgada. L'archipel de Madère comprend 2 arrondissements judiciaires, 9 tribunaux ordinaires et 23 justices de paix.

Angra est la capitale de la province épiscopale des Azores, et Funchal celle du diocèse formé par l'Archipel de Madère. Ces deux évêchés relèvent du patriarchat de Lisbonne.

La force armée affectée à la garnison des îles se compose de trois bataillons de chasseurs qui font partie des troupes de la partie continentale du royaume.

Le système tributaire est le même que celui de la partie continentale du royaume.

(1) Voir, p. 19, le tableau général de la population du royaume et des îles adjacentes, ainsi que son mouvement, en 1875.

I

AZORES.

L'archipel des Azores est formé de neuf îles disposées en trois groupes; savoir :

Le groupe oriental comprenant les îles de Saint-Miguel, Santa Maria et quelques îlots connus sous le nom de Formigas; le groupe central comprenant les îles Tercère, Graciosa, Saint-George, Pico et Fayal;

Le groupe oriental formé des îles de Flores et Corvo.

La superficie de ces îles est d'environ 2,597 kilomètres carrés. Voici quelle est la position géographique, la dimension et la superficie de chacune des îles de cet archipel :

ILES.	LONGITUDE du méridien de Lisbonne.	LATITUDE N.	LONGUEUR kilomètres.	LARGEUR kilomètres.	SUPERFICIE. — kilomètres carrés.	ÉTENDUE des côtes. — milles.
Santa Maria	16,3' O (Villa do Porto).	36°,58'	18	10	117	28
S. Miguel..	16°,37' O (Ponta Delgada).	37°,44'	61	14	747	83
Tercère.. .	18°,7' O (Angra).	38°,40'	31	16	500	54
Graciosa.. .	18°,56' O (Santa Cruz).	39°,6'	13	71	98.	36
S. George..	19°7' O (Vélas).	38°,40'	46	4	220	97
Pico.. .	19°,11' O (Lages)	38°,23'	45	13	496	02
Fayal . . .	19°,31',5 O (Horta).	38°,33'	19	11	178	30
Flores.. .	22°,3' O (Santa Cruz).	39°,28'	18	11	160	30
Corvo.. .	21°,54' O (Rosario).	39°,42'	5,5	3	13	8

Il y a des stations météorologiques à Ponta Delgada (île Saint-Miguel) et à Angra (île Tercère). Voici le résumé des observations qui y ont été faites depuis 1865 jusqu'à 1872 :

Station météorologique de Angra (1865-1872)

Altitude du baromètre : 54 mètres.

MOIS	Pression atmosphérique. Millimètres.	TEMPÉRATURE.			Quantité de pluie. Millimètres.	Évaporation. Millimètres.	Humidité relative.	Nombre de jours de pluie.
		Moyenne.	Minimum absolu.	Maximum absolu.				
Décembre.	759.73	14.38	19.4	7.0	132.6	»	84.5	19.7
Janvier...	760.81	13.57	18.9	6.5	130.8	»	84.4	18.5
Février..	760.16	13.50	18.7	6.2	121.8	»	84.1	17.1
Mars...	759.86	13.73	18.8	6.2	84.5	»	81.3	15.7
Avril...	759.95	15.17	20.6	6.5	74.0	98.7	80.2	15.0
Mai...	760.15	16.47	22.5	9.3	80.1	»	79.5	13.4
Juin...	763.27	19.14	25.0	12.7	56.7	136.6	80.9	7.6
Juillet..	763.86	21.73	27.3	14.4	27.5	172.7	79.4	5.6
Août...	762.97	22.01	27.3	15.5	26.9	175.4	77.6	6.1
Septembre	761.58	20.81	27.0	11.0	69.9	157.5	77.4	11.4
Octobre.	761.58	18.40	23.7	12.1	106.8	»	80.5	15.0
Novembre.	758.35	16.58	21.9	8.2	133.9	»	84.0	18.0
Moyenne annuelle..	760.98	17.12	27.3	6.2	988.5	»	81.2	163.1

SAISONS.	Ozone.	Nombre de jours de brouillard.	Nombre de jours couverts.	Nombre de jours d'orage.	Nombre de jours de neige ou de gelée.
Hiver....	8.8	0.5	0.7	1.3	0
Printemps.	8.8	0.8	1.6	0.4	0
Été....	6.4	0.0	1.0	0.3	0
Automne..	7.9	0.4	1.0	0.2	0
Moyenne annuelle..	8.0	1.7	4.3	2.2	0

Les vents dominants sont :

En hiver..... O.,ONO.,SO.,OSO.,NO.,ENE.,SSO.
Au printemps. O.,ONO.,SO.,OSO.,NO.,NNO.,SSO.,ZE.
En été..... O.,SO.,SE.,NE.,OSO.,ONO.,E.
En automne.... O.,ONO.,SO.,NO.,OSO.,ENE.,SSO.,E.

Station météorologique de Ponta Delgada (1865-1872).

Altitude du baromètre : 20 mètres.

MOIS	Pression atmosphérique. Millimètres.	TEMPÉRATURE.			Quantité de pluie. Millimètres.	Évaporation. Millimètres.	Humidité relative.	Nombre de jours de pluie.
		Moyenne.	Maximum absolu.	Minimum absolu.				
Décembre.	763 51	15 02	21 7	7 2	123 6	43 4	78 8	21 6
Janvier...	764 21	14 10	18 8	6 2	102 0	48 6	78 8	21 4
Février.	763 83	14 21	20 2	4 5	100 6	59 3	77 8	17 0
Mars.	762 50	13 75	20 0	4 2	97 2	70 2	73 7	18 0
Avril.	763 27	15 24	23 0	5 4	64 8	69 0	74 3	13 7
Mai.	763 38	16 57	24 3	8 5	60 0	70 4	73 2	15 7
Juin.	765 85	18 88	26 8	9 3	35 0	79 8	73 4	10 0
Juillet.	767 09	21 34	28 4	11 6	21 2	88 5	72 1	9 7
Août.	766 54	21 87	29 5	13 0	34 0	93 7	72 2	11 3
Septembre	765 06	20 80	28 4	11 4	54 0	77 5	72 5	14 5
Octobre.	765 45	18 55	26 1	9 4	58 7	61 0	73 1	15 0
Novembre.	762 25	17 37	23 5	9 7	103 7	48 7	79 2	19 0
Moyenne annuelle..	764 49	17 81	29 5	4 2	855 4	812 1	74 9	186 9

SAISONS.	Ozone.	Nombre de jours de pluie.	Nombre de jours couverts.	Nombre de jours d'orage.	Nombre de jours de neige ou de gelée.
Hiver.	7 8	2 3	14 6	2 4	0
Printemps.	7 3	2 2	9 9	1 0	0
Été.	5 9	0 3	6 6	0 7	0
Automne.	6 7	0 1	7 1	2 5	0
Moyenne annuelle.	6 9	4 9	38 1	5 6	0

Les vents dominants sont :

En hiver.... SO.,NE.,NNE.,ONO.,SSO.,O.S.
Au printemps.... NNE.,NE.,O.,ONO.,S.,N.,SO.,NO.
En été.... ONE.,NE.,SO.,O.,ONO.,N.,SE.
En automne.... NNE.,NE.,SO.,N.,S.,O.,ONO.,SSE.

Le climat des Azores est excessivement humide ; mais il est doux sans les grandes chaleurs ni les froids rigoureux qu'on éprouve à Lisbonne, quoique cette ville soit située dans le même parallèle. Il y a néanmoins dans chaque île de fortes différences de température, à cause de la variété des altitudes ; ce qui fait qu'on trouve dans la même île des climats divers depuis le tempéré du littoral jusqu'au froid des grandes hauteurs.

Les îles sont d'origine volcanique, comme l'attestent le volcan de l'île de Pico, les phénomènes volcaniques dont quelques îles ont souffert, et les roches dont elles sont formées. On rencontre dans presque toutes les îles des vestiges de volcans éteints.

De violents tremblements de terre ont fréquemment eu lieu dans les îles de l'archipel, à l'exception de celles du groupe occidental ; l'île Tercère en a souffert le plus. Il y a des époques où il semble que le sol y tremble continuellement. Les îles de Saint-Georges et de Pico ont aussi beaucoup souffert des conséquences de fortes éruptions volcaniques.

Il y a abondance d'eau potable dans les îles de Flores et de Saint-Miguel ; mais elle est assez rare dans les autres îles, où elle suffit à peine aux besoins de la consommation.

Presque toutes les îles des Azores possèdent des sources d'eaux minérales, thermales ou froides, dont les plus connues sont celles de Furnas, dans l'île de Saint-Miguel, qui jaillissent d'un grand nombre de scissures au milieu de l'emplacement de l'ancien cratère du volcan. Trois de ces sources vomissent des colonnes de vapeur aqueuse et d'énormes jets d'eau bouillante.

Les eaux minérales de Furnas se réduisent à deux espèces, savoir : les *eaux salines chaudes*, vulgairement dénommées de la *grande chaudière*; et les eaux froides acidulées, dont la source principale est connue sous le nom d'*eau aigre* (*azeda*).

Les eaux salines chaudes ont une odeur sulfureuse très-légère et la température de 95° C. Elles contiennent en 1,000 parties :

Silice et alumine	0,243
Sulfate de soude	0,187
Sous-carbonate de soude	0,072
Hydrochlorate de soude	0,937

L'eau aigre (ou *azeda*) est incolore, à l'odeur légèrement acide et piquante. Elle a la température de 17° C. lorsque la moyenne de la température atmosphérique est de 21°,3 ; elle émet du gaz spontanément. En voici la composition :

Acide carbonique libre	un volume égal à celui de l'eau.
Carbonate de fer	0,007
Carbonate de chaux	0,038
Carbonate de soude	0,140
Sulfate de soude	0,016
Hydrochlorate de soude	0,048

L'eau de Sanguinhal est limpide, incolore, sans odeur et d'une saveur acidulée. Sa température est de 24° C. Elle contient :

Acide carbonique libre	0,815 du volume d'eau.
Carbonate de fer	0,005
Carbonate de chaux	0,070
Carbonate de soude	0,130
Sulfate de soude	0,006
Hydrochlorate de soude	0,028

Les îles des Azores forment trois districts, qui se subdivisent en 19 arrondissements et 121 paroisses. Leur population s'élevait en 1874 à 261,907 habitants. Chacun de ces districts forme une capitainerie de port.

L'archipel forme un diocèse, ou évêché d'Angra, qui relève de l'archevêché de Lisbonne. Ce diocèse compte 132 paroisses ecclésiastiques et 31 vicariats.

Toutes les îles sont cultivées jusqu'où le permettent les accidents de leurs monts volcaniques. Dans les endroits où la culture des céréales et des plantes légumineuses ne peut avoir lieu, les versants escarpés des montagnes sont revêtus de vigne et d'arbres variés.

L'île Saint-Miguel est la mieux cultivée de toutes celles de l'archipel. Elle exporte une grande quantité d'oranges, surtout pour l'Angleterre, où elles sont fort estimées. La production du vin y a fort diminué depuis l'invasion de la maladie des vignes. Elle produit aussi beaucoup de légumes et de pommes de terre, dont l'exportation atteint annuellement un chiffre très-important.

La culture de la canne à sucre, qui florissait autrefois dans l'archipel, a cessé complétement.

La production du lin est considérable. Elle a été en 1873 de 25,310 kilogrammes à l'île Tercère, de 5,000 à l'île Graciosa, et de 8,700 à l'île Saint-George.

Les données nous manquent à l'égard de la production de cette plante dans les autres îles.

Voici le tableau détaillé des principales productions agricoles de l'archipel en 1873, d'après les meilleurs travaux statistiques dont nous pouvons disposer :

PRODUITS	UNITÉS	ANGRA			HORTA				PONTA DELGADA		TOTAL
		Tercère	Graciosa	St-George	Fayal	Pico	Flores	Corvo	S. Miguel	S. Maria	
Blé.	hectolitres	87,764	3,500	3,833	12,005	2,210	1,885	330	57,764	9,000	177,211
Maïs.	»	97,188	5,000	16,705	48,851	28,739	5,903	1,340	363,431	7,200	574,357
Seigle. . . .	»	243	12	105	124	42	34	75	262	250	1,147
Orge.	»	704	7,600	107	303	3	31	—	190	345	9,283
Haricots. . .	»	297	150	39	172	65	37	26	1,817	52	2,655
Fèves.	»	2,650	80	435	378	2,413	153	—	32,022	90	38,214
Lupins, petits pois	»	11,120	1,032	1,375	41,692	5,249	1,894	770	108,383	345	147,792
Pommes de terre	kilogr.	944,300	96,000	153,288	2,847,797	8,062,410	487,177	60,000	5,747,470	34,500	18,650,239
Igname. . . .	»	65,300	800	279,515	132,124	4,929,708	303,677	5	812,950	23,400	6,547,174
Oranges. . .	milliers	43,264	50	6,360	7,400	443	78	—	164,586	520	222,705
Citrons. . . .	»	32	2	4	4	6	9	—	57	4	112
Châtaignes. .	décalitres	5,418	163	300	20	674	26	—	12,621	—	19,222
Noix.	»	4,067	97	50	2	34	—	—	323	65	1,303
Vin.	hectolitres	182	9,600	9,440	460	1,315	—	—	677	1	21,429
Eau-de-vie. .	»	791	39	404	1	230	—	—	3,169	1	3,314
Vinaigre. . .	»	13	96	31	1	150	—	—	941	12	1,243

Le recensement des bestiaux fait en 1870 n'a pas compris les îles adjacentes. Aussi les renseignements qui suivent, relatifs à 1852 et 1873, sont défectueux en grande partie. Nous les donnons cependant pour qu'on puisse se former une idée de la population des diverses espèces de bestiaux.

Espèces.	DISTRICTS			
	Angra.	Horta.	Ponta [Delgada.	Total.
Chevaline.	727	137	597	1.461
Mulassière.	162	13	1.243	1.418
Asine.	830	181	7.814	8.825
Bovine.	22.377	14.179	26.341	60.897
Ovine.	14.458	33.049	20.320	67.827
Caprine.	3.903	2.873	14.927	21.703
Porcine.	19.682	12.298	25.333	57.313

Un travail officiel fournit les données qui suivent, pour les espèces ci-désignées à l'égard de l'année 1873.

Espèces.	Angra.	Horta.	Ponta Delgada.	Total.
Bovine.	19.999	15.135	16.507	51.641
Ovine.	21.263	28.015	21.328	70.606
Caprine.	3.998	2.210	11.832	18.040
Porcine.	17.232	8.965	31.202	57.399

On fabrique dans tout l'archipel du beurre et du fromage, qui s'exporte pour le royaume.

L'industrie y est fort peu développée. On y fabrique des draps et des toiles qui rentrent dans le domaine de l'industrie domestique, de la porcelaine ordinaire et de l'eau-de-vie.

Le commerce des Azores s'accroît de plus en plus. Le mouvement de la navigation a pris de larges proportions, ainsi que le démontre le tableau suivant :

ILES	1866 ENTRÉE Nom-bre	Ton-nage	1866 SORTIE Nom-bre	Ton-nage	1873 ENTRÉE Nom-bre	Ton-nage	1873 SORTIE Nom-bre	Ton-nage	1876 ENTRÉE Nom-bre	Ton-nage	1876 SORTIE Nom-bre	Ton-nage
NAVIRES À VOILES.												
District d'Angra. { Tercère	116	14,910	116	13,687	74	15,347	73	13,844	92	12,399	92	12,167
Graciosa					8	810	8	510	10	1,191	16	1,802
Saint-Georges					11	1,531	41	1,310	33	2,380	33	2,380
District de Horta. { Fayal	227	39,692	331	57,567	274	52,979	205	50,685	410	63,459	394	69,133
Pico					58	1,062	153	1,185	83		81	
Flores					58	16,573	58	12,983	83	30,564	81	25,180
District de Ponta Delgada. { Saint-Miguel	421	40,308	396	38,124	344	50,339	362	57,787	379	56,980	378	57,176
Sainte-Maria					78	4,629	78	4,743	66	2,770	66	2,894
	864	92,307	849	109,338	994	143,680	978	143,667	1,073	169,736	1,050	170,662
NAVIRES À VAPEUR.												
District d'Angra. { Tercère					26	26,658	27	27,284	57	49,832	57	49,832
Graciosa					23	16,438	23	17,932	24	15,988	24	15,879
Saint-George					35	36,081	35	35,021	24	15,288	24	15,288
District de Horta. { Fayal	5	4,431	5	4,492	85	37,949	34	37,470	76	48,695	76	66,471
Flores									13	8,085	13	8,085
District de Ponta Delgada. { Saint-Miguel	9	999	9	999	68	48,670	70	40,091	88	16,887	88	77,061
Sainte-Maria									23	14,651	23	14,651
	5	5,430	5	5,431	191	145,631	199	147,928	285	228,716	305	347,357
RÉCAPITULATION.												
Navires à voiles	864	92,307	849	109,338	994	143,680	978	143,667	1,073	169,736	1,056	170,662
Navires à vapeur	5	6,530	5	3,431	197	145,631	199	147,928	285	228,716	305	347,357
	871	98,837	854	112,769	1,191	289,311	1,177	290,595	1,358	398,452	1,365	417,919

II

MADÈRE.

L'archipel de Madère se compose des îles de Porto-Santo, Madère et Desertas. Voici la position géographique, la dimension et la superficie des deux premières :

ILES	LONGITUDE du Méridien de Lisbonne.	Latitude N.	LONGUEUR Kilomètres.	LARGEUR Kilomètres.	SUPERFICIE Kilomètres carrés.
Porto Santo.	7° 35' O (ville)	33° 6'	13	5	50
Madère, ..	7° 50' O (Funchal)	32° 39'	65	4	500

Voici le résumé des observations météorologiques faites à la station de Funchal (Madère), pendant la période de 1865 à 1872 :

SAISONS	OZONE moyenne.	NOMBRE DE JOURS			
		de grêle.	de brouillard.	de gelée.	d'orage.
Hiver.	6 6	3 1	6 5	2 6	3 6
Printemps.	6 1	2 2	3 8	2 1	1 2
Eté.	5 0	0 0	0 8	0 0	0 0
Automne.	5 7	0 1	2 9	0 2	1 7
Année	5 8	5 4	14 0	4 9	6 5

Les vents dominants sont :

En hiver. . . . S.-O., O.-S.-O., O., S.-E., E., N.-E., N.
Au printemps.. S.-O., O.-S.-O., O., S.-E., S.-S.-E., S.-S.-O.
En été.. . . . . . S.-O., O.-S.-O., S.-S.-O., S.-S.-E., O., N.
En automne.. S.-O., O.-S.-O., O., S.-E., N., S.-S.-O., N.-E.

1865 à 1872.

Altitude du baromètre : 25 mètres.

MOIS	Pression moyenne atmosphérique.	TEMPÉRATURE			Pluie en millimètres. Moyenne.	Évaporation Millimètres.	Humidité relative.	Tension de la vapeur atmosphérique Millimètres.	Nombre de jours de pluie.
		Moyenne.	Maximum absolu.	Minimum absolu.					
Décembre.	763 36	16 54	22 8	9 6	128 3	123 9	74 0	10 72	11 7
Janvier . .	764 89	15 86	21 8	7 9	96 8	120 3	71 5	10 23	10 9
Février . .	763 84	15 89	24 9	9 0	94 5	139 9	68 6	9 88	8 3
Mars . . .	764 46	15 87	24 4	9 0	87 3	153 7	66 8	9 54	10 3
Avril. . . .	762 09	15 10	26 6	11 2	51 2	175 0	67 3	10 30	6 9
Mai	762 28	18 10	26 0	12 7	26 7	176 8	68 4	11 19	6 4
Juin. . . .	763 75	20 11	29 4	13 7	13 3	181 4	69 8	12 83	2 4
Juillet. . .	763 82	21 88	32 4	16 8	0 9	201 8	70 9	14 78	1 0
Août. . . .	762 70	22 70	30 0	17 8	1 9	204 2	69 4	15 02	1 0
Septembre	762 78	22 38	28 3	15 6	27 5	192 7	68 0	14 62	3 6
Octobre. .	762 71	20 70	28 8	13 1	41 4	172 6	66 9	13 04	6 9
Novembre.	762 32	18 42	24 2	13 2	143 3	133 7	71 4	12 01	11 1
Moyennne annuelle. .	763 00	18 80	32 4	7 9	713 4	1976 0	69 2	12 01	80 5

Le climat de l'île de Madère est un des plus tempérés du globe. Sa renommée est universelle pour le soulagement ou la guérison des maladies de poitrine.

L'archipel de Madère forme un district administratif comprenant neuf arrondissements dans l'île du même nom, un dans celle de Porto-Santo, et cinquante-une paroisses. Sous le rapport judiciaire, il est compris dans la province de Lisbonne et se divise en deux arrondissements.

La plus ancienne culture de l'île de Madère fut la canne à sucre, dont la production atteignit 6 millions de kilogrammes; mais ayant été transplantée au Brésil, les habitants l'abandonnèrent pour s'appliquer à celle de la vigne, qui constitua, jusqu'à l'époque de la maladie de cette plante, la richesse principale et presque exclusive de l'île. Par suite de l'invasion du mal, ils se sont vus obligés à développer la culture des céréales, dont la production suffit déjà à la consommation de l'île, ainsi que celle de la canne à sucre, qui y a été introduite de nouveau.

Les principales productions sont : le blé, le maïs, le seigle, l'orge, les haricots, la pomme de terre, l'igname, le vin, les oranges, les châtaignes, et la canne à sucre.

Voici le tableau comparé des productions agricoles en 1851 et en 1873, à l'exception du vin :

PRODUITS	UNITÈS	1851	1873
Blé.	hectolitres.	152,419	1,824,673
Maïs.	»	668,908	88,558
Seigle	»	1,778	127,515
Orge et avoine	»	17,174	237,729
Haricots	»	3,091	106,342
Autres légumes.	»	128,361	232,080
Pommes de terre.	kilogrammes.	»	5,788,610
Igname.	»	»	14,156,494
Oranges	milliers.	2,755	1,711
Citrons.	»	977	169
Châtaignes.	hectolitres.	117	2,513
Noix	»	347	382
Miel.	litres.	900	1,901
Cire	kilogrammes.	285	539

La production du vin a été pendant les années suivantes :

En 1849. . . . . 2,602,700 décalitres.
— 1850.. . . . . 2,499,611 —
— 1851.. . . . . 2,228,295 —
— 1873.. . . . . 1,241,955 —

La moyenne de la production du sucre est de 274,000

kilogrammes, dont l'exportation est de 109,000 kilogrammes environ.

La population des bestiaux était en 1851 et en 1873 :

Espèces.	1851.	1873.
Chevaline.	390	259
Mulassière.	95	82
Asine.	251	201
Bovine.	20,917	21.720
Ovine.	90.403	16.150
Caprine.	86.686	18.210
Porcine.	19.667	23.510

La fabrication du sucre, de l'eau-de-vie, du savon, des chapeaux de paille, la brasserie, le tannage des cuirs et la broderie constituent les principales industries de l'île de Madère.

Les broderies et les dentelles de l'île de Madère sont déjà très-connues et jouissent d'une bonne renommée. Les produits de l'industrie domestique atteignent la valeur annuelle de 555,000 francs. On fabrique dans l'île des objets de vannerie très-estimés pour leur perfection.

Le commerce de l'île a augmenté considérablement, ainsi que le mouvement de la navigation. L'exportation du vin a été :

	Décalitres.	Valeur.
En 1874.	69.277	2.187.600 francs.
En 1875.	84.002	2.374.822 —
En 1876.	87.644	2.451.438 —

14

Voici le tableau comparé du mouvement de la navigation en 1856, 1872 et 1876 :

	1856				1872				1876			
	ENTRÉE		SORTIE		ENTRÉE		SORTIE		ENTRÉE		SORTIE	
	Nombre.	Tonnage.	Nombre.	Tonnage.	Nombre.	Tonnage.	Nombre.	Tonnage.	Nombre.	Tonnage.	Nombre.	Tonnage.
Voiliers.	136	27,391	185	26,276	237	52,232	232	49,785	239	53,043	228	50,497
Vapeurs.	51	46,391	61	34,777	312	310,924	316	311,317	356	442,942	361	449,226
	187	73,425	196	61,053	549	363,156	548	361,102	596	495,985	589	499,723

XXIX

Division et administration générale des colonies.

Les possessions portugaises d'outre-mer sont partagées
en six provinces, savoir :

La province du Cap-Vert, composée de l'archipel du
même nom et d'une partie de la Sénégambie connue sous
la dénomination de Guinée portugaise;

La province de Saint-Thomas et du Prince, qui comprend les deux îles du même nom et l'établissement de
Saint-Jean-Baptiste d'Ajudá, sur la côte de Mina;

La province d'Angola, sur la côte occidentale de
l'Afrique;

La province de Mozambique, sur la côte orientale de
l'Afrique;

La province de Goa, sur la côte occidentale de l'Indoustan;

La province de Macao et de Timor, qui comprend la presqu'île de Macao, au sud de la Chine, et l'île de Timor, en Océanie.

Elles embrassent une superficie de 1,918,778 kilomètres carrés.

Chaque province est administrée supérieurement par un gouverneur général, cumulant les fonctions civiles et militaires, et se subdivise en arrondissements ou en gouvernements militaires. Ces derniers ne subsistent que dans les localités où l'on n'a pu encore appliquer le régime municipal, et sont administrées par des gouverneurs militaires.

Les gouverneurs généraux sont assistés dans l'exercice de leurs fonctions par un secrétaire général et par des corps consultatifs, tels que le conseil du gouvernement, le conseil inspecteur de l'instruction publique et le conseil technique des travaux publics.

Les corps administratifs sont : les comités généraux de province, les conseils de province et les chambres municipales.

L'administration supérieure des finances est confiée dans chaque province aux soins d'un comité (*junta da fazenda*), présidé par le gouverneur général, et composé de quatre membres, savoir : le président de la cour d'appel, ou le juge du tribunal de première instance; le délégué du procureur de la couronne et des finances; le contrôleur des finances et le trésorier général.

Sous le rapport judiciaire, les colonies sont divisées en deux provinces, ayant chacune un tribunal de deuxième instance, ou cour d'appel. L'un de ces tribunaux siége à Loanda et comprend dans sa juridiction les provinces d'Angola et de Saint-Thomas; l'autre siége à Goa et comprend les provinces de Mozambique, Goa, Macao et Timor. Elles se subdivisent en arrondissements judiciaires.

En ce qui concerne la division ecclésiastique, les évêchés du Cap-Vert, de Saint-Thomas, d'Angola et de Congo, relèvent du patriarchat de Lisbonne. Goa est le siége d'un archevêché, dont les évêchés suffragants sont : Cochin, Méliapor, Malaca et Timor, Macao, Nankin, Pékin et Mozambique. Le nombre total de paroisses s'élève à 184.

Les troupes affectées au service des provinces d'outre-mer constituent une armée à part, qui comprend des forces régulières et des corps irréguliers. Les forces régulières se subdivisent elles-mêmes en corps de première et de seconde ligne.

L'effectif des troupes régulières de première ligne est de 6,506 hommes, savoir :

Provinces.	Troupes affectées au service de chaque province.	Effectif.
Cap-Vert.	1 bataillon de chasseurs.	526
Saint-Thomas .	1 — —	397
Angola.	3 bataillons de chasseurs et 1 batterie d'artillerie.	2,703
Goa.	1 bataillon d'infanterie, 1 batterie d'artillerie, 1 corps de police.	1,791
Macao	1 bataillon d'infanterie.	784
Timor.	1 — —	305
	Total.	6,506

Comme auxiliaire de l'armée coloniale, il y a à Lisbonne un corps expéditionnaire d'outre-mer, composé de trois bataillons, et destiné à fournir des détachements aux colonies.

Les possessions portugaises en Afrique constituent

autant de colonies pénitentiaires où les condamnés à la déportation vont subir leur peine. Les plus grands criminels sont envoyés dans la province de Mozambique, non par mesure arbitraire, mais en exécution de la sentence condamnatoire qui mentionne toujours la possession où la déportation doit être réalisée. Les simples déportés y jouissent d'une certaine liberté et peuvent se livrer à l'exercice de leurs professions, ou sont incorporés dans l'armée. Les condamnés aux travaux publics y sont soumis au régime du bagne et affectés aux travaux de la province.

La traite des noirs avait été abolie en 1836. L'esclavage l'a été en 1869; et les dispositions transitoires de la loi qui en décréta l'abolition ayant reçu leur entière exécution, il en résulte qu'il n'existe plus d'esclaves dans les colonies portugaises.

Les colonies ont toujours mérité la sollicitude des hommes éminents qui ont présidé à leur administration, tels que MM. Sá da Bandeira, de Mendes Leal, Rebello da Silva, Latino Coelho, d'Andrade Corvo. Ce dernier a signalé sa gérance du ministère de la marine et des colonies par des mesures éminemment fécondes en excellents résultats, telles que la réforme des tarifs douaniers de quelques provinces, l'organisation d'explorations scientifiques dans les colonies de l'Afrique, la création d'une commission permanente de géographie et d'un musée colonial, et plusieurs autres qu'il serait trop long d'énumérer.

Dans toutes les provinces d'outre-mer, les recettes et les dépenses publiques ont subi une augmentation progressive.

Voici le tableau général des prévisions qu'en faisait le budget pour l'exercice 1875-1876.

		Cap-Vert.	Saint-Thomas.	Angola.	Mozambique.	Goa.	Macao et Timor.
		francs.	francs.	francs.	francs.	francs.	francs.
RECETTES.							
Impôts { directs		307,000	65,600	173,000	415,000	1,027,000	1,628,000
{ indirects		664,000	392,200	2,332,000	880,000	515,000	469,000
Revenus divers		45,000	55,600	157,000	63,000	1,294,000	204,000
avec application spéciale		211,000	94,600	483,000	218,000	155,000	—
Total		1,224,000	619,000	3,199,000	1,376,000	2,991,000	1,981,000
DÉPENSES.							
Administration générale		423,300	198,400	781,000	378,000	443,000	527,000
des finances		122,900	51,000	306,900	144,000	286,000	44,000
judiciaire		51,200	28,700	107,000	41,000	162,000	69,000
ecclésiastique		77,300	24,200	112,800	35,000	168,000	54,000
militaire		236,600	182,900	1,141,300	520,000	966,000	441,000
de la marine		154,000	47,900	623,000	75,000	219,000	182,000
Charges générales		71,700	17,400	112,000	86,000	330,000	302,000
Frais divers		75,000	35,500	124,000	107,000	75,000	499,000
Total		1,215,000	586,000	3,058,200	1,386,000	2,647,000	1,788,000
Résumé { Recettes		1,224,000	609,000	3,139,000	1,376,000	2,991,000	1,981,000
{ Dépenses		1,215,000	586,000	3,088,000	1,386,000	2,647,000	1,788,000
Différence { Excédant		9,000	23,000	51,000	—	344,000	193,000
{ Déficit		—	—	—	10,000	—	—

PROVINCES.

XXX

Province du Cap-Vert.

La province du Cap-Vert comprend l'archipel du même nom et le territoire de la côte de Sénégambie connu sous la dénomination de Guinée portugaise.

I

ARCHIPEL DU CAP-VERT

L'archipel du Cap-Vert est situé dans l'Océan Atlantique, à 327 milles à l'ouest du Cap-Vert, entre les latitudes 14° 45′ et 17° 14′ N. et les longitudes 16° 32′ et 19° 12′ O. de Lisbonne. Il embrasse une aire de 53,380 kilomètres carrés.

Il se compose de 10 îles et 2 îlots, qui forment deux groupes, savoir : les îles du Vent ou du Nord, et les îles Sous-le-Vent ou du Sud.

Le groupe du Nord comprend les six îles de Saint-Antaŏ, Saint-Vincent, Sainte-Lucie, Saint-Nicolas, du Sel et Boa-Vista, et les îlots Branca et Raza. Celui du Sud en comprend quatre, savoir : Brava, Fogo (du Feu) Saint-Thiago et Maïo. La superficie totale de ces îles est de 2,929 kilomètres carrés. Elles sont fort montagneuses, à l'exception des îles du Sel, Boa-Vista et Maïo. Celle du Feu se distingue par un pic de 3,000 mètres d'élévation, qui renferme un volcan éteint depuis 1817.

Voici le résumé des observations météorologiques faites aux îles de Saint-Thiago et de Saint-Antaŏ. Elles pourront donner une idée des conditions climatologiques de l'Archipel.

	ILE DE SAINT-THIAGO Ville de Praia (a).	ILE DE SAINT-ANTAÕ Vallé de Ribeira Grande (b)
Altitude du baromètre (mètres).........	34. 9	27,
Pression atmosphérique (millimètres)........	758,57	762,28
Tempé- { moyenne.....	25°93c	22°07c
rature. { maximum absolu.	36° 2c	29° 5c
{ minimum absolu.	16° 0c	15° 0c
Pluie (millimètres).....	218, 1	426,55
Humidité relative.....	55, 8	71,34
Tension de la vapeur (millimètres)........	15,85	15,81
Jours de pluie.........	18, 0	167, 0
Ozone. { hiver.	3, 7	5,26
{ printemps..	5, 4	5,04
{ été.....	2, 7	4,78
{ automne..	2. 8	4,81
Vents dominants. { hiver....	NNE., N., NE., NNO.	NNE., ESE., ENE., E.
{ printemps..	NNE., N.	NE., ENE.
{ été.....	NNE., N., NE., SE., ESE., O.	NE., ENE., ESE., SE., NNE., E.
{ automne...	NNE., NE., N., SE., NO.	NE., ESE., ENE., E., NNE., OSO., SO.

(a) Période observée : 1865.
(b)   —   —   1872.

Des pluies torrentielles ou une grande sécheresse sont les deux fléaux de l'archipel. On a fait de persévérants efforts pour diminuer les effets de la sécheresse en développant l'arborisation. La plantation du dragonier a été recommandée et favorisée par le gouvernement à cause de son utilité. En effet, cet arbre prospère dans les terrains arides sans irrigation ni engrais, répandant autour de lui l'ombre et la fraîcheur et produit au bout de dix ans la résine connue sous le nom de sang de dragon, qui est si appréciée dans le commerce.

Les îles du Cap-Vert sont d'une fertilité étonnante pendant les années normales. On y trouve d'excellent lichen pour la teinturerie (*lichen roccella*), ainsi que de l'indigo indigène. Elles abondent en cocotiers, dattiers, pignons d'Inde, dragoniers, tamarins, et elles produisent du séné, des bananes, des ananas, du mandioc, des melons d'eau, de bon café, du tabac, du coton, des oranges, des citrons et du vin qui égale en qualité celui de Ténériffe. Le maïs et les haricots y croissent facilement, ainsi que plusieurs fruits des deux hémisphères et une grande quantité de plantes médicinales.

Parmi les arbres qui prospèrent le plus et qui offrent une grande source de richesse, il faut citer le dragonier et l'oranger dans les îles de Saint-Antaõ, Saint-Vincent, Saint-Nicolas, du Feu et Brava, et le cocotier d'Inde dans celle de Saint-Thiago. La culture du pignon d'Inde (*purgueira*) s'est fort développée, ainsi que celle du café, qui est d'une excellente qualité, et de l'orseille. Le cotonnier indigène y présente deux variétés, le blanc et le jaune. La production de cette plante est facile et abondante. Elle peut rapporter, en moyenne, 1,836 kilogrammes de coton l'année même où elle a été semée. La canne à sucre prospère dans les îles du Sud, qui en exportent les produits pour la métropole.

L'introduction de plusieurs essences utiles a été favorisée par le gouvernement, surtout celle du quinquina, qui y prospère et s'y développe rapidement.

Les îles de l'Est produisent une grande quantité de sel, dont elles font une exportation considérable.

Toutes les îles de l'archipel sont de formation volcanique. On y trouve en abondance les basaltes, les trachytes et les laves; mais on y rencontre aussi des couches calcaires plus ou moins métamorphiques, surtout dans les îles de Maïo, Brava, Saint-Vincent et Boa-Vista.

Les bestiaux jouent un rôle assez important dans l'agriculture de l'archipel du Cap-Vert. En voici la population en 1873 :

	Nombre de têtes.	Valeur.
Espèce bovine	18,270	1,550,000 Fr.
Espèce caprine	76,817	316,000
Espèce ovine	10,048	67,000
Espèce chevaline	2,401	348,000
Espèce mulassière	317	83,000
Espèce asine	11,377	567,000
Total		2,934,000 Fr.

II

GUINÉE PORTUGAISE.

La Guinée portugaise, qui fait partie de la province du Cap-Vert, embrasse une étendue de 240 milles sur la côte de la Sénégambie, depuis la latitude 13° 10′ N., 2 milles au nord du fleuve S. Pedro, jusqu'à celle de 10° 21 N., où se trouve situé le cap de Verga. Le territoire s'étend en largeur jusqu'à 60 lieues de la côte, et se trouve compris entre les longitudes 7° 38′ 17″ et 3° 0′ 0 de Lisbonne. Les îles de Bolama, Gallinhas et Orango de l'archipel de Bijagoz appartiennent aussi à la couronne portugaise.

La Guinée portugaise occupe une superficie d'environ 8,400 kilomètres carrés. Elle est baignée par six grands fleuves dont les rives sont très-fertiles. Le climat en est très-insalubre, surtout pendant la saison des pluies, ou depuis le mois de mai jusqu'en octobre. Le sol, d'une fertilité exceptionnelle, se prête à toutes les cultures. Aussi a-t-on favorisé le développement de la culture du café, du coton et du cacao. Le pignon d'Inde y prospère beaucoup et la récolte du caoutchouc y fait l'objet d'un assez grand commerce d'exportation. Cette partie de la province produit en abondance d'excellents bois de construction.

La population de la province du Cap-Vert était en 1873 de 89,018 habitants, dont 88,539 indigènes. En voici le tableau détaillé :

Tableau de la population de la province du Cap-Vert en 1873.

ARRONDISSEMENTS.			MALE.	FEMELLE.	TOTAL.	POPULATION spécifique.
		POPULATION.				
Archipel du Cap-Vert.	Ile Saint-Thiago.	Praïa	7.582	11.971	19.553	49,5
		Ste-Catherine	7.343	8.638	15.981	
	Ile Maïo		511	621	1.132	10,5
	Ile du Feu		4.683	5.617	10.300	47,2
	Ile Brava		2.425	4.058	6.483	120,0
	Ile Saint-Antao.	Ribeira Grande	5.488	6.262	11.750	31,1
		Paül	2.937	2.138	5.255	
	Ile Saint-Nicolas		3.221	2.989	7.210	14,9
	Ile Saint-Vincent		862	1.002	1.864	20,4
	Ile Boa Vista		1.083	1.451	2.534	5,4
	Ile du Sel		361	441	802	4,0
	Total		36.496	46.368	82.864	28,6
Guinée portugaise	Bissaü		207	335	542	»
	Cacheü		902	979	1.881	»
	Bolama		2,398	1.333	3.731	»
	Total		3.507	2.647	6.154	»
Total pour la province.			40.003	49.015	89.018	»

La province est divisée en 14 arrondissements administratifs, dont 11 dans l'archipel et 3 en Guinée, et 2 arrondissements judiciaires. Elle constitue un évêché suffragant du métropolitain de Lisbonne. Le nombre des paroisses est de 33, dont 5 situées dans la Guinée. Il y a à l'île de Saint-Nicolas un séminaire fréquenté en moyenne par 500 élèves.

Sous le rapport de l'instruction publique, il faut constater de grands progrès. En 1855, il y avait à peine quelques écoles dans les îles les plus importantes, tandis qu'aujourd'hui on compte dans la province un lycée établi à l'île St-Thiago, dont le nombre d'élèves est en moyenne de 140, et 38 écoles primaires pour les deux sexes, qui étaient fréquentées en 1875 par 2,040 élèves. Les matières professées au lycée sont : la philosophie, le latin, le français, les rudiments de l'art naval, les mathématiques élémentaires et le dessin.

Un bataillon de chasseurs est affecté à la défense de la province. Il se compose de 20 officiers et 506 sous-officiers et soldats.

Le commerce de la province s'est accru considérablement. C'est le résultat du développement de l'agriculture et des réformes successives qui ont été opérées dans le régime fiscal.

Les principaux articles d'importation sont : la farine de blé, le biscuit, l'huile d'olive, le vin, le riz, les pâtes alimentaires, le pétrole, le bois, les tuiles et les briques, les tissus de toute espèce, la chaussure, les chapeaux, etc. Les articles d'exportation sont : le sucre, le café, le pignon d'Inde, l'orseille, le corail, les cuirs, l'eau-de-vie, le maïs et le sel.

Voici la valeur des importations et des exportations de toute la province depuis 1869 jusqu'à 1873 :

ANNÉES.	Importations. Francs.	Exportations. Francs.
1869	2,867,800	2,353,500
1870	2,418,300	2,253,900
1871	3,076,300	2,091,200
1872	2,766,300	3,635,200
1873	2,975,400	3,283,100

Voici dans quelles proportions les îles les plus agricoles de l'archipel du Cap-Vert ont contribué à l'exportation des principaux produits.

Tableau des principales exportations des îles les plus agricoles de l'archipel du Cap-Vert.

ILES.	ARTICLES.	UNITÉS.	1869-1870.		1870-1871.		1871-1872.		1872-1873.	
			QUANTITÉ.	VALEUR. francs.	QUANTITÉ.	VALEUR. francs.	QUANTITÉ.	VALEUR. francs.	QUANTITÉ.	VALEUR. francs.
St-Thiago.	Sucre.	Kilogrammes.	117,211	65,236	277,819	143,023	233,166	123,768	337,269	180,380
	Café.		31,512	36,690	37,974	45,922	23,978	30,755	28,266	55,972
	Pignon d'Inde.	Hectolitres.	»	805,713	96,779	449,400	46,947	888,149	48,259	729,596
St-Vincent.	Sucre.	Kilogrammes.	2,039	1,166	71	41	3,415	4,946	579	333
	Café.		8,498	9,914	40,370	47,098	10,221	11,924	»	»
Du Fou.	Sucre.		80,736	45,000	286	494	210	444	408	227
	Café.		29,383	32,810	10,312	12,030	12,584	14,122	17,600	21,133
	Pignon d'Inde.	Hectolitres.	35,697	15,902	23,955	14,950	3,653	951	2,471	42,569
St-Antão.	Sucre.	Kilogrammes.	66,355	37,922	55,512	31,414	150,496	83,888	»	»
	Café.		72,799	84,932	97,511	113,762	73,609	85,877	»	»
St-Nicolas.	Pignon d'Inde.	Hectolitres.	446	4,475	130	2,174	761	12,766	80	1,349
Maio.	Sel.		42,217	»	52,075	»	47,004	»	102,068	»
Du Sel.	Sel.		88,145	»	27,279	»	39,732	»	»	»

On voit par le tableau qui précède que les principaux articles d'exportation de l'archipel sont : le pignon d'Inde, le café et le sucre.

Le pignon d'Inde est l'article dont l'exportation est la plus considérable. La valeur en a été :

En 1869-1870 de. . . . . 1,086,000 francs.
— 1870-1871 de. . . . . 945,000 —
— 1871-1872 de. . . . . 1,260,000 —

Voici la valeur totale de l'exportation de chacun des trois principaux produits pendant ces années :

	1869-1870.	1870-1871	1871-1872
	Francs.	Francs.	Francs.
Pignon d'Inde. . . .	833,000	466,000	801,000
Café.	109,000	252,000	143,000
Sucre.	149,000	176,000	210,000

Le mouvement commercial des ports de la Guinée portugaise a été, de 1869 à 1874 :

ANNÉES.	Importations.	Exportations.
	Francs.	Francs.
1869-1870	952,000	553,000
1870-1871	958,000	1,993,000
1871-1872	1,263,000	2,130,000
1872-1873	1,000,000	1,676,000
1873-1874	983,000	1,830,000

La navigation a accompagné le mouvement progressif du commerce. Le nombre de navires fréquentant les ports de l'archipel, qui n'était que de 230 en 1843, s'est élevé en 1874 à 1,742, savoir :

	Navires à voiles.	Navires à vapeur.	TOTAL.
Ile Saint-Vincent..	315	352	667
— du Sel	270	—	270
— St-Thiago	218	37	255
— Boa Vista	130	—	130
— du Feu.	121	9	130
— Brava.	85	5	90
— Maïo	80	—	80
— St-Antaô	60	—	60
— St-Nicolas	57	3	60
Totaux.	1,336	406	1,742

Le mouvement de la navigation de l'île Saint-Vincent est le plus considérable à cause du grand nombre de navires qui vont y décharger du charbon pour l'approvisionnement du grand dépôt qui y existe, et de celui des bateaux à vapeur qui y relâchent pour recevoir ce combustible.

Le budget de la province pour l'exercice 1875-1876 a évalué les recettes à 1,224,000 fr., et les dépenses à 1,215,000 fr. Les revenus des douanes ont contribué pour une large part à l'augmentation des recettes depuis 1864, ainsi que le prouvent les chiffres suivants :

1864.	330,824 fr.	1869.	526,244 fr.
1865.	346,990 —	1870.	462,954 —
1866.	458,904 —	1871.	539,646 —
1867.	398,303 —	1872.	632,166 —
1868.	436,245 —	1873.	551,743 —

Voici quelle a été la totalité des recettes depuis l'exercice 1868-1869, jusqu'à celui de 1873-1874 :

1868-1869.	755,510 fr.
1869-1870.	811,276 —
1870-1871.	863,659 —
1871-1872.	1,022,438 —
1872-1873.	1,078,563 —
1873-1874.	1,174,385 —

On peut conclure de ce qui précède que la province du Cap-Vert a augmenté dernièrement en population et en richesse, grâce à la sollicitude des pouvoirs publics, qui y ont amélioré successivement toutes les branches du service, et qu'elle est en pleine voie de prospérité.

XXXI

Province de Saint-Thomas et du Prince

Cette province est composée des îles Saint-Thomas et du Prince et de l'établissement de Saint-Jean-Baptiste d'Ajudá sur la côte de Mina.

L'île de Saint-Thomas est située sous la latitude 0°23'N., et dans la longitude 15°58' E de Lisbonne. Elle a 50 kilomètres de long sur 30 de large. Sa superficie est d'environ 900 kilomètres carrés. La position géographique de celle du Prince est : 1°38' de latitude N et 16°38' de longitude E ; sa longueur est de 16 kilomètres et sa largeur de 10 kilomètres ; sa superficie est de 125 kilomètres carrés. Ces deux îles sont fort montagneuses. Celle de Saint-Thomas se distingue par un pic de plus de 3,000 mètres d'élévation.

Le port le plus fréquenté de l'île Saint-Thomas est la baie d'Anna Chaves ; mais l'anse de Saint-Jean en est le plus sûr, parce que les navires y sont à l'abri de tous les vents, à la seule exception de ceux du sud-est.

Le point principal de l'île du Prince est celui de Saint-Antoine qui baigne la ville du même nom.

Le climat de la province est très-chaud. Il n'y a que deux saisons : celle des pluies, d'octobre à mai, et celle de la sécheresse, de juin à septembre.

Le manque d'observations météorologiques régulières nous empêche de bien caractériser le climat de la province. Les seules que nous possédions n'ont rapport qu'à six mois de l'année 1858. En voici le tableau :

	JUIN	JUILLET	AOUT	SEPTEMBRE	OCTOBRE	NOVEMBRE
Moyenne de la pression atmosphérique.	760,79	761,74	760,53	760,78	759,65	758,60
Température en degrés centigrades — Maximum absolu .	32,3	27,8	29,3	29,6	29,0	29,8
Minimum absolu.	18,6	17,2	20,4	19,9	21,4	20,9
Moyenne.	25,03	23,74	24,40	25,13	25,11	23,38
Pluie tombée (millimètres), total . . .	30,0	0,0	4,6	15,5	197,5	245,2
Humidité relative (moyenne)	75,5	75,2	83,4	71,4	81,4	81,0
Evaporation (total en millimètres) . . .	125,0	154,7	137,1	127,3	115,1	111,4
Moyenne de la tension de la vapeur atmosphérique, en millimètres . . .	19,54	18,69	20,72	18,78	20,75	20,81
Ozone (moyenne).	5,3	4,5	4,2	—	3,7	3,9
Nombre de jours de pluie.	3	0	5	5	15	9
— d'orage	—	—	—	—	7	5
Vents dominants	S	S	S	S	S.O.SE.N	S.O.SE.N
Moyenne de la vitesse du vent en kilomètres.	5,3	5,8	6,3	3,8	4,8	5,8

La population de la province s'est accrue considérablement, ainsi que le démontre le tableau suivant :

ANNÉES	NOMBRE D'HABITANTS		
	Ile Saint-Thomas	Ile du Prince	TOTAL
1814	8,169	4,584	12,753
1868	16,510	2,785	19,295
1872	18,847	2,460	21,307
1873-74	21,234	2,438	23,672

La province produit d'excellent café très-ressemblant à celui de Moka. On y récolte du maïs, des légumes, du

15

manioc, des pommes de terre et du cacao. La canelle croît naturellement partout, le poivre d'Inde y est parfaitement acclimaté, le gingembre doré s'y cueille d'une qualité égale à celle que les teinturiers emploient sous le nom de *curcuma* et le palmier de Dandé y produit de l'huile qui est employée dans la fabrication d'un savon excellent. L'indigo sauvage de Saint-Thomas est meilleur que celui du cap Vert. Le coton jaune croît sur tout le littoral.

La culture de la canne à sucre, qui avait cessé complétement après avoir atteint un développement considérable, commence à reprendre.

L'exportation du café de l'île Saint-Thomas est en moyenne de 1,500,000 kilogrammes par an, et celle du cacao d'environ 50,000 kilogrammes.

Les principaux arbres fruitiers qui peuplent la province sont : le mangier, le cocotier, le palmier, l'acajou, le bananier et l'oranger.

Chaque île de la province forme un arrondissement. Le gouverneur réside à Saint-Thomas. Il est assisté d'un gouverneur subalterne résidant à l'île du Prince et d'un commandant militaire à Ajudá.

Sous le rapport judiciaire, la province forme un arrondissement du ressort de la cour de Loanda, dans la province d'Angola. Sous le rapport ecclésiastique, elle constitue un évêché qui relève du patriarchat de Lisbonne. Il y a neuf paroisses à l'île Saint-Thomas, une à l'île du Prince et une à Saint-Jean-Baptiste d'Ajudá.

Un bataillon de chasseurs, dont l'effectif est de 15 officiers et 382 sous-officiers et soldats, est affecté à la défense de la province.

Sous le rapport de l'instruction publique, il y a en tout huit écoles, dont deux de jeunes filles.

Le commerce de la province est en voie de prospérité,

ce qui correspond au développement de la culture des principales denrées, telles que le café et le cacao.

La valeur des importations et des exportations de toute la colonie ne dépassait pas, en 1842, le chiffre de 324,000 francs, tandis que celle du commerce général de l'île Saint-Thomas atteint aujourd'hui à elle seule celui de 4,500,000 francs. Depuis 1870, l'augmentation a été constante et fort sensible, ainsi que le démontrent les chiffres suivants :

ANNÉES	Importations. — Francs.	Exportations. — Francs.
1870	1.141.846	1.667.081
1871	1.155.940	1.815.790
1872	1.863.490	1.496.193
1873	1.724.624	2.273.803
1874	2.189.336	2.311.645

Les recettes de la province se sont élevées depuis 1868 à tel point qu'elles couvrent les dépenses et que le déficit a disparu pour faire place à un excédant positif. Le budget pour l'exercice 1875-1876 les a évaluées à 609,000 francs.

Les dépenses pour le même exercice étant prévues pour 586,000 francs, l'excédant est de 23,000 francs.

Les travaux publics de la province n'ont point été négligés, surtout ceux qui ont rapport à l'assainissement de l'île Saint-Thomas, où l'on travaille sans relâche au dessèchement des marais qui en causent l'insalubrité.

La colonie de Saint-Thomas et du Prince commence à ressentir les effets de l'impulsion de progrès qui lui a été donnée depuis quelques années. Son avenir ne peut manquer d'être prospère si l'on parvient à suppléer au grand manque de bras, qui s'y fait sentir, par l'adoption d'un système d'immigration efficace et bien dirigé.

XXXII

Province d'Angola

La vaste province d'Angola, sur la côte occidentale d'Afrique, s'étend depuis le 5° 12' jusqu'au 18° de latitude S., entre les longitudes 21° 7' et 27° 40' E. de Lisbonne. Elle est bornée au nord par le fleuve Cacongo, au sud par le cap Noir où elle confine avec le pays des Ovampos, et à l'est par les territoires de Hoholo, Quiboke et Lobal. Elle est baignée à l'ouest par l'océan Atlantique sur une étendue de 1,350 kilomètres de côtes. Sa plus grande largeur est de 500 kilomètres ; sa superficie est de 600,000 kilomètres carrés.

Le territoire de cette province peut être partagé en trois régions orographiques (1), savoir : la région littorale, la région moyenne ou montagneuse et la région intérieure caractérisée par des plateaux élevés qui se prolongent vers le centre du continent.

La première région longe la côte sur une largeur de 70 kilomètres environ et contient de vastes sablonnières. Peu accidentée, en général, c'est la région la plus aride, si l'on excepte les alentours des fleuves nombreux qui la traversent et dont les rives très-fertiles, quoique fort insalubres, présentent une végétation immense. Les arbres et les roches de cette région sont couverts d'orseille, si estimée pour la teinturerie. Les plaines sont revêtues d'une espèce de genêt connu sous le nom de *capim*. Les fleuves et les marais sont bordés par d'épaisses forêts de mangiers. Les principales productions sont : la canne à sucre d'excellente qualité, le manioc, dont les naturels

(1) *Géographie et statistique générale* de M. Pery.

du pays font leur nourriture, le tabac, le coton, trois variétés de pommes de terre, le maïs, les haricots, plusieurs espèces de légumes et le pignon d'Inde. Vers le sud, près de Mossamedes, le climat et les productions commencent à présenter quelques caractéristiques des régions du sud de l'Europe.

La région montagneuse, qui se prolonge vers le centre sur une distance de 100 kilomètres environ, entre les deux grands fleuves Zaïre et Quanza, renferme quelques montagnes de plus de 2,200 pieds d'élévation au-dessus du niveau de la mer. Elle jouit d'un climat salubre et favorable aux Européens. La colonie agricole de Capangombe, établie sur le versant de la montagne de Chella, dans le district de Mossamedes, offre un climat très-semblable à celui du Portugal. On y trouve de grandes forêts vierges qui produisent d'excellents bois de construction et d'ébénisterie. L'ananas et le café y croissent spontanément. Plusieurs fleuves secondaires, mais roulant de grands volumes d'eau, prennent leur source dans les montagnes de cette région. Citons, parmi les plus considérables : le Loge, le Dande, le Bengo, le Longo et le Catumbella.

La région intérieure, ou des plateaux, est la plus salubre et la plus fertile. L'eau s'y trouve en grande abondance. On y cultive du blé, du maïs et des pommes de terre. Elle produit beaucoup de ginguba, de café et de tabac. Les plateaux qui la caractérisent ont en moyenne 100 mètres d'élévation. Les fleuves Quango, Quanza, Cunene et quelques autres, qui appartiennent au versant oriental d'Afrique, y prennent leur source.

La province d'Angola comprend les trois districts de Loanda, Benguella et Mossamedes, qui se subdivisent en plus d'une trentaine d'arrondissements ou de points fortifiés. Il existe sur le territoire de la couronne portugaise plus de 500 *sobas*, ou roitelets, qui en sont vassaux, ou simplement alliés, et qui sont tenus de lui fournir des troupes en cas de guerre.

Le chiffre de la population, qui était de 386,525 habitants en 1845, s'est élevé, en 1869, à celui de 433,397 habitants; savoir :

District de Loanda. . . . , 323.064 habitants.
— de Benguella. . . . 87.980 —
— de Mossamedes. . . 22.353 —
_____
433.397 —

La population indigène étant très-nombreuse, il n'y a pas lieu de redouter le manque de bras, pourvu qu'on parvienne à lui faire sentir les avantages que doivent lui procurer, avec l'affranchissement de l'esclavage, les travaux des champs et de l'industrie.

La ville de Saint-Paul de Loanda, capitale de la province, est le siége d'une cour d'appel. Il y a des tribunaux de première instance dans les chefs-lieux de districts. L'arrondissement judiciaire de Saint-Thomas et du Prince relève de cette cour. Sous le rapport ecclésiastique, la province forme un évêché suffragant de l'archevêché de Lisbonne, portant le titre d'Angola et du Congo. Il comprend trente paroisses.

L'administration militaire est confiée au gouverneur général de la province, qui est le chef de la force armée. Celle-ci se compose d'une batterie d'artillerie et de trois bataillons de chasseurs de première ligne, formant un un effectif de troupes régulières de 2,703 hommes. Les troupes irrégulières comprennent deux bataillons de volontaires et 28 compagnies mobiles détachées dans les arrondissements. Il y a des hôpitaux militaires à Loanda, Benguella, Mossamedes, Ambriz et dom Pedro V.

Le nombre d'écoles primaires était de 25, en 1875. Il y

a à Loanda une école principale d'instruction secondaire.
Le nombre d'élèves qui ont fréquenté ces écoles, en 1873,
est de 474.

Le commerce et l'agriculture de la province ont atteint
un développement prodigieux, à en juger par la statistique comparée de l'exportation des principaux produits
agricoles et de la valeur de cette exportation.

Voici le tableau de l'exportation des principaux produits agricoles de la province d'Angola :

PRODUITS	UNITÉS	1857	1867	1870	1871	1872
Coton........	kilogr.	9,878	273,669	588,031	812,516	817,631
Huile de pal-me........	litres	604,800	1,409,520	1,636,598	2,076.912	1,299,282
Caoutchouc.	kilogr.	»	»	759	116,145	363,265
Café........	—	76,675	913,325	891,289	1,226.133	2,418,874
Cire........	—	»	»	1,055,931	1,004,093	688,865
Ginguba....	—	12,980	1,880,732	3,390,848	4,006,368	3,425,480
Gomme co-pale......	—	»	»	106,712	340,254	295,260
Ivoire........	—	»	»	55,975	45,940	51,187

Le tableau qui suit démontre l'accroissement du mouvement commercial, qui est la conséquence du développement de la richesse de la province.

ANNÉES	IMPORTATIONS	EXPORTATIONS	TOTAL
	francs	francs	francs
1867—1868	5.952.127	6.661.755	12.613.883
1868—1869	8.922.913	6.753.783	15.676.696
1869—1870	12.185.641	9.684.744	21.770.385
1870—1871	10.994.921	8.588.078	19.582.999
1871—1872	12.576 675	11.258.286	23.835 072
1872—1873	14.017.118	11.965.109	25.982.228
1873—1874	13.406.041	14.840.992	28.247.034

Les recettes de la province ont été prévues au budget

de l'exercice 1875-1876 pour la somme de 3,139,000 francs et les dépenses pour celle de 3,088,000 francs. Il y a par conséquent un excédant de recettes de 51,000 francs.

Nous croyons ne pouvoir mieux terminer cet aperçu de la province d'Angola qu'en répétant les paroles de M. d'Andrade Corvo dans le compte-rendu qu'il présenta au parlement, en 1875, en qualité de ministre de la marine et des colonies ; parce que ces paroles dépeignent avec les couleurs les plus vives et les plus vraies l'état de la province, ses grandes ressources et l'espoir bien fondé de sa prospérité dans un avenir prochain.

« La province d'Angola, dit-il, est la plus vaste et la plus précieuse de nos provinces d'outre-mer. Son accroissement s'est opéré pendant les dernières années avec une singulière rapidité ; mais ses ressources naturelles sont si nombreuses et si variées, son territoire est tellement étendu et fécond, ses forces productives sont encore si inertes, ses industries, voire même les extractives et les agricoles, sont encore tellement en embryon à cause du manque de travail et de capitaux, que son état actuel ne doit être considéré que comme la période rudimentaire de l'époque de prospérité et de vraie grandeur qu'elle semble avoir atteint après plusieurs siècles de désolation pendant lesquels elle a été paralysée, abattue et déshonorée par la traite des esclaves de sinistre mémoire. »

« On rencontre dans le vaste territoire d'Angola une grande variété de conditions météorologiques, un sol fertile de différentes natures, de grands fleuves avec de nombreux affluents baignant depuis l'intérieur jusqu'au littoral de grandes étendues de terrain, des forêts épaisses où abondent les essences les plus précieuses pour la construction et l'ébénisterie, des prairies immenses où croissent des graminées d'une force et d'une vigueur qui ne peuvent être excédées, des gîtes où les minerais n'attendent que le travail de l'homme pour répandre dans le commerce leurs richesses inépuisables. Il y a là une population nombreuse que la civilisation et la liberté rendront bientôt active et laborieuse en lui donnant le sentiment de sa propre valeur et de son indépendance, en lui créant des besoins et en lui indiquant en même temps les moyens d'y satisfaire. »

» Les ressources naturelles d'Angola sont abondantes : ses conditions économiques sont favorables. Sa situation géographique par rapport aux marchés d'Europe et d'Amérique est des plus propices à l'activité du commerce. L'observation prouve que l'insalubrité, qui a été et qui est encore la cause pour laquelle les courants d'émigration, qui se dirigent vers l'Amérique, ne recherchent point cette province d'Afrique, n'excède pas celle de plusieurs régions de ce continent, sans compter que le travail et la science la combattront avantageusement. Tout démontre, en un mot, qu'un avenir brillant se prépare pour notre vaste colonie. »

XXXIII
Province de Mozambique.

Sur la côte orientale d'Afrique, entre le 10°40′ et le 26°30′ de latitude S, la province de Mozambique, dont la plus grande largeur est de 800 kilomètres, occupe une étendue de côtes de 2,000 kilomètres. Sa superficie est de 1,284,000 kilomètres carrés. Outre les îles du Cap Delgado, de Mozambique, de Chiloane, et d'Unhaca et l'archipel de Bazaruto, elle comprend les vastes territoires de Rios de Sena, ou Zambézie, et ceux de Sofala, Inhambane et Lourenço Marques.

Les fleuves principaux, qui reçoivent de nombreux affluents, sont : le Zambèze, le Bembe, ou Limpopo et le Save.

Le climat est très-chaud et malsain pour les européens surtout dans les environs des fleuves et des marais, quoiqu'il y ait des localités, telles que Tete et Lourenço Marques, susceptibles de devenir très-salubres. Il n'y a que deux saisons : celle des pluies, depuis le mois de décembre jusqu'à mars, et celle de la sécheresse.

Les îles du Cap Delgado produisent de l'indigo, du coton, du café, du poivre, du maïs, des haricots, du manioc. Elles abondent en bois de mangier. L'île de Mozambique et le territoire en face donnent les mêmes productions, et, en outre, du caoutchouc, du riz, de la gomme copale, beaucoup de fruits et de légumes, de l'acajou, du coco et de la cire.

La Zambézie produit les mêmes denrées que les régions déjà énumérées, du tabac et la canne à sucre, qui y croît spontanément. Elle a de grandes forêts peuplées d'essences excellentes pour la construction et l'ébénisterie, telles que l'ébène, le cèdre et le bois de fer.

On récolte beaucoup de blé près de Tete, ainsi qu'à Sofala, où l'on trouve une grande quantité d'orseille.

Le district d'Inhambane produit toutes les denrées des autres régions, ainsi que de la salsepareille et du suif végétal.

La chasse aux éléphants, ainsi que celle des hippopotames, rapportent une grande quantité d'ivoire, de la meilleure qualité.

Il y a des mines de cuivre et de fer dans les districts de Tete et de Sena et d'excellents gîtes de charbon de terre sur les rives du Zambèze et à Lourenço Marques. On dit qu'il existe à Chicova des mines d'argent fort abondantes.

La province de Mozambique comprend neuf districts; savoir : Cap Delgado, Mozambique, Angoche, Quelimane, Sena, Tete, Sofala, Inhambane et Lourenço Marques. En voici la population suivant une ancienne statistique :

Districts.	Habitants.
Cap Delgado.	5.636
Mozambique.	10.870
Angoche.	
Quélimane.	34.337
Tete.	
Sofala.	2.380
Inhambane.	3.267
Lourenço Marques.	11.921
	68.411

Il est absolument impossible d'évaluer le nombre d'habitants indigènes qui peuplent tout le vaste territoire soumis à la domination portugaise.

L'administration judiciaire comprend deux tribunaux de première instance, qui sont du ressort de la cour d'appel de Goa.

L'administration ecclésiastique est placée sous la direction d'un prélat, qui relève de l'archevêché de Goa. Cette prélature comprend 10 paroisses.

Il y a dans toute la province 15 écoles primaires qui ont été fréquentées, en 1875, par 332 élèves.

La force armée se compose de trois bataillons de chasseurs et une batterie d'artillerie formant l'effectif de 2,703 hommes, sans compter les troupes irrégulières. Les rébellions réitérées de quelques vassaux ont souvent obligé la métropole et le gouvernement de Goa à envoyer à Mozambique des expéditions composées de troupes auxiliaires pour les opérations de campagne.

Le commerce de la province avec la métropole est fort limité. Presque toutes les transactions commerciales se font avec Goa ou Marseille. Cependant, l'ouverture de l'isthme de Suez a déjà exercé une influence fort salutaire sur le développement du commerce. Voici le tableau des principales importations et exportations en 1874 :

IMPORTATIONS

Eau-de-vie.	décal.	23.063	130.227 francs.
Tissus de coton.	kilog.	446.649	4.871.767
	pièces.	69.242	
Sucre raffiné.	kilog.	25.152	17.645
— brut.	kilog.	115.755	91.668
Armes à feu.	kilog.	115.735	440.134
Poudre.	kilog.	68.952	112.528
Verroterie.	kilog.	4.077.934	137.641
Vin.	décal.	18.231	155.976
			5.957.586

EXPORTATIONS

Riz.	décal.	70.803	58.252 francs.
Mendobi.	décal.	581.185	566.790
Caoutchouc.	kilog.	44.653	257.340
Cire.	kilog.	55.162	137.170
Carvi.	décal.	152.611	173.996
Cuirs et peaux.	kilog.	493.281	631.478
	nombre.	9.355	531.478
Argent monnayé.	—	0.000	693.994
Sésame.	kilog.	1.299.913	345.322
Gomme copale.	kilog.	23.668	41.888
Ivoire.	kilog.	80.783	1.385.068
Orseille.	kilog.	78.000	64.669
			4.887.455

Les principaux ports de la province ont contribué de la manière suivante ou mouvement commercial :

Ports.	Importations.	Exportations.	Total.
	francs.	francs.	francs.
Mozambique.	3.306.898	2.408.139	5.715.037
Cap Delgado.	348.065	159.383	487.448
Inhambane.	327.887	425.100	752.981
Quelimane.	629.666	657.706	1.281.772
Lourenço Marques.	1.345.070	705.639	2.050.712
	5.957.586	4.355.967	10.313.553

Voici le tableau du mouvement de la navigation dans les ports de la province pendant l'année 1874.

PORTS.	NAVIGATION AU LONG COURS						NAVIGATION DE CABOTAGE					
	NAVIRES À VOILES		NAVIRES À VAPEUR		TOTAL		NAVIRES À VOILES		NAVIRES À VAPEUR		TOTAL	
	Nombre	Tonneaux	Nombre	Tonneaux	Nombre	Tonneaux	Nombre	Tonneaux	Nombre	Tonneaux	Nombre	Tonneaux
Mozambique .	70	9,968	25	17,676	95	27,844	46	3,845	2	244	48	4,089
Ibo	32	3,001	—	—	32	3,001	74	1,120	—	—	74	1,126
Angoche . .	—	—	—	—	—	—	6	325	—	—	6	325
Quelimane .	19	3,140	1	122	20	3,262	9	556	1	122	10	678
Chiloane . .	—	—	—	—	—	—	12	881	3	366	15	1,247
Sofala. . . .	—	—	—	—	—	—	4	250	—	—	4	290
Bazaruto . .	—	—	—	—	—	—	5	308	—	—	5	308
Inhambane .	10	2,835	—	—	10	2,835	7	784	2	244	9	1,028
Lourenço Marques.	37	7,259	7	840	44	8,099	36	3,428	3	360	39	3,788
Total . .	168	26,203	33	18,638	201	45,041	199	11,543	11	1,336	210	12,879

Voici quelle a été la nationalité des navires faisant le long cours :

Portugais.	41
Français.	72
Hollandais.	8
Anglais.	55
Arabes.	19
Allemands.	6
Total.	201

Le budget pour l'exercice 1875-1876 a présenté une prévision de recettes de 1,376,000 francs et de dépenses de 1,386,000 reis : ce qui accuse un déficit de 10,000 fr. En 1865, le déficit s'élevait à 432,000 francs.

Le bien-être de cette riche province a constamment mérité l'attention du gouvernement de la métropole, dont l'action a été détruite en partie par les nombreuses secousses que lui ont fait éprouver les rébellions successives des chefs indigènes. Dans les temps de paix, on a procédé à l'assainissement des régions les plus peuplées, à la construction de routes, et à toutes sortes de travaux publics. Le désir le plus ardent du gouvernement central est de favoriser la construction d'un chemin de fer reliant la baie de Lourenço Marques avec la ville de Prétoria dans le Transwaal. Ce désir correspond à une nécessité impérieuse pour le développement du commerce de la province.

M. Rebello da Silva, l'historien éminent dont le Portugal déplore la perte encore récente, s'exprimait ainsi à l'égard de cette province, lorsqu'il occupait le portefeuille de la marine et des colonies : « Mozambique a été doué par la nature avec la plus grande libéralité. Ce territoire très-vaste et très-riche s'enorgueillit des produits agricoles les plus recherchés, se revêt de longues forêts de bois précieux et s'entoure de mers qui se déroulent sur le rivage en perles de blanche écume. Situé au centre de l'Afrique, recueillant plusieurs fleuves navigables qui communiquent entre eux, et traversé par les deux bras du Cuama, il a à sa portée les ports d'Asie pour le prompt débouché des denrées qu'il n'exporte pas pour l'Europe. »

« Céréales, fruits, viandes, volaille, poisson, or, fer, cuivre, bois de construction, en un mot, tout ce qui peut enrichir une grande région, la province peut l'extraire de son sein et sans un grand effort. Les forêts peuplées d'éléphants promettent aux constructions et au commerce un concours de grande valeur. Les fleuves sillonnés par les hippopotames sont autant d'artères pour la circulation interne. Des gîtes de charbon de terre, cet auxiliaire indispensable de l'industrie et de la navigation à vapeur, invitent les capitaux et leur promettent des bénéfices certains. »

Dans son compte-rendu présenté aux Chambres en 1863, M. de Mendes Leal, qui gérait alors avec tant d'éclat le portefeuille de la marine et des colonies (1) émettait ainsi son opinion sur cette province : « L'avenir de cette vaste province, peut-être la plus riche de toutes, consiste dans l'ouverture de l'isthme de Suez, dans la conclusion de cette œuvre gigantesque, qui fut la pensée du grand Alphonse d'Albuquerque, et qui est aujourd'hui le blason glorieux de l'initiative et de la persévérance d'un homme dont le nom restera éternellement lié à une des gloires de ce siècle. »

« L'ouverture de l'isthme signifie, en effet, la possibilité de communications faciles. . . Quelle transformation

(1) Actuellement envoyé extraordinaire et ministre plénipotentiaire de Portugal en France.

immense devront opérer les communications régulières,
fréquentes, rapides, qu'on pourra établir alors ! Ces communications porteront aux colonies l'organisation interne
et la célérité de l'action. C'est par elles que l'attention se
fixera sur les valeurs immenses qui peuvent y être exploi-
tées. L'intérêt y attirera aussitôt le capital; le capital amè-
nera une navigation fréquente, qui enfantera une ère nouvelle de lumière et de civilisation. »

Ces prévisions sont déjà en pleine voie de réalisation.
L'isthme est ouvert ; la métropole a apporté dans l'organisation coloniale plusieurs améliorations importantes ;
l'étude et l'exécution de travaux utiles ont commencé. Sous
de tels auspices, le mouvement de progrès s'est déjà fait
sentir et le développement de l'industrie agricole, aussi
bien que l'exploitation des grandes richesses minérales,
feront bientôt de cette province un des plus beaux fleu-
rons de la couronne portugaise.

XXXIV
Province de Goa.

Le Portugal possède sur la côte occidentale de l'Indoustan les territoires de Goa, compris entre le 14° 44' et
le 15° 43' de latitude nord, la ville de Damao située à l'embouchure du fleuve du même nom dans le golfe de Cam-
boge avec le territoire contigu, et l'île de Diu de la contenance de 80 kilomètres carrés, avec une petite portion
de la côte de Guzarate occupant la superficie de 30 kilomètres carrés ; le tout formant la province de Goa, qui
prend aussi la dénomination d'Inde portugaise.

Le territoire de Goa comprend la côte située entre le
fort de Tiracol, au nord, et le cap Rama, au sud, sur une
étendue de 120 kilomètres. Sa plus grande largeur est de
65 kilomètres, et sa superficie de 5,400 kilomètres carrés.

Plusieurs fleuves le baignent et forment les ports de Nova-Goa, Tiracol, Chaporá, Aguada, Mormugaõ, Bétul, Agonda, Talpona et Galizbaga.

Le climat de Goa est excessivement chaud, quoique plus salubre que celui des possessions portugaises d'Afrique. Il n'y a que deux saisons : celle de la sécheresse, de décembre jusqu'à mai, et celle des pluies, de juin à novembre. Elles se succèdent ordinairement avec la plus grande régularité. Voici le résumé des observations météorologiques faites à l'observatoire de l'école médico-chirurgicale de Nova Goa, de 1870 à 1873.

| MOIS. | MOYENNE de la pression atmosphérique. | TEMPÉRATURE. | | | MOYENNE de la pluie tombée. Millimètres. | HUMIDITÉ RELATIVE. Moyenne. | TENSION de la vapeur atmosphérique. | NOMBRE DE JOURS. de pluie. |
		MOYENNE.	MAXIMUM absolu.	MINIMUM absolu.				
Décembre.	753,69	28,59	36,0	21,7	118,0	59,77	18,00	1,8
Janvier...	753,24	27,64	35,6	20,7	16,8	59,19	16,70	1,0
Février.	753,27	27,79	34,7	21,6	0	60,82	18,88	2,0
Mars..	752,48	28,29	34,8	23,5	0	66,24	20,16	0,3
Avril.	751,24	29,62	33,7	24,1	0	67,18	21,46	2,0
Mai.	750,69	29,69	34,6	23,7	28,6	68,09	22,13	0,8
Juin.	749,18	27,58	35,3	21,4	798,6	79,96	22,66	25,5
Juillet.	749,62	26,38	29,5	21,4	886,2	84,56	22,15	31,0
Août.	750,51	26,79	33,2	21,8	310,9	84,66	21,96	26,7
Septembre.	751,09	26,74	30,8	21,7	172,6	81,21	21,84	21,2
Octobre.	751,49	27,46	32,0	23,0	156,1	77,92	21,19	11,0
Novembre.	753,09	28,62	35,5	21,6	26,7	65,35	18,52	4,8
Moyenne annuelle.	751,66	27,85	36,0	20,7	2398,5	71,00	20,47	140,1

Les vents dominants sont :

De novembre à janvier . . ESE., O., ONO., NO.
De février à avril. . . . O., ONO., E., SO.
De mai à septembre . . . ONO., OSO., O.
D'octobre à décembre. . . O., E., ONO., OSO., ESE.

Cette province, théâtre de hauts faits dont l'histoire coloniale du Portugal s'honore, est très-riche en produits du sol dont la fécondité s'étend même à la région montagneuse. On y recueille presque sans travail des céréales, des cocos, des fruits et du sel. Le chanvre et le poivre s'y trouvent en quelques endroits ; la cannelle croît dans les bruyères près de Zambaulin ; plusieurs localités produisent la canne à sucre, du café, du thé et du coton. Près de Damaõ, il y a des forêts qui donnent d'excellents bois de construction. Le riz, le maïs, plusieurs espèces de gommes, l'encens, le ricin, l'aloès abondent partout. Il y a un assez grand nombre de mines de fer au pied des monts Gattes. Les forges du pays occupent plusieurs centaines d'ouvriers. On pêche des perles dans les eaux de la barre de Goa.

Les arts mécaniques et les petites industries ont fait quelques progrès. On fabrique plusieurs objets de sandal, d'écaille, d'ivoire, de filigrane, d'or et d'émail, des tissus de coton, de la poterie, des dentelles, des tapis brodés et des armes.

La province de Goa forme trois districts, comprenant trois arrondissements et quatre-vingt-dix-huit paroisses. Le gouverneur général réside à Nova Goa. Damaõ et Diu sont les sièges de gouvernements subalternes.

La population se compose d'Européens, d'Asiatiques, d'Africains et de descendants de ces trois races. Il n'existe pas de statistique récente de la population. En 1852, elle s'élevait à 408,596 habitants qui étaient classés ainsi :

	District de Goa.	District de Damaõ.	District de Diu.	Total.
Européens et descendants d'Européens..	1,851	28	28	1,907
Asiatiques.	361,242	33,724	10,468	405,434
Africains.	695	198	362	1,255
	363,788	33,950	10,858	408,596

Les Asiatiques se divisent en chrétiens, maures, gentils, baneanes et brames. Dans ces religions, il y a une grande quantité de sectes différentes. En 1866, la population chrétienne était de 242,512 habitants.

L'administration de la justice est régie par la cour d'appel de Goa, dont relèvent six tribunaux de première instance et six tribunaux d'ordre inférieur.

Goa est le siége d'un archevêché, qui porte le titre de primat d'Orient et dont les évêchés suffragants sont ceux de Cochin, Méliapor, Malacca et Timor, Macao, Nankin, Pékin et Mozambique. Le nombre de paroisses de la province est de 97. Il y a des séminaires à Choraõ et à Rachol. L'État entretient plusieurs missionnaires.

La force armée de la province se compose de : une batterie d'artillerie, un bataillon expéditionnaire de Portugal, un corps de police, deux compagnies de police de Damaõ et une compagnie de police de Diu, le tout formant un effectif de 1,791 hommes.

Sous le rapport de l'instruction publique, la province de Goa est la mieux partagée de toutes les colonies portugaises. La capitale possède un institut professionnel, une école de pilotage, une école de médecine, et un lycée. Le nombre d'écoles primaires entretenues par l'État dans toute la province est de huit. Celui des écoles particulières est de cinquante-deux.

Le commerce de la province se fait avec Bombay, Mozambique et la métropole. Les importations consistent en tissus de toute espèce, tabac, riz, vins et boissons alcooliques, sucre, thé, bœufs, chevaux, huile de sésame, cuivre, papier, porcelaine, chaussures, vêtements, etc., et les exportations en blé, sel, haricots, acajou, huile de coco, bois, fruits, etc.

Voici quel a été le mouvement de la navigation dans les ports de la province, en 1875 :

Pavillons	NAVIRES ENTRÉS						NAVIRES SORTIS					
	CHARGÉS		SUR LEST		TOTAL		CHARGÉS		SUR LEST		TOTAL	
	nos	tonnes	nos	tonnes	nos	tonnes	nos	tonnes	nos	tonnes	nos	tonnes
Anglais..	573	81.745	1.067	13.734	1.640	95.479	1.504	104.331	94	1.373	1.598	105.704
Portugais	479	12.898	128	2.020	607	14.918	561	12.693	60	1.207	621	13.900
Arabe...	22	3.256	1	95	23	3.331	18	2.731	1	75	19	2.806
Français.	2	320	»	»	1	320	1	320	»	»	1	320
	1.075	98.219	1.196	15.829	2.271	04.048	2.084	120.075	155	2.655	2.239	122.750

Les recettes de l'exercice 1875-1876 ont été évaluées à 2,991,000 francs et les dépenses à 2,647,000 francs. Il en résulte un excédant de 344,000 francs.

XXXV

Province de Macao et de Timor.

Cette province comprend la petite presqu'île de Macao avec ses dépendances, en Asie, et le territoire portugais de Timor, dans l'île du même nom, en Asie.

I

MACAO

Le territoire portugais de Macao est situé à l'extrémité sud-est de l'empire chinois et fait partie de l'île de Hiang-Chan appartenant à la province de Canton, à l'embouchure du fleuve de ce nom. Il a près de 5 kilomètres de longueur, 1,800 mètres dans sa plus grande largeur, et 4 kilomètres carrés de superficie. Une muraille le sépare du territoire chinois. En face se trouvent l'île montagneuse de Taïpa, sur laquelle est bâti un fort portugais, et les îles de Macarira et Kaï-Kong.

La presqu'île est accidentée vers l'est par quelques monts granitiques. Un phare a été construit sur le plus élevé de ces monts, celui de Guia, dont l'élévation est de 106 mètres. La baie, communément désignée par le nom de *rade* de Macao est exposée aux vents du N. à l'E-S-E. Elle est accessible aux navires de haut bord. L'entrée du port intérieur de la ville, situé à l'O., n'a pas plus de trois mètres d'eau.

Le climat de Macao est considéré comme très-salubre. La presqu'île produit très-peu. Presque toutes les denrées qui s'y consomment sont importées du territoire chinois.

La ville de Macao est très-commerçante et bien fortifiée. Elle a plus de 3 kilomètres d'étendue en comptant les faubourgs chinois de Patane et de la Barre. Elle est la résidence du gouverneur général de la province.

La population, qui est composée d'Européens, de Maures, de Parses et de Chinois s'est élevée depuis 29,587 habitants, en 1849, jusqu'à 71,834, en 1871. Cette augmentation a porté principalement sur la population chinoise. Voici le résumé de la statistique de 1871 à l'égard du nombre d'habitants de Macao :

	1849	1871
Chrétiens	3,917	5,470
Maures, Parses, etc.	670	2,555
Chinois { du continent }	25,000	10,060
maritimes }		53,749
	29,587	71,834

Le commerce de Macao, qui fut considérable pendant que le Portugal jouissait seul du privilège d'avoir des relations commerciales avec la Chine, est bien déchu depuis que cet empire a dû ouvrir au commerce étranger les ports de Shangaï, Ning-Po, Fuchan et Emuy. Il commence cependant à se remettre de la rude atteinte qui lui[i] fut ainsi portée, et son mouvement ne laisse pas d'être supérieur à celui des autres possessions portugaises. Le port de Macao est ouvert depuis 1845 à toutes les nations.

Les principaux articles de commerce sont : le thé, l'opium, le riz, le coton en fil, la soie, les objets en laque de Chine, etc. L'opium, qui vient de l'Inde, est exporté pour la Californie après avoir été épuré dans la ville. Le thé, importé de Chine, est exporté pour l'Europe après bénéficiation.

Voici la valeur du commerce en 1871 et en 1872 :

	1871 Francs.	1872 Francs.
Importations	26,105,000	44,405,000
Exportations	26,722,000	27,855,000

Le thé représente en 1872 la valeur de 11,111,000 fr. et l'opium celle de 13,888,000 fr.

Un des actes qui fait le plus d'honneur à l'administration de M. d'Andrade Corvo, lorsqu'en 1873 il était chargé du portefeuille de la marine et des colonies, est d'avoir prohibé, par le port de Macao, l'émigration chinoise, que le gouvernement de l'empire défendait dans ses ports. Cette mesure a coupé court aux graves abus que commettaient les agents d'émigration chinois. La crise qu'elle a déterminée, a passé sans de grands inconvénients matériels et les recettes publiques ont même augmenté considérablement depuis la prohibition de l'émigration.

Macao est le siége d'un évêché qui relève de l'archevêché de Goa et qui étend sa juridiction sur l'établissement de Timor. Il y a à Macao un séminaire fréquenté en moyenne par 150 élèves. Sous le rapport judiciaire, les deux arrondissements de Macao et de Timor relèvent de la cour d'appel de Goa.

Cette ville possède une école de pilotage et trois écoles primaires. La population de ces dernières était, en 1874, de 127 élèves.

La garnison de Macao comprend un bataillon d'infanterie régulière, un corps de police composé d'infanterie et de cavalerie et une compagnie d'artillerie; le tout formant l'effectif de 577 hommes.

II

TIMOR

La possession portugaise de Timor se compose d'une partie de l'île du même nom à l'extrémité orientale de l'archipel de la Sonde et de la petite île de Pulo-Cambing.

L'île de Timor se trouve comprise entre les latitudes 8° 20′ et 10° 22′ S. et les longitudes 132° 27′ et 136° 20′ E de Lisbonne. Les Portugais en possèdent un peu plus de la moitié. Le reste appartient aux Hollandais. La superficie de la partie portugaise est d'environ 17,000 kilomètres carrés. Le port de Dilly en est la capitale.

Le climat est excessivement chaud et peu salubre pour les Européens près du littoral; mais la région montagneuse jouit d'une grande salubrité. Il tombe des pluies torrentielles d'avril à septembre. La température se conserve entre 28° et 36° centigrades.

La végétation est fort variée. Les montagnes, peu boisées, sont revêtues de sandal. Les principales productions sont : le maïs, le blé, la pomme de terre, le coton, le café, la canne à sucre, le tabac, la cannelle et le cacao. On trouve dans l'île un grand nombre de buffles, de chevaux, des porcs et quelques cerfs.

L'île de Pulo-Cambing, située à 20 kilomètres au nord de Dilly, a 24 kilomètres de longueur et 10 de largeur.

La possession de Timor est administrée par un gouverneur subalterne. Elle comprend 11 districts. La population de la capitale est de 7,000 habitants. Celle de tout le territoire portugais s'élève selon quelques géographes à 200,000 habitants, selon d'autres à 1,000,000. Les indigènes appartiennent à la race malaise ou jaune.

Le sol est extrêmement fertile. Il produit du café, du tabac, des pommes de terre et du blé. Le café de Timor est préféré sur les marchés hollandais à celui de Java.

L'industrie indigène consiste dans la fabrication de quelques tissus de coton ou mélangés de coton et de soie.

Les importations embrassent tous les articles dont les Européens ont besoin pour leur consommation. Les exportations consistent en cire, café, maïs, buffles et chevaux. Celle du café a augmenté considérablement depuis 1858; Elle atteint en moyenne 90,000 kilogrammes par an.

La force publique de Timor se compose d'un bataillon de 305 hommes et de quelques troupes irrégulières.

XXXVI

Conclusion

Les pages qu'on vient de lire ne sont que le résumé des statistiques officielles que nous avons pu consulter et étudier avec le plus grand soin. Elles prouvent, nous en sommes bien convaincus, que le Portugal n'est pas resté stationnaire dans la voie du progrès et de la civilisation. Ses institutions politiques sont des plus libérales, et son organisation administrative est modelée sur celle des nations les plus avancées. On voit que dans ce pays l'instruction publique, ce premier élément de la richesse et de la civilisation des peuples, est à la portée de tous les citoyens et florit dans toutes ses branches, grâce à la sollicitude continuelle du gouvernement central; que l'armée et la flotte dans leur cadre restreint, il est vrai, à l'étendue du

territoire et aux besoins du pays, ont été l'objet d'améliorations tellement importantes qu'elles peuvent sur plusieurs points supporter la comparaison avec celles d'autres
nations; que le pays a déjà commencé à recueillir les bienfaits immenses qui découlent de l'ouverture des grandes
routes, de la construction des chemins de fer, et des
autres voies de communication, ainsi que de tous les travaux utiles destinés à déterminer et à augmenter le mouvement du commerce et de la navigation; que les institutions agricoles et les lois qui régissent l'industrie extrac-
tive, favorisent l'exploitation des deux grandes richesses
du sol dont le pays abonde : l'agriculture et les mines;
que le système tributaire, établi sur des bases équitables,
correspond aux ressources du pays, et promet le réta-
blissement prochain de l'équilibre financier; que les
colonies, si longtemps négligées, et qui étaient pour la
métropole un lourd fardeau plutôt qu'une source de richesses, sont en pleine voie de prospérité et commencent
à récompenser la mère patrie des sacrifices qu'elle s'est
imposés pour elles; que l'ordre, enfin, et le travail, ont
ramené le crédit qui couvre de son égide protectrice
l'indépendance du Portugal, cette nation si célèbre dans
l'histoire du monde par les découvertes de ses aventureux
navigateurs, si digne de la reconnaissance des peuples
par les services qu'elle a rendus à la science, au commerce et à la civilisation.

Notre travail, resserré dans les limites d'un simple
aperçu, n'a pu avoir tout le développement dont il serait
susceptible. Nous allons énumérer les principales sources
où nous avons puisé les renseignements qu'il contient.

Nous y renvoyons le lecteur pour de plus amples informations.

Géographie et statistique générale du Portugal et de ses colonies, par M. Pery, 1875.

Compte rendu de la Direction générale du commerce et de l'industrie sur les services de la dépendance du bureau de l'agriculture, 1873.

Recensement général des bestiaux, 1873.

Compte rendu de l'administration des bois et forêts, 1870-1873.

Notice sur l'industrie minérale du Portugal, par M. das Neves Cabral, 1867.

Compte rendu de la Commission chargée de l'étude des eaux minérales du Portugal, 1867.

Budget pour l'exercice 1878-1879.

Mémoires sur les procédés de vinification, par M. le vicomte de Villa Maior, 1866-1867.

Traité de viticulture, par M. le vicomte de Villa Maior, 1875.

Technologie rurale, par M. le conseiller Ferreira Lapa, 1874.

Chimie agricole, par M. le conseiller Ferreira Lapa.

Mémoires sur les vins de Portugal, par M. le conseiller de Moraes Soares, 1878.

Compte rendu de M. de Barros e Cunha, ministre des Travaux publics, présenté aux Chambres pendant la session de 1878.

Compte rendu sur les colonies, présenté aux Chambres en 1875, par M. d'Andrade Corvo, ministre de la marine et des colonies.

TABLE DES MATIÈRES

Erratum. — Page CXV, tableau de la division administrative, 5ᵉ colonne.

Lire : Nombre de *paroisses* administratives.

Au lieu de : *Provinces.*

Paris. — Typographie A. Pougin, 13, quai Voltaire. — 11668

GROUPE I

ŒUVRES D'ART

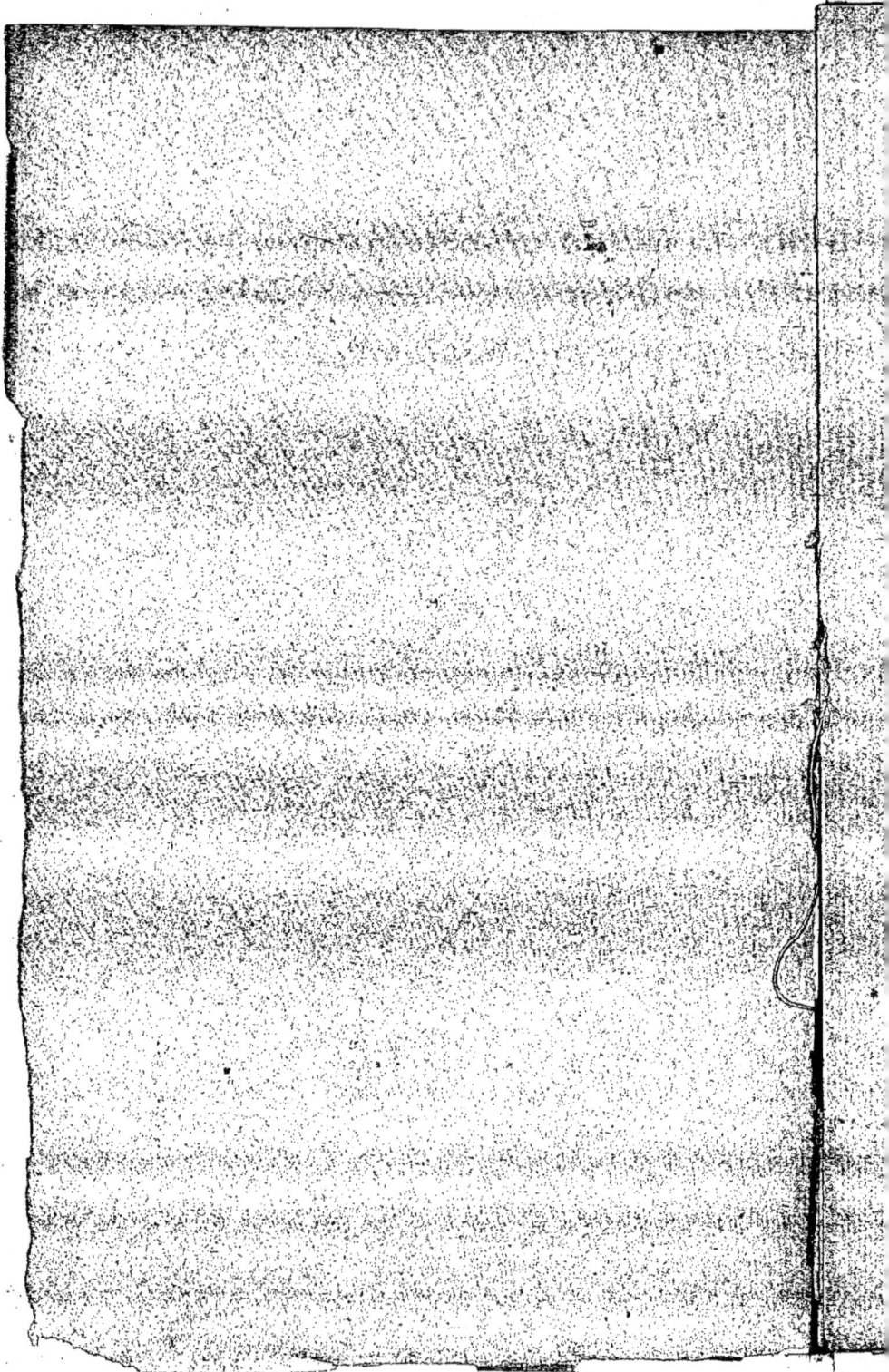

GROUPE I

ŒUVRES D'ART

CLASSE 1

PEINTURES A L'HUILE

1. — Bordallo Pinheiro (M.-M.).

1. Un beau point.

2. — Duarte (A.), né à Beira-Alta (Portugal), élève de MM. Gérome et Yvon.

A Paris, rue des Beaux-Arts, 4 *bis*.

2. L'enterrement d'Atala.

3. — Keil (A. C.), élève de l'Académie royale des Beaux-Arts de Lisbonne. — Médaille de la Société d'encouragement des Beaux-Arts de Lisbonne.

3. Un chemin dans la forêt.
4. Mélancolie.

4. — Loureiro (A.), né à Porto (Portugal), élève de l'Académie des Beaux-Arts de Porto, de M. Pradilla à Rome et de M. Cabanel.

5. Le printemps.
6. La danseuse.

5. — Lupi (M.-A.), ancien élève et professeur de l'Académie royale des Beaux-Arts de Lisbonne.

7. Vue du Mondego : les blanchisseuses.
8. La fontaine de Guia.
9. Sauvez-le mon Dieu !
10. La première lettre.

1*

11. Portrait de Mme la comtesse de Géraz de Lima.
12. Portrait de feu M. Veiga Barreira.
13. Portrait de feu M. le vicomte de Castilho.

6. — Medeiros-Greno (A.-C. de).

14. Portrait de M. A. G.

7. — Pereira (L.-M.), ancien élève et membre honoraire de l'Académie des Beaux-Arts de Lisbonne. — Médaille de la Société d'encouragement des Beaux-Arts de Lisbonne.

15. Une fête villageoise aux environs de Porto.

8. — Porto (A.), né à Porto (Portugal), élève de MM. Cabanel et Groiseilier.

A Paris, boulevard Montparnasse, 81.
16. Un petit malheur.

9. — Resende (F.-J.), ancien élève de M. Adolphe Yvon et professeur à l'Académie des Beaux-Arts de Porto.

17. Aimez-vous les uns les autres.

CLASSE 2

PEINTURES DIVERSES ET DESSINS

10. — Alves (Antonio-Joaquim) (Vianna do Castello) à Vianna.
Aquarelles et dessins à la plume.

CLASSE 3

SCULPTURES ET GRAVURES SUR MÉDAILLES

11. — Mollarinho (J.-A. Nogueira), à Porto.
1. Médailles de bronze.

12. — **Monteiro** (José), à Nellas (Viseu).

2. Statuette en ivoire de Sa Majesté l'Empereur du Brésil, D. Pedro I.

13. — **Nunes** (A.-A.), élève de l'Académie royale des Beaux-Arts de Lisbonne et de M. Eugène Guillaume.

3. La musique, statue en plâtre.

14. — **Palmella** (duchesse de), élève de M. Anatole Calmels.

4. Buste de femme en marbre de Carrare (étude).
5. Sybille, médaillon en marbre de Carrare (étude).

15. — **Simões d'Almeida** (J.), élève de l'Académie royale des Beaux-Arts de Lisbonne et de M. Jouffroy.

6. Le roi D. Sébastien enfant, statue en marbre de Carrare. (Appartient à S. M. le roi.)
7. La puberté, statue en plâtre.
(Ces deux statues sont de grandeur naturelle.)

16. — **Soares dos Reis** (A.), élève de l'Académie des Beaux-Arts de Porto, de M. Jouffroy et de M. Monteverde, à Rome.

8. L'enfance de l'artiste, statue en marbre de Carrare. (Appartient à Mme la duchesse de Palmella.)
9. Buste de M. Domingos d'Almeida Ribeiro, marbre. (Appartient à M. Domingos d'Almeida Ribeiro.)

17. — **Vieira** (J.-R.), élève de l'Académie royale des Beaux-Arts de Lisbonne et de M. Anatole Calmels.

10. — Flore, buste en plâtre.

CLASSE 4

DESSINS ET MODÈLES D'ARCHITECTURE

18. — **Monteiro** (J.-L.), de Lisbonne. — Quatre études d'architecture :

1. Une école d'équitation (un plan, une façade et une coupe).
2. Une porte de ville (un plan, une façade et une coupe).
3. Une fontaine monumentale.

4. Une maison de plaisance pour un amateur de l'art dramatique (une façade et deux plans).

5 à 11. Dessins à la mine de plomb (ornements d'après la bosse).

12 et 13. Deux études d'aquarelles (paysage).

19. — Nunes Junior (A. J.), de Lisbonne.

1. Portrait d'après Claude Lefèvre (musée du Louvre), gravure au burin.

2. La Vierge au chapelet, d'après Murillo (musée du Louvre), gravure au burin.

CLASSE 5

GRAVURES ET LITHOGRAPHIES

20. — Reis et Monteiro, à Porto.

Chromo-lithographies.

GROUPE II

ÉDUCATION ET ENSEIGNEMENT
MATÉRIEL ET PROCÉDÉS DES ARTS LIBÉRAUX

GROUPE II

—

ÉDUCATION ET ENSEIGNEMENT
MATÉRIEL ET PROCÉDÉS DES ARTS LIBÉRAUX

—

CLASSE 6

—

ÉDUCATION DE L'ENFANT; ENSEIGNEMENT PRIMAIRE;
ENSEIGNEMENT DES ADULTES

1. — Carvalho (Augusto José de), à Lisbonne.
Musique classique.

2. — École d'instruction primaire, à Barcellos (Braga).
Travaux des élèves.
2 bis. — École centrale de l'Association du sexe féminin à Funchal (île de Madère).
Travaux des élèves.

3. — Ministère des finances, Lisbonne.
Documents statistiques.

4. — Ministère de l'intérieur, direction de l'instruction publique, à Lisbonne.
De l'enseignement primaire.

5. — Real casa pia de Lisboa.
Travaux des élèves.

6. — Rosa (Pedro Augusto Martins da), à Porto.
Tableaux statistiques de l'instruction publique (enseignement primaire) en Portugal.

7. — Russell Junior (João Wager), à Lisbonne.
Collection des travaux des élèves.
Encre noire et violette.

CLASSE 7

ORGANISATION ET MATÉRIEL DE L'ENSEIGNEMENT SECONDAIRE

8. — **Conseil** d'administration de la société d'encouragement de l'industrie portugaise, à Lisbonne.

Règlements, rapports et différentes publications, etc.
Médailles aux expositions de Vienne, 1873, et de Philadelphie, 1876.

9. Ministère de l'intérieur, direction d'instruction publique, à Lisbonne.

De l'enseignement secondaire.

CLASSE 8

ORGANISATION, MÉTHODE ET MATÉRIEL DE L'ENSEIGNEMENT SUPÉRIEUR

10. — **Direction** de l'Institut général de l'agriculture de Lisbonne.

Vues photographiques, règlements et programmes de l'établissement; ouvrages technologiques, cartes agricoles; tableau figuratif des blés cultivés en Portugal. Echantillons de soie, de laine, lin et blé. Mémoires.

11. — **Institut** industriel de Lisbonne, à Lisbonne.

Organisation, méthode et matériel de l'enseignement professionel.

12. — **Institut** industriel de Porto, à Porto.

Mémoire sur l'Institut Industriel de Porto. Règlements et programmes de cet établissement scientifique.

13. — **Lima et Lemos** (José Maria de), à Lisbonne.

Objets d'histoire naturelle.

14. — **Ministère** de l'intérieur, à Lisbonne.

Règlements, programmes et organisation de l'École navale.
Conservatoire royal de musique. Programmes et but de l'école.
De l'organisation de l'université de Coimbra, par M. le vicomte de Villa Maior.
Programmes, règlements, photographies et publications scientifiques.
L'école de médecine de Lisbonne, et autres écoles d'enseignement scientifiques et littéraires. Mémoires rédigés pour être présentés à l'Exposition de Paris en 1878.

15. — **Observatoire** météorologique de Coimbra, à Coimbra.

Publications et observations météorologiques et magnétiques.

16. — **Observatoire** de l'*Infant D. Louis*, à Lisbonne.

Publications et observations météorologiques et magnétiques.

17. — **Silva** (Silverio-Augusto-Pereira da), à Aveiro.

Fossiles végétaux.

18. — **Silvestre Ribeiro** (José), à Lisbonne.

Histoire des établissements scientifiques du Portugal.

19. — **Sousa** (Manuel-Antonio de), à Lisbonne.

Collection d'insectes des environs de Lisbonne.

CLASSE 9

—

IMPRIMERIE ET LIBRAIRIE

20. — **Aranha** (Pedro-Wenceslau de Brito), à Lisbonne.

Différentes productions littéraires.

21. — **Brasil** (Joaquim de Oliveira), à Angra do Heroismo

Épreuves de lithographie.

22. — **Cerveira** (Joaquim-Caetano), à Porto.

Reliures.

23. — **Chardron** (Ernesto), libraire-éditeur, à Porto.

Différentes publications littéraires.

24. — Conceição (Alexandre), à Coimbra.

Première série du journal littéraire intitulé A *Evoluçao*.

25. — Direction de la Monnaie portugaise, à Lisbonne.

Pierre lithographique.

Timbres-poste et papier timbré.

25 a. — Francisco das Merces, à Lisbonne.

L'*Occidente*, journal illustré.

26. — Imprimerie nationale de Lisbonne, à Lisbonne.

Épreuves typographiques.

27. — Institut industriel de Porto, à Porto.

Collection de tous les journaux portugais publiés dans le nord du pays.

28. — Lallemant frères, à Lisbonne.

Épreuves typographiques.

29. — Magalhães et Moniz, libraires, à Porto.

Différentes publications littéraires.

Le *Douro illustré*, par le vicomte de Villa Maior.

30. — Mesquita (João Marcellino de), à Angra do Heroismo.

Cinq numéros du journal *Gabinete de Estudos*, publié en 1877.

31. — Moreira (José de Figueiredo), à Lisbonne.

Épreuves de lithographie.

32. — Pereira (João Felix), à Lisbonne.

Henriade de Voltaire, traduction portugaise (5 exemplaires en brochure et 1 relié).

33. — Pimentel (Carlos Augusto de Sousa), à Lisbonne.

Petite brochure sur l'*Eucalyptus globulus* (6 exemplaires).

34. — Prostes (Henrique), à Lisbonne.

Collection des journaux portugais.

Tableaux graphiques.

35. — Rosa (Pedro), à Coimbra.

Différentes publications littéraires.

36. — Société protectrice des animaux, à Lisbonne.

Règlements de la Société.

Vingt-quatre numéros du journal *Le Zoophile*.

37. — **Verol Senior** (Antonio Maximo), à Lisbonne.
Reliure : Album contenant des échantillons d'indiennes.

CLASSE 10

—

PAPETERIE, RELIURE, MATÉRIEL DES ARTS, DE LA PEINTURE ET DU DESSIN

38. — **Almeida** (Manuel Pinto de), à Feira (Aveiro).
Papier.

39. — **Arnsby** (Henry), à Monchique (Algarve).
Encre noire, rouge, violette et bleue.

40. — **Commission** départementale d'Angra do Heroismo, à Angra.
Reliures (5 volumes).

41. — **Curto** (Joaquim de Sà), à Feira (Aveiro).
Papier.

42. — **Dias** (Manuel Ignacio), à Goes (Coimbra).
Papiers.

43. — **Fabrique** de papier de Ruaes, à Braga.
Papier.

44. — **Ferreira et Tavares**, à Albergaria a Velha (Aveiro).
Papier.

45. — **Gambino** (José), à Porto de Moz (Leiria).
Papier.

46. — **Lemos** (João Gonçalves), à Lousã (Coimbra).
Papiers de différentes qualités.
Débouchés : Portugal et Brésil.

47. — **Reis** (José Joaquim dos), à Feira (Aveiro).
Papier.

48. — **Sousa et fils** (José Caetano de), à Covilhã (Castello Branco).

Cartons pour l'industrie des draps.

CLASSE 11

APPLICATION USUELLE DES ARTS DU DESSIN ET DE LA PLASTIQUE

49. — **Mendes** (Antonio José), à Lisbonne.

Dessins et portraits à la plume.

50. — **Pascal**, architecte à Paris.

Motifs imités de l'architecture portugaise ; toutes les sculptures ont été exécutées par MM. Watrinelle et Germain, M. Monteiro étant inspecteur des travaux.

51. — **Porto** (D. Maria Carlota Coelho de Vasconcellos), à Lisbonne.

Un tableau de fantaisie exécuté en moelle de figuier.

52. — **Python** (Joaquim), à Lisbonne.

Épreuves de calligraphie.

53. — **Tavano** (D. Maria Luiza), à Lisbonne.

Tableau en liége représentant un paysage.

CLASSE 12

ÉPREUVES ET APPAREILS DE PHOTOGRAPHIE

54. — **Emilio Biel et Cie**, à Porto.

Photographies.

55. — **Fonseca** (Antonio Correia), à Porto.
Photographies.

56. — **Institut industriel de Porto,** à Porto.
Vues photographiques des principaux monuments portugais.
Plan de l'Asile des Enfants trouvés, à Viseu.

57. — **Moraes** (José Augusto da Cunha), à Loanda.
Vues photographiques d'Angola et Saint-Thomas (possessions coloniales portugaises).

58. — **Nunes** (Henrique), à Lisbonne.
Épreuves photographiques.

59. — **Pereira** (Sousa), à Porto.
Photographies.

60. — **Raposo** (Antonio José), à Ponta Delgada.
Photographies.

61. — **Relvas** (Carlos), à Gollegä (Santarem).
Phototypies, épreuves au charbon sur papier et sur verre, et photographies sur papier albuminé.
Médailles et premiers prix à toutes les expositions nationales et étrangères.

62. — **Rocchini** (Francisco), à Lisbonne.
Photographies des monuments portugais.
Médailles aux expositions de Vienne, 1873, et de Philadelphie, 1876.

63. — **Silva** (Alfredo Gomes), à Funchal.
Épreuves photographiques.

CLASSE 13

INSTRUMENTS DE MUSIQUE

64. — **Alvura** (Antonio José da Cruz) à Maia (Porto).
Violon.

65. — **Commission départementale d'Angra do Heroismo**, à Angra.

Guitare.

66. Frade (João), à Batalha (Leiria).

Flûtes.

67. — **Lameirão** (Antonio Cotrim), à Pedrogão Grande (Leiria).

Flûtes des bergers.

68. — **Pereira et Cie** (Custodio Cardoso), à Porto.

Instruments à vent métalliques.

69. — **Teixeira** (Arsenio Joaquim), à Funchal (Ile de Madère).

Modèle d'une petite machine pour la production des bourdons, employés dans les instruments de musique.

CLASSE 14

MÉDECINE, HYGIÈNE ET ASSISTANCE PUBLIQUE

70. — **Andrade** (Albano Abilio), à Porto.

Une boîte avec une collection de sondes en ivoire flexible, pour produire la dilatation de l'urètre.

71. — **Cortez** (Francisco Romero), à Porto.

Objets de prothèse dentaire.

CLASSE 16

CARTES ET APPAREILS DE GÉOGRAPHIE ET DE COSMOGRAPHIE

72. — **Direction** générale des travaux géodésiques, topographiques, hydrographiques et géologiques du royaume, à Lisbonne.

Cartes chorographiques géographiques et géologiques. Différentes publications scientifiques sur la géographie, géologie, anthropologie et archéologie préhistorique.

DIRECTION GÉNÉRALE DES TRAVAUX GÉOGRAPHIQUES

(Section photographique ou artistique.)

RÉCOMPENSES

1. — Diplôme de médaille accordé à la section photographique par le jury de la dixième exposition internationale organisée par la Société française de photographie, à Paris (1874). — Original.

2. — Lettre de distinction accordée aux travaux artistiques de la direction générale des travaux géographiques du Portugal par le jury de l'exposition internationale des sciences géographiques, tenue à Paris, 1875.

La section photographique a obtenu une médaille d'argent à l'exposition internationale photographique de 1876, à Paris, et une médaille à l'exposition internationale de Philadelphie. Elle n'a exposé les travaux que dans les quatre expositions internationales indiquées ci-dessus.

Gravure chimique typographique.

SPÉCIMENS

3. — Gravure chimique typographique, d'après un report sur pierre. — Dimensions 86 cent. — 59 cent. — Carte chorographique (No 16) du Portugal.

4. — Même sujet, gravé en deux moitiés, disposées ensemble dans le même cadre. Épreuves au-dessous. Dimensions de chaque gravure 43 cent. — 59 cent.

5. — Carte chorographique du Portugal (No 23), gravée typographiquement, d'après un report sur pierre. Dimensions 85 cent. — 58 cent.

6. — Carte chorographique du Portugal, gravée en deux moitiés. Épreuves au-dessous; même disposition du no 4.

7. — Petite carte géographique du Portugal. Gravure sur zinc, d'après un report sur pierre. Réduction préalable par le caoutchouc. Dimensions 20 cent. — 32 cent.

8. — Carte géographique du Portugal, organisée pour servir de base à la carte géologique. — Moitié nord; gravure d'après un report sur pierre. — Épreuve au-dessous. — Dimensions 72 cent. — 60 cent.

9. — Petit spécimen de gravure chimique typographique. — Fragment d'une carte chorographique du Portugal. — Cliché et épreuve.

10. — Même procédé, d'après un autographe.

11. — Même procédé, gravure d'après une réduction par le caoutchouc. — Cliché et épreuve.

2*

12. — Même procédé, d'après un report sur cuivre, cliché et épreuve.

Héliogravure typographique.

13. — Fac-simile d'une épreuve de gravure sur bois, cliché et épreuve.

14. — Même procédé, épreuve.

15. — Même procédé, gravure typographique d'après une réduction par le caoutchouc, reproduction première par la photographie.

16. — Héliogravure typographique, fac-simile d'une épreuve de gravure sur bois, cliché et épreuve.

17. — Fac-simile des signatures de Leurs Majestés le Roi et la Reine de Portugal.

18. — Fac-simile d'un ancien manuscrit datant du 3 septembre 1246, cliché et épreuve.

19. — Fac-simile d'un manuscrit et d'un imprimé ancien, clichés et épreuves.

20. — Copie héliographique d'un ancien imprimé, 4 clichés différents et leurs épreuves correspondantes.

21. — Même livre que ci-dessus, fac-simile de 4 autres pages, clichés et épreuves.

22. — Même sujet, 2 clichés et 2 épreuves.

Gravure chimique typographique d'après nature.

23. — Spécimens paléontologiques, procédé au bitume, cliché et épreuve.

24. — Modèle, morceaux de poteries anciennes, gravure d'après un report de cuivre héliogravé, cliché et épreuve.

25. — Copie réduite et photographique d'une table de bronze, contenant sur les deux côtés des inscriptions latines, table trouvée à Aljustrel (Portugal). Gravure faite d'après un report de cuivre héliogravé, deux clichés et épreuves correspondantes. Dimensions de chaque cliché 38 cent. — 26 cent.

26. — Copie d'un buste en plâtre, gravure d'après un report de cuivre héliogravé, cuivre et épreuve.

27. — Même sujet, cliché sur zinc.

Photolithographie.

28, 29. — Épreuves photolithographiques, copies d'imprimés.

30. — Petite photolithographie, épreuve et pierre.

31. — Fac-simile d'un manuscrit.

32. — Fac-simile d'un vieux imprimé contenant des annotations manuscrites.

Photozincographie.

33. — Réductions d'imprimés, 9 petites épreuves, tirage lithographique.

34. — Neuf spécimens de dessins photographiques, préparés au bitume sur zinc mince et encrés lithographiquement. Plaque mère pour les procédés photolithographiques et héliographiques.

35. — Neuf spécimens de dessins photographiques sur zinc mince, obtenus au moyen de la gélatine bichromatée. Même observation que ci-dessus.

Héliogravure sur cuivre, sans demi-teintes.

36. — Fac-simile d'un imprimé, procédé à la gélatine, cliché et épreuve.

37. — Cliché en cuivre, procédé à la gélatine. Fac-simile d'un imprimé.

38, 39. — Clichés en cuivre, procédé à la gélatine. Gravure de sujets géographiques.

40. — Clichés en cuivre, procédé à la gélatine. Impression de la couche chromogélatinée par la lumière électrique. Sujet géographique.

41. — Cuivre, d'après un dessin à la plume.

Héliogravure sur cuivre, d'après nature.

42. — Cuivre, modèle, table de bronze du n° 25, cliché pouvant servir à des reports destinés à une gravure typographique.

43. — Même sujet, épreuves des deux côtés de la table ci-dessus.

Le procédé employé dans ces deux numéros est celui de la gélatine sensibilisée, le grain étant obtenu par déposition préalable sur la plaque de la résine en poudre très-fine qu'on colle ensuite sur le cuivre au moyen de la chaleur. Le mordant employé dans tous les clichés sur cuivre, obtenus au moyen de la gélatine bichromatée, est le perchlorure de fer.

44. — Cuivre et épreuve, reproduction de trois différents modèles (impressions fossiles). Le grain, dans ce spécimen, au lieu d'être produit par la résine, par un procédé presque mécanique, résulte de l'addition à la gélatine sensibilisée de sesquioxide de fer en poudre assez fine. Le grain est donc ici obtenu par un procédé photochimique.

45, 46. — Cuivre et épreuve.

47. — Cuivre, copie d'un buste en plâtre.

Typo-autographie.

48. — Gravure typographique d'une carte d'après un report sur pierre, épreuve-mère obtenue par des procédés typo-autographiques. Dimensions du cliché 41 cent. — 25 cent.

49. — Épreuve d'une gravure typographique d'après un dessin lithographique, exécuté par des procédés typo-autographiques. Sujet : carte géographique.

50. — Spécimens de typo-autographie. L'épreuve la plus petite est le produit d'une réduction par le caoutchouc.

51. — Spécimen de dessin typo-autographique prêt à être reporté sur pierre; l'écriture, préalablement imprimée sur une presse typographique, a été piquée sur le papier autographe.

Phototypie.

52. — Épreuve phototypique. Sujet : machine à vapeur de la section photographique.

53. — Épreuve phototypique.

54. — Épreuve phototypique.

Epreuves photographiques.

55, 56, 57, 58. — Ateliers de la section photographique. Perspectives intérieures et extérieures, 20 reproductions photographiques différentes.

59. — Épreuve aux sels d'argent, tirée sur papier albuminé. Impression à la lumière électrique.

Clichés.

60, 61, 62, 63, 64, 65, 66, 67, 68, 69, 70, 71. — Spécimens des clichés retournés, négatifs sur glace, employés dans quelques procédés de la section photographique.

72. — Positif sur glace fait à la main, avec une encre glycérinée, recouverte ensuite, au moyen d'un blaireau très-doux, avec de la plombagine en poudre impalpable. Le cliché est verni.

Chromo-euprographie.

73. — Spécimens de *chromo-euprographie*, teintes obtenues par des morsures *graduées* au perchlorure de fer, grain obtenu par la résine préalablement déposée sur la plaque en poussière très-fine. Chauffage postérieur pour retenir et consolider le grain résineux. Par ce système on peut obtenir une grande quantité de tons d'une même couleur et, par des tirages superposés, un nombre considérable de couleurs différentes. (Ce procédé a été décrit dans le *Bulletin de l'imprimerie*). Dans le tableau exposé l'on voit une plaque de cuivre avant la déposition de la résine, une plaque gravée et encrée et une épreuve monochrome sur papier à plusieurs tons.

74. — Même procédé que ci-dessus, teintes bleues graduées.

Chromo-lithographie.

75. — Carte géologique du Portugal, en deux moitiés avec vingt teintes, tirée à vapeur dans les ateliers de la section par les impri-

meurs Rudin et Pavia. Premier travail de ce genre exécuté dans le pays.

Divers.

76. — Album de spécimens.

Procédé à l'étain, épreuves photographiques, épreuves sur zinc mince, clichés sur gélatine, etc., etc.

77. — Spécimen de photogravure typographique, reproduction des premières onze pages d'un ancien livre de la bibliothèque de l'Académie royale des sciences de Lisbonne.

78. — Brochure contenant une description détaillée des ateliers et des procédés de la section photographique.

GROUPE III

MOBILIER ET ACCESSOIRES

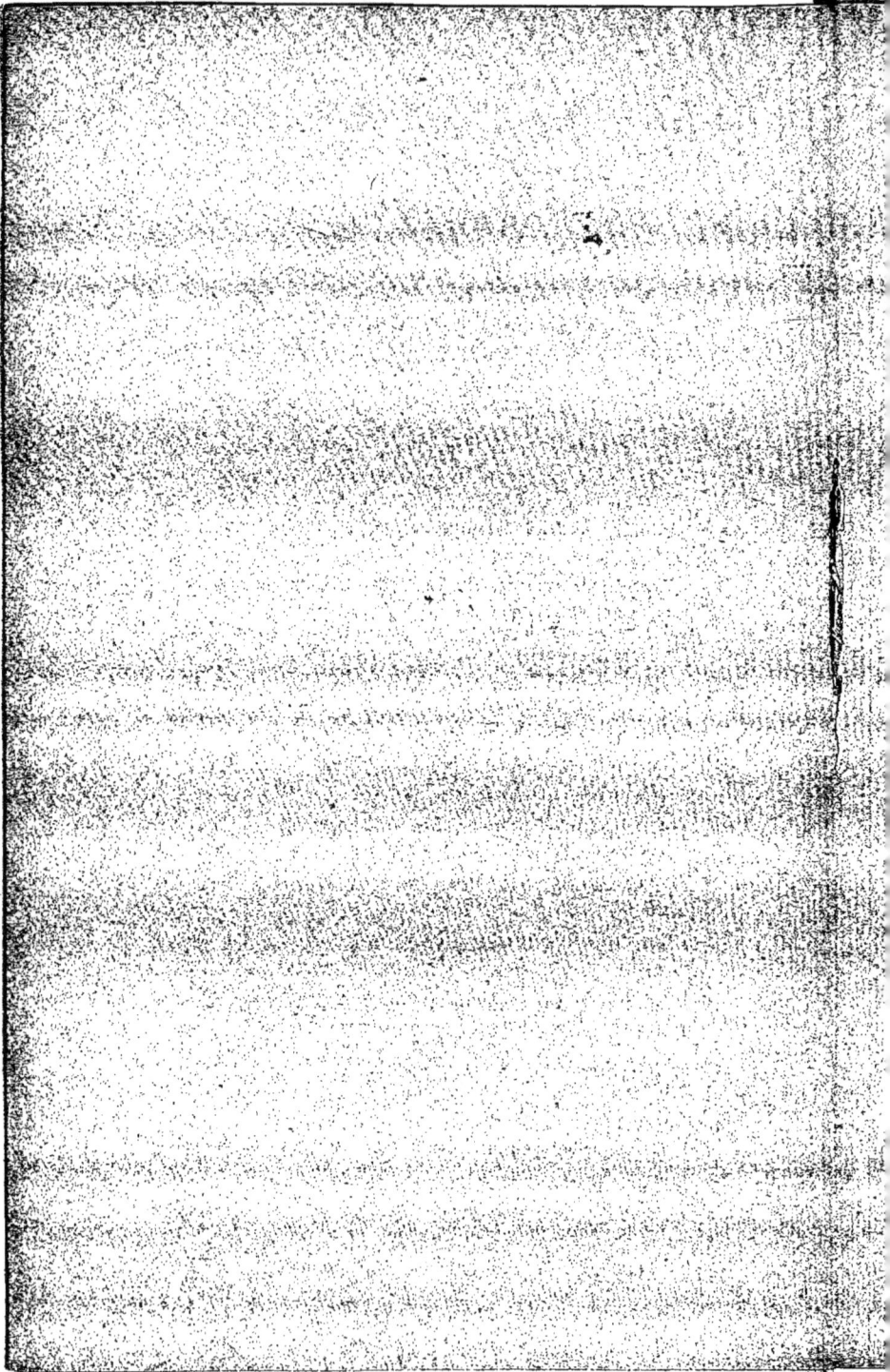

GROUPE III

—

MOBILIER ET ACCESSOIRES

—

CLASSE 17

—

MEUBLES A BON MARCHÉ ET MEUBLES DE LUXE

1. — Commission centrale de Lisbonne, à Lisbonne.
Un canapé et six siéges.
Meubles à bon marché (en paille), pour un petit salon à la campagne.

2. — Commission départementale d'Angra do Heroismo, à Angra.
Mobilier d'un petit salon en osier.

3. — Coutinho (D. Miguel Pereira), à Lisbonne.
Meuble ancien en bois incrusté d'ivoire.

4. — Cunha (Antonio Pinto de Sousa), à Porto.
Vase en bois palissandre (jacarandá).

5. — Franco (Albano da Graça Pires), à Vianna do Castello.
Fauteuils.

6. — Nascimento et Carneiro, à Porto.
Meubles de luxe.

7. — Neves (Fortunato Augusto Jorge das), à Lisbonne.
Meubles de jardin, en liége.

8. — Oliveira (Antonio d'), à Funchal.
Mobilier d'osier.

9. — Pinto (José), à Porto.
Deux vases en bois palissandre (jaracanda), et autres objets en bois.

10. — **Silva et Cⁱᵉ** (Cypriano de Oliveira), à Porto.
Meubles de luxe.

11. — **Vianna Araujo et Cⁱᵉ**, à Lisbonne.
Mobilier de luxe.

———

CLASSE 18

—

OUVRAGE DU TAPISSIER ET DU DÉCORATEUR

12. — **Association commerciale de Porto**, à Porto.
Sculptures en bois (modèles pour la Bourse de Porto).

13. — **Pinto** (Zeferino José), à Porto.
Deux chandeliers en bois doré, style arabe.
Un chandelier en bois doré, renaissance.

———

CLASSE 19

—

CRYSTAUX, VERRERIES ET VITRAUX

14. — **Marinha grande** (Direction de la fabrique de), à Leiria.
Verrerie, gobleterie et cristaux.
Date de la fondation : 1769.
Ouvriers : 751.
Salaires : de 0 fr. 44 c. à 14 fr. 43 c.
Machine à vapeur de la force de 20 chevaux et deux moteurs hydrauliques.
Deux fourneaux de Siemens et deux de l'ancien système.
Débouchés : Portugal et Brésil.
Médailles aux expositions de Porto, 1865 ; de Paris, 1867 ; de Vienne, 1873, et de Philadelphie, 1876.

15. — Michon (André), à Gaya (Porto).
Verres à vitres.

16. — Santos et frère, à Porto.
Miroirs.

CLASSE 20

—

CÉRAMIQUE

17. — Amaro (João Maria Gonçalves), à Figueira da Foz (Coimbra).
Briques, tuiles et différents objets en terre.

18. — Bento (Manuel), à Leiria.
Poteries ordinaires à bon marché.

19. — Campolini (Miguel), à Porto.
Petites figures en terre cuite représentant différents costumes des environs de Porto.

20. — Carlota (Joaquim da), à Leiria.
Poteries ordinaires.

21. — Casco (Jacintho), à Reguengos (Evora).
Talha (oule) pour garder le vin.

22. — Chambre municipale de l'arrondissement de Redondo, à Evora.
Poteries ordinaires.

23. — Chambre municipale de Campo Maior, à Campo Maior (Portalegre).
Deux *Talhas* (oules) pour garder le vin et l'huile d'olives.

24. — Cifka (Wenceslau), 6, calçada da Pampulha (Lisbonne).
Collection de faïences, appartenant à Sa Majesté le roi D. Ferdinand II.
Grande collection de faïences, imitation de l'antique.

25. — Coelho (Francisco), à Santarem (Torres Novas).
Briques et tuiles.

26. — **Commission centrale**, à Lisbonne.
Cruches d'Extremoz.

27. — **Commission centrale de Porto**, à Porto.
Statuettes en terre cuite représentant des costumes nationaux.

28. — **Commission de Funchal**, à Funchal (île de Madère).
Petites figures en terre cuite représentant les costumes de l'île de Madère.

29. — **Commission industrielle de Porto.**
Poteries ordinaires et faïences.

30. — **Compagnie « Constancia »**, 40, rue das Janellas Verdes, à Lisbonne.
Faïences.
Établissement fondé en 1842.
Ouvriers : 54.
Salaires : 0 fr. 67 c. à 2 fr.
Production annuelle : 111,111 fr.
Débouchés : ceux du pays.
Médailles aux expositions de Londres, 1851, et de Paris, 1867.

31. — **Coelho** (F.), à Santarem.
Briques et tuiles.

32. — **Correia** (João Larrinho), à Niza (Portalegre).
Poteries ordinaires.

33. — **Costa et Cⁱᵉ.** (Antonio Almeida da), à Villa Nova de Gaya (Porto).
Statuettes en terre cuite, représentant des costumes nationaux.

34. — **Cunha** (José Alves), à Caldas da Rainha (Leiria).
Faïence des *Caldas*.

35. — **Fabrique de Sacavem** (sous la direction de M. John Stott Howorth), à Sacavem (Lisbonne).
Faïences.
Établissement fondé en 1858.
Ouvriers : 121.
Débouchés : ceux de Portugal et Brésil.
Médaille à l'exposition de Porto.

36. — **Ferreira Pinto** (Manuel Alves), à Gaya (Porto).
Faïences.

37. — **Lamego** (Vᵉ), à Lisbonne.
Faïences.

38. — **Leiria** (José Pedro da Cruz), à Lisbonne.
Statuettes en terre cuite représentant des costumes nationaux.

39. — **Lizo** (José Francisco de Sousa), à Caldas da Rainha (Leiria).
Faïences des *Caldas*.

40. — **Lobo** (Manuel Fernandes), à Crato (Portalegre).
Poteries ordinaires.

41. — **Mafra** (M. C. Gomes), à Caldas da Rainha (Leiria).
Faïences des *Caldas*.
Médaille à l'exposition de Vienne, 1873 et de Philadelphie, 1876.

42. — **Mallato** (Manuel), à Crato (Portalegre).
Poteries ordinaires.

43. — **Mattos** (José de), à Tondella, (Viseu).
Poteries ordinaires.

44. — **Moraes** (Manuel Garcia), à Lisbonne.
Objets divers en terre cuite.

45. — **Oliveira** (João Rafael), à Niza (Portalegre).
Poteries ordinaires.

46. — **Pimentão** (Antonio de Ayres), à Vianna de l'Alemtejo (Evora).
Poteries ordinaires à bon marché, et à l'usage des paysans.

47 — **Pinto Basto** (Domingos Ferreira), à Ilhavo (Aveiro).
Porcelaines de la fabrique de Vista Alegre.
Fabrique fondée en 1826.
Ouvriers : 128 hommes, 28 femmes et 15 enfants.
Machine à vapeur de la force de 14 chevaux.
Provenance des matières premières; kaolin et carbonate de chaux d'Ovar.
Médailles à toutes les expositions nationales et étrangères.
Débouchés : ceux du pays.

48. — **Rovisco** (Francisco), à Crato (Portalegre).
Poteries ordinaires.

49. — **Santos** (José Antonio dos), à Coimbra.
Poteries.

50. — **Silva et Santos**, à Porto, rue des Taipas.
Petites figures en terre cuite représentant des costumes nationaux.

51. — Silva (Silverio Augusto Pereira da), à Aveiro.
Vase en terre du temps des Romains.

CLASSE 21

—

TAPIS, TAPISSERIES ET AUTRES TISSUS D'AMEUBLEMENT.

52. — Almeida (José Soares), à Porto.
Nattes en jonc.

53. — Bilre (Maria Luiza), à Albufeira (Faro).
Nattes (tapis en palmier et en pite).

54. — Bruno da Silva, 117, rue de Santo Antão, à Lisbonne.
Nattes (tapis en jonc).
Établissement fondé en 1855.
Ouvriers : 27.
Salaires : de 0 fr. 67 c. à 3 fr. 92 c.
Valeur de la production annuelle : 40,000 fr.
Médailles d'argent aux expositions de 1865 et 1872; de cuivre à l'exposition de Paris de 1867; de Vienne, 1873; de Philadelphie, 1876.

55. — Commission centrale de Lisbonne.
Paillassons et nattes.

56. — Commission départementale da Horta, à Horta.
Nattes ordinaires.

57. — Commission industrielle de Porto, à Aveiro.
Nattes.

58. Melindre et Margarido, à Porto.
Nattes en jonc.

59. — Nogueira (D. Isabel), à Lagos, (Faro).
Fleurs artificielles.

60. — Silva (Antonio), à Porto.
Nattes.

61. — **Silva** (Manuel Dias da), Porto.
Nattes en jonc.

62. — **Silva Pereira et Cie**, 16, Calçada do Sacramento, à
Lisbonne.
Nattes (tapis en jonc).

63. — **Silva** (Thereza da), à Faro.
Nattes ordinaires.

CLASSE 23

COUTELLERIE

64. — **Cunha** (Augusto Menezes da), à Guimarães, (Braga).
Produits divers de la coutellerie.

65. — **Institut** Industriel de Porto, à Porto.
Produits divers de la coutellerie.

CLASSE 24

ORFÉVRERIE

66. — **Cerquinho** (F.-A.-V.), à Porto.
Différents objets d'orfévrerie.

67. — **Compagnie** «Aurificia», à Porto.
Orfévrerie de décoration et de table.

68. Coutinho et fils (Albino), à Porto.
Objets en filigrane et bourses en argent.

69. — **Couto** (A.-G.), à Porto.
Objets en filigrane.

70. — **Lobão et Ferreira**, à Porto.
Objets en filigrane et bourses en argent.

71. — **Sousa** (Francisco Moutinho), à Porto.
Orfévrerie et bourses en argent.

CLASSE 27

APPAREILS ET PROCÉDÉS DE CHAUFFAGE
ET D'ÉCLAIRAGE

72. — **Costa Bastos et Cie**, à Porto.
Poêles et divers appareils de chauffage.

73. — **Nunes** (Valentin Ferreira), à Porto.
Fourneau de cuisine.

CLASSE 28

PARFUMERIE

74. — **Andrade** (Mauricio d'), à Funchal, (île de Madère).
Cosmétiques.

75. — **Fontana** (Dr. Vella), à Porto.
Préparés dentifrices et dents artificielles.

76. — **Mendonça** (Antonio), à Angra do Heroismo.
Poudre dentifrice.

CLASSE 29

MAROQUINERIE, TABLETTERIE ET VANNERIE

77. — **Commission** Centrale de Lisbonne, à Lisbonne.
Paniers ordinaires en paille et en pitte.

78. — **Commission** de Funchal, à Funchal (Ile de Madère).
Paniers de fantaisie.

79. — **Commission** Départementale da Horta, à Horta.
Corbeilles et paniers de fantaisie en pitte, osier, et moelle de figuier.

80. — **Commission** industrielle de Porto, à Porto.
Fleurs artificielles.

81. — **João** (Joaquim), à Pombal (Leiria).
Objets de sparterie.

82. — **João** (Manuel), à Leiria.
Paniers en osier.

83. — **Miranda** (Antonio Augusto Lobo), à Lagos (Faro).
Paniers de fantaisie.

84. — **Nogueira** (D. Izabel), à Lagos (Faro).
Paniers en pitte.

85. — **Romão** (Antonio), à Viseu.
Paniers.

86. — **Silva** (Antonio Guilherme da), à Lisbonne.
Noyau de cerise sculpté.

87. — **Silva** (Prudencio José), à Caldas da Rainha (Leiria).
Paniers d'osier.

88. — **Veludo** (João), à Caldas da Rainha (Leiria).
Paniers d'osier.

3*

GROUPE IV

TISSUS, VÊTEMENTS ET ACCESSOIRES

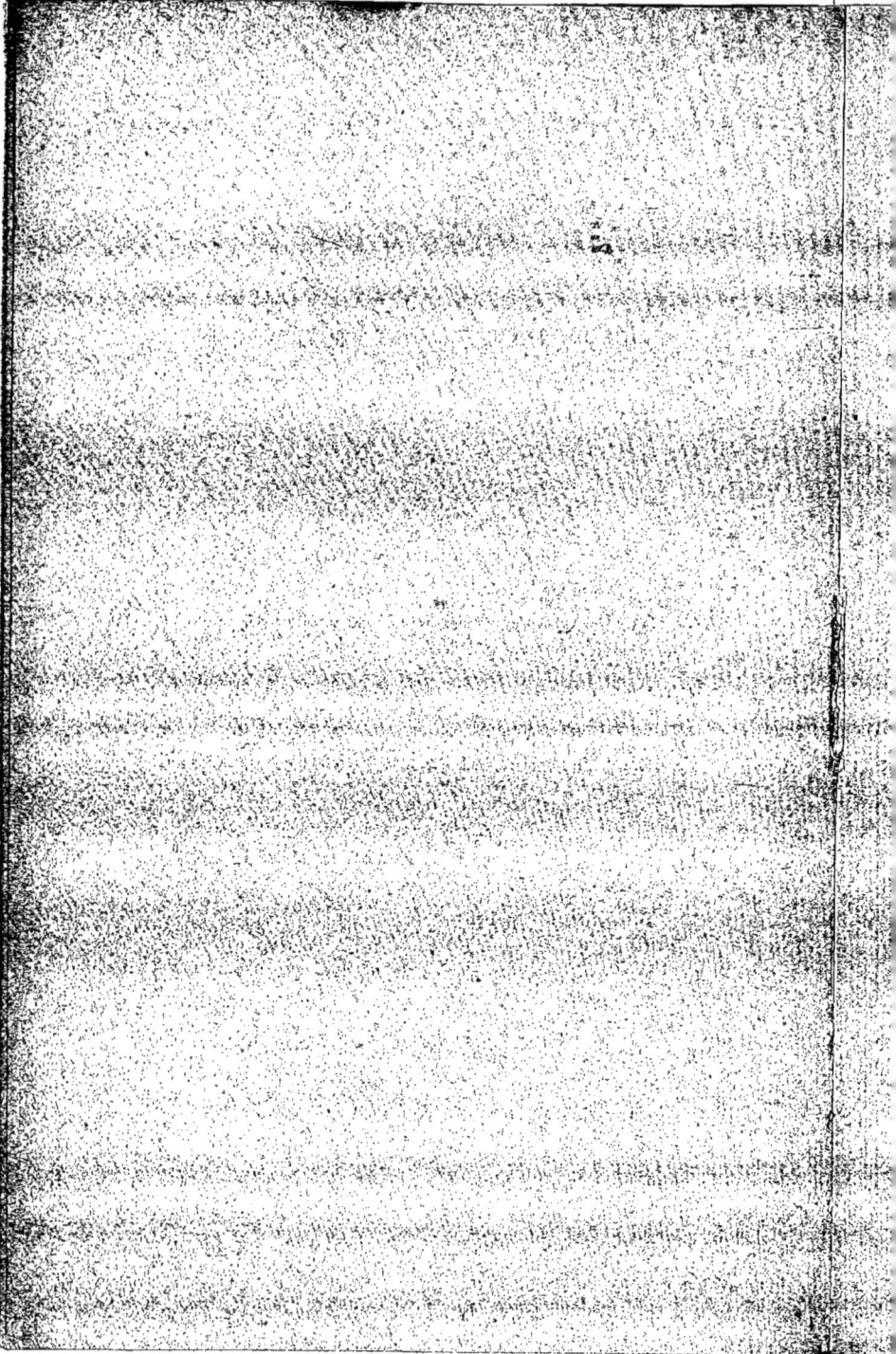

GROUPE IV

TISSUS, VÊTEMENTS ET ACCESSOIRES

CLASSE 30

FILS ET TISSUS DE COTON

1. — **Alva** (João Antonio), à Torres Novas (Santarem).

Deux bandes (coton et laine).

2. — **Association** fraternelle des fabricants de tissus, à Belem. (Lisbonne).

Tissus de coton et mixtes.
Fabrique établie en 1860.
Salaires des hommes : de 1 fr. 66 à 3 fr. 33 ; des femmes : de 0 fr. 55 à 1 franc par jour.
Production annuelle : 38,838 francs.
Débouchés : Lisbonne.
Trois mentions honorables.
Le but principal de cette Association est de donner du travail à ses associés.

3. — **Bahia et gendre**, à Porto.

Tissus de coton.

4. — **Commission** départementale d'Angra do Heroismo, à Angra.

Couverture de coton et lin.

5. — **Commission** départementale da Horta, à Horta.

Tissu de coton.

6. — **Commission** industrielle, à Valença (Vianna do Castello).

Tissus de coton.

7. — Commission industrielle de Vianna do Castello, à Vianna do Castello.

Manteaux de paille.

8. — Compagnie de filature de Crestuma, à Feira (Aveiro).

Cotons filés.

9. — Compagnie de filature de Porto, à Porto.

Fils de coton.

10. — Compagnie de filature des tissus de Porto, à Porto.

Cotons filés.

11. — Compagnie de filature de Thomar, à Thomar.

Fils et tissus de coton.
Fabrique nouvellement organisée en 1873, à Thomar.
Ouvriers : 100 hommes, 250 femmes et 50 enfants.
Débouchés : ceux du pays.
Médailles : exposition de Philadelphie, 1876.

12. — Compagnie lisbonnaise de filature et tissage, Société anonyme à responsabilité limitée, dépôts, rue des Fanqueiros, à Lisbonne.

Tissus de coton.
Établissement fondé en 1838.
Trois fabriques : deux à Santo Amaro (Belem), une à Olho de Boi (Almada).
Ouvriers : 800.
Salaires : 0 fr. 44 à 4 fr. 44.
Production annuelle : 2,000,000 fr.
Débouchés : le Portugal et ses colonies, le Brésil, l'Espagne.
Dix médailles d'or, d'argent et de cuivre aux expositions de Lisbonne et de Porto, 1849, 1861, 1863 et 1865 ; de Londres 1851 et 1862 ; de Paris 1855, 1867 ; de Vienne 1873 ; et de Philadelphie, 1876.

13. — Cruz et Cⁱᵉ, à Covilhã (Castello Branco).

Gordon de filage.

14. — Dias (Rodrigo Antonio Ferreira), à Porto.

Tissus de coton.

15. — Guerra (J.-B. de S.), à Porto.

Hamac.

16. — Mello (J.-C. de), à Porto.

Échantillons de coton.

17. — **Montes** (Manuel Alves), à Porto.

Tissus de coton et mixtes.

18. — **Neves** (D. Casimiro de Castro), à Vallongo (Porto).

Tissus de coton.

19. — **Rodrigues de Deus et C**ie (João), à Torres Vedras (Santarem).

Tissus de coton (échantillons).
Établissement fondé en 1874.
Ouvriers : 9 hommes, 43 femmes et 20 enfants.
Salaires des hommes : 2 fr. 22; des femmes : 1 fr. 66; des enfants : 0 fr. 53.
Production annuelle : 138,888 fr.

20. — **Rodrigues de Deus et C**ie (João), à Torres Vedras (Santarem).

Tissus de lin (échantillons).

21. — **Severino** (Maria da Piedade), à Coimbra.

Objets de lin.

22. — **Silva Guimarães** fils et gendre (J.-A.), à Porto.

Indiennes.

CLASSE 34

FILS ET TISSUS DE LIN, DE CHANVRE, ETC.

23. — **Bahia** et gendre, à Porto.

Tissus de lin.

25. — **Chambre** municipale de Castro Verde, à Beja.

Serviette de lin.
Couverture de lin (courte-pointe).

26. — **Commission** départementale d'Angra do Heroismo, à Angra.

Toile de fil, et coutil de lin et de coton.
Industrie très-petite exercée par des femmes,

27. — Commission départementale d'Angra, do Heroismo, à Angra.

Tissus de lin et laine.
Couverture de laine et lin.

28. — Commission départementale da Horta, à Horta.

Tissus de lin.

29. — Commission industrielle, à Valença (Vianna do Castello).

Tissus de lin.

30. — Commission industrielle de Vianna do Castello, à Vianna do Castello.

Tissus de lin.

31. — Commission industrielle de Vianna do Castello, à Vianna do Castello.

Tissus de lin.

32. — Commission de Funchal, à Funchal (Ile de Madère).

Lin.

33. — Costa (José Antonio da), à Porto.

Tissus de lin.

34. — Compagnie nationale de filature et Tissus de Torres Novas, à Torres Novas (Santarem).

Fils et tissus de lin.
Fabrique fondée à Torres Novas en 1843.
Ouvriers : 73 hommes et 168 femmes.
Moteurs employés : une turbine de la force de 75 chevaux, une roue hydraulique de 40, et une machine à vapeur de 70.
Provenance des matières premières : Russie, Italie, Portugal et les Indes.
Débouchés : ceux du pays et des colonies, et le Brésil.
Médailles et récompenses à toutes les expositions nationales et étrangères.

35. — Dias (Rodrigo Antonio Ferreira), à Porto.

Tissus de lin.

36. — Dores (Maria das), à Leiria.

Nappe de lin avec mélange de coton.

37. — Ferreira Numes (G. F). à Oliveira do Hospital, Coimbra

Lin et tissus de lin.

38. — Fontes (Clara Maria), à Leira.

Nappe de lin avec mélange de coton.

39. — **Guerra** (Joaquim Baptista da Silva), à Porto.
Popelines et tissus de lin.

40. — **Guimarães** (Antonio da Costa), à Guimarães (Braga).
Tissus de lin.
Tissus de coton et lin.

41. — **Guimarães** (Manuel Mendes Ribeiro), à Guimarães (Braga).
Nappes et serviettes.

42. — **Jesus** (Rosaria de), à Penalva do Castello (Viseu).
Tissus de lin.

43. — **Mello** (José Carneiro de), à Porto.
Tissus de lin et coutil.

44. — **Pereira Nunes** (Guilherme Francisco), à Oliveira do Hospital (Coimbra).
Lin et tissus de lin.

45. — **Ramos** (Anna do Espirito Santo), à Viseu.
Tissus de lin.

46. — **Sousa** (José da Costa Nogueira e), à Guimarães (Braga).
Nappe de lin brodée.

CLASSE 33

FILS ET TISSUS DE LAINE CARDÉS

47. — **Amorim** (Antonio Pessoa de), à Covilhã (Castello Branco).
Draps.

48. — **Bahia** et gendre, à Porto.
Tissus de laine.

49. — **Barroco** (Alfredo), à Lamego (Viseu).
Drap ordinaire.

50. — Bebiano (Antonio Alves), à Pedrogão Grande (Leiria).

Draps.
Fabrique fondée en 1868.
Ouvriers : 100 hommes, 87 femmes et 60 enfants.
Salaires des hommes : de 1 fr. 66 c. à 8 fr. 33 c.; des femmes :
de 0 fr. 66 c. à 0 fr. 88 c., et des enfants de 0 fr. 55 c. à 0 fr. 88 c.
par jour.
Deux turbines de la force de 30 chevaux, 3 machines à vapeur
de 60 chevaux et deux roues hydrauliques.
Production annuelle : 833,333 fr.
Médailles de l'exposition de Coimbra, 1869 et de Philadelphie,
1876.

51. — Brito (João Rodrigues), à Almodovar (Beja).

Couverture de laine.

52. Campos Mello et frère, à Covilhã (Castello Branco).

Draps et casimirs.
Etablissement fondé en 1842.
Ouvriers : 300.
Salaires des hommes : de 1 fr. 33 c. à 11 fr. 11 c.; des femmes :
de 0 fr. 66 c. à 2 fr.; des enfants : de 0 fr. 44 c. à 1 fr. 33 c.
Moteur hydraulique et machine à vapeur de la force de 60 che-
vaux.
Provenance des matières premières : Portugal, Espagne et Amé-
rique.
Débouchés : ceux du pays.
Valeur de la production annuelle : 833,333 fr.
Plusieurs médailles aux expositions nationales et étrangères.

53. — Carmo (Francisco), à Monchique (Faro).

Draps ordinaires.

54. — Caria (Vicomte de), à Gouveia (Guarda).

Drap dit *Saragoça*.

55. — Carvalho (Lourenço), à Porto de Moz (Leiria).

Échantillons de draps ordinaires, dit *Saragoça*.

56. — Catharro (José de Paiva) à Covilhã (Castello Branco).

Draps.

57. — Chambre municipale de Castro Verde, à Beja.

Couverture de laine.
Drap dit *Estamenha*.

58. — Chambre municipale de Redondo, à Evora.

Drap ordinaire.

59. — **Commission** de Funchal, à Funchal (Île de Madère).

Drap dit *Serguilha.*

60. — **Commission** Départementale da Horta, à Horta.

Couverture de laine.

61. — **Commission** Industrielle de Porto, à Ilhavo (Aveiro).

Tissus de laine.

62. — **Compagnie** de la Fabrique nationale de tissus de laine de Portalegre, à Portalegre.

Draps.

Fabrique fondée en 1772 par le gouvernement. Vendue en 1822 à Mme veuve Larcher, elle passa en héritage à Larcher et beaux-frères, qui se sont constitués en société anonyme en 1862.

Ouvriers : 120 hommes, 40 femmes et 40 enfants.

Salaires des hommes : de 1 fr. 12 c. à 2 fr. 24 c.; des femmes : de 0 fr. 33 c. à 0 fr. 78 c.; des enfants : de 0 fr. 33 à 0 fr. 67 c. par jour.

Moteur employé : une machine à vapeur de la force de 30 chevaux.

63. — **Compagnie** de Tissus de laine d'Arrentella, à Lisbonne.

Draps et casimirs.

Fabrique fondée en 1855, à Arrentella.

Ouvriers : 180 hommes, 102 femmes et 73 enfants.

Débouchés : ceux du pays.

Médailles à l'exposition de Porto, 1861 ; de Vienne, 1873.

Provenance des matières premières : Portugal, Espagne, Buenos-Ayres, Montevideo.

Débouchés : Portugal et colonies.

Production annuelle : 555,555 fr.

Médailles aux expositions portugaises de 1849, 1862, 1864, et à celle de Londres de 1851; à Paris, 1855 et à Philadelphie, 1876.

64. — **Compagnie** de tissus de laine du Campo Grande, à Olivaes (Lisbonne).

Draps et casimirs.

Établissement fondé en 1837.

Ouvriers : 190 ; 75 hommes, 75 femmes et 40 enfants.

Salaires des hommes : 2 fr. 52 c.; des femmes : 1 fr. 23 c.; des enfants : 0 fr. 78 c.

Machines à vapeur de la force de 60 chevaux.

Production annuelle : 666,666 fr.

Débouchés : Portugal.

Médailles aux expositions de Vienne 1873 et Philadelphie 1876.

65. — **Compagnie** de tissus de laine de Padronello, à Amarante (Porto).

Draps et casimirs.

66. — **Costa et Carvalho**, à Oliveira d'Azemeis (Aveiro).
Drap ordinaire.

67. — **Costa Eufemio et Fils**, à Covilhã (Castello Branco).
Draps.

68. — **Costa** (José Antonio da), à Porto.
Tissus de coton.

69. — **Costa** (Manuel de Jesus), à Portalegre.
Couverture de laine.

70. — **Cunha** (Manuel da), à Gouveia (Guarda).
Drap dit *Saragoça*.

71. — **Daupias et Cie** (Bernardo), à Calvario. Lisbonne. — Bureaux et dépôt à Lisbonne. Agences à Porto et Brésil

Draps et casimirs.
Fabrique fondée en 1839.
Ouvriers : 715 ; 330 hommes, 370 femmes et 15 garçons.
Salaires des hommes : de 2 fr. 52 c. à 4 fr. 48 c.; des femmes :
de 1 fr. 12 à 1 fr. 68 c.; des garçons : de 0 fr. 56 à 1 fr. 12 c.
Moteurs employés : machines à vapeur de la force de 78 chevaux.
Provenance des matières premières : Portugal, Espagne, Allemagne, Cap de Bonne-Espérance et Amérique du Sud.
Production annuelle : 1,666,666 fr.
Débouchés : ceux du Portugal, Brésil et Afrique.
Neuf médailles aux expositions de Lisbonne, 1849, 1863 ; de
Porto, 1857, 1861, 1865 ; de Barcelone, 1861 ; de Philadelphie, 1876.

72. — **Fabrique** de tissus de laine et tannerie de Portalegre, à Portalegre.

Draps et casimirs.
Établissement fondé en 1820.

73. — **Ferreira** (Antonio da Silva), à Lamego (Viseu).
Drap ordinaire.

74. — **Frenetico** (Manuel Gomes), à Covilhã (Castello Branco).
Draps.

75. — **Gloria** (Manuel Alves), à Porto de Moz (Leiria).
Couverture de laine.

76. — **Joaquim** (João), à Goes (Coimbra).
Drap ordinaire.

77. — Lopes da Costa (Antonio Augusto), à Gouveia (Guarda).

Draps et casimirs.
Établissement fondé en 1876.
Ouvriers : 77 hommes, 85 femmes et 17 garçons.
Salaire des hommes, 1 fr. 33 c. ; des femmes, 45 cent. ; des enfants, 50 cent. par jour.
Moteurs employés : 2 roues hydrauliques.
Provenance des matières premières : Alemtejo, Angleterre et Belgique.
Production annuelle : 333,333 fr.
Débouchés : ceux de Porto, Lisbonne, Mangualde et Vizeu.

78. — Maia (Dr. Lopes), à Mação (Santarem).

Fils de laine.

79. — Marçal et Frère, à Portalegre.

Draps et casimirs.

80. — Mello (José Carneiro de), à Porto.

Bayettes et couvertures.

81. — Mirrado (J. P. Mendes), à Mação (Santarem).

Drap ordinaire dit *Serguilha*, bleu et noir.

82. — Moicha (Maria), à Vouzella (Viseu).

Drap ordinaire.

83. — Montoia (José Olaia Lopes), à Castello Branco.

Laines.

84. — Morão (José Guilherme), à Castello Branco.

Laines.

85. — Netto (A. E. Bello), à Mação (Santarem).

Fils de laine.

86. — Nunes (Avelino Pereira), à Lamego (Viseu).

Drap ordinaire.

87. — Nunes (Antonio Rodrigues), à Lamego (Viseu).

Drap ordinaire.

88. — Nunes de Sousa et fils (Antonio), à Covilhã (Castello Branco).

Draps.
Établissement fondé en 1855.
Ouvriers : 100.

Salaires des hommes : 2 fr.; des femmes: 66 cent.; des enfants, 50 cent.

Moteur hydraulique et machine à vapeur de la force de 20 chevaux.

Valeur de la production annuelle, 277,777 fr.

Débouchés : ceux du pays.

Médailles aux expositions de Porto, 1861; de Vienne, 1873.

89. — **Pitta** (José Nunes Lopes), à Covilhã (Castello Branco).

Draps.

90. — **Rainha** (Joaquim d'Almeida), à Guarda.

Drap dit *Saragoça*.

91. — **Ribas et Frère** (A. Gonçalves), à Guarda.

Couvertures de laine.

92. — **Rogeiro** (José Rodrigues), à Covilhã (Castello Branco).

Draps et casimirs.

93. — **Silva Freitas** (Padre Prior Carlos de Faria), à Evora.

Draps dit *Saragoça*.
Draps dit *Estamenhã*.

94. — **Silva** (Joaquim Ribeiro), à Lamego (Viseu).

Drap ordinaire.

95. — **Tavares et fils** (Antonio José), à Covilhã (Castello Branco).

Draps et casimirs.

96. — **Teixeira** (José Antonio), à Lisbonne.

Draps et casimirs ; couvertures et flanelles.
Établissement fondé en 1853.
Ouvriers : 237.
Salaires : de 55 cent. à 3 fr. 61 cent.
Machine à vapeur de la force de vingt-cinq chevaux.
Débouchés : Portugal.
Médailles et mentions aux expositions de Porto, 1861 et 1865; de Lisbonne, 1864 ; de Paris, 1867.

97. — **Teixeira** (José da Fonseca), à Covilhã (Castello Branco).

Chaussures

98. — **Teixeira Senior et fils**, à Covilhã (Castello Branco).

Draps et casimirs.

99. — **Vianna** (Antonio Martins), à Porto.

Chaussures.

CLASSE 34

—

SOIES ET TISSUS DE SOIE

100. — **Commission** industrielle de Porto, à Braga.
Tissus de soie et velours.

101. — **Costa** (José Antonio da), à Porto.
Tissus de soie.

102. — **École centrale** de l'Association du sexe feminin du Funchal, à Funchal.
Soie filée, soie torse.

103. — **F. Cabral et fils** (Viseu).
Soie filée.

104. — **Fabrique** nationale Succ° de Cordeiro frère et C^(ie), rue de Saint-Marçal, à Lisbonne.

Failles, armures soie et coton, brocatelles, reps pour meubles, étoffes pour cravates.
Fabrique fondée en 1850.
Ouvriers : 240; 30 hommes, 200 femmes et 10 enfants.
Salaires des hommes : 2 fr. 22 cent. à 3 fr. 89 cent.; des femmes, 89 cent. à 2 fr. 22 cent.; des enfants, 55 cent. à 89 cent.
Machine à vapeur de la force de dix-huit chevaux.
Valeur de la production annuelle : 700,000 francs.
Provenance des matières premières : Portugal.
Débouchés : Portugal et Brésil.
Premières médailles aux expositions nationales et étrangères.

Cette fabrique a été la première à établir le tissage mécanique de la soie, et elle est encore la seule qui emploie les métiers mus à la vapeur pour la fabrication des tissus de soie. Cette circonstance a valu à l'établissement deux médailles d'honneur, votées par les jurys des expositions nationales, et aux propriétaires deux décorations, accordées par le gouvernement portugais. La fabrique nationale entretient 50 métiers mécaniques, 30 métiers à bras et 1,200 broches.

105. — **Fonseca** (Manuel da Motta), à Porto.
Étoffes de soie.

106. — **Guerra** (Joaquim Baptista da Silva), à Porto.
Mouchoirs de satin.

107. — Institut industriel de Porto, à Porto.
Étoffes de soie mélangée d'or.

108. — Lopes dos Santos (Manuel), à Bragança.
Trois échantillons de soierie.

109. — Paes et Fils (J.-C), à Sernancelhe (Viseu).
Soie crue, cocons de vers à soie,

110. — Pereira (A. de Sá), à Bragança.
Soie crue, soie torse.

111. — Pimentel et Queiroz, à Porto.
Tissus de soie et velours.

112. — Reis (Antonio José Barbosa), à Braga.
Étoffe de soie, damas.

113. — Ribas (Simão), à Guarda.
Soie filée, soie torse.

114. — Silva (Antonio José da), à Porto.
Tissus de soie et étoffes de soie mélangée d'or.

115. — Silva et Fils (David José), à Porto.
Étoffes de soie mélangée d'or.

116. — Silva (Manuel José Francisco da), à Braga.
Tissus de soie mélangée d'or et d'argent.
Étoffes de soie.

CLASSE 35

CHALES.

117. — Chambre municipale de Reguengos (Evora).
Châle de laine.

118. — Commission départementale d'Angra do Heroismo, à Angra.
Châle de laine.

119. — Commission départementale da Horta, à Horta.

Châle de pitte.

120.'— Compagnie de la Fabrique nationale de tissus de laine de Portalegre, à Portalegre.

Châles de laine.

121. — Compagnie de tissus de laine du Campo Grande, à Olivaes (Lisbonne).

Châles de laine.

122. — Daupias B. et Cie, à Calvario (Lisbonne).

Châles de laine.

123. — Marçal et Frère, à Portalegre.

Châles de laine.

124. — Tavares (A.-J.) et Fils, à Covilhã (Castello Branco).

Châles de laine.

125. — Teixeira (José Antonio), à Lisbonne.

Châles de laine.

CLASSE 36

DENTELLES, TULLES, BRODERIES ET PASSEMENTERIES.

126. — Administration de l'arrondissement de Olhão, à Olhão (Faro).

Dentelles.

127. — Andrade (D. Francisca Ferreira de), à Lisbonne.

Broderie de soie représentant l'aqueduc des *Aguas Livres* de Lisbonne.

128. — Braga (Manuel José Vieira), à Coimbra.

Articles de passementerie.

129. — Carneiro (Anselmo d'Andrade Sá Pereira), à Mezão Frio (Villa Real).

Broderie de soie.

4*

130. — **Commission** centrale de Lisbonne, à Lisbonne.

Dentelles de Peniche.

Il y a à Peniche huit écoles où l'on apprend à faire de la dentelle, dirigées par des femmes qui enseignent aussi la lecture et le caté-chisme.

Quelquefois les petites filles commencent leurs travaux à l'âge de quatre ans et quelques années plus tard elles finissent par acquérir une si grande adresse que l'on voit des jeunes filles manier cin-quante douzaines de fuseaux, en faisant attention à une foule d'ob-jets étrangers à leur occupation habituelle.

Le commerce des dentelles est encore entre les mains des *rendei-ros* qui sont des hommes ou des femmes qui font des avances en argent, comestibles et articles de vêtement aux femmes qui tra-vaillent dans la dentelle.

Les dessins sont faits par des femmes qui ignorent absolument l'art du dessinateur.

On peut évaluer l'importance de la fabrication des dentelles de Peniche à 111,111 fr.

131. — **Commission** centrale de Lisbonne.

Dentelles de Lagos.

132. — **Commission** industrielle de Vianna do Castello, à Vianna do Castello.

Broderies, dentelles, etc.

133. — **Commission** industrielle de Porto, à Aveiro.

Broderie au crochet.

134. — **Commission** industrielle de Porto, à Braga.

Couvertures.

135. — **Correia** (Maria da Conceição), à Olhão (Faro).

Deux échantillons de dentelles faites à la main dans le coussin à fuseaux.

136. — **École** d'instruction primaire, à Barcellos (Braga).

Travaux des élèves.

137. — **Ferreira** (Veuve), Campos et Cie, à Porto.

Passementeries.

138. — **Galvão** (Fernando), à Lagos (Faro).

Dentelles de Lagos.

Une femme peut gagner de 0 fr. 28 c. à 0 fr. 56 c. par jour (!) Production annuelle : 6,666 fr.

Les dentelles sont toutes faites à la main dans le coussin à fuseaux.

139. — **Gaspar** (Manuel Rodrigues), à Funchal (île de Madère).

Une boîte à gants.

Une boîte à ouvrage.

140. — **Greno** (M.-J.-G.), à Paris, rue de Sèvres.

Broderie.

141. — **Guimarães** (Antonio da Costa), à Guimarães (Braga).

Broderies en lin.

142. — **Machado** (Julio Rodrigues), à Porto.

Passementeries.

143. — **Ribas** et Cie, à Porto.

Boutons.

144. — **Salomé** (D. Maria), à Lisbonne.

Coussin de soie brodée.

145. — **Schalck** (Henri) successeur, à Lisbonne.

Agrafes, boutons de métal et d'étoffe.

Fabrique fondée en 1847.

Ouvriers, en y comprenant la fabrication de clous (voir dans la classe respective), 127 : 58 hommes, 50 femmes et 19 enfants.

Salaires des hommes : de 2 fr. à 10 fr. 64 c. ; des femmes : de 0 fr. 61 c. à 1 fr. 68 c.; des enfants : de 0 fr. 44 à 0 fr. 67 c.

Moteur : une machine à vapeur de la force de 20 chevaux.

Provenance des matières premières : Allemagne, France, Belgique, Angleterre et Espagne.

Débouchés : ceux du pays, de l'Espagne et du Brésil.

Sept médailles aux Expositions nationales et étrangères : Paris, 1855, 1867; Porto, 1861, 1865; Vienne, 1873; Lisbonne, 1873; Philadelphie, 1876.

146. — **Thomé** et Frère, à Villa do Conde (Porto).

Dentelles.

147. — **Veiga** (Maria Gertrudes), à Faro.

Deux serviettes.

148. — **Veuve Ferreira Campos** et Cie, à Porto.

Passementeries.

149. — **Wilkinson** (Roberto), à Funchal (île de Madère).

Broderies.

CLASSE 37

ARTICLES DE BONNETERIE ET DE LINGERIE, OBJETS ACCESSOIRES DU VÊTEMENT.

150. — Antonio Pino, 72. Calçada do Combro, à Lisbonne.
Gants.

151. — Benard (Elie), à Lisbonne.
Gants.

152. — Commission centrale de Lisbonne, à Lagos (Faro).
Une bourse.

153. — Commission centrale de Lisbonne, à Lisbonne.
Deux couvertures de coton.

154. — Commission départementale da Horta, à Horta.
Deux chemises de laine.
Bas de coton.

155. — Delaye (Hyppolyte), à Lisbonne.
Gants.

156. — Guimarães (Antonio da Costa), à Guimarães (Braga).
Bas de fil.

157. — Leão (A. E. L.), à Lisbonne.
Lingerie.

158. — Loubière (Justino), à Porto.
Gants.

159. — Ribas et frère (A. Gonçalves), à Guarda.
Bas de laine.

160. — Silva (Bernardino Antunes), à Lisbonne.
Gants.
Médaille aux expositions de Vienne, 1873 et de Philadelphie, 1876.

161. — Silva (José Gonçalves), à Porto.
Parapluies.

162. — **Teixeira** (Candido), à Funchal.

Lingerie confectionnée pour femmes et enfants.

CLASSE 38

HABILLEMENTS DES DEUX SEXES.

163. — **Administration** de l'arrondissement de Olhão, à Olhão (Faro).

Chaussures.

164. — **Andrade** (Mauricio d'), à Funchal (île de Madère).

Fleurs artificielles.

165. — **Bahia** (Custodio José Rodrigues), à Braga.

Chapeaux.

166. — **Calçado** (Joaquim), à Porto de Moz (Leiria).

Boutons en bois.

167. — **Carneiro** (Manuel Antonio de Sousa), à Ponte de Lima, (Vianna do Castello).

Chaussures (tamancos).

168 — **Commission** centrale de Lisbonne, à Lagos (Faro).

Nattes.

169. — **Commission** centrale de Lisbonne, à Lisbonne.

Chaussures.

170. — **Commission** départementale d'Angra do Heroismo, à Angra.

Costumes populaires de l'île *Terceira*.

171. — **Commission** départementale d'Angra do Heroismo, à Angra.

Trois tabliers.

172. — **Commission** départementale d'Angra do Heroismo, à Angra.

Chapeaux de paille.

173. — **Commission** départementale da Horta, à Horta.
Jupon en pitte.
Chapeau de copeaux de sapin.

174. — **Commission** de Funchal, à Funchal (île de Madère.)
Costume des femmes du peuple à l'île de Madère.

175. — **Commission** industrielle de Porto, à Aveiro.
Tamis.

176. — **Commission** industrielle de Porto, à Guimarães (Braga).
Chaussures.

177. — **Commission** Industrielle de Porto, à Porto.
Chapeaux de liége.

178. — **Commission** Industrielle de Porto, à Porto.
Un gilet.

179. — **Commission** Industrielle de Vianna do Castello, à Vianna
do Castello.
Chaussures.

180. — **Commission** Industrielle de Vianna do Castello, à Vianna
do Castello.
Costume d'une paysanne des environs de Vianna.

181. — **Costa Braga et Fils**, à Porto.
Chapeaux.

182. — **Daupias et C**ie (Bernardo), à Calvario (Lisbonne).
Chaussures de laine.

183. — **Daupias et C**ie (Bernardo), à Calvario (Lisbonne).
Châles de laine.

184. — **École centrale** de l'Association du sexe féminin de
Funchal, à Funchal.
Tresse en paille pour chapeaux.

185. — **Fabrique** Sociale Bracarense, à Braga.
Chapeaux.

186. — **Fernandes** (Luiz), à Penalva do Castello (Vizeu).
Chaussures (tamancos).

187. — **Gomes et Fils**, à Lisbonne.
Chaussures.

Etablissement fondé en 1859.
Ouvriers : 73.
Débouchés : Portugal et Brésil.
Médaille aux expositions de Porto, 1861 et de Philadelphie, 1876.

188. — **Guerra** (Joaquim Baptista da Silva), à Porto.
Hamac.

189. — **Guintas** (Gabriel da Rocha), à Penafiel (Porto).
Chaussures (tamancos).

190. — **Institut** Industriel de Porto, à Porto.
Brosses et pinceaux en cheveux.

191. — **Lacerda** et Frères, à Funchal (île de Madère).
Chapeaux de paille.

192. — **Lebre** (Victorino Henriques), à Coimbra.
Album contenant des échantillons d'ouvrage à la machine.

193. — **Leite** (João da Costa), à Vianna (Vianna do Castello).
Chaussures.

194. — **Lima et Cie**, à Fayal (Horta).
Chapeaux de paille.

195. — **Lima** (M. Correia) à Angra do Heroismo.
Bottines pour dames.

196. — **Pinto** (Joaquim Bento), à Figueira (Coimbra).
Chaussures (tamancos).

197. — **Ribas et Cie**, à Porto.
Boutons.

198. — **Roxo** (Veuve), à Lisbonne.
Chapeaux.
Établissement fondé en 1852.
Ouvriers : 128.
Salaires : de 0 fr. 67 c. à 8 fr. 96 c.
Machine à vapeur de la force de 18 chevaux.
Production annuelle : 388.887 fr.
Débouchés: Portugal et Brésil.
Médailles aux expositions de Porto, 1861; de Londres, 1862;
de Bordeaux, 1865; de Paris, 1867; de Vienne, 1873; de Philadelphie, 1876.

199. — **Sequeira** (Francisco Pinto), à Porto.
Chaussures et bottines pour dames.

200. — Serra (Filippe José), à Lisbonne.

Chaussures.
Médailles aux expositions de Porto, 1861, 1865, et de Philadelphie, 1876.

201. — Silva (Antonio da), à Vizeu.
Chaussures (tamancos).

202. — Silva (Miguel Manuel), à Vianna (Vianna do Castello).
Chaussures.

203. — Sousa (David José de), à Porto.
Jaquette de peaux de taupe.

204. — Sousa (José da Cunha Alves de), à Braga.
Chaussures.

205. — Sousa (Luiz Joaquim), à Gaya (Porto).
Fleurs artificielles en bois.

206. — Soares (José Nogueira), à Penafiel (Porto).
Chaussures (tamancos).

207. — Souto (Rodrigo Alves Martins), à Porto.
Chaussures.

208. — Stellplug (veuve), à Lisbonne.
Chaussures.
Médailles aux expositions de Porto 1861, 1865; de Paris, 1855, 1867.

209. — Valença (Domingos Fernandes), à Oliveira de Azemeis (Aveiro).
Chapeaux.

210. — Trindade (D. Leonarda da Silva), à Funchal (île de Madère).
Fleurs artificielles.

CLASSE 39

JOAILLERIE ET BIJOUTERIE

211. — **Cerquinho** (Francisco Augusto Vaz), à Porto.
Bijouterie en filigrane.

212. — **Compagnie** d'assurances « Fidelidade », à Lisbonne.
Couteau de chasse en argent ciselé.

213. — **Coutinho** et fils (Albino), à Porto.
Jouaillerie et bijouterie en argent.

214. — **Couto** (A. G.), à Gondomar (Porto).
Objets en filigrane.

215. — **Lobâo et Ferreira,** à Porto.
Objets en filigrane.

CLASSE 41

OBJETS DE VOYAGE ET DE CAMPEMENT

216. — **Costa** (Thomaz), à Alcobaça (Leiria).
Bâtons ferrés.

217. — **David** (José d'Azevedo), à Porto.
Malles de voyage.

218. — **Jesus** (Maria de), à Thomar (Santarem).
Deux bourrelets pour porter des charges sur la tête.

219. — **Laureano** (Antonio Firmo), à Lisbonne.
Une malle.

220. — **Meirelles** (Joaquim), à Batalha.

Une sacoche.

221. — **Rio** (Antonio Alves), à Porto de Moz, (Leiria).

Une sacoche.

222. — **Rocha** (Francisco José da Silva), à Porto.

Malles et différents objets de voyage.

223. — **Sousa et Fils** (Antonio Nunes de), à Thomar (Santarem).

Deux couvertures de voyage, et une sacoche.

GROUPE V

INDUSTRIES EXTRACTIVES, PRODUITS BRUTS ET OUVRÉS

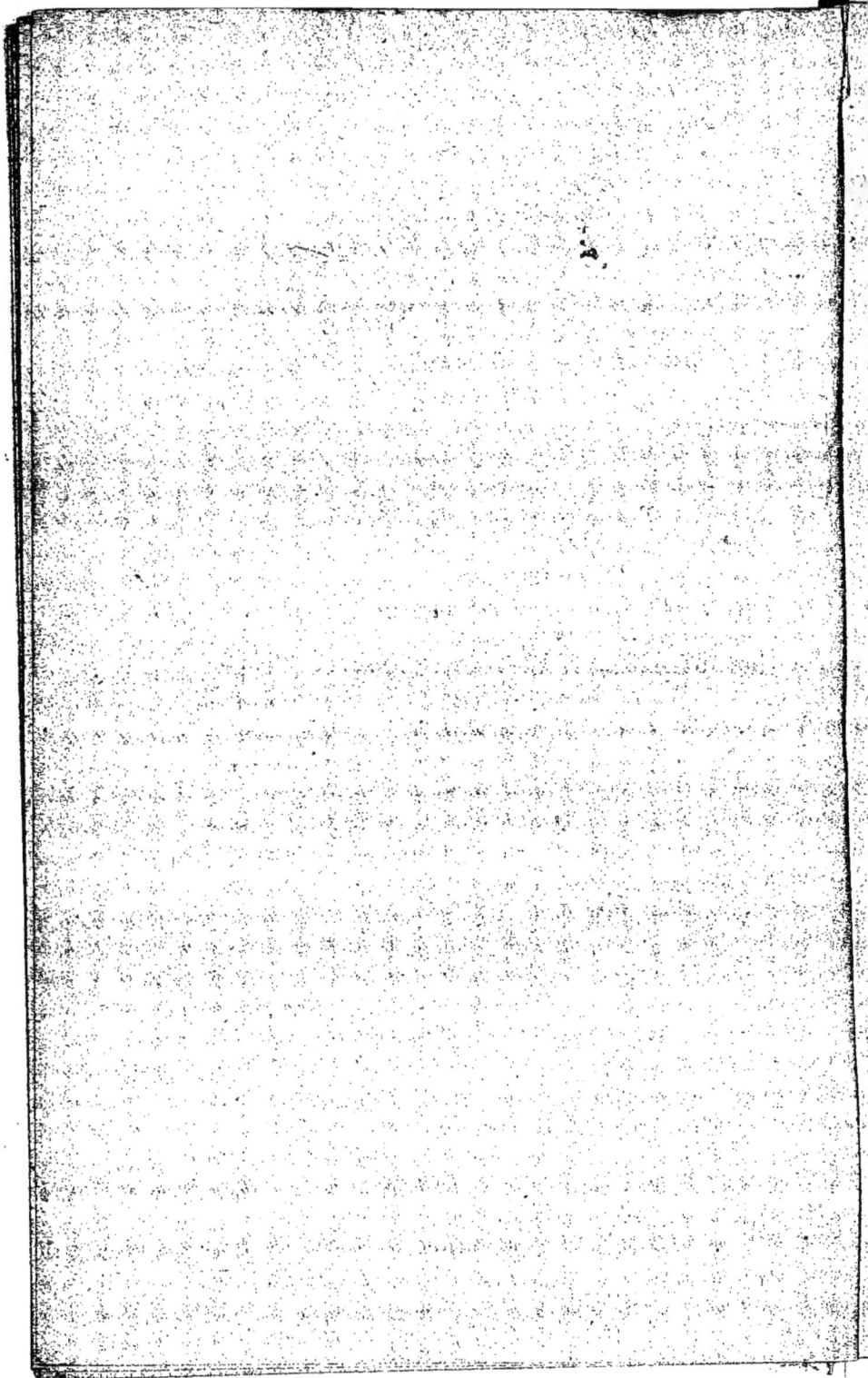

GROUPE V

—

INDUSTRIES EXTRACTIVES
PRODUITS BRUTS ET OUVRÉS

———

CLASSE 43

—

PRODUITS DE L'EXPLOITATION DES MINES
ET DE LA MÉTALLURGIE

1. — **Barata** (João Mendes), à Leiria.
Ferblanterie.

2. — **Bartissol** (Edmond), représentant de la Compagnie des Minerais de S. Thiago, à Monte Mór o Novo (Évora).
Oxyde de fer manganésifère.

3. — **Blanck** (Carlos Frederico), à Monte Mór o Novo (Évora).
Sulfure d'antimoine.

4. — **Castro** (João José), à Vianna (Vianna do Castello).
Minerais d'étain.

5. — **Cardoso Junior** (José Pereira), à Porto.
Or, argent et étain laminés.

6. Cardoso (José Pereira), à Porto.
Plomb de chasse.

7. — **Cardoso** (João Thomaz), à Gaya (Porto).
Un coffre-fort.

8. — **Chamiço** (Francisco d'Oliveira), à Extremoz (Évora).
Minerais de cuivre des mines de *Mostardeira*.

9. — **Coelho** (Munuel Maria), à Santarèm.
Hache à fendre le bois.

10. **Compagnie** aurificia, à Porto.
Clouterie.

11. — **Compagnie** du cap Mondego, à Figueira da Foz (Coimbra).
Combustibles minéraux.

12. — **Commission** départementale d'Angra de Heroismo, à Angra.
Une pierre à filtrer les eaux bourbeuses.

13. — **Compagnie** des minerais de fer des Monges, à Monte Mòr o Novo (Evora).
Minerais de fer : hématite.

14. — **Compagnie** portugaise des mines de Bogalho, à Alàndroal (Evora).
Minerais de cuivre.

15. — **Company** (Lusitanian Mining), à Albergaria a Velha (Aveiro).
Minerais de cuivre, nickel, cobalt, zinc et plomb des mines de *Palhal* et *Carvalhal*.

16. — **Compagnie** de la mine do Murcellão, à Arganil (Coimbra).
Minerais de plomb.

17. — **Compagnie** des mines de Telhadella, à Albergaria a Velha (Aveiro).
Minerais de nickel, cuivre, zinc et plomb.

18. — **Compagnie** phosphorite de Marvão, à Marvão (Portalegre).
Échantillons de phosphorite.

19. — **Compagnie** « União industrial, » à Porto.
Combustibles minéraux.

20. — **Cruickshank** (William), à Mertola (Beja).
Pyrites cuivreuses.

21. — **Deligny** (Ernesto), à Grandola (Lisbonne).
Minerais de cuivre des mines de *Serra da Caveira*.

22. — **Direction** de la Monnaie portugaise, à Lisbonne.
Monnaies portugaises.

23. — **Faria e Mello** (J. C. S.), à Vianna do Alemtejo (Evora).
Marbres (échantillons).

24. — **Ferreira et Sousa**, à Porto.
Or et étain laminés.

25. — **Feuerheerd Junior et C**[ie] (Diederich Mathias), à Sever do Vouga (Aveiro).
Minerais de plomb : galène et blende argentifère des mines de Braçal.
Ouvriers : 398.
Débouchés : Lisbonne, Porto, Liverpool et Swansea.
Médailles aux expositions de Porto, Londres, Paris, Vienne et Philadelphie.

26. — **Gomes** (Alonso), à Castro Verde (Beja).
Pyrolusite des mines de *Ferragudo*.

27. — **Gomes** (Alonso), à Mertola (Beja).
Pyrolusite des mines de *Soalheira*.

28. — **Gomes** (Alonso), à Mertola (Beja).
Minerais de plomb ; galène des mines *dos Namorados* et *Corrego da Mula*.

29. — **Gomes** (Alonso), à Mertola (Beja).
Pyrolusite (bioxyde de manganèse).

30. — **Gonçalves** (Jeronymo Ferreira), à Porto.
Clous.

31. — **Guerra** (Antonio José de Sonsa), à Porto.
Différents objets en fer et laiton.

32. — **Henriques et C**[ie] (Antonio Martins), à Gondomar (Porto).
Sulfure d'antimoine.

33. — **Jordão** (Manuel de Oliveira Rico), à Leiria.
Ocre.

34. — **Leuschner** (Adolpho), à Mealhada (Aveiro).
Combustibles minéraux.

35. — **Lopes** (José Pedro), à Santarem.
Ferblanterie.

36. — **Malheiro** (J. M. J.), à Villa Flor (Bragança).
Échantillons de fragments des roches enlevées du terrain d'où

jaillissent les eaux minérales de Beni-Saude ; échantillons des substances terreuses qui sont déposées par les eaux de cette source.

37. — **Mesquita** (Anselmo), à Coimbra.
Ferblanterie.

38. — **Nunes** (Valentim Ferreira), à Porto.
Un coffre-fort.

39. — **Oliveira** (Bento Rodrigues), à Gondomar (Porto).
Anthracite des mines de S. Pedro da Cova.

40. — **Oliveira** (Bento Rodrigues de), à Gondomar (Porto).
Combustible minéral des mines de Barral.

41. — **Oliveira** (Bento Rodrigues de), à Gondomar (Porto).
Sulfure d'antimoine. Galène.

42. — **Oliveira** (Joaquim Correia), à S. Pedro do Sul (Vizeu).
Cassitérite (bioxyde d'étain), et étain métallique.

43. — **Pacheco** (Francisco Gomes), à Braga.
Clous.

44. — **Passão** (Norberto Augusto), à Vianna de l'Alemtéjo (Evora).
Clochettes d'animaux et sonnettes pour les troupeaux.

45. — **Perseverança** (Compagnie), à Vallongo (Porto).
Sulfure d'antimoine.

46. — **Polles** (H.), directeur de la Compagnie du traitement des minérais d'étain de Traz-os-Montes, à Miranda (Bragança).
Cassitérite (bioxyde d'étain), et étain métallique.

47. — **Russell** (Joaquim Wager), à Torres Vedras (Lisbonne).
Calcaire bitumineux des mines de *Cabaço* et asphalte.

48. — **Santos** (Joaquim Antunes dos), à Lisbonne.
Clouterie.

49. — **Santos** (R.) et Moreira, à Porto.
Tuyaux en plomb.

50. — **Schalck** (Henri), à Lisbonne.
Clouterie.
Capsules métalliques, etc.

51. — **Silva et fils** (Manuel Antonio), à Lisbonne.
Plomb de chasse.
Médailles aux Expositions de Paris, Londres et Philadelphie.

52. — **Soares et Cie** (Azevedo), à Angra do Heroismo.
Clouterie.

CLASSE 44

PRODUITS DES EXPLOITATIONS ET DES INDUSTRIES FORESTIÈRES

53. — **Administration** de l'arrondissement de Cuba (Beja).
Échantillons de liége.

54. — **Administration** de l'arrondissement de Macedo de Cavalleiros (Bragança).
Bois de construction.

55. — **Administration** de l'arrondissement d'Ourique, à Ourique (Beja).
Echantillons de liége.

56. — **Administration** générale des forêts du royaume, à Lisbonne.
Procédé de gemmage du pin maritime, et matériel d'exploitation de la gemme.
Gemme du pin maritime : huile et essence de térébenthine; colophane; résine.
Essences forestières, liége, carles, herbier.

57. — **Albergaria** (D. J. et P. S. de), à Aveiro.
Échantillons de liége.

58. — **Alcantara** (João José), à Elvas (Portalegre).
Bois de construction.

59. — **Arrondissement** de Poiares, à Poiares (Coimbra).
Paniers.

5*

60. — **Augusto** (José Nicolau), à Chamusca (Santarem).
Liége.

61. — **Bicho** (J. P.), à Portalegre.
Echantillon de liége.

62. — **Biester, Campos et Cⁱᵉ**, à Lisbonne.
Liége.

63. — **Bordaz y Marimon** (Juan), à Portimão (Faro).
Liége.
Établissement fondé en 1860.
Ouvriers : 50.
Salaires : de 1 fr. 12 à 4 fr. 48.
Débouchés : Espagne, France, Angleterre, Allemagne et Russie.

64. — **C. Menezes et Cⁱᵉ**, à Porto.
Bouchons de liége.

65. — **Calça e Pina** (Antonio de), à Souzel (Porto).
Liége (échantillons).

66. — **Carvalho Junior** (José Fernandes Antunes), à Goes
(Coimbra).
Echantillons d'essences forestières.

67. — **Coelho** (José Lopes), à Aviz (Portalegre).
Bois de construction.

68. — **Commission** industrielle de Vianna, à Vianna do Castello.
Différents objets en osier.

69. — **Couto** (Joaquim de Sá), à Feira (Aveiro).
Bouchons de liége.

70. — **Direction** des travaux du Mondego, à Figueira.
Echantillons d'essences forestières.

71. — **Dias** (José Antonio), à Marvão (Portalegre).
Liége.

72. — **Duro et Miranda**, à Portalegre.
Liége et bouchons.

73. — **Eça** (Antonio da Cunha), à Condeixa (Coimbra.)
Échantillons de bois.

74. — Falcão (Francisco da Costa d'Oliveira), à Constancia (Santarem).
Bois de chauffage et de construction; liége.

75. — Faustino (Manuel), à Porto de Moz (Leiria).
Chapelets.

76. — Fernandes (Manuel), à Bragança.
Charbon végétal.

77. — Ferreira et frère (Lino José), à Anadia (Aveiro).
Liége.

78. — Ferreira (Pedro Augusto), à Porto.
Objets en bois.

79. — Ferreira (J. N.), à Chamusca (Santarem).
Liége.

80. — Gaudencio (José), à Coimbra.
Cure-dents.

81. — Galveas (Conde das), à Evora.
Liége.

82. — Gouveia (Manuel Moniz), à Condeixa (Coimbra).
Échantillons de bois.

83. — Inchado (J. A. D.), à Marvão (Portalegre).
Liége.

84. — Jesus (Maria de), à Coimbra.
Cure-dents.

85. — Lagrifa (Juan), à Grandola (Lisbonne).
Bouchons de liége.

86. — Lucena et Frère (Antonio Ferreira), à Agueda (Aveiro).
Liége.

87. — Marques (Antonio Paes da Silva), à Aviz (Portalegre).
Bois de construction.

88. — Martins (José Gomes), à Agueda (Aveiro).
Liége.

89. — Mattos (Dr. Francisco Maria), à Condeixa (Coimbra).
Échantillons d'essences forestières.

90. — **Mello** (Antonio Mariano Branco), à Condeixa (Coimbra).
Échantillons de bois.

91. — **Mello** (José Rodrigues), à Agueda (Aveiro).
Liége.

92. — **Melro** (José Jorge), à Alcobaça (Leiria).
Jattes en bois pour des usages agricoles.

93. — **Mendonça et C**ie, à Lisbonne.
Poudre de liége.

94. — **Meneres et C**ie, à Porto.
Bouchons de liége.

95. — **Menezes** (José de Vasconcellos Carneiro), à Marco de
Canavezes (Porto).
Liége.
Échantillons d'essences forestières.

96. — **Miranda** (Antonio Augusto), à Condeixa (Coimbra).
Balais.

97. — **Miranda** (J. M. de), à Castello de Vide (Portalegre).
Liége.

98. — **Miranda** (M. P. de), à Castello de Vide (Portalegre).
Liége.

99. — **Netto** (João Mascarenhas), à Silves (Faro).

Liége et bouchons.
Fabrique établie à Silves en 1862.
Ouvriers : 83 hommes, 10 femmes et 25 enfants.
Salaires des hommes : 1 fr. 20 cent. à 2 fr. 77 cent.; des fem-
mes, 55 cent. à 1 fr. 65 cent.; des enfants, 22 cent. à 55 cent. par
jour.
Provenance des matières premières : Algarve et Alemtéjo.
Production moyenne par année : 250,000 fr.
Débouchés : Londres, Liverpool, New-York, Philadelphie, Vlaar-
dingen, Copenhague, Hamburg, Bremen et Riga.
Liége exporté en nature : 2,000 à 3,000 ballots; bouchons pré-
parés, 10 millions.
Médaille à l'Exposition de Vienne et de Philadelphie.

100. — **Nunes** (Guilherme Francisco Pereira), à Oliveira do Hospital (Coimbra).
Échantillons d'essences forestières.

101. — Ornellas (Francisco Lourenço Tavares), à Condeixa (Coimbra).

Échantillons d'essences forestières.

102. — Paes (Francisco da Silva), à Aviz (Portalegre).

Bois de construction.

103. — Pena (Antonio-José), à Condeixa (Coimbra).

Bois.

104. — Perdigão (José Maria Ramalho Diniz), à Evora.

Liége.
Bouchons de liége.
Établissement fondé à Evora en 1875.
Ouvriers : 30 hommes, 5 femmes et 6 enfants.
Salaires des hommes : 2 fr. 80 c.; des femmes : 1 fr. 34 c.; des enfants : 0 fr. 67 c.
Médaille à l'Exposition de Philadelphie, 1876.

105. — Perez et Santos, à Evora.

Liége.

106. — Pidivell Charles, à S. Thiago do Cacem (Lisbonne).

Liége.

107. — Piedade (Maria), à Porto de Moz (Leiria).

Chapelets.

108. — Pimentel (J. R.), à Castello de Vide (Portalegre).

Liége.

109. — Pina (A. de Calça), à Souzel (Portalegre).

Liége.

110. — Pinheiro (Manuel José), Leiria.

Objets en bois.

111. — Pinho (José Joaquim da Silva), à Agueda (Aveiro).

Liége.

112. — Pinto (Zeferino José), à Porto.

Échantillons d'essences forestières.

113. — Proença a Velha (vicomte de), à Penamacor (Castello Branco).

Liége.

114. — Queiroz (J. de S. P. de), à Darque (Vianna do Castello).

Matières tannantes et colorantes.

115. — Ramalho (Francisco de Lemos), à Condeixa (Coimbra).
Deux sarments de vigne *Diagalves.*

116. — Reixa (João Antonio Nunes), à Villa Viçosa (Evora).
Liége.

117. — Ressurreição (Sebastião José), à Portalegre.
Échantillons d'essences forestières.

118. — Reynolds (Robert), à Extremoz (Evora).
Liége.

119. — Robinson (Georges), à Portalegre.
Liége.
Bouchons de liége.
Établissement fondé en 1847.
Ouvriers : 260 hommes et 420 femmes.
Salaires : de 0 fr. 56 c. à 2 fr. 24 c.
Débouchés : Angleterre.

120. — Rocha (Francisco Coelho da) à Villa da Feira (Aveiro).
Bouchons de liége.

121. — Rolo (Joaquim Pereira), à Porto de Moz (Leiria).
Objets en bois.

122. — Sanches et fils, à Faro.
Bouchons de liége.

123. — Santos (Alexandre Luiz dos), à Condeixa (Coimbra).
Balais et paniers.

124. — Santos (Antonio dos) à Coimbra.
Nattes en jonc.

125. — Serpa (J. J.) à Villa Nova de Portimão (Faro).
Liége.
Bouchons de liége.
Établissement fondé à Villa Nova de Portimão.
Ouvriers : 130 hommes, 10 femmes et 60 enfants.
Salaires : de 1 fr. à 4 fr. 44 c.
Débouchés : Angleterre, France, Allemagne, Belgique, Hollande,
Suède.

126. — Silva (Antonio Augusto Miranda), à Condeixa (Coimbra).
Échantillons de bois.

127. — Silva (Bento Luiz), à Lisbonne.
Échantillons d'essences forestières.

128. — Soares de Albergaria (Dr. Thomaz Antonio Pinho), à Macieira de Cambra (Aveiro).

Liége.

129. — Tinalhas (vicomte das), à Castello Branco.

Liége.

130. — Vasconcellos (Joaquim Guilherme), à Elvas (Portalegre).

Échantillons de liége.

CLASSE 45

PRODUITS DE LA CHASSE. — PRODUITS, ENGINS
ET INSTRUMENTS DE LA PÊCHE ET DES CUEILLETTES

131. — Administration de l'arrondissement de Mertola, à Mertola (Beja).

Miel et cire de Mertola.
P. a. 1,309 kilogrammes.
Prix : 1 fr. 50 le kilogramme.
Débouchés : Ceux du pays.

132. — Administration de l'arrondissement de Ourique (Beja).

Miel d'Ourique.
Prix : 1 fr. 34 par litre.
Consommation dans la localité.

133. — Administration de l'arrondissement de Serpa (Beja).

Miel de Serpa.
P. a. 4,000 kilogrammes.

134. — Andrade (Pe José Manuel d'), Mealhada (Aveiro).

Miel de Santa Christina (Vaccariça).
P. a. 50 litres.
Prix : 1 fr. 66 par litre.
Consommation dans la localité.

135. — Avillez (comte d'), Portalegre.

Miel d'Apostolos, S. Thiago.
P. a. 20 hectolitres.
Prix : 0 fr. 75 par litre.
Consommation dans la localité.

136. — Baptista (Manuel João), à Castello Branco.

Miel, 1877.

137. — Bello (Antonio Marcellino Carrilgo), Castello de Vide (Portalegre).

Miel de Mem-Soares.

138. — Bom Sucesso (José Martins do), Arronches (Portalegre).

Miel de Brazio (S. da Esperança).
P. a. 10 hectolitres.
Prix : 0 fr. 77 par litre.
Consommation dans la localité.

139. — Brito (João Themudo Soares de), Niza (Portalegre).

Miel de Niza (Espirito Santo).
Prix : 0 fr. 55 par litre.
Consommation dans la localité.

140. — Cabrita et Cie (Gustavo).

Huile de squale.
Peaux de roussette.

141. — Capello (Nuno), à Idanha a Nova (Castello Branco).

Miel, 1875.

142. — Carriço (Francisco Fernandes), Idanha a Nova (Castello Branco.

Miel, 1877.

143. — Commission départementale agricole de Vianna do Castello, à Vianna do Castello.

Miel.
On récolte abondamment.
Prix : 2 fr. 33 par litre.
Consommation à Vianna.

144. — Comte de Sobral, à Almeirim (Santarem).

Miel, 1876 et 1877, convento da Serra.
P. a. 250 kilogrammes.
Prix : 0 fr. 83 le kilogramme.
Miel, 1877, convento da Serra.
P. a. 250 kilogrammes.
Prix : 0 fr. 83 le kilogramme.
Débouchés : ceux du pays.
Récompenses aux Expositions de Paris et Londres.

145. — Conceição (Antonio Joaquim da), Castro Verde (Beja).

Miel, 1ro et 2e qualités, S. Marcos da Ataboeira.
P. a. 30,000 kilogrammes.

Prix : 0 fr. 89 par kilogramme.
Miel de 2ᵉ qualité, S. Marcos da Ataboeira.
P. a. 60,000 kilogrammes.
Prix : 0 fr. 73 par kilogramme.
Débouchés : Lisbonne.
Cire blanchie, S. Marcos da Ataboeira.
P. a 40,000 kilogrammes.
Prix : 5 fr. 60 le kilogramme.
Cire jaune, S. Marcos da Ataboeira.
P. a. 50,000 kilogrammes.
Prix : 4 fr. 48 le kilogramme.
Débouchés : ceux de l'Espagne.

146. — Costa (Antonio Jacome da), Gavião (Portalegre).

Miel, Atalaia.
P. a. 100 hectolitres.
Prix : 0 fr. 88 par litre.
Débouchés : ceux du pays.

147. — Costa (João Nunes da S.) Arganil (Coimbra).

Miel, Villa Cova.
P. a. 4 hectolitres.
Prix : 0 fr. 88 par litre.
Débouchés : Porto.

148. — Costa (Manuel Jorge da), Vallongo (Porto).

Cire en rayons.
Débouchés : Porto.

149. — Ferreira (Dʳ Adriano Baptista), Mealhada (Aveiro).

Miel, 1877, Quinta das Fontes.
Prix : 1 fr. 66 par litre.

150. — Garção (José Maria), Elvas (Portalegre).

Miel, 1877, Fonte Santa.
Prix : 1 fr. 12 par litre.
Consommation dans la localité.
Cire, 1877, Fonte Santa.
P. a. 300 kilogrammes.
Prix : 5 fr. 04 le kilogramme.
Débouchés : ceux du pays.

151. — Gracio (Francisco Miguel), Alcobaça (Leiria).

Cire, Vallado dos Frades.
Prix : 11 fr. 11 par kilogramme.
Miel, Vallado dos Frades.
Prix : 1 fr. 88 par litre.

152. — Graciosa (comte da), Idanha a Nova (Castello Branco).
Miel.
Prix : 3 fr. 33 par kilogramme.

153. — Institut industriel du Porto, à Porto.

Filets et canot de pêcheur dans le littoral d'Aveiro.

154. — Lavado (Antonio Marques), Idanha a Nova (Castello Branco).

Miel, 1877.

155. — Le Coq (Eduardo), Castello de Vide (Portalegre).

Miel de Coutada (S. João).

156. — Macedo (José Ignacio de Torres), Aviz (Portalegre).

Miel de Cráda.
P. a. 2 hectolitres.
Prix : 1 fr. 33 par litre.
Débouchés : Lisbonne, Abrantes.

157. — Macedo Jor (Camillo de), Peso da Regua (Villa Real).

Miel, 1877 (Regua).
P. a. 5 hectolitres.
Prix : 0 fr. 22 par litre.
Consommation dans la localité.

158. — Machado (Vicente), Funchal, à Madère.

Barille (salsola soda, Lin), Iles désertes.
P. a. 42,000 kilogrammes.
Prix : 0 fr. 06 le kilog.
Débouchés : Londres, Lisbonne, Teneriffe.
Plumes (Iles sauvages).
P. a. 750 kilog.
Prix : 4 fr. 83 le kilog.
Débouchés : Londres, Funchal.

159. — Magalhães. (Simeão Pinto de Mesquita Carvalho), Louzada (Porto).

Miel, 1877, (Luinta de Val da Cunha).
Prix : 3 fr. 33 par litre.

160. — Magro (Patricio Antunes), Idanha a Nova (Castello Branco).

Miel, 1877.

161. — Manzarra (Jeronymo José), Idanha a Nova (Castello Branco).

Miel, 1877.

162. — Martins (André), Vallongo (Porto).

Cire blanche en fleur.
Cire brute.

163. — Miranda (Joaquim Lobo de), Lagos (Faro).

Miel (Lagos).
P. a 10 hectolitres.
Prix : 1 fr. 11 par litre.
Débouchés : Lisbonne et l'étranger.

164. — Miranda (Joaquim Ribeiro Alves de), Baião (Porto).

Miel (Quintella).
Prix : 2 fr. 84 par litre.
On récolte, en moyenne, 1 litre 22 de miel de chaque ruche.
Débouchés : Amarante, Mesão-Frio et Baião.

165. — Monteiro (Joaquim José Duarte), Agueda (Aveiro).

Miel ordinaire (Castanheira).
Miel candi (Castanheira).

166. — Montenegro (Francisco Antonio de Carvalho), Poiares
(Coimbra).

Miel, 1877, de Pereiro d'Alem.
Prix : 1 fr. 55 par litre.
Débouchés : Porto.

167. — Morgado (João Alves), Constancia (Santarem).

Miel, 1877, Euxestald.
P. a. 15 hectolitres.
Prix : 1 fr. 11 par litre.
Consommation dans la localité.

168. — Oliveira (Manuel Maria d'), Vinhaes (Bragança).

Cire (Pelleias), Tuizello.
Prix : 5 fr. 55 par kilogramme.

169. — Pelouro (João Gonçalves), Castello de Vide (Portalegre).

Cire blanchie (Ribeirinho).

170. — Pina (Antonio de Calça e), Souzel (Portalegre).

Miel (Souzel).
Prix : 0 fr. 14 par litre.
Consommation dans la localité.

171. — Pinheiro (José de Moura), Idanha a Nova (Castello
Branco).

Miel, 1877,

172. — Rossa (José Pires), Idanha a Nova (Castello Branco).
Miel, 1877.

173. — Santos (Pº Joaquim Ferreira dos), Vallongo (Porto).
Miel (S. Martinho).

Débouchés à Porto.
Prix aux Expositions internationales de Porto, Vienne et Philadelphie.

174. — Telles (Antonio Joaquim de Souza), Baião (Porto).
Miel (Fundão de Villa).
P. a. 14 hectolitres.
Prix : 2 fr. 8½ par litre.
Débouchés : Amarante, Mezão-frio, Baião.
On récolte, en général: 1 litre 22 de miel de chaque ruche.

175. — Tenorio (Matheus Rodrigues), Alter do Chão (Portalegre).
Miel (Alter do Chão) N. S. da Assumpção.
Prix : 1 fr. 33 par litre.
Récompense à l'Exposition de Philadelphie.

176. — Tinalhas (Vicomte das), Castello Branco.
Échantillons de liége.

177. — Torres (Pe Manuel Antonio), Idanha a Nova (Castello Branco).
Miel, 1877.

178. — Vianna (Abudarham e Filhos), Funchal, à Madère.
Orseille (Rocella tinctoria), Iles désertes.
P. a. 10,500 kilogrammes.
Prix : 1 fr. 00 le kilogramme.
Débouchés : Londres.

CLASSE 46

PRODUITS AGRICOLES NON ALIMENTAIRES.

179. — Administration de l'arrondissement d'Agueda, à Agueda (Aveiro).
Graines de lin.

180. — Administration de l'arrondissement d'Alcoutim, à Alcoutim (Faro).
Laine noire.
Prix : 27 fr. 77 par 15 kilogrammes.
Laine blanche.
Prix : 30 fr. par 15 kilogrammes.

181. — **Administration** de l'arrondissement d'Arouca (Aveiro).

Graines de lin.
Lin en quatre différents états de préparation.

182. — **Administration** de l'arrondissement de Beja, à Beja.

Laine blanche (S. Thiago).
Laine noire (S. Thiago).
P. a. 52,479 kilogrammes.
Prix : 3 fr. 33 la toison.
Débouchés : Lisbonne.

183. — **Administration** de l'arrondissement de Cambra (Aveiro).

Graines de lin (Macieira).
Lin à divers degrés de préparation.

184. — **Administration** de l'arrondissement de Castro-Marim
(Faro.)

Laine.
Prix : 1 fr. 66 par kilogramme.
Lin.
Prix : 1 fr. 11 par kilogramme.
Agave américain.
Prix : 0 fr. 66 par kilogramme.
Tourteaux d'olives.
Paspalum stricte « morraça ».

185. — **Administration** de l'arrondissement de Feira, à Aveiro.

Lin en herbe.

186. — **Administration** de l'arrondissement de Mealhada
(Aveiro).

Lin en différents états de préparation.
Graines de lin mauresque du pays.
Graines de lin gallicien du pays.

187. — **Administration** de l'arrondissement d'Ourique (Beja).

Laine blanche (Ourique).
Prix : 2 fr. 24 par kilogramme.
Laine noire (Ourique).
Prix : 1 fr. 90 par kilogramme.
Lin (Ourique).
Prix : 1 fr. 34 par kilogramme.

188. — **Administration** de l'arrondissement de Serpa (Beja).

Laine (Serpa).
P. a. 38,000 kilogrammes.

189. — **Affonso** (Maria Thereza), Vinhaes (Bragança).

Lin (Moimenta).
Prix : 1 fr. 77 par kilogramme.

190. — **Albergaria** (Dʳ Thomaz Antonio Pinho Soares d'), à Macieira de Cambra (Aveiro).

Lin mauresque (Quinta do Muradal).
Pepins de raisins (Quinta do Muradal).
Prix : 0 fr. 04 par litre.
Pellicules de raisins (Quinta do Muradal).
Récompense à l'Exposition de Philadelphie par différents produits agricoles.

191. — **Alves** (Agostinho Branco), Bragança.

Paille de froment (Terreiro).
Prix : 0 fr. 02 par kilogramme.
Foin des prés (Valle d'Ovelhas).
Prix : 0 fr. 04 par kilogramme.

192. — **Aragão** (José d') Fundão (Castello Branco).

Graines d'avoine des prés (Avena barbata, Brot.) Plante fourragère.

193. — **Augusto** (Matheus), Angra do Heroismo.

Lin en différents états de préparation.
Prix : 1 fr. 85 par kilogramme.
Consommation dans la localité.
Prix à l'Exposition de 1873, à Vienne d'Autriche.

194. — **Barjona** (Pedro Simões Affonso), Mira (Coimbra).

Huiles de sardines (Costa de Mira).
Prix : 0 fr. 44 par litre.
Débouchés : Porto.

195. — **Borges** (Alexandre José), Vinhaes (Bragança).

Laine en suint.
Prix : 1 fr. par kilogramme.
Laine en blanc.
Prix : 1 fr. 55 par kilogramme.
P. à. 700 kilogrammes.

196. — **Capello** (Nuno), Idanha a Nova (Castello Branco).

Laine grossière à poil de chèvre-*churra*, 1877.

197. — **Carvalho** (Pe Francisco Xavier de), Condeixa (Coimbra).

Serradelle (Ornithopus sativus).
Sainfoin (Hedysarum onobrychis, Lin.).
P. a. 1 hectolitre.
Prix : 0 fr. 27 par litre.
Consommation à Condeixa.

198. — **Carvalho** (Firmino Fernandes de), Pezo da Regoa (Villa Real).

Coton du cotonnier herbacé (Gossypium herbaceum L), Covellinhas, Santa Comba, Regóa.

P. a. 45 kilogrammes.

Culture d'essai. On a observé que le cotonnier, à Covellinhas, est rustique et y végète à merveille.

199. — Castello Branco (Alexandre de Cupertino), Arganil (Coimbra).

Laine de métis de mérinos (Villa Cóva).

P. a. 400 kilogrammes.

Prix : 2 fr. 22 le kilogramme.

Cocons de vers à soie (Villa Cóva).

P. a. 45 kilogrammes.

Prix : 2 fr. 22 le kilogramme.

Consommation dans la localité.

200. — Chambre municipale de l'arrondissement de Redondo, à Evora.

Cire.

201. — Commission de l'arrondissement de Horta, à (l'île de Fayal).

Gaude.

Garance.

Orseille.

202. — Compagnie des « Vendeurs » de Tabacs REGALIA, à Lisbonne.

Tabacs.

Établissement fondé en 1867.

Ouvriers : 300; 156 hommes, 134 femmes et 10 enfants.

Salaires des hommes : de 1 fr. 79 à 2 fr. 24; des femmes : de 1 fr. 34 à 2 fr.; des enfants : de 0 fr. 84 à 1 fr. 12.

Machines à vapeur de la force de 20 chevaux.

Provenance des matières premières : Amérique du Nord et Havane.

Production annuelle : 2,777,777 fr.

Débouchés : Portugal et Colonies.

203. — Compagnie nationale des Tabacs, à Xabregas (Lisbonne).

Tabacs : cigares, cigarettes et tabac à priser (rapé).

Établissement réorganisé en 1864.

Ouvriers : 911.

Salaires : de 0 fr. 66 à 3 fr. 33.

Moteurs employés : deux machines à vapeur de la force de 50 chevaux.

Valeur de la production annuelle : 10.000,000 fr.

Débouchés : Portugal, Brésil, etc.

Médailles à toutes les expositions nationales et étrangères.

204. — **Compagnie** de tabacs « Barreiras de Xabregas », à Olivaes (Lisbonne).

Tabacs.
Établissement fondé à Evora en 1876.
Ouvriers : 279.
Salaires : 0 fr. 56 à 3 fr. 80.
Machines à vapeur de la force de 13 chevaux.
Provenance des matières premières : Amérique et Allemagne.
Production annuelle : 1,065,673 fr.

205. — **Conseil** départemental de l'Agriculture, à Funchal (Madère).

Graines de lin (San Vicente).
P. a. 100 hectolitres.
Prix : 0 fr. 23 par litre.
Consommation à Funchal.

206. — **Costa** (Manuel Jorge da), Vallongo (Porto).

Lin sérancé.
Graines de lin.

207. — **Direction** des travaux publics da Guarda, à Guarda.

Baies de sureau.

208. — **Eiras** (Custodio da Costa), Paços de Ferreira (Porto).

Lin « gallicien » (Paço).
Prix : 2 fr. 60 par kilog.
Lin « mauresque » (Paço).
Prix : 2 fr. 38 par kilog.
Lin de « Coimbra » (Paço).
Prix : 2 fr. 88 par kilog.
Débouchés : ceux du canton.

209. — **Esperança** (vicomte da), Cuba, Beja.

Laine blanche. Quinta da Esperança.
Laine noire. Quinta da Esperança.

210. — **Falcão** (Francisco de Costa de Oliveira), Constancia, Santarem.

Paille de froment. Valle de Zebro.
Paille de maïs. Valle de Zebro.
Paille de féverolles. Valle de Zebro.
Consommation dans la localité.

211. — **Falcão** (Luiz da Costa de Oliveira), Constancia, Santarem.

Laine, en suint. — Quinta do Lombão.
P. a. 300 kilogrammes.
Prix : 1 fr. 17 par kilogramme.
Débouchés : Covilhã.

212. — Faneca (Domingos), Vallongo, Porto.

Lin sérancé. Suzaõ. S. Mamede.
Graines de lin. Suzaõ, S. Mamede.

213. — Ferme districtale de Bragança.

Cocons de vers à soie.
Récolte en plein air sur le mûrier blanc.
Récolte obtenue hors l'influence de la lumière.

Expériences faites dans le but de démontrer aux paysans du
département de Bragança la rusticité de la race portugaise des
vers à soie, et de combattre la croyance erronée qu'ils ont à
l'égard de l'action de la lumière sur les vers, à la période de la
formation des cocons.

214. — Fernandes (João José), Chaves, Villa Real.

Lin mauresque. Veiga des Chaves.
Graines de lin. Veiga de Chaves.
Prix : 0 fr. 16 par litre.
Consommation dans la localité.

215. — Fernandes (Joaquim Filippe), Beja.

Laine noire. Almocrevas, S. Thiago.
Laine blanche. Almocrevas, S. Thiago.

216. — Fernandes (Manuel), Santo-Antonio, Funchal, à l'île
de Madère.

Laine blanche, en suint. Santo Antonio.
P. a. 450 kilogrammes.
Prix : 2 fr. 22 le kilogramme.
Laine noire en suint.
P. a. 150 kilogrammes.
Prix : 2 fr. 77 le kilogramme.
Débouchés à Funchal.

217. — Fernandes (Manuel Ignacio), Villa Pauca d'Aguiar,
Villa Real.

Lin en bottes. Fellaès, 881 kilogrammes. Prix 0 fr. 14 le kilogr.
Laine. P. a. 1,468 kilogrammes.
Prix : 0 fr. 06 le kilogramme.
Débouchés : chez l'exposant et à Porto et Braga.
Récompense à l'Exposition de 1876, à Philadelphie pour le lin.

218. — Fonseca (Miguel Augusto) et Cardoso, à Porto.
Tabacs.

219. — Franco (José Joaquim), Fundão, Castello Branco).

Farouche (trifolium incarnatum).
Serradelle (Ornithopus sativus).

6*

220. — Franco (José Joaquim), Fundão, Penamacor, Castello Branco.

Cocons de vers à soie.

221. — Freitas (José Monteiro de), Baião, Porto.

Lin en herbe, amarelha. Campello.
P. a. 1,200 kilogrammes.
Prix : 2 fr. 22 par kilogramme.

222. — Freitas e Macedo, Funchal, à Madère.

Canne à sucre. Pico, S. Martinho, Funchal.
P. a. 37,500 kilogrammes.
Prix : 0 fr. 08 le kilogramme.
Débouchés à Funchal.
Cette culture a été introduite à Madère depuis 1853. Elle y prospère à merveille.

223. — Gomes (José da Costa), Leiria.

Lin en herbe.
Graines de lin.

224. — Lago (Ramiro Augusto Pereira do), Penafiel, Porto.

Lin en bois. Souto.

225. — Liberal (Victorino Teixeira da Costa), Mondim de Basto, Villa Real.

Lin en différents états de préparation.
P. a. 200 kilogrammes.
Prix : 2 fr. 77 par kilogramme.
Consommation chez l'exposant.
Médaille en argent à l'Exposition internationale de 1876, à Philadelphie.

226. — Lima (João Antonio de) et Cⁱᵉ, à Porto.

Tabacs.
Ouvriers : 210 hommes et 122 garçons.
Salaire des hommes : de 1 fr. 66 à 3 fr. 88 ; des garçons : de 0 fr. 33 à 0 fr. 66 par jour.
Production annuelle : 1,611,000 fr.
Débouchés : ceux du Portugal et colonies.
Moteurs employés : une machine à vapeur de la force de 16 chevaux.
Provenance des matières premières : Etats-Unis, Brésil et Allemagne.

227. — Macedo (Francisco de Treitas), Santarem.

Graines de pimprenelle. Teixeira.

228. — **Manoel** (Joaquim), Funchal, à Madère.

Rouvre des corroyeurs (Rhus Coriaria, lin), Canico.
P. a. 700 kilogrammes.
Prix : 0 fr. 33 par kilogramme.
Débouchés : Funchal.

229. — **Marçal** et frère, à Portalegre.

Laines.

230. — **Mendia** et C⁰ (Eduardo de), à Lisbonne (Fabrique de
Santa Justa).

Tabacs.
Etablissement fondé en 1867.
Ouvriers : 264 hommes, 150 femmes et 36 enfants.
Salaires : de 1 fr. 33 à 8 fr. 33.
Machine à vapeur de la force de 13 chevaux.
Valeur de la production annuelle : 2,888,888 fr.
Débouchés : Portugal.

231. — **Miranda** (Antonio Augusto Lobo de), Lagos. Faro.

Laine noire.

232. — **Montenegro** (Francisco Antonio de Carvalho), à Poiares
(Coimbra).

Cocons de vers à soie.

233. — **Noronha** (Pe Carlos Acciaioly), S. Pedro, Funchal,
à Madère.

Houblon cultivé (humulus lupulus, Lin), Piço.
P. a. 60 kilogrammes.
Prix : 4 fr. 44 le kilogramme.

On a cultivé le houblon, à Madère, depuis l'année 1875 ; il y
prospère au dernier degré de perfection sous le climat tempéré.
Culture et exploitation très-perfectionnées.

234. — **Nunes** (Guilherme Francisco Pereira), Oliveira do Hospital (Coimbra).

Serradelle cultivée. (Ornithopus sativus). Baies de genièvre.
Oliveira do hospital.
Prix : 0 fr. 17 par litre.
Graines de lin, Consommation dans la localité.
Graines d'ivraie vivace. Lin en bottes.

235. — **Oliveira** (Manuel Joaquim de), Miranda (Bragança).

Laine blanche, lavée.
Prix : 1 fr. 66 par kilogramme.
Laine blanche, en suint.
P. a. 50 kilogrammes.

Prix : 1 fr. 11 par kilogramme.
Laine noire, lavée.
Prix : 1 fr. 33 par kilogramme.
Laine noire, en suint.
P. a. 800 kilogrammes.
Prix : 1 franc par kilogramme.
Débouchés : Miranda, Mogadouro.

236. — Pereira (Antonio de Sá), Bragança.

Cocons de vers à soie.
P. a. 150 kilogrammes.
Prix : 4 fr. 94 par kilogramme.
Consommation à Bragança.
Prix à l'Exposition de Philadelphie.

237. — Pereira (Eduardo Augusto), Paços de Ferreira, Porto.

Laine en suint. Sobrão.
Prix : 1 fr. 80 par kilogramme.
Laine lavée. Sobrão.
Prix : 3 fr. 60 par kilogramme.
Récompense à l'Exposition de Philadelphie.

238. — Pimentel (José Pedro), Marrão (Portalegre).

Lin en bois « mourisco.
Serradelle de Portugal en herbe (ornithopus sativus, Brot).
Pied d'oiseau en foin (ornithopus perpusillus).

239. — Pimentel (José Reis), Castelho de Vide (Portalegre).

Lin en bois. Povoa e Meada.
P. a. 600 kilogrammes.
Prix : 0 fr. 36 par kilogramme.
Laine blanche. Povoa e Meada.
P. a. 3,000 kilogrammes.
Prix : 2 fr. 22 par kilogramme.
Consommation à Portalegre.

240. — Pina (Antonio de Caleça e), Souzel (Portalegre).

Laine. Souzel.
P. a. 2,000 kilogrammes.
Prix : 0 fr. 83 le kilogramme.
Débouchés : Extrémoz, Lisbonne et Porto.

241. — Pinho (Joaquim José da Silva), Agueda (Aveiro).

Lin (cinq échantillons).
Toison blanche en suint.
Toison noire en suint.

242. — Queiroz (Joaquim Augusto), à Armamar (Viseu).

Cocons de vers à soie.

243. — **Queiroz** (Joaquim Carneiro Leão), Paços de Ferreira (Porto).

Lin « gallicien ». Fontello.
Prix : 2 fr. 60 par kilogramme.
Médaille d'honneur à l'Exposition de Vienne d'Autriche.

244. — **Queiroz** (José de Sequeira Pinto), Darque (Vianna do Castello).

Pepins de raisins.
Employés dans la nourriture des animaux de basse-cour et des porcs.

245. — **Queiroz** (José de Sequeira Pinto), Darque (Vianna do Castello).

Paille de maïs blanc. Quinta de Caes Novo.
Raffle de maïs blanc. Quinta de Caes Novo.

246. — **Queiroz** (José de Sequeira Pinto de), Darque (Vianna de Castello).

Bambou (trois tiges de), Quinta de Caes Novo.
Employé pour fabriquer des cannes, des manches d'ombrelles et des cannes à pêche.
Débouchés : Vianna do Castello.
Prix : 2 fr. 77 la perche de 8 mètres de longueur.

247. — **Ramalho** (Francisco de Lemos), Condeixa (Coimbra).

Avoine des prés (avena barbata, Brot).
P. a. 16 hectolitres.
Prix : 0 fr. 06 par litre.
Ivraie vivace (Lolium perenne (Lin.)
Débouchés : Condeixa.

248. — **Rasquilha** (Francisco da Silva Lobão), Arronches, (Portalegre).

Laine en suint. Revelhos.
P. a. 5,000 kilogrammes.
Prix : 8 fr. 88 à 9 fr. 92 les 15 kilogrammes.
Débouchés : ceux du pays.

249. — **Saldanha** (Manuel Baptista Camossa Nunes), Feira (Aveiro).

Ramie (Urtica tenacissima). Lamas.

250. — **Santos et Ferreira**, à Gaya (Porto).

Cocons de vers à soie et soie filée.

251. — **Sousa** (B. José Saldanha d'Oliveira e), Oeiras (Lisbonne).

Échantillons de laine noire.
Échantillons de laine blanche.

252. — Sousa (Manuel Lopes de), Guarda.

Laine blanche.
Laine noire.

253. — Station agricole de Bragance (Quinta districtal), à Bragança.

Cocons de vers à soie.

254. — Vide (Domingos d'Almeida), Macieira de Cambra (Aveiro).

Graines de lin.
Prix : 0 fr. 16 par litre.

CLASSE 47

—

PRODUITS CHIMIQUES ET PHARMACEUTIQUES.

255. — Administration de l'arrondissement de Mertola (Beja).

Cire.

256. — Arnsby (Henry), à Monchique (Algarve).

Cirage.

257. — Bica (Antonio da Conceição), à Castello de Vide (Portalegre).

Cire jaune.

258. — Baptista (Antonio Ferreira), à Portalegre.

Produits pharmaceutiques.

259. — Bandeira (Antonio de Sousa Brito Maldonado), à Setubal (Lisbonne).

Sel marin.

260. — Callado et Irmão (João Baptista Barreiros), à Torres Novas (Santarem).

Cire jaune et cire en grumeaux.

261. — Cardoso (José de Palva), à Leiria (Leiria).

Produits pharmaceutiques.

262. — Carvalho (Joaquim), à Poiares (Coimbra).

Cire.

263. — **Carvalho** (José Nunes), à Coimbra.

Produits pharmaceutiques.

264. — **Castello Branco** (João Ferrão), à Villafranca de Xira (Lisbonne).

Sel marin.

265. — **Commission** centrale de Lisbonne, à Lisbonne.

Sel de Rio Maior.

266. — **Commission** centrale, à Porto.

Eaux minérales de Monfortinho.

267. — **Compagnie** des Eaux *das Pedras Salgadas*, à Villa Pouca de Aguiar (Villa Real).

Eaux minérales.

268. — **Compagnie** *Uniao Fabril*, à Alcantara (Belem).

Acides gras cristallisés.
Oléine et glycérine.
Savons et bougies stéariques.
Huile de *purgueira*.
Pâte de *purgueira*.

269. — **Craveiro** (Antonio Rodrigues), à Penacova (Coimbra).

Cure-dents.

270. — **Conceição** (Antonio Joaquim), à Castro Verde (Beja).

Cire.

271. — **Cooke et Cie**, à Figueira da Foz (Coimbra).

Sel marin.

272. — **Correia** (J. B. Nunes).

Produits pharmaceutiques.

273. — **Correia** (Baronne de Samora), à Benavente (Santarem).

Sel marin.
Marais salants situés à Alcochete.
Ouvriers : 100 hommes et 30 enfants.
Salaires des hommes : de 1 fr. 66 c. à 2 fr. 22 c. et des enfants, de 0 fr. 55 c. à 1 fr. 11 c. par jour.
Production annuelle : 15 millions de litres.
Débouchés : Suède et Norvége, Russie et Danemark.
Médaille à l'Exposition de Londres, 1861; de Paris, 1867; de Vienne, 1873; de Philadelphie, 1876.

274. — **Costa** (Antonio Jacome da), à Gavião (Portalegre).

Eaux minérales.

275. — Costa (Joaquim Soares da), à Porto.

Produits pharmaceutiques.

276. — Deligny frères et Cie, à Lisbonne.

Produits chimiques.
Fabrique fondée en 1867 à *Povoa de Santa Iria*.
Ouvriers : 50.
Salaires : de 1 fr. 11 c. à 3 fr. 89 c.
Machines à vapeur de la force de 15 chevaux.
Médaille à l'Exposition de Philadelphie, 1876.

277. — Diniz (Domingos Barata), à Coimbra.

Produits pharmaceutiques.

278. — Fiel (João Candido Sobral), à Lamego (Viseu).

Savon jaune et marbré.

279. — Freire (Barros), à Porto.

Bougies et objets divers en cire.

280. — Garcia (José Carrilho), à Almodovar (Beja).

Bougies de cire.

281. — Garção (José Maria), à Elvas (Portalegre).

Cire.

282. — Henrique (Antonio), à Poiares (Coimbra).

Cire.

283. — Lezirias do Tejo et Sado (direction de la Compagnie
das), à Lisbonne.

Sel marin.

284. — Magalhães (José Joaquim da Silva), à Gaia (Porto).

Cire.

285. — Malheiro (J. M. Teixeira), à Villa Flor (Bragança).

Eaux minérales.

286. — Martins (André), à Vallongo (Porto).

Cire.

287. — Mello (Antonio José Teixeira), à Lisbonne.

Cire, cierges et bougies.

288. — Mendonça (Antonio), à Angra do Heroismo).

Farine pectorale ferrugineuse.

289. — **Moraes** (Samuel Euzebio de), à Figueira (Coimbra).
Sel marin.

290. — **Moreira** (David Martins), à Castello de Vide (Portalegre).
Cire.

291. — **Oliveira Junior** (Estevao Antonio), à Alcochete (Lisbonne).
Sel marin.

292. — **Oliveira** (Manuel Maria de), à Vinhaes (Bragança).
Cire.

293. — **Pharmacie Magalhães**, à Lisbonne.
Produits pharmaceutiques.

294. — **Pinto** (Manuel Maria), à Setubal.
Produits pharmaceutiques.

295. — **Pires** (Antonio Joaquim), à Lisbonne.
Produits pharmaceutiques.

296. — **Ramires** (Dr. Balthasar Perez).
Savon jaune.

297. — **Santos** (J. J. Ribeiro dos), à Lisbonne.
Onguent Dumont.

298. — **Serzedello et C**ie, Dépôts, 11, Largo do Corpo Santo, Lisbonne.
Produits chimiques.
Usine fondée à Margueira, en 1825.
Médailles aux Expositions de Porto, 1861, 1865 ; de Vienne, 1873, et de Philadelphie, 1876.

299. — **Silva** (Diogo Monteiro), à Lisbonne.
Cire jaune et en grumeaux, bougies et différents objets en cire.

300. — **Silva** (Francisco Pereira), à Leiria.
Produits pharmaceutiques.

301. — **Silva** (Silverio Augusto Pereira da), à Aveiro.
Sel marin.
Notice sur les marais salants d'Aveiro, avec un plan.

302. — **Société** des eaux de Cabeço de Vide, à Alter do Chão (Portalegre).
Eaux minérales.

303. — **Société** des eaux minérales de Vidago (Villa Real).

Eaux minérales de Vidago, joli village situé dans la fertile vallée d'Oura.

COMPOSITION

Bicarbonate de soude................... 4gr,629017
» de potasse.................. 0 ,048396
» de lithine.................. 0 ,037331
» de strontiane.............. 0 ,000963
» de chaux.................. 0 ,971350
» de magnésie.............. 0 ,255404
» de protoxyde de fer...... 0 ,013131
» de manganèse............ 0 ,001053
Sulfate de potasse..................... 0 ,008839
» de baryte..................... 0 ,001002
Chlorure de potassium................. 0 ,169530
Phosphate d'alumine .... 0 ,000724
Acide silicique .... 0 ,061170
» carbonique.................... 1 ,449408
Matières organiques   traces.

(*Dr. A. V. Lourenço.*)

304. — **Tenorio** (Francisco Domingues), à Elvas (Portalègre).

Savon marbré.

305. — **Velasco** (José), à Viseu.

Savon jaune et marbré.

306. — **Vella Fontana** (Joaquim José Teixeira Cardoso), Vallongo (Porto).

Eaux minérales.

CLASSE 48

PROCÉDÉS CHIMIQUES DE BLANCHIMENT, DE TEINTURE, D'IMPRESSION ET D'APPRÊT.

307. — **Compagnie** lisbonnaise d'impression et teinture des cotons, à Lisbonne.

Indiennes, mouchoirs imprimés et spécimens de tissus imprimés de coton.

Etablissement fondé en 1873.

Ouvriers : 70 hommes et 20 enfants.
Salaires des hommes : de 1 fr. 66 c. à 100 fr.; des enfants, de 0 f. 55 c. à 1 fr. 55 par jour.
Machines à vapeur de la force de 40 chevaux.
Valeur de la production annuelle : 1,666,666 fr.
Débouchés : Portugal et colonies.
Médaille à l'Exposition de Philadelphie, 1876.

308. — **Ferreira et Cie** (Anjos, Cunha). — Dépôts, 30, rue de S. Julião, à Lisbonne.

Indiennes.
Mouchoirs et châles imprimés.
Fabrique fondée en 1840, à Alcantara.
Ouvriers : 116 hommes et 36 enfants.
Machine à vapeur de la force de 30 chevaux.
Cotons et autres matières premières importées d'Angleterre.
Production annuelle : 2 millions de francs.
Débouchés : le Portugal et l'Espagne.
Médailles aux Expositions de Lisbonne, 1848 et 1863; de Porto, 1861 et 1865; de Londres, 1851, 1863; Vienne, 1873; Philadelphie, 1876.

309. — **Lopes dos Anjos** (Polycarpo José), à Belem (Lisbonne).
Mouchoirs imprimés.
Fabrique à Quinta do Loureiro, fondée en 1856.
Ouvriers : 40 hommes et 15 garçons.
Salaires des hommes, de 1 fr. 66. à 3 fr. 88 c.; des garçons, de 0 fr. 44 c. à 1 fr. 12 par jour.
Production annuelle : 280,000 fr.
Débouchés : ceux du Portugal et de l'Espagne.
Médaille à l'Exposition de Lisbonne, 1864; mentions aux Expositions de Porto, 1861 et 1863; de Paris, 1867; de Vienne, 1873.

CLASSE 49

CUIRS ET PEAUX.

310. — **Antunes** (Gabriel), à Batalha.
Cuir tanné.

311. — **Bettencourt** (Aluisio Cesar), à Funchal (île de Madère).
Cuirs préparés par un procédé nouveau, où l'on emploie l'électricité.

312. — Cerqueira Lima et Cie, à Vianna (Vianna do Castello).
Cuirs préparés.

313. — Chaves (Antonio Peixoto de Mattos), à Guimarães (Braga).
Peaux préparées.

314. — David et Cie, à Viseu.
Cuirs.

315. — Delaye (Hippolyte), à Lisbonne.
Peaux préparées pour la ganterie.

316. — Fabrique de tannerie à Extremoz.
Peaux préparées et cuirs tannés.

317. — Fernandes (Lucas), à Mação (Santarem).
Cuirs (un échantillon).

318. — Ferreira (Manuel Joaquim), à Torres Novas (Santarem).
Cuirs et deux échantillons de canepin pour la ganterie.

319. — Figueiredo (Manuel de), à Viseu.
Cuirs.

320. Galvão (Alexandre Pessoa Dias), à Cantanhede (Coimbra).
Cuirs préparés.

321. — Gama et fils (Antonio Domingos de Oliveira), à Porto.
Cuir tanné.

322. — Machado et fils (veuve), à Torres Novas (Santarem).
Cuirs tannés (échantillons).
Médaille à l'Exposition de Philadelphie, 1876.

323. — Marques (Manuel Antonio), à Viseu.
Cuir préparé.

324. — Paizano (Manuel Rodrigues), à Mação (Santarem).
Cuirs (un échantillon).

325. Pereira et Cie (Custodio Cardoso), rto.
Cordes pour instruments de musique.

326. — Silva (Christovão José Fernandes da), à Guimarães (Braga).
Peaux préparées.

GROUPE VI

OUTILLAGE ET PROCÉDÉS DES INDUSTRIES MÉCANIQUES.

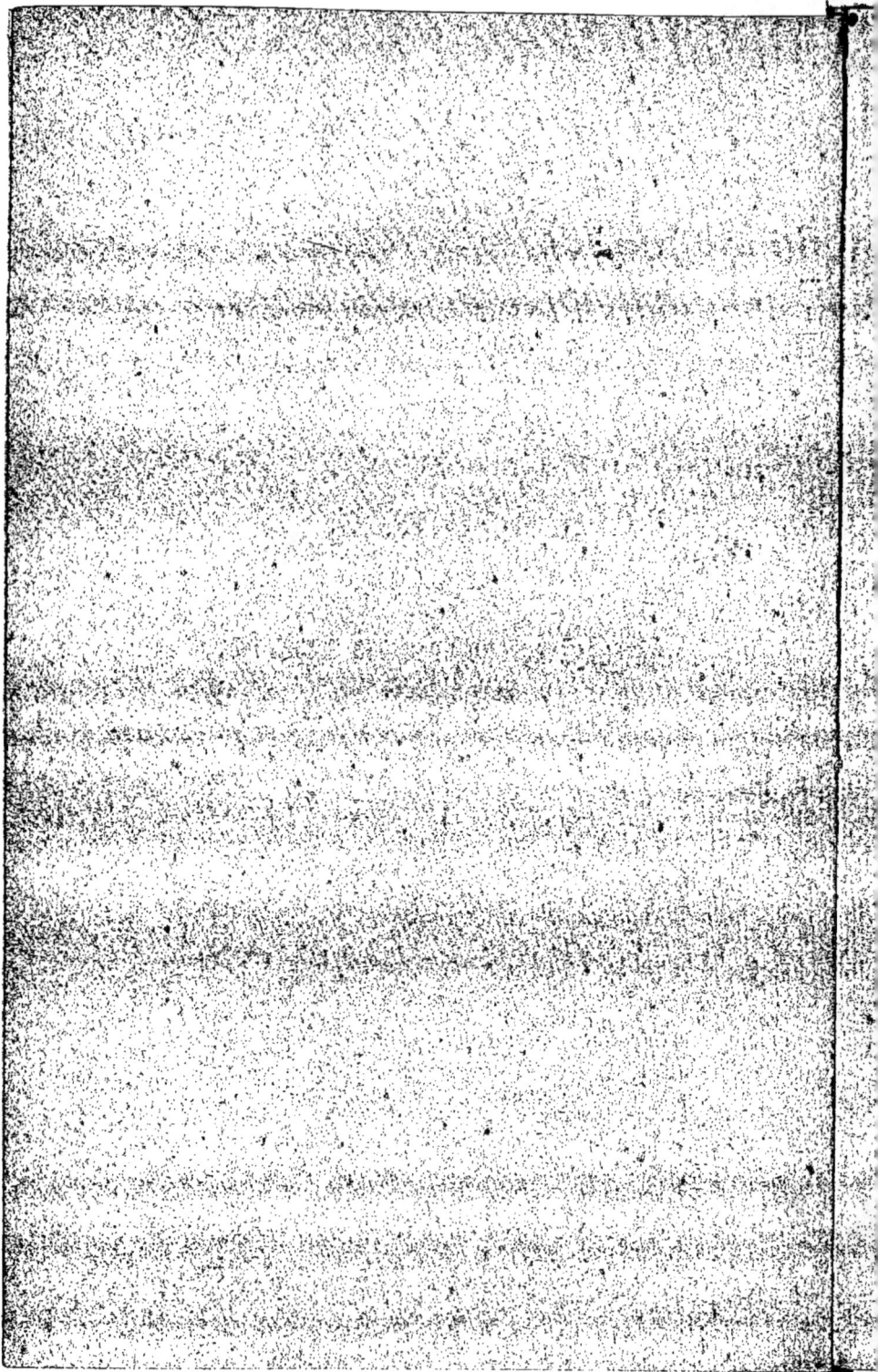

GROUPE VI

OUTILLAGE ET PROCÉDÉS DES INDUSTRIES MÉCANIQUES.

CLASSE 50

MATÉRIEL ET PROCÉDÉS DE L'EXPLOITATION DES MINES ET DE LA MÉTALLURGIE.

1. — **Monteiro** (Antonio Joaquim Dias), à Lisbonne.
Pierres lithographiques.

CLASSE 52

MATÉRIEL ET PROCÉDÉS DES USINES AGRICOLES ET DES INDUSTRIES ALIMENTAIRES

2. — **Queiroz** (José de Sequeira Pinto), Darque, Vianna do Castello.
Echantillons des algues marines (conifères, varechs, etc.), employées comme engrais végétaux.
Prix : 8 fr. 33 par mètre cubique.
Engrais de volaille.
Prix : 0 fr. 22 le kilogramme.
Cendres.
Prix : 0 fr. 05 à 0 fr. 07 le kilogramme.
Echantillons du terrain de la ferme de l'exposant.
Engrais végétal.
Prix : 1 fr. 11 par mètre cubique.

3. — Moniz (João Maria), Funchal, à Madère.

Collection-album de plantes-fougères, presles et lycopodes indigènes de l'Île de Madère.

Diplôme de mérite à l'Exposition universelle de Vienne, 1873.

4. — Tanoaria à vapeur de Villa Nova de Gaya, à Porto.

Tonneaux et fûts.

CLASSE 54

MACHINES ET APPAREILS DE LA MÉCANIQUE GÉNÉRALE.

5. — Bastos (Antonio Pinto), à Lisboa (Lisboa).

Un hydromètre.

6. — Sousa Cruz et fils (Luiz Ferreira), à Porto.

Machine à vapeur de la force de deux chevaux.

Machine à couper les cure-dents.

Trois pièces en fonte.

CLASSE 55

MACHINES, (MACHINES-OUTILS).

7. — Cardoso (João Thomaz), à Gaya (Porto).

Outils à faire les tonneaux.

8. — Institut industriel de Porto, à Porto.

Outils en fer pour le travail du granit.

CLASSE 56

MATÉRIEL ET PROCÉDÉS DU FILAGE ET DE LA CORDERIE.

9. — **Antonio** (Delfim), à Faro.
Objets de sparterie.

10. — **Antonio** (Manuel), à Santa Catharina (Leiria).
Corde fabriquée avec des fibres de pariétaria.

11. — **Commission** centrale de Lisbonne, à Lisbonne.
Objets de sparterie.

12. — **Commission** départementale d'Angra do Heroismo, à
      Angra.
Objets en jonc.

13. — **Corderie** (Fabrique nationale de la), à Junqueira (Belem).
Toiles à voiles.
Cordages.
Etablissement administré par l'État, fondé en 1788.
Lins Riga, 1er qualité, des marques F, P, R, et W, Es, P, K.
Médailles d'argent à l'Exposition de Porto, 1861 ; de Paris, 1867 ;
de Vienne, 1873, et de Philadelphie, 1876.

14. — **Lourenço** (Joaquim), à Thomar (Santarem).
Objets de corderie ; cordes et ficelles.

CLASSE 57

MATÉRIEL ET PROCÉDÉS DU TISSAGE.

15. — **Cruz** et Cie, à Covilhã (Castello Branco).
Matériel du tissage.

16. — **Guerra** (Joaquim Baptista da Silva), à Porto.
Métier Jacquard perfectionné.

7*

CLASSE 58

MATÉRIEL ET PROCÉDÉS DE LA COUTURE ET DE LA CONFECTION DES VÊTEMENTS.

17. — Veludo (João), à Caldas da Rainha (Leiria).
Objets en os pour les ateliers de couture.

CLASSE 62

CARROSSERIE ET CHARRONNAGE.

18. — Compagnie des « Tramways » de Porto, à Porto.
Un tramway américain.

19. — Montenegro (Francisco Antonio de Carvalho) à Poiares (Coimbra).
Modèle d'un chariot de transport.

CLASSE 63

BOURRELERIE ET SELLERIE.

20. — Antonio (Joaquim), à Thomar (Santarem).
Trois peaux de chèvre tapissées de poix à l'intérieur, pour tirer le vin dans certains vignobles privés de route.

21. — Antonio (Severino), à Santarem.
Une selle de cheval et autres objets en cuir.

22. — **Laureano** (Antonio Firmo), à Lisbonne.
Objets de sellerie : selles et brides pour montures.

CLASSE 65

—

MATÉRIEL ET PROCÉDÉS DE LA TÉLÉGRAPHIE.

23. — **Direction** générale des télégraphes du royaume.
Appareils de télégraphie.

CLASSE 66

—

MATÉRIEL ET PROCÉDÉS DU GÉNIE CIVIL, DES TRAVAUX PUBLICS ET DE L'ARCHITECTURE.

24. — **Camazão** (José Fernandes), à Cantanhede (Coimbra).
Matériaux de construction.

25. — **Castello Branco** (Alexandre de Cupertino), à Argánil
Coimbra.
Matériaux de construction.

26. — **Chambre** municipale de Extremoz, à Extremoz.
Marbres.

27. — **Comité** d'administration des travaux du port artificiel de
Ponta Delgada.
Matériaux de construction.
Vue et photographie de la ville de Ponta Delgada.
Plan et notice du port artificiel en construction à Saint-Michel,
la plus importante des îles de l'archipel des Açores.

28. — **Direction** technique des travaux du port artificiel de Horta, à Horta.
Matériaux de construction.
Notice du port artificiel.

29. — **Direction** des travaux publics « d'Angra » do Heroismo, à Angra do Heroismo.
Matériaux de construction.
Pouzzolane.

30. — **Direction** des travaux publics de Aveiro, à Aveiro.
Matériaux de construction.

31. — **Direction** des travaux publics de Beja, à Beja.
Matériaux de construction.

32. — **Direction** des travaux publics de Braga, à Braga.
Matériaux de construction.

33. — **Direction** des travaux publics de Bragança, à Bragança.
Matériaux de construction.

34. — **Direction** des travaux publics de Coimbra, à Coimbra.
Matériaux de construction.

35. — **Direction** des travaux publics de Funchal, à Funchal.
Matériaux de construction.

36. — **Direction** des travaux publics de Guarda, à Guarda.
Matériaux de construction.

37. — **Direction** des travaux publics de Horta, à Horta.
Matériaux de construction.

38. — **Direction** des travaux publics de Leiria, à Leiria.
Matériaux de construction.

39. — **Direction** des travaux publics de Lisbonne, à Lisbonne.
Matériaux de construction.

40. — **Direction** des travaux de la prison cellulaire de Lisbonne, à Lisbonne.
Collection de photographies.

41. — **Direction** des travaux publics de Ponta Delgada, à Ponta Delgada.
Matériaux de construction.

42. — **Direction** des travaux publics de Porto, à Porto.
Matériaux de construction.

43. — **Direction** des travaux publics de Santarem, à Santarem.
Matériaux de construction.
Photographies de deux ponts sur le Tage.

44. — **Direction** des travaux publics de Vianna, à Vianna do Castello.
Matériaux de construction.

45. — **Direction** des travaux publics de Villa Real, à Villa Real.
Matériaux de construction.

46. — **Direction** des travaux publics de Vizeu, à Vizeu.
Matériaux de construction.

47. — **Ernesto da Silva**, à Alcantara (Belem).
Matériaux de construction : calcaire, chaux grasse, chaux maigre, etc.

48. — **Martins** (José Gonsalves), à Belem (Lisbonne).
Basalte.

49. — **Rato et fils** (Antonio Moreira), à Lisbonne.
Collection des matériaux de construction.

50. — **Reynolds** (Guilherme), à Extremoz (Evora).
Marbres.

51. — **Rio** (Antonio Pires do), à Condeixa (Coimbra).
Meules.

52. — **Santos** (Joaquim Antunes dos), à Lisbonne.
Marbres.

53. — **Silva** (Joaquim Augusto da), à Condeixa (Coimbra).
Meules.

54. — **Silva** (Silvestre Augusto Pereira), à Aveiro.
Modèle de pont en fer et bois.

55. — **Société** d'exploitation du ciment de « Rasca », à Setubal.
Calcaire argileux de Rasca.
Ciment hydraulique.

Composition du calcaire :

Silice 51,89
Alumine. 35,65
Eau 13,46

TOTAL. 100,00

CLASSE 67

MATÉRIEL DE LA NAVIGATION ET DU SAUVETAGE.

56. — **Commission** départementale da Horta, à Horta.
Petit modèle de la frégate française *Montcalm*, en moelle de figuier.

57. — **Institut** industriel de Porto, à Porto.
Poulies.

58. — **Rodrigues** (Domingos José), à Porto.
Chevilles en fer employées dans les constructions navales.

CLASSE 68

MATÉRIEL ET PROCÉDÉS DE L'ART MILITAIRE.

59. — **Bello** (Francisco Antonio Jorge), à Lisbonne.
Épaulettes, shakos et képis de l'armée portugaise.

60. — **Fonseca et fils** (José), à Lisbonne.
Habit d'uniforme d'un officier de la marine portugaise.

GROUPE VII

PRODUITS ALIMENTAIRES

GROUPE VII

—

PRODUITS ALIMENTAIRES

—

CLASSE 69

—

CÉRÉALES, PRODUITS FARINEUX AVEC LEURS DÉRIVÉS.

1. — **Abreu** (Aniceto Madeira da Costa), à Oliveira do Hospital
    (Coimbra).
Maïs jaune d'Alovco de Varzea.

2. — **Abreu** (Antonio Francisco d'), à Campo Maior (Portalegre).
Blé barbaresque d'Herdade da Rouquilha.
Prix : 0 fr. 25 par litre.
Débouchés : Lisbonne.

3. — **Abreu** (José Vicente d'), Elvas (Portalegre).
Avoine, 1877 (Magada).
P. a. 1,000 hectolitres.
Prix : 0 fr. 06 par litre.
Blé de mars « ribeiro, » 1877 (Magada).
P. a. 2,000 hectolitres.
Prix : 0 fr. 23 par litre.
Consommation dans le pays et exportation pour l'étranger.

4. — **Abreu** (Manuel Joaquim de), Elvas (Portalegre).
Avoine, 1877 (Herdade dos Mortáes).
P. a. 1,000 hectolitres.
Prix : 0 fr. 07 par litre.
Alpiste, 1877 (Herdade das Referinhas).
P. a. 50 hectolitres.
Prix : 0 fr. 39 par litre.
Débouchés : ceux du pays et étrangers.

5. — Adelino (Jano Manuel Joaquim), Elvas (Portalegre).

Blé candial, 1877 (d'Ameimôas).
P. a. 2,500 hectolitres.
Prix : 0 fr. 22 par litre.
Blé de printemps (ribeiro), 1877 d'Ameimôas.
P. a. 1,200 hectolitres.
Prix : 0 fr. 25 par litre.
Seigle, 1877, de Baldio do Conde.
P. a. 1,700 hectolitres.
Prix : 0 fr. 15 par litre.
Débouchés : Ceux du pays.

6. — Administration de l'arrondissement d'Agueda, à Agueda
Aveiro.
Blé.
Blé « da terra. »

7. — Administration de l'arrondissement d'Alcoutim, à Alcou-
tim (Faro).
Blé.
Prix : 0 fr. 25 par litre.
Seigle.
Prix : 0 fr. 18 par litre.
Maïs.
Prix : 0 fr. 21 par litre.
Épis de maïs.
Prix : 0 fr. 21 par litre.

8. — Administration de l'arrondissement d'Arouca (Aveiro).
Maïs « verdial » blanc et hâtif. En grains, en épis et en paille.
Seigle.
Blé.

9. — Administration de l'arrondissement de Beja, à Beja.
Blé noir (Salvador).
Prix : 0 fr. 25 par litre.
Blé dur (Salvador).
Blé « lobeiro, » Salvador.
Prix : 0 fr. 25 par litre.
Blé de mars « tremez » (Salvador).
Prix : 0 fr. 23 par litre.
Blé « Santa Martha » (S. Hivago).
P. a. des froments, 160,080 hes.
Prix : 0 fr. 25 par litre.
Seigle (S. João).
P. a. 150 hectolitres.
Prix : 0 fr. 16 par litre.
Orge (S. João).
P. a. 60,040 hectolitres.

Prix : 0 fr. 12 par litre.
Avoine (S. João).
P. a. 48,024 hectolitres.
Prix : 0 fr. 09 c. par litre.
Maïs jaune (Salvador).
P. a. 240 hectolitres.
Prix : 0 fr. 18 par litre.
Débouchés : Beja, Lisbonne.

10. — **Administration** de l'arrondissement de Cambra (Aveiro).

Maïs à grains blancs.
Millet.

Maïs en herbe (plante complète).
Panis en herbe (plante complète).
Millet en herbe (plante complète).
Épis de maïs.

11. — **Administration** de l'arrondissement de Castro-Marim
(Faro).

Maïs.
Prix : 0 fr. 11 par litre.
Millet.
Prix : 0 fr. 11 par litre.
Blé « asa de côrvo. »
Prix : 0 fr. 12 par litre.
Orge.
Prix : 0 fr. 08 par litre.

12. — **Administration** de l'arrondissement de Castro Verde, à
Beja.

Blé « lobeiro, » de Castro.
P. a. 936 hectolitres.
Prix : 0 fr. 28 par litre.
Blé noir de Castro.
P. a. 480 hectolitres.
Prix : 0 fr. 25 par litre.
Orge de Castro.
P. a. 12,000 hectolitres.
Prix : 0 fr. 29 par litre.
Avoine de Castro.
P. a. 12,000 hectolitres.
Prix : 0 fr. 09 par litre.
Débouchés : ceux du pays et l'étranger.

13. — **Administration** de l'arrondissement de Feira (Aveiro).
Maïs blanc.
Maïs roux.
Orge.

Seigle.
Avoine.
Plantes céréales.

14. — Administration de l'arrondissement de Lagos (Faro).

Blé de mars, en grain et en herbe.
Blé mauresque, en grain et en herbe.
Prix : 0 fr. 22 par litre.
Maïs (deux variétés), en grain et en herbe.
Prix 0 fr. 16 par litre.
Orge des terrains salés.
Orge des terrains non salés.

15. — Administration de l'arrondissement de Mertola, à Beja.

Blé « lobeiro » (Mertola).
P. a. 31,772 hectolitres.
Prix : 0 fr. 25 par litre.
Orge de Mertola.
P. a. 8,592 hectolitres.
Prix : 0 fr. 14 par litre.
Avoine de Mertola.
P. a. 12,786 hectolitres.
Prix : 0 fr. 09 par litre.
Débouchés : ceux du pays.

16. — Administration de l'arrondissement d'Ourique, à Beja.

Blé espagnol.
Prix : 0 fr. 25 par litre.
Blé sans barbes.
Prix : 0 fr. 25 par litre.
Blé noir de mars « tremez preto. »
Prix : 0 fr. 23 par litre.
Débouchés : ceux du canton.
Orge et avoine d'Ourique.

17. — Administration de l'arrondissement de Serpa, à Beja.

Blé dur (Serpa).
P. a. 4,885 hectolitres.
Blé lobeiro (Serpa).
P. a. 2,433 hectolitres.
Blé de mars « ribeiro » (Serpa).
P. a. 1,622 hectolitres.
Seigle (Serpa).
P. a. 2,028 hectolitres.
Orge (Serpa).
P. a. 12,411 hectolitres.
Avoine (Serpa).
P. a. 3,488 hectolitres.

18. — **Administration** de l'arrondissement da Vidigueira, à Beja.

Blé noir (trois variétés), à Capella, Meia-Legua, Torre.
P. a. 7,419 hectolitres.
Prix : 0 fr. 34 par litre.
Blé dur (deux variétés), à Vidigueira.
P. a. 100 hectolitres.
Prix : 0 fr. par litre.
Orge, à Meia Legua.
P. a. 8,412 hectolitres.
Prix : 0 fr. 17 par litre.
Débouchés : Ceux de l'arrondissement et de Lisbonne.
Blé « lobeiro » (trois variétés), à Meia Legua, Sobrado.
Blé de mars « tremez » (trois variétés), à Capella, Sobrado.
Avoine, à Monte do Poço.

19. — **Albergaria** (Dr Thomaz Antonio Pinho Soares), à Macieira de Cambra (Aveiro).

Maïs de Villachà (Quinta do Murada).
Maïs « épis de » (Quinta do Murada)l.
P. a. 540 hectolitres.
Prix : 0 fr. 16 par litre.
Superficie cultivée : 30 hectares.
Débouchés : ceux du Portugal.
Récompense à l'Exposition de Philadelphie pour différents produits agricoles.

20. — **Albuquerque** (José Freire de Carvalho e), à Arganil (Coimbra).

Maïs jaune, à Barril (Villa Cova).
P. a. 180 hectolitres.
Prix : 0 fr. 15 par litre.
Débouchés : Coja et Louroza.

21. — **Alcantara** (Joao José de), Elvas, Portalegre.

Blé blanc, 1877. — Suburbios d'Elvas.
P. a. 45 hectolitres.
Prix : 0 fr. 21 par litre.
Blé, « cevada-trigo », 1877. — Suburbios d'Elvas.
P. a. 100 hectolitres.
Prix : 0 fr. 36 par litre.
Débouchés : Ceux du pays.

22. — **Allen** (Vicomte de Villar d'), Porto. Quinta de Villar d'Allen.

Maïs à grains rouges jaspés de jaune, en épis.
Maïs à grains blancs, « de Gondomar », en épis.
Maïs à grains jaunes, en épis.
Maïs à grains orangés, en épis.
Maïs à grains blancs en épis.

23. — Alvares (Sabino), Elvas, Portalegre.

Blé « Lobeiro », 1877 (Rio Torto).
P. a. 300 hectolitres.
Prix : 0 fr. 25 par litre.
Blé « Candial », blanc, 1877 (Fonte Branca).
P. a. 200 hectolitres.
Prix : 0 fr. 25 par litre.
Blé à barbes noires, 1877 (Rio Torto).
P. a. 300 hectolitres.
Prix : 0 fr. 23 par litre.
Farine de blé (Elvas).
P. a. 1,500 hectolitres.
Prix : 0 fr. 26 par litre.
Débouchés : ceux du pays.

24. — Alves (Agostinho Branco), Bragança.

Blé tendre « barbella » Terreiro, Valle d'Alvaro.
Prix : 0 fr. 17 par litre.
Blé tendre « tremez ».
Prix : 0 fr. 18 par litre.
Débouchés : Bragança, Porto.

25. — Alves et Frères, à Lisbonne.

Pâtes d'Italie, macaronis, vermicelles, etc.
Etablissement fondé en 1790.
Moteur à gaz de la force de deux chevaux.
Production annuelle : 111,111 fr.
Médailles à l'Exposition de Philadelphie.

25 bis. — Amaral (Joaquim José Fernandes do), Covilhã, Castello Branco.

Maïs.

26. — Andrade (Antonio Pequito Seixas de), Gaviao, Portalegre.

Blé « gallego » (Terras do Valle da Asinha).
P. a. 33 hectolitres.
Prix : 0 fr. 22 par litre.
Débouchés : ceux du pays.

27. — Antonio (Nicolas), Portalegre.

Maïs (Fonte Fornos).
P. a. 15 hectolitres.
Prix : 0 fr. 16 par litre.
Consommation dans la localité.

28. — Aragão (Alexandre Manuel Alvares Pereira de), Villa Flor, Bragança.

Blé « hâtif ».

P. a. 160 hectolitres.
Prix : 0 fr. 27 par litre.
Blé « tardif ».
P. a. 80 hectolitres.
Prix : 0 fr. 33 par litre.
Débouchés : Villa Flor et Porto.

28 *bis.* — **Aragão** (José d'), Fundão. Castello Branco.
Maïs (Aldeia Nova).

29. — **Asile** de la Mendicité, à Lisbonne.

Produits et résidus de la « Meunerie et Boulangerie à vapeur ».
Etablissement fondé en avril 1875, par l'actuel directeur M. Guerra
Quaresma.

30. — **Azevedo** (Antonio Placido d'), Benavente, Santarem.

Blé « ribeiro » (Varzea de Benavente).
P. a. 262 hectolitres.
Prix : 0 fr. 28 par litre.
Débouchés : Lisbonne.

31. — **Azevedo** (P. Jeronymo Henriques d'), Condeixa (Coimbra).

Blé mauresque de Zambujal.
P. a. 15 hectolitres.
Prix : 0 fr. 38 par litre.
Débouchés : Condeixa, Coimbra.

32. — **Bacellar** (José d'Abreu), à Condexa (Coimbra).

Maïs à grains blancs.
P. a. 20 hectolitres.
Prix : 0 fr. 14 par litre.
Maïs à grains jaunes.
P. a. 20 hectolitres.
Prix : 0 fr. 14 par litre.
Consommation à Condeixa.

33. — **Bagulho** (Joao Antonio), à Elvas (Portalegre).

Blé « Candial » 1876, de Falcato.
P. a. 1,500 hectolitres.
Prix : 0 fr. 23 par litre.
Débouchés : ceux du pays.

34. — **Bandeira** (Antonio de Souza Brito Maldonado), à Setubal
(Lisbonne).

Riz en paille.
Prix : 0 fr. 14 par litre.
Médaille à l'Exposition universelle de 1867, à Paris.

35. — **Bittencourt** (Vicente de), Angra de Heroismo.

Avoine (de Canadá do Capitão Mor).
P. a. 142 hectolitres.
Prix : 0 fr. 25 par litre.
Consommation dans la localité.

36. — **Braga** (Luiz Barbosa), Penafiel (Porto).

Maïs blanc (Calvario).
Prix : 0 fr. 27 par litre.
Panis (Calvario).
Prix : 0 fr. 19 par litre.
Consommation dans la localité.

37. — **Bretes** (Augusto *Pereira*), à Torres Novas (Santarem).

Orge de Torres Novas.
P. a. 26 hectolitres.
Prix : 0 fr. 11 par litre.
Consommation dans la localité.

38. — **Brito** (José Maria de Barros de Carvalhaes), à Niza (Portalegre).

Maïs de Niza, Espirito Santo.
Prix : 0 fr. 12 par litre.
Consommation dans la localité.

39. — **Bom Sucesso** (José Martins do), Arronches (Portalegre).

Javelle de blé « *branco* » (Basseira).
P. a. 25 hectolitres.
Prix : 0 fr. 23 par litre.
Consommation dans la localité.
Blé *branco* (Basseira).
Epis de maïs (Basseira).

40. — **Caldeira** (Joaquim Manuel), Elvas (Portalegre).

Blé (vermejoilo) Herdade d'Alcobada.
P. a. 400 hectolitres.
Prix : 0 fr. 31 par litre.
Une javelle de la Herdade d'Alcobada.
Débouchés : ceux du canton.

41. — **Callado** (Joaquim da Silva), Condeixa (Coimbra).

Maïs blanc (Traveira).
P. a. 40 hectolitres.
Prix : 0 fr. 14 par litre.
Maïs jaune (Traveira).
P. a. 30 hectolitres.
Prix : 0 fr. 14 par litre.
Débouchés : Condeixa, Coimbra.

42. — **Callado Senior** (João da Costa), Alter do Chão (Portalegre).

Blé (Cascalvo).
Prix : 0 fr. 23 par litre.
Blé de maïs (Ribeiro).
Prix : 0 fr. 23 par litre.
Débouchés : Abrantes, Lisbonne, Porto.

43. — **Camello** (Joaquim Augusto da Silveira), Penafiel (Porto).

Blé « da Terra » (Novellas).
P. a. 10 hectolitres.
Prix : 0 fr. 36 par litre.
Seigle « du Barroso.» (Novellas).
P. a. 16 hectolitres.
Prix : 0 fr. 15 par litre.
Farine de maïs à grains blancs (Novellas).
Farine de maïs à grains roux (Novellas).
Farine de seigle (Novellas).
Débouchés : Penafiel.

44. — **Cardeira** (Joaquim Manuel de Carvalho), Alter do Chao (Portalegre).

Blé (Branco).
Prix : 0 fr 23 par litre.
Débouchés : Abrantes, Lisbonne, Porto.

45. — **Carvalho** (Albino Augusto de), Baião (Porto).

Maïs à grains jaunes (Crugeiras).
P. a. 142 hectolitres.
Prix : 0 fr. 15 par litre.
Débouchés : Mesão-Frio, Porto, Rezende et Baião.

46. — **Carvalho** (Antonio Augusto de), Condeixa (Coimbra).

Avoine (Sebal).
Prix : 0 fr. 12 par litre.
Orge (Sebal).
Prix : 0 fr. 14 par litre.
Débouchés : Condeixa.

47. — **Carvalho** (João Affonso de), Villa Franca (Lisbonne).

Blé de printemps « Ribeiro » Salgados (Lezirias).
Prix : 0 fr. 24 à 0 fr. 26 par litre.
Débouchés : Lisbonne.

48. — **Carvalho** (Wenceslau Martins de), Condeixa (Coimbra).

Maïs à graines blanches, Atadou (Coimbra).
Prix : 0 fr. 14 par litre. — Velha.

8*

49. — Casa Real, Alter do Chão, Portalegre (maison du roi).

Blé de printemps « Ribeiro » (Alter do Chão).
Prix : 0 fr. 23 par litre.
Débouchés : Abrantes, Lisbonne et Porto.

50. — Casqueiro (José Maria), Crato (Portalegre).

Blé « Gallego », sans barbes (Malfor).
P. a. 254 hectolitres.
Prix : 0 fr. 22 par litre.
Seigle (Asinhal).
P. a. 432 hectolitres.
Prix : 0 fr. 15 par litre.
Maïs (Malfor).
P. a. 168 hectolitres.
Prix : 0 fr. 12 par litre.
Débouchés : Lisbonne, Porto et Abrantes.
Récompense à l'Exposition de Vienne.

51. Castello Branco (Joao Ferrão de), Villa Franca de Xira (Lisbonne).

Farine de blé, première qualité.
Valeur de la p. a., francs 1,655,556.
Provenance des matières premières : Portugal, Espagne et Etats-Unis de l'Amérique.
Prix : fr. 0,56 le kilogramme.
Meunerie mécanique, fondée en février 1878.
Système de mouture à la française.
Quatre moulins mus à la vapeur par une machine de la force de vingt chevaux.
On établira prochainement dix-sept moulins et une machine à vapeur de la force de quatre-vingts chevaux, ce qui fera quadrupler la valeur de la production annuelle.
Ouvriers : 30 hommes, 1 femme, 1 enfant.
Salaires par jour : hommes, 1 fr. 77 cent. le minimum ; 6 fr. 66 cent. le maximum ; femmes, 77 à 88 cent. ; enfants, 77 cent. à 1 fr.
Débouchés : Portugal et ses colonies pour les farines ; le Brésil et la France pour les issues.

51 a. — Castro (Alberto de), Baiao (Porto).

Blé. (Novelhaes, Viaris.)
P. a. 92 hectolitres.
Prix : 0 fr. 34 par litre.

52. — Castro (Theodoro José Pires de), Figueira da Foz (Coimbra).

Riz. (Quinta das Pitanças, Alhadas.)
Prix : 0 fr. 42 à 0 fr. 44 le kil.
Débouchés : ceux du pays.

53. — **Chichorro** (Antonio Maria), Portalegre.

Blé blanc.
P. a. 80 hectolitres.
Prix : 0 fr. 24 par litre.
Blé « gallego ».
P. a. 100 hectolitres.
Prix : 0 fr. 44 par litre.
Blé de mars, « ribeiro ».
P. a. 60 hectolitres.
Prix : 0 fr. 30 par litre.
Maïs panaché.
P. a. 8 hectolitres.
Prix : 0 fr. 16 par litre.
Millet.
P. a. 8 hectolitres.
Prix : 0 fr. 11 par litre.
Débouchés : Portugal et Espagne.

54. — **Coelho** (José Marques), Santo Thyrso (Porto).

Maïs blanc.
Maïs en épis.
P. a. 136 hectolitres.
Prix : 0 fr. 15 par litre.
Débouchés : ceux du pays.

55. — **Coelho** (Manuel Diogo), Castello de Vide (Portalegre).

Blé « gallego » (Defeza dos Cavalheiros).
P. a. 84 hectolitres.
Prix : 0 fr. 23 par litre.
Seigle (Valle da Manceba).
P. a. 500 hectolitres.
Prix : 0 fr. 14 par litre.
Maïs (Valle da Manceba).
P. a. 80 hectolitres.
Prix : 0 fr. 14 par litre.
Millet (Valle da Manceba).
P. a. 40 hectolitres.
Prix : 0 fr. 09 par litre.
Consommation dans la localité.

56. — **Collaço** (Manuel Antonio), Condeixa (Coimbra).

Maïs jaune (Bruscos).
Prix à l'Exposition de 1875, à Philadelphie.
P. a. 50 hectolitres.
Prix : 0 fr. 14 par litre.
Consommation à Condeixa.

57. — **Commission** de l'arrondissement de Horta, à l'île de
Fayal.

Blé (Épis de différentes variétés de).

57 *a*. — **Commission** départementale agricole de Vianna da Castello.

Maïs à grains jaunes.
Prix : 0 fr. 15 par litre.
Maïs à grains blancs.
Prix : 0 fr. 15 par litre.
Débouchés : ceux de l'arrondissement.
Seigle « gallicien ».
Prix : 0 fr. 29 par litre.
Seigle « gallicien ».
Prix : 0 fr. 14 par litre.
Débouchés : ceux de l'arrondissement.

58. — **Commission** départementale de Angra do Heroismo.

Orge (Logar do Cruzeiro).
Prix : 0 fr. 14 par litre.
Débouchés : Lisbonne et Madère.
Amidon (Angra).

59. — **Conseil** départemental de l'Agriculture, Funchal, à Madère.

Blé « barbella » (S. Vicente).
P. a. 1.345 hectolitres.
Prix : 0 fr. 30 par litre.
Blé « cauhoto » (S. Vicente).
P. a. 1,139 hectolitres.
Prix : 0 fr. 30 par litre.
Maïs blanc (Santa Anna).
P. a. 3,595 hectolitres.
Prix : 0 fr. 18 par litre.
Consommation dans la localité.

60. — **Cooke** et Cie, Figueira da Foz (Coimbra).

Riz (Fója, Figueira da Foz).
Prix : 0 fr. 44 le kil.
Débouchés : ceux du pays.

61. — **Costa** (Manuel Jorge da), Vallongo (Porto).

Blé, en épis.
Maïs à grains jaunes, en épis.
Maïs à grains blancs, en épis.
Maïs à grains rouges, en épis.
Panis.
Débouchés : Vallongo.

62. — **Costa** et frère, à Portalegre.

Farines, vermicelles et pâtes de différentes qualités.

63. — **Cotta** et **Sousa**, à Alter do Chao (Portalegre).

Farines.

64. — Cunha (José Duarte da), Vallango (Porto).

Orge (Suzao, S. Mamede).
Consommation à Vallongo.

64 a. — Cunhado (Francisco Robalo e), Fundao (Castello-Branco).

Maïs.

65. — Cunhal (Alexandre de Sena), Coruche (Santarem).

Blé de printemps « ribeiro » (Mil harãs).
P. a. 78 hectolitres.
Prix : 0 fr. 30 par litre.
Débouchés : Lisbonne.

66. — Deus (João Rodrigues de), Torres Novas (Santarem).

Maïs de Lapas.
Prix : 0 fr. 17 par litre.
Consommation dans la localité.

67. — Dias (Amaro de Souza), Vallongo (Porto).

Maïs à grains jaunes (S. Martinho).

68. — Durão (Pedro Manuel), Castello de Vide (Portalegre).

Maïs (Logar do mêdo).
P. a. 11 hectolitres.
Prix : 0 fr. 20 par litre.
Millet à grappe (Sapeira).
P. a. 30 hectolitres.
Prix : 0 fr. 14 par litre.
Consommation dans la localité.

69. — Eca (Antonio da Cunha d'), Condeixa (Coimbra).

Maïs à grain jaunes (Condeixa)
P. a. 120 h^es.
Prix : 0 fr. 14 par litre.

70. — Esperança (Vicomte da), Cuba (Beja).

Avoine (Quinta da Esperança).

71. — Falcão (Francisco da Costa de Oliveira), Constancia (Santarem).

Millet 1878 (Valle de Zebro).
P. a. 200 hectolitres.
Prix : 0 fr. 16 par litre.
Seigle, 1877 (Valle de Zebro).
Débouchés : Lisbonne, Sardoal et Abrantes.

72. — Falcão (Jacintho da Costa de Oliveira), Constancia (Santarem).

Maïs, 1877 (Amoreira).
P. a. 250 hectolitres.
Prix : 0 fr. 15 par litre.
Consommation dans la localité.

73. — Falcão (José da Costa de Oliveira), Constancia (Santarem).

Maïs, 1877 (Tainha).
P. a. 400 hectolitres.
Prix : 0 fr. 16 par litre.
Riz en paille, 1877 (Pocarição).
P. a. 45 hectolitres.
Prix : 0 fr. 18 par litre.
Avoine (Tainha).
P. a. 32 hectolitres.
Prix : 0 fr. 08 par litre.
Débouchés : Lisbonne, Abrantes, Sardoal.

74. — Falcão (Luiz da Costa de Oliveira), Constancia (Santarem).

Blé dur, 1877.
Prix : 0 fr. 20 par litre.
Blé tendre, Ribeiro, 1877.
P. a. 250 hectolitres.
Prix : 0 fr. 27 par litre.
Orge, 1877.
P. a. 45 hectolitres.
Prix : 0 fr. 12 par litre.
Maïs.
P. a. 330 hectolitres.
Prix : 0 fr. 16 par litre.
Millet.
P. a. 8 hectolitres.
Prix : 0 fr. 18 par litre.
Débouchés : Lisbonne.

75. — Falcão (Maximo), Azinhaga (Santarem).

Blé de mars (Ribeiro).
Prix : 0 fr. 25 par litre.
Débouchés : Lisbonne.

76. — Fallé (Estevão Antonio de Brito), Elvas (Portalegre).

Blé de mars (Ribeiro), 1877 (Do Rico).
P. a. 1,000 hectolitres.
Prix : 0 fr. 25 par litre.
Blé (Candial), blanc 1877 (Do Rio).
P. a. 1,000 hectolitres.
Prix : 0 fr. 25 par litre.
Blé dur d'hiver (Candial), 1877 (Segovia).
P. a. 1,000 hectolitres.

Prix : 0 fr. 27 par litre.
Débouchés : ceux du pays.

77. — Fernandes (João José), Chaves (Villa Real).

Blé hâtif d'hiver.
Prix : 0 fr. 16 par litre.
Blé tardif de printemps.
Prix : 0 fr. 22 par litre.
Maïs.
Prix : 0 fr. 11 par litre.
Millet.
Prix : 0 fr. 16 par litre.
Seigle.
Prix : 0 fr. 12 par litre.
Orge.
Prix : 0 fr. 11 par litre.
Consommation dans la localité.
La production de ces quatre récoltes dans l'arrondissement monte à 137,490 hectol. de grains.

78. — Fernandes (Joaquim Filippe), Beja.

Blé tendre d'Almocrevas (S. Thiago).
Prix : 0 fr. 30 par litre.
Blé dur d'Almocrevas (S. Fiago).
Prix : 0 fr. 30 par litre.
Blé Santa Martha-Almocrevas (S. Thiago).
Prix : 0 fr. 33 par litre.
Débouchés : Lisbonne.

79. — Fernandes (Joaquim Pinto), Baião (Porto).

Maïs à grains blancs.
Prix : 0 fr. 17 par litre.
Maïs à grains jaunes.
Prix : 0 fr. 16 par litre.
Seigle.
Prix : 0 fr. 15 par litre.
Débouchés : Porto, Baião et Mesão-frio.
Récompense à l'Exposition de Vienne.

80. — Fernandes (Manuel Ignacio), Villa Pouca d'Aguiar, (Villa Real).

Maïs à grains jaunes (Tellaès).
P. a. 2.225 hectolitres.
Prix : 0 fr. 17 par litre.
Débouchés : Villa Pouca, Villa Réal, Sabroza.

81. — Ferraz (Casimiro Barrêto), à Aveiro.

Épis de maïs à grains blancs (Moita, Oliveirinha).
Épis de maïs à grains roux (Moita, Oliveirinha).

82. — Ferreira (Jaunario da Silva), à Élvas (Portalegre).

Farine de blé dur, 1877 (Bôavista).
P. a. 300 hectolitres.
Prix : 0 fr. 44 par litre.
Débouchès : Ceux du pays.

83. — Figueira (Éduardo Antonio Nobre), à Castro Verde (Beja).

Blé de printemps (ribeiro), à Castro.
P. a. 19 hectolitres.
Prix : 0 fr. 30 par litre.
Consommation à Lisbonne.

84. — Fouseca (Antonio Justino Correia da), à Benavente (Santarem).

Blé de printemps (ribeiro), à Quinta da Foz.
Épis de blé de printemps, à Quinta da Foz.
P. a. 243 hectolitres.
Prix : 0 fr. 28 par litre.
Débouché : Lisbonne.

85. — Fragoso (Adriano Diniz), à Niza (Portalegre).

Blé, à Niza.
P. a. 49 hectolitres.
Prix : 0 fr. 22 par litre.
Seigle, à Niza.
P. a. 30 hectolitres.
Prix : 0 f. 13 par litre.
Orge, à Espirito Santo.
P. a. 10 hectolitres.
Prix : 0 fr. 11 par litre.
Millet à grappes, à Espirito Santo.
P. a. 20 hectolitres.
Prix : 0 fr. 08 par litre.
Consommation dans la localité.

86. — Franco (José Joaquim), à Fundão (Castello Branco).

Seigle, 1877.
Seigle en paille, 1877 (plante entière).
Maïs hâtif (cêdo-vem).
Blé.

87. — Freixedas (Joao de Faria), à Castello de Vide (Portalegre).

Seigle (Quinta das Escusas).
P. a. 15 hectolitres.
Prix : 0 fr. 19 par litre.
Consommation dans la localité.

88. — Ferrão (João Carlos), à Aviz (Portalegre).

Blé de printemps (ribeiro), à S. Braz da Figueira.

Prix : 0 fr. 23 par litre.
Orge, à S. Braz da Figueira.
Prix : 0 fr. 13 par litre.
Avoine, à S. Braz da Figueira.
Prix : 0 fr. 06 par litre.
Consommation dans la localité.

89. — Gavão (Antonio Polycarpo Fernandes), à Covilha (Castello Branco).

Maïs.

89 *a*. — Gamacho (Antonio Meyrelles Cardoso), à Fundão (Castello Branco).

Maïs (trois variétés).

89 *b*. — Geraldes (D. Maria Emilia de Vera), à Fundão (Castello Branco).

Maïs.

89 *c*. — Goes (Pedro d'Alcantara), à Funchal (Madère).

Cus-cus, à Socãrro (Funchal).
Prix : 1 fr. 33 par kilogramme.
Débouchés : Funchal.

90. — Gomes (Mauricio José), à Aviz (Portalegre).

Blé de printemps « ribeiro, » à Aviz (S. Braz).
P. a. 45 hectolitres.
Prix : 0 fr. 22 par litre.
Blé dur d'hiver, à Aviz (S. Braz).
P. a. 25 hectolitres.
Prix : 0 fr. 18 par litre.
Seigle, à Aviz (S. Braz).
P. a. 20 hectolitres.
Prix : 0 fr. 16 par litre.
Maïs, à Aviz (S. Braz).
P. a. 15 hectolitres.
Prix : 0 fr. 13 par litre.
Débouchés : Avis, Estremoz.

91. — Gouveia (Francisco Pires), à Arronches (Portalegre).

Blé de printemps « ribeiro » (S. Braz).
P. a. 25 hectolitres.
Prix : 0 fr. 24 par litre.
Consommation dans la localité.

92. — Guardado (José Alves), à Montemor-o-Velho (Coimbra).

Blé, à Verride.
P. a. 20 hectolitres.
Prix : 0 fr. 28 par litre.

93. — Guedes (vicomte de), à Evora.

Blé, à Quinta do Xarrama e boutos d'Evora.
Prix : 0 fr. 22 par décalitre.
Blé « tremez, » à boutos d'Evora e Quinta do Xarrama.
Prix 0 fr. 23 par décalitre.
Avoine, à boutos d'Evora e Quinta do Xarrama.
Prix : 0 fr. 11 par décalitre.

94. — Juchado (Bartholomen Dias), à Niza (Portalegre).

Blé, à Niza (Espirito Santo).
Prix 0 fr. 22 par litre.
Vente dans la localité.

95. — Juchado (José Antonio Dias), à Marvão (Portalegre).

Blé, à Santo Antonio das Areias.
Prix : 0 fr. 22 par litre.
Seigle, à Santo Antonio das Areias.
Prix : 0 fr. 16 par litre.
Débouchés : ceux du pays.

96. — Juzarte (José Francisco Caldeira), Monforte (Portalegre).

Blé « candial, » Herdade do Pombal.
Prix : 0 fr. 19 par litre.
Blé « ribeira, » Herdade da Leça.
Prix 0 fr. 22 par litre.
Seigle, Herdade de Valle do Cortiço.
Prix : 0 fr. 14 par litre.
Orge, Herdade de Valle do Cortiço.
Prix : 0 fr. 11 par litre.
Débouchés : Portalegre, Lisbonne.

97. — Lago (Ramiro Augusto Pereira do), Penafiel (Porto).

Maïs « verdial, » à graines jaspées, Souto.
P. a. 16 hectolitres.
Prix : 0 fr. 13 par litre.
Maïs à graines noires, Souto.
P. a. 2 hectolitres.
Prix : 0 fr. 15 par litre.
Maïs à graines blanches, Souto.
P. a. 10 hectolitres.
Prix : 0 fr. 13 par litre.
Maïs à graines jaunes, Souto.
P. a. 12 hectolitres.
Prix . 0 fr. 13 par litre.
Débouchés : ceux du canton et des environs.

98. — Le Coq (Joao José), Castello de Vide (Portalegre).

Maïs, Prado.
Prix : 0 fr. 12 par litre.
Consommation dans la localité.

99. — Lemos (Pedro Antonio Nogueira de), Campo Maior (Portalegre).

Blé blanc, Ferragiaes.
Prix : 0 fr. 18 par litre.
Blé barbaresque, Ferragiaes.
Prix : 0 fr. 17 par litre.
Consommation dans la localité.
Une javelle de blé blanc, Ferragiaes.
Une javelle de blé barbaresque, Ferragiaes.

100. — Lezirias do Tejo et Sado (direction de la Compagnie das), à Lisbonne.

Blé tardif de printemps « ribeiro, » Lezirias de Villa Franca.
Prix : 0 fr. 23 par litre.
Blé d'hiver « rijo, » Lezirias de Villa Franca.
Prix : 0 fr. 20 par litre.
Blé hâtif « temporão, » Benavente e Samora.
Prix : 0 fr. 26 par litre.
Blé tardif « serodio, » Samora e Salvaterra.
Prix : 0 fr. 28 par litre.
Blé « ribeiro, » Leziria do Almonda.
Prix : 0 fr. 28 par litre.
Maïs, Leziria do Almonda.
Prix : 0 fr. 14 par litre.
Culture céréale sur une superficie de 3,660 hectares. Production moyenne de chaque hectare, 15 hectolitres.
Méthodes de cultures perfectionnées. On y emploie déjà le labourage à vapeur, les semoirs, les moissonneuses et les batteuses mécaniques.
Riz, Paril da Comporta.
P. a. 25,800 kilogrammes.
Prix 0 fr. 40 le kilogramme.
Rizières sur 154 hectares.
Débouchés : Lisbonne et Porto.
Médailles d'honneur aux Expositions suivantes : 1852 à Lisbonne, 1867 à Paris, 1873 à Vienne d'Autriche, et 1876 à Philadelphie.
La compagnie générale a son siége principal à Lisbonne, 24, rue das Pedras Negras.

101. — Libéral (Victorino Teixeira da Costa), Mondim de Basto (Villa Real).

Maïs à grains blancs (Villar de Viando)
P. a. 320 hectolitres.
Prix : 0 fr. 14 par litre.
Maïs à grains jaunes (Villar de Viando).
P. a. 320 hectolitres.
Prix : 0 fr. 14 par litre.
Consommation dans la localité.
Médailles en cuivre à l'Exposition internationale de 1876, à Philadelphie.

102. — Lisbão (Antonio da Silva), Penafiel (Porto).

Maïs à graines jaunes (Chello).
P. a. 100 hectolitres.
Prix : 0 fr. 16 par litre.
Maïs à graines blanches (Chello).
P. a. 100 hectolitres.
Prix : 0 fr. 16 par litre.
Consommation dans les différentes communes du canton.

103. — Lôbo (André Chichorro de Gama) Monforte (Portalegre).

Blé (Amarello) Freiras.
P. a. 113 hectolitres.
Prix : 0 fr. 70 par litre.
Débouchés à Lisbonne.
Prix à l'Exposition de Philadelphie.

104. — Macêdo (Francisco de Freitas), Santarem.

Blé dur, 1876 (Teixeira.
P. a. 78 hectolitres.
Prix : 0 fr. 25 par litre.
Maïs, non arrosé. 1877 (Teixeira).
P. a. 31 hectolitres.
Prix : 0 fr. 17 par litre.
Orge, 1877 (Teixeira).
P. a. 47 hectolitres.
Prix : 0 fr. 17 par litre.
Débouchés : Santarem, Lisbonne et Porto.

105. — Macêdo (P. Manoel Homem de) Agueda (Aveiro).

Maïs arrosé (Agueda).

106. — Magro (Francisco Antonio), Arronches, (Portalegre).

Blé (Sainte Marthe (Latadas).
P. a. 28 hectolitres.
Prix : 9 fr. 24 par litre.
Consommation dans la localité.
Javelle de blé (Ruivo) Latada.

106 a. — Maïa (Domingos Antonio), Meadella, à Vianna do Castello.

Epis de maïs (Collection de quarante variétés), Quinta da Conceição, Meadella.
Prix moyen fr. 0,14 par litre.
Premier prix, médaille en argent, à l'exposition horticole et
agricole de 1877 à Porto.

107. — Marques (Antonio Paes da Silva), Aviz, Portalegre.

Blé dur (Ervedal).

Prix : 0 fr. 23 par litre.
Avoine (Ervedal).
Prix : 0 fr. 08 par litre.
Consommation dans la localité.

108. — Mattos (Francisco Maria de) Condeixa (Coimbra).

Blé de printemps «tremez» (Sebal).
P. a. 8 hectolitres.
Prix : 0 fr. 26 par litre.
Blé blanc (Sebal).
Seigle (Sebal).
P. a. 5 hectolitres.
Prix : 0 fr. 17 par litre.
Panis (Sebal).
Prix : 0 fr. 08 par litre.
Consommation dans la localité.

109. — Mattos (Joaquim Antonio Pereira de), Faro.

Blé (tremez preto).
Prix : 0 fr. 44 par litre.
Blé en épis.
Maïs (de Sequeiro) ou non arrosé.
Prix : 0 fr. 33 par litre.
Maïs (de Regadio) ou arrosé.
Prix : 0 fr. 38 par litre.

110. — Mello (Augusto de Sá Osorio de), Celorico (Guarda).

Blé.

111. — Mendes (Manuel Dias), Campo Maior (Portalegre).

Blé (Candial), Herdade de Valle Albuquerque.
Prix : 0 fr. 33 par litre.
Blé (Sainte Marthe) Herdade de Valle Albuquerque.
Prix : 0 fr. 34 par litre.
Débouchés : Lisbonne.

112. — Mendonça (Antonio), à Angra do Heroismo.

Farine de fèves.

113. — Menezes (José de Vasconcellos Carneiro), Marco de Canavezes (Porto).

Blé (Soalhaes).
Prix : 0 fr. 22 à 0 fr. 27 par litre.
Maïs (Soalhaes).
Prix : 0 fr. 13 à 0 fr. 16 par litre.
Orge (Soalhaes).
Prix : 0 fr. 13 à 0 fr. 16 par litre.
Seigle (Soalhaes).
Prix : 0 fr. 13 à 0 fr. 16 par litre.

Débouchés : Porto, Mesão Frio, Palo et localité de la production.
Prix à l'Exposition de Philadelphie.

114. — Mesquita (José d'Abreu), Arganil (Coïmbra).

Maïs à graines blanches.
Prix : 0 fr. 15 par litre.

115. — Milhinhos (Bento Rodrigues), Portalegre.

Maïs (Lixosa).
P. a. 25 hectolitres.
Prix : 0 fr. 16 par litre.
Consommation dans la localité.

116. — Milhinhos (José Rodrigues), Portalegre.

Maïs (Mouta).
Prix : 0 fr. 18 par litre.
Consommation dans la localité.

117. — Miranda (Antonio Augusto de), Condeixa.

Blé mauresque.
Prix : 0 fr. 22 par litre.
Blé de maïs (tremez).
Prix : 0 fr. 22 par litre.
Débouchés : Condeixa.

118. — Miranda (Antonio Augusto Lobo de), Lagos (Faro).

Maïs.
P. a. 119 hectolitres.
Prix : 0 fr. 17 par litre.
Blé mauresque.
P. a. 174 hectolitres.
Prix : 0 fr. 20 par litre.
Débouchés : Ceux du pays.

119. — Moacho (José Mendes), Campo Maior (Portalegre).

Blé (Candial), Ferregiaes.
Prix : 0 fr. 23 par litre.
Débouchés : Lisbonne.

120. — Mocinha (Manuel Jeronymo), Campo Maior, (Portalegre).

Blé barbaresque (Ouguella).
P. a. 254 hectolitres.
Prix : 0 fr. 20 par litre.
Blé blanc (Ouguella).
P. a. 84 hectolitres.
Prix : 0 fr. 23 par litre.
Consommation dans la localité.
Une javelle de blé barbaresque (Herdade de Boavista).
Une javelle de blé blanc (Herdade dos Lemos).

121. — Moraes (José Basilio de), Arronches (Portalegre).

Blé (Nossa Senhora d'Assumpção).
P. a. 40 hectolitres.
Prix : 0 fr. 24 par litre.
Consommation dans la localité.

122. — Moura (José Maria de Sá Pereira e), Benavente (Santa-
      rem).

Maïs (Varzea de Benavente).
P. a. 364 hectolitres.
Prix : 0 fr. 14 par litre.
Débouchés : Lisbonne.

123. — Mourato (Mathias), Niza (Portalegre).

Blé (Alpalhão, N. Sª da Graça).
Prix : 0 fr. 22 par litre.
Seigle (Alpalhão, N. Sª da Graça).
Prix : 0 fr. 13 par litre.
Maïs (Alphalão, N) Sª da Graça).
Prix : 0 fr. 16 par litre.
Millet à grappes (Alpalhão, N. Sª da Graça).
Prix : 0 fr. 08 par litre.
Consommation dans la localité.

124. — Moutinho (Joaquim Thomé), Gondomar (Porto).

Seigle (Villa-Cova).
Prix : 0 fr. 16 par litre.
Maïs (Villa Cova).
P. a. 335 hectolitres.
Prix : 0 fr. 15 par litre.
Débouchés : ceux du Porto.

125. — Murteira (Joaquim Antonio), Campo Maior (Portalegre).

Épis de blé mauresque (Lagoas).
Prix : 0 fr. 19 par litre.
Débouchés : Portalegre.

126. — Murteira (Manuel Maria), Campo Maior (Portalegre).

Blé mauresque (Lagoas).
Prix : 0 fr. 19 par litre.
Consommation dans la localité.

127. — Nascimento (Manuel Antonio do), Ponta Delgada, (île
      Saint-Michel).

Maïs blancs (Ponta Delgada).
Prix : 0 fr. 17 par litre.
Maïs jaune (Ponta Delgada).
Prix : 0 fr. 17 par litre.
Millet (Ponta Delgada).
Prix : 0 fr. 17 par litre.

128. — Navarro (Steffanina et Élie Benard), à Lisbonne.

Pâtes d'Italie, vermicelles, etc.

129. — Netto (Manuel Alves), Vallongo (Porto).

Maïs à grains roux (S. Martinho).
Maïs à grains blancs (S. Martinho).

130. — Neves (Antonio Fernandes das), Alter do Chão (Portalegre).

Blé de mars « ribeiro ».
Prix : 0 fr. 23 par litre.
Blé « branco ».
Prix : 0 fr. 23 par litre.
Blé « cascalvo ».
Prix : 0 fr. 23 par litre.
Débouchés : Abrantes, Lisbonne, Porto.

131. — Nunes (Antonio), Elvas (Portalegre).

Avoine, 1877 (Villa Boim).
P. a. 4,000 hectolitres.
Prix : 0 fr. 06 par litre.
Débouchés : Marseille.
Panis, 1877 (Varche).
P. a. 400 hectolitres.
Prix : fr. 0,40 par litre.
Débouchés : Ceux du pays.

132. — Nunes (Guilherme Francisco Pereira), Oliveira do Hospital (Coimbra).

Seigle (Povoa de S. Cosme).
Prix : 0 fr. 17 par litre.
Blé (Povoa de S. Cosme).
Prix : 0 fr. 19 par litre.
Maïs hâtif « Cédo-vem » (Oliveira do Hospital).
Prix : 0 fr. 14 par litre.
Maïs blanc (Oliveira do Hospital).
Prix : 0 fr. 14 par litre.
Millet à balais (Oliveira do Hospital).
Prix : 0 fr. 11 par litre.
Panis (Oliveira do Hospital).
Prix : 0 fr. 58 par litre.
Débouchés : ceux du canton.
Maïs à grains jaunes (Oliveira do Hospital).
Prix : 0 fr. 13 par litre.
Farine de froment (Oliveira do Hospital).
Prix : 0 fr. 16 par litre.
Farine de maïs blanc (Oliveira do Hospital).
Prix : 0 fr. 17 par litre.
Farine de maïs jaune (Oliveira do Hospital).

Prix : 0 fr. 16 par litre.
Farine de maïs blanc, géant (Oliveira do Hospital).
Prix : 0 fr. 14 par litre.
Débouchés : Oliveira do Hospital, Louroza, Boa-Vista, Lagares.
Farine de seigle (Oliveira da Hospital).
Prix : 0 fr. 19 par litre.
Farine d'orge (Oliveira do Hospital).
Prix : 0 fr. 17 par litre.
Orge (Oliveira do Hospital).
Prix : 0 fr. 07 à 0 fr. 08 par litre.
Débouchés : Oliveira do Hospital, Louroza, Boa-Vista et Lagares.

133. — Oliveira (Jacintho Cesar Ferreira Annes de), Constancia (Santarem).

Maïs à grains roux (Montalvo).
P. a. 8 hectolitres.
Prix : 0 fr. 13 par litre.
Consommation dans la localité.

134. — Oliveira (João Marques Ferreira Annes de), Constancia (Santarem).

Blé (Montalvo).
Prix : 0 fr. 18 par litre.
Maïs (Montalvo).
Prix : 0 fr. 13 par litre.

135. — Oliveira (Luiz Maximiano d'), Aviz (Portalegre).

Avoine (Nossa Senhora da Orada).
Prix : 0 fr. 06 par litre.
Consommation dans la localité.

136. — Oliveira (Manuel Joaquim de), Miranda (Bragança).

Blé tardif (Sendim).
Prix : 0 fr. 22 par litre.
Blé « barbella » (Sendim).
Prix : 0 fr. 16 par litre.
Seigle (Sendim).
Prix : 0 fr. 13 par litre.

137. — Oliveira (Manuel Maximiano d'), Aviz (Portalegre).

Maïs (Nossa Senhora da Orada).
Prix : 0 fr. 13 par litre.
Consommation dans la localité.

138. — Oliveira (Pedro Julio Ferreira Annes de) Constancia (Santarem).

Maïs, deux variétés (Montalvo).

139. — Oliveira (Verissimo Ferreira Annes de), Constancia (Santarem).

9*

Maïs (Montalvo).
P. a. 32 hectolitres.
Prix : 0 fr. 13 par litre.
Consommation dans la localité.

140. — Oliveira J. (Estêvão Antonio d'), Aldêa-Gallega (Lisbonne).

Blé de printemps « ribeiro » (Paucas).

141. — Ornellas (Francisco Lourenço Tavares), Condeixa (Coimbra).

Maïs jaune (Condeixa).
P. a. 234 hectolitres.
Prix 0 fr. 14 par litre.
Maïs blanc (Condeixa).
P. a. 234 hectolitres.
Prix : 0 fr. 14 par litre.
Débouchés : Condeixa, Coimbra, Soure, Montemor-o-Velho.
Farine de blé, 1878 (Condeixa).
P. a. 234 hectolitres.
Prix : 0 fr. 14 par litre.
Débouchés : Condeixa, Coimbra, Soure et Montemor-o-Velho.

141 a. — Pacheco (José Metello), Celorico de Beira (Guarda).
Blé.

142. — Paes (Francisco da Silva), Aviz (Portalegre).

Blé de mars «trémez » Ervedal.
Prix : 0 fr. 22 par litre.
Consommation dans la localité.

143. — Paixão (José Joaquim da), Penacosa (Coimbra).

Maïs à grains blancs-Lorvão.
Prix à l'Exposition districtale de 1869, à Coimbra.

144. — Palmeiro (Joaquim Mendes), Portalegre.

Blé (Valle de Manteiros).
Prix 0 fr. 25 par litre.
Maïs (Valle de Manteiros).
Prix : 0 fr. 17 par litre.
Seigle (Valle de Manteiros).
Prix : 0 fr. 17 par litre.
Débouchés : Portalegre.

145. — Palmeiro (Xavier Rosado), Alter do Chão, (Portalegre).

Maïs à grains roux, arrosé (Alter).
Prix : 0 fr. 16 par litres.
Consommation dans la localité.

146. — **Pauperio** (Ricardo de Souza), Vallongo (Porto).

Blé.
Farine de blé.

147. — **Peixoto** (José Nunes de Souza), Penafiel, (Porto).

Maïs à grains blancs (Beco).
Maïs en épis blancs (Beco).
P. a. 18 hectolitres.
Prix : 0 fr. 13 par litre.
Maïs à grains roux (Beco).
Maïs en épis (Beco).
P. a. 54 hectolitres.
Prix : 0 fr. 12 par litre.
Consommation dans la localité.

148. — **Pena** (Antonio José), Condeixa (Coimbra).

Maïs blanc (Condeixa).
P. a. 20 hectolitres.
Prix : 0 fr. 13 par litre.
Débouchés : Condeixa, Soure.

149. — **Pereira** (Joao Lucio), Olhao (Faro).

Maïs arrosé (Brejo).
P. a. 100 hectolitres.
Prix : 0 fr. 22 par litre.
Blé jaune (Guelfes).
P. a. 60 hectolitres.
Prix : 0 fr. 29 par litre.
Consommation dans la localité.

150. — **Pereira** (José Joaquim da Silva), Campo Maior (Porta-legre).

Blé, à barbes noires, 1877 (Vallada).
P. a. 50 hectolitres.
Prix : 0 fr. 23 par litre.
Débouchés : ceux du pays.

151. — **Pimentel** (José Reis), Castello de Vide (Portalegre).

Blé « gallego » (Povoa das Meadas).
P. a. 250 hectolitres.
Prix : 0 fr. 22 par litre.
Seigle (Povoa das Meadas).
P. a. 66 hectolitres.
Prix : 0 fr. 17 par litre.
Millet à grappe (Povoa das Meadas).
P. a. 6 hectolitres.
Prix : 0 fr. 14 par litre.
Consommation dans l'arrondissement.
Blé « mourisco » (Herdade do Pereiro).

Prix : 0 fr. 22 par litre.
Seigle (Herdade do Pereiro).
Prix : 0 fr. 17 par litre.
Maïs, non arrosé « de sequeiro » (Herdade de Pereiro).
Prix : 0 fr. 17 par litre.
Javelle de blé.
Javelle de seigle.
Javelle de maïs.
Débouchés : ceux du pays.

152. — Pina (Antonio de Calça e), Souzel (Portalegre).

Blé de printemps « ribeiro », N. Sª da Graça.
P. a. 2,200 hectolitres.
Prix : 0 fr. 22 par litre.
Blé « amarello » (N. Sª da Graça).
P. a. 300 hectolitres.
Prix : 0 fr. 22 par litre.
Blé « barbellinha » (N. Sª da Graça).
P. a. 1.100 hectolitres.
Prix : 0 fr. 23 par litre.
Débouchés : Extremoz, Lisbonne, Porto.
Blé « amarello » (Souzel).
P. a. 2,200 hectolitres.
Prix : 0 fr. 22 par litre.
Blé « barbellinha » (Souzel).
P. a. 300 hectolitres.
Prix : 0 fr. 22 par litre.
Blé de printemps « ribeiro » (Souzel).
P. a. 1.100 hectolitres.
Prix : 0 fr. 23 par litre.
Avoine (Souzel).
P. a. 200 hectolitres.
Prix : 0 fr. 06 par litre.
Orge (Souzel).
P. a. 1,100 hectolitres.
Prix : 0 fr. 08 par litre.
Débouchés : Extremoz, Lisbonne et Porto.

153. — Pinho (Joaquim José da Silva), Agueda (Aveiro).

Epis de maïs « verdial » jaune.
Epis de maïs « verdial » blanc.
Maïs blanc « da terra ».
Maïs roux « da terra ».

154. — Pinto (Antonio João Marques), Elvas (Portalegre).

Seigle (Monte Ruivo).
P. a. 320 hectolitres.
Prix : 0 fr. 16 par litre.
Seigle en paille (une javelle), Monte Ruivo.
Consommation dans la localité.

155. — Pinto (Bernardo Ribeiro), Baião (Porto).

Blé (Moreira, Viariz).
P. a. 71 hectolitres.
Prix : 0 fr. 23 par litre.
Débouchés : ceux de l'arrondissement.

156. — Pinto (Joaquim Marques), Elvas (Portalegre).

Blé « candial ». 1876, Villa Boim.
P. a. 1.000 hectolitres.
Prix : 0 fr. 23 par litre.
Débouchés : ceux du pays.

156 a. — Pinto (José Clemente), à Coimbra.

Pâtes d'Italie, macaronis, vermicelles, etc.

157. — Pinto Basto (Reynaldo Ferreira) Figueira da Foz (Coimbra).

Riz en paille (Quinta da Fôja, Ferreira).
P. a. 4.000 hectolitres.
Prix : 0 fr. 15 par litre.
Maïs (Quinta da Fôja, Ferreira).
P. a. 1,000 hectolitres.
Prix : 0 fr. 12 par litre.
Débouchés : ceux de l'arrondissement de la Beira.
Riz (Quinta da Fôja).
P. a. 4 341 hectolitres.
Prix : 0 fr. 22 par litre.

158. Pisco (Manuel Rodrigues), Almeirim (Santarem).

Blé de printemps « ribeiro » (Tapada e Gouxaria).
P. a. 1,643 hectolitres.
Prix : 0 fr. 26 par litre.
Maïs (Tapada e Gouxaria).
P. a. 658 hectolitres.
Prix : 0 fr. 14 par litre.
Débouchés à Lisbonne.

159. — Poiares (Antonio José da Silva), Cantanhede.

Riz (Mira).
Prix : 0 fr. 26 par litre.
Débouchés : Porto et Beira Alta.

160. — Pollido (Manuel), à Marvão (Portalegre).

Farine de blé.

161. — Portilheiro (Manuel de Jesus), Marvão (Portalegre).

Millet à grappes (Asseiceira).
P. a. 14 hectolitres.

Prix : 0 fr. 17 par litre.
Consommation dans la localité.

162. — Povoas (Antonio de Souza), Vallongo (Porto).

Maïs à grains roux.
Consommation à Vallongo.

162 a. — Proença (B. Maria Rosalia Tavares), Covilhã (Castello Branco).

Maïs.

163. — Queiroz (Doctor Joaquim Carneiro Leão), Paços de Ferreira (Porto).

Maïs à grains roux.
Prix : 0 fr. 16 par litre.
Maïs à grains blancs.
Prix : 0 fr. 17 par litre.
Seigle.
Prix : 0 fr. 16 par litre.
Farine de maïs roux.
Farine de maïs blanc.
Farine de seigle.
Récompenses aux Expositions de Vienne et Philadelphie.

163 a. — Queiroz (José de Sequeira Pinto de), Darque (Vianna do Castello).

Maïs à graines blanches (Quinta de Caes Novo).
Prix : 0 fr. 15 par litre.
Consommation à Vianna :
Maïs blanc en herbe (plante entière).
Millet en herbe.
Panis en herbe.

164. — Ramalho (Francisco de Lemos), Condeixa (Coimbra).

Farines de céréales (1878), Condeixa.
Riz des Carolines (Condeixa).
P. a. 160 hectolitres.
Prix : 0 fr. 05 par litre.
Consommation à Condeixa.

165. — Rasquilha (Francisco de Silva Lobão), Arronches (Portalegre).

Javelle de blé « cachudo » Roselhos.
P. a. 800 hectolitres.
Prix 0 fr. 22 par litre de blé.
Consommation : ceux du pays.

166. — Raymundo (José de Mattos), Crato (Portalegre).

Blé (Crato, Martyres).

Prix : 0 fr. 22 par litre.
Seigle (Crato, Martyres).
Prix : 0 fr. 14 par litre.
Consommation dans la localité.

167. — Ribas (Simão), Guarda.

Blé.

168. — Rijo (Filippe de Jesus), Elvas (Portalegre).

Blé « candial » blanc, 1877 (Torre dos Arcos).
P. a. 200 hectolitres.
Prix : 0 fr. 25 par litre.
Débouchés : ceux du canton.
Médaille en cuivre à l'Exposition internationale de 1876, à Philadelphie.

169. — Rocha (Caetano Ricardo Gordo da), Villa Franca (Lisbonne).

Maïs hâtif « Cêdo-sem » (Villa Franca).
Prix : 0 fr. 12 à 0 fr. 14 par litre.
Consommation dans la localité.

170. — Rollo (Manuel Braz), Castello de Vide (Portalegre).

Blé (Ameixial).
P. a. 40 hectolitres.
Prix : 0 fr. 22 par litre.
Seigle (Ameixial).
P. a. 20 hectolitres.
Prix : 0 fr. 16 par litre.
Maïs.
P. a. 4 hectolitres.
Prix : 0 fr. 16 par litre.
Consommation dans la localité.

171. — Roquette (José Ferreira), Salvaterra de Magos (Santarem).

Blé (Salvaterra do Magos).
Prix : 0 fr. 28 par litre.
Maïs (Campo da Sacarabotao).
Prix : 0 fr. 14 par litre.
Orge (Campo de Sacarabotao).
Prix : 0 fr. 11 par litre.
Grande culture. Production céréale sur une grande échelle.
Débouchés : Lisbonne.

172. — Rosa (Joao Baptista da), Ponte do Sor (Portalegre).

Épis de maïs (Horta do Arneiro).
Maïs (Horta do Arneiro).
P. a. 45 hectolitres.
Prix : 0 fr. 14 par litre.
Consommation dans la localité.

173. — Rosa (José da Graça Pereira), Niza (Portalegre).

Blé (Niza).
Prix : 0 fr. 22 par litre.
Vente au détail chez l'exposant.

174. — Rosado (Joaquim Manuel), Alter do Chão (Portalegre).

Blé « branco ».
Prix : 0 fr. 23 par litre.
Blé de printemps « ribeiro ».
Prix : 0 fr. 23 par litre.
Débouchés : Abrantes, Lisbonne, Porto.

175. — Santos (Alfonso Marques dos), Vallongo (Porto).

Maïs à grains blancs; maïs à grains jaunes (de Suzao), S. Mamede.

176. — Seixas (José Maria Ayres de), Gaviao (Portalegre).

Blé sans barbes « moxo » Margalha.
P. a. 40 hectolitres.
Prix : 0 fr. 22 par litre.
Seigle (Margalha).
P. a. 10 hectolitres.
Prix : 0 fr. 18 par litre.
Épis de blé sans barbes.
Épis de seigle.
Consommation dans la localité.

177. — Sena (Francisco Luiz), Campo Maior (Portalegre).

Blé « candial » (Ferregiaes).
Prix : 0 fr. 22 par litre.
Blé blanc (Valle de Pregnica).
Prix : 0 fr. 22 par litre.
Blé Sainte-Marthe (Bixo).
Prix : 0 fr. 25 par litre.
Débouchés : Lisbonne.

178. — Sepulveda (B. Adelaide), Condeixa (Coimbra).

Blé blanc (Condeixa).
P. a. 20 hectolitres.
Prix : 0 fr. 27 par litre.
Consommation dans la localité.

179. — Sequeira (P. Serafim Pedro de Carvalho de), Castello de Vide, Portalegre.

Seigle (Martins Serra).
P. a. 40 hectolitres.
Prix : 0 fr. 20 par litre.
Consommation dans la localité.

180. — **Serra** (João Matheus), Portalegre.

Maïs (Boi d'Agua).
P. a. 22 hectolitres.
Prix : 0 fr. 20 par litre.
Consommation dans la localité.

181. — **Silva** (Antonio José de Souza e), Vallongo (Porto).

Blé (trois variétés).
Seigle.
Orge (deux variétés).
Maïs à grains roux.
Maïs à grains blancs.
Maïs à grains rouges.
Millet (deux variétés).
Farine de maïs (de deux variétés).
Prix à l'Exposition de Porto.
Médaille d'argent.

182. — **Silva** (José Dias da), Vallongo (Porto).

Maïs blanc (Sobrado).
Maïs roux (Sobrado).

183. — **Silveira** (B. Maria Balbina), Idanha a Nova (Castello Branco).

Blé « Cascalvo », 1877.

184. — **Simões** (Antonio Joaquim), Montemor-o-Velho (Coimbra).

Riz des Carolines (Alveiro).
P. a. 200 hectolitres.
Prix : 0 fr. 13 par litre.
Riz « Redondo » (Alveiro).
P. a. 330 hectolitres.
Prix : 0 fr. 13 par litre.
Maïs à grains jaunes (Campo de Borralho).
P. a. 374 hectolitres.
Prix : 0 fr. 13 par litre.
Maïs à grains blancs (Campo de Borralho).
P. a. 748 hectolitres.
Prix : 0 fr. 13 par litre.
Débouchés : Montemor-o-Velho.

185. — **Sousa** (Anna Rodrigues de), Vallongo (Porto).

Maïs à grains jaunes.

186. — **Sousa** (Bonifacio Moreira de), Vallongo (Porto).

Maïs en épis.

187. — **Sousa** (José de Andrade e), Portalegre.

Maïs galicien, 1877.

Prix : 0 fr. 16 par litre.
Débouchés : ceux du canton.

188. — Souto (Dr Antonio Augusto Nogueira), Albergaria-Velha (Aveiro).

Riz (Campo de Tojo).
P. a. 480 hectolitres.
Prix : 0 fr. 40 par kilo.
Riz en paille (Campo de Tojo).
Prix 0 fr. 13 par litre.
Débouchés : Porto.

189. — Tavora (Luiz de), S. Matheus (Angra do Heroismo).

Millet (Grota do Valle).
P. a. 216 hectolitres.
Prix. 0 fr. 12 par litre.
Maïs (Quinta do Bom Jesus).
P. a. 216 hectolitres.
Prix : 0 fr. 19 par litre.
Maïs « dent à cheval » à grains blancs (Quinta do Bom Jesus).
P. a. 432 hectolitres.
Prix : 0 fr. 16 par litre.
Blé des Etats-Unis (Grota do Valle).
P. a. 118 hectolitres.
Prix : 0 fr. 30 par litres.
Débouchés : Lisbonne et Madère.

190. — Torre (Antonio Barbas da), Covilhã (Castello Branco).

Maïs.

191. — Torres Sobrinho (Felix Fernandes de), Porto.

Collections de pâtes, Massarelos (Porto).
Prix : 0 fr. 77 par kilo.
Farine de blé, Massarelos (Porto).
Prix : 0 fr. 56 par kilo.
Débouchés : ceux du pays.

192. — Varella Jor (José Gomes), Serpa (Beja).

Blé « Lobeiro », Santa Maria (Serpa).
P. a. 720 hectolitres.
Prix : 0 f. 33 par litre.
Débouchés : Serpa.
Prix à l'Exposition internationale de 1876, à Philadelphie.

193. — Vasconcellos (Vital de Bettencourt), Angra do Heroismo.

Blé « de Casta » des États-Unis (Arrifes).
P. a. 39 hectolitres.
Prix : 0 fr. 30 par litre.
Blé rouge « do Algarve » (Arrifes).

P. a. hectolitres.
Prix : 0 fr. 25 par litre.
Blé rouge (Arrifes).
P. a. 142 hectolitres.
Prix : 0 fr. 20 par litre.
Maïs à graines jaunes (Arrifes).
P. a. 216 hectolitres.
Prix : 0 fr. 14 par litre.
Maïs à graines jaunes des Etats-Unis (Arrifes).
P. a. 72 hectolitres.
Prix : 0 fr. 14 par litre.
Débouchés : Lisbonne, Madère.

194. — Ventura (Antonio José), Portalegre.

Maïs (S. Bernardo).
P. a. 12 hectolitres.
Prix : 0 fr. 19 par litre.
Consommation dans la localité.

195. — Vianna J^{or} (Antonio Luiz Gonçalves), Vianna de Castello (à Vianna de Castello).

Maïs (S. Leocadia).
Prix : 0 fr. 16 par litre.

196. — Vide (Domingos d'Almeida), Macieira de Cambra (Aveiro).

Panis (panicum italicum, Lin.).
Prix : 0 fr, 22 par litre.
Millet (panicum miliaceum, Lin.).
Prix : 0 fr. 22 par litre.
Maïs hâtif.
Prix : 0 fr. 14 par litre.

CLASSE 70

PRODUITS DE LA BOULANGERIE ET DE LA PATISSERIE

197. — Brito (João de), à Beato Antonio.
Farines et biscuits de différentes qualités.

198. — Costa (Eduardo Antonio), à Lisbonne.
Biscuits de différentes qualités.

198 *a*. — **Cruz** (José Francisco da), à Coimbra.
Biscuits.

199. — **Macedo Guimarães et Neves**, à Lisbonne.
Biscuits de différentes qualités.
Médailles aux Expositions de Vienne, 1873, et de Philadelphie
1876.

200. — **Pauperio** (Ricardo de Sousa), à Vallongo (Porto).
Biscuits.

201. — **Pucci** (José Carlos), 122, rue des Capellistas, à Lisbonne.
Gâteau *marcipano*.
Établissement fondé en 1828.
Médailles aux Expositions de Paris, 1867 ; de Londres, 1862.

202. — **Schurmann** (Adolphe), successeur Macedo Guimarães et Neves, à Lisbonne.
Gâteau anglais.
Médaillés aux Expositions de Vienne, 1873, et de Philadelphie,
1876.

203. — **Seara** (Francisco José Ribeiro), à Vallongo (Porto).
Biscuits.

204. — **Silva et Frère** (Eduardo da Conceição), à Lisbonne.
Biscuits de différentes qualités.

CLASSE 71

CORPS GRAS ALIMENTAIRES, LAITAGE ET OEUFS.

205. — **Abranches** (D. Modesta Flaminia de Vasconcellos), Taboa (Coïmbra).
Huile d'olive (Midões).
P. a. 33 hectolitres.
Prix : 1 fr. 00 par litre.
Débouchés : Portugal.
Prix à l'Exposition internationale de 1875, à Porto.

206. — **Abreu** (José Vicente d'), Elvas (Portalegre).

Huile d'olive, 1877 (Horta Nova).
P. a. 100 hectolitres.
Prix : 0 fr. 73 par litre.
Débouchés : ceux du pays.

207. — **Adelino** (João Manuel Joaquim), Elvas (Portalegre).

Huile d'olive, 1877 (Olivaes).
P. a. 150 hectolitres.
Prix : 0 fr. 75 par litre.
Débouchés : ceux du pays.

208. — **Administration** de l'arrondissement de Beja, à Beja.

Fromages de brebis } Santa Clara.
Fromages de chèvres

209. — **Administration** de l'arrondissement de Serpa (Beja).

Fromages de brebis (Serpa).
P. a. 25,000 kilogrammes.
Fromages de chèvres (Serpa).
P. a. 5.000 kilogrammes.
Débouchés : ceux du pays.
Huile d'olive (Serpa).

210. — **Affonso** (João de Lemos), Castello de Vide (Portalegre).

Huile d'olive (Amieira).
Prix : 0 fr. 94 par litre.
Consommation dans la localité.

211. — **Aguilar** (Bernardo de Lemos Teixeira de), S. João da Pesqueira (Vizeu).

Huile d'olive.
Prix : 0 fr. 78 par litre.
Débouchés : Douro, Porto.

212. — **Aguilares et Noronhas**, à Porto.

Huile d'olive, 1875 (Quinta de Cedavim).
P. a. 257 à 276 hectolitres.
Huile d'olive, 1876 (Quinta de Cedavim).
P. a. 257 à 276 hectolitres.
Débouchés : Porto, etc.

213. — **Albergaria** (Miguel Achilles Soares d'), Taboa e Oliveira dó Hospital (Coimbra).

Huile d'olive, 1877 (Villa do Matto).

214. — **Albuquerque** (José Freire de Carvalho e), Arganil (Coimbra).

Huile d'olive (Barril), Villa Cova.

P. a. 180 hectolitres.
Prix : 0 fr. 89 par litre.
Débouchés : Cója et Louroza.

215. — **Alcantara** (Francisco Augusto Mendes d'), Oliveira do
        Hospital (Coïmbra).

Fromages de brebis, 1876.
Prix : 2 fr. 78 le kilogramme.
Récompenses à l'Exposition de 1862, à Londres.

216. — **Alcantara** (João José de), Elvas (Portalegre).

Huile d'olive, 1877 (Olivaes).
P. a. 160 hectolitres.
Prix : 0 fr 75 par litre.
Débouchés : ceux du pays.

217. — **Allen** (Rebello Valente), Alijó (Porto).

Huile d'olive, 1876 (Ferme du Noval, val de Mendiz).
Prix aux Expositions de Vienne et Philadelphie.

218. — **Alte** (Francisco de Paula Rapôzo Sousa d'), Alemquer
        (Lisbonne).

Huile d'olive (Cadafaes).
Prix : 2 fr. 60 par litre.
Débouchés : Rio de Janeiro, Lisbonne.

219. — **Amaral** (Joaquim José Fernandes do), Covilhã (Castello
        Branco).

Huile d'olive.

220. — **Amaral** (Pe Joaquim do), Covilhã (Castello Branco).

Huile d'olive.

221. — **Andrade** (José Navarro Pereira d'), Fundão (Castello
        Branco).

Huile d'olive, 1877.

222. — **Antonio** (Caetano José), Condeixa (Coimbra).

Huile d'olive, 1877 (Bruscos).
P. a. — 4 hectolitres.
Prix : fr. 0,85 par litre.
Consommation à Penella.

223. — **Aragão** (Alexandre Manuel Alvares Pereira de), Villa-Flôr
        (Bragança).

Huile d'olive (Chaudasna).
P. a. 105 hectolitres.
Prix : 1 fr. 00 par litre.
Débouchés : Villa-Flôr et Porto.

224. — **Aragão** (Bartholomeu d'), Fundão (Castello Branco).
Huile d'olive, 1877 (Aldeia Nova).

225. — **Aragão** (José d'), Fundão (Castello Branco).
Huile d'olive (Aldeia Nova).

226. — **Arouca** (Vicomte da Foz de), Anadia (Aveiro).
Beurre salé, Gracioso (Arcos).
Consommation chez l'Exposant.

227. — **Atalaya** (Comte d'), Almeirim (Atalaya),
Huile d'olive, 1876 (Quinta de S. Martha) Almeirim.
Débouchés : Lisbonne.
Médaille à l'Exposition internationale de 1876, à Philadelphie.

228. — **Avillez** (Comte d'), Portalegre.
Huile d'olive (Mouta).
P. a. 70 hectolitres.
Prix : 0 fr. 92 par litre.
Débouchés : Portugal, Espagne.

229. — **Azevedo** (B. Joaquina Maxima d'), Condeixa (Coimbra).
Huile d'olive, 1876. (Condeixa).
P. a. 20 hectolitres.
Prix 0 fr 81 par litre.
Débouchés : Condeixa, Porto.

230. — **Azevedo** (Pe Jeronymo H. Dias d'), Coimbra.
Huile d'olive, 1876 (Zambujal).
P. a. 10 hectolitres.
Prix : 0 fr. 81 par litre.
Débouchés : Condeixa, Coimbra.

231. — **Baptista** (Manuel João), Castello Branco.
Huile d'olive, 1877.

232 — **Baron da Roêda** (John Alexandra Fladgate), Gaia (Porto.)
Huile d'olive, 1876. Casal de Loivos, Roêda, Villa Réal.
P. a. 55,50 hectolitres.
Débouchés : ceux de Porto et Lisbonne.

233. — **Beltrão** (José de Gouveia de Lucena), Cantanhe de Coimbra.
Huile d'olive (Aros de Ançã).
P. a. 20 à 30 hectolitres.
Prix : 1 fr. 09 par litre.
Consommation dans la localité.

234. — **Bicho** (Joaquim Pedro), Castello de Vide (Portalegre).

Huile d'olive (Val de Pereiro).
P. a. 24 hectolitres.
Prix : 0 fr. 85 par litre.
Consommation dans la localité.

235. — **Boa-Vista** (Vicomte da), Beja.

Fromages de brebis.
P. a. 1,500
Prix : 5 fr. 60 chacun.
Fromages de chèvres.
P. a. 1,800.
Prix : 112 fr. par mille.
Débouchés : Lisbonne, Beja.
Récompenses aux Expositions de Paris et de Philadelphie.

236. — **Borralha** (Vicomte da), S. Vicente da Beira (Castello
Branco).

Huile d'olive, 1877.

237. — **Branco** (Antonio Maximo), Condeixa (Coimbra).

Huile d'olive, 1876.
P. a. 90 hectolitres.
Prix 0 fr. 81 par litre.
Débouchés : Coimbra, Porto.

238. — **Brito** (João Rodrigues de), Almodovar (Beja).

Fromages de brebis (Do Testa, Rosario).
Prix : 3 fr. 36 le fromage.
Consommation dans la localité.

239. — **Brito** (João Themudo Soares de), Niza (Portalegre).

Huile d'olive (Niza, Espirito Sancto.)
Prix : 0 fr. 88 par litre.
Consommation dans la localité.

240. — **Caldeira** (Ignacio Cardoso de Barros), Portalegre.

Huile d'olive (Galocha-Senhora da Esperança).
Prix : 0 fr. 83 par litre.
Médaille de cuivre à l'Exposition de Philadelphie.

241. — **Galheiros** (Luiz d'Oliveira), Olivaes (Lisbonne).

Huile d'olive (Quinta de San João).
P. a. 34 hectolitres.
Prix : 2 fr. 22 par litre.
Récompense à l'Exposition de Philadelphie 1876.

242. — **Callado** (Joaquim da Silva), Condeixa (Coimbra).

Huile d'olive, 1877 (Traveira).

P. a. 4 hectolitres.
Consommation à Coimbra et Porto.

243. — Campos (Antonio d'Araujo Juzarte de Portalegre.

Huile d'olive, 1875. Quinta do Bispo.
P. a. 40 hectolitres.
Prix : 0 fr. 95 par litre.
Débouchés : ceux du Portugal.
Prix à l'Exposition de Philadelphie.

244. — Capello (José Antonio da Cruz), Castello Branco.

Huile d'olive, 1876.

245. — Cardoso (Antonio Augusto Corréa da Silva), Celorico, Guarda.

Huile d'olive.

246. — Cardoso (José Maria Alberto), Portalegre.

Huile d'olive, 1876 et 1877.
Huile d'olive, 1877.
Prix : 0 fr. 95 par litre.
Consommation dans la localité.

247. — Carvalho (Albino Justiniano de), Condeixa, Coimbra.

Huile d'olive, 1876.
P. a. 40 hectolitres.
Prix : 0 fr. 81 par litre.
Débouchés : Condeixa, Coimbra.

248. — Carvalho (Dr João Augusto de), Castello de Vide, Portalegre.

Huile d'olive. Herdade da Torre.
P. a. 10 hectolitres.
Prix : 0 fr. 94 par litre.
Consommation dans la localité.

249. — Carvalho (Dr José Amorim Vaz de), Covilhã, Castello Branco.

Huile d'olive.

250. — Carvalho (Francisco de Pina), Celorico da Beira, Guarda.

Huile d'olive.

251. — Carvalho (Wenceslau Martins de), Condeixa, Coimbra.

Huile d'olive, 1876, Atadoã.
P. a. 40 hectolitres.
Prix : 0 fr. 81 par litre.
Consommation à Condeixa et Coimbra.

252. — Casa Real (Maison du roi), à Alter do Chaõ (Portalegre).

Huile d'olive d'Alter do Chaõ.
Prix : 0 fr. 77 par litre.
Débouchés : Abrantes, Lisbonne, Porto.

253. — Casqueiro (José Maria), Crato (Portalegre).

Huile d'olive, Malfor.
P. a. 70 hectolitres.
Prix : 0 fr. 84 par litre.
Débouchés : Lisbonne, Porto, Abrantes.
Récompenses aux Expositions de Vienne et Philadelphie.

254. — Castello Branco (José da Gama Caldeira), Crato (Portalegre).

Huile d'olive, Crato.
Prix : 0 fr. 77 par litre.
Débouchés : Abrantes.

255. — Castello Branco (Alexandre de Cupertino), Arganil (Coimbra).

Fromages de brebis, Villa Cova.
P. a. 600 kilogrammes.
Prix : 2 fr. 22 le kilogramme.
Consommation dans les différentes provinces du royaume.

256. — Castello Branco (Francisco Augusto Lobo), Oliveira do Hospital (Coimbra).

Huile d'olive, Avô.
Prix : 0 fr. 56 par litre.
Consommation dans la localité.

257. — Castello Branco (Joao Ferrão de), Villa Franca de Xira, (Lisbonne).

Huile d'olive, Quinta de Santa Tria.
P. a. 420 hectolitres.
Prix : 1 fr. 31 par litre.
Prix à bord : 1 fr. 45 par kilogramme.
Débouchés : Lisbonne, Brésil, Angleterre.
Prix à l'Exposition de 1876, à Philadelphie.

258. — Castello Branco (José Maria Caldeira), Portalegre.

Huile d'olive, 1876 et 1877, Mouta.
Huile d'olive, 1877 : Mouta.
P. a. 20 hectolitres.
Prix : 0 fr. 89 par litre.
Débouchés : ceux du pays.

259. — Castro (Antonio José Tavares e), Oliveira do Bairro, Aveiro.

Huile d'olive, 1875, Quinta do Cabeço.
P. a. 88 hectolitres.
Prix : 1 fr. 50 par litre.

260. — Castro (Bento Pinto de Oliveira e), Baiao (Porto).

Huile d'olive, 1877.
Prix : 1 fr. 42 à 1 fr. 51 par litre.
Consommation dans la localité.

261. — Castro (José de), Guarda.

Huile d'olive.
Fromages de chèvre.

262. — Chaies (D. Anna Augusta de), Taboa (Coimbra).

Huile d'olive, Taboa.
Prix : 1 fr. 99 par litre.
Débouchés : Coimbra, Porto.

263. — Chichorro (André Avelino), Portalegre.

Huile d'olive, Ribeira de Niza.
P. a. 9 hectolitres .
Prix : 0 fr. 95 par litre.
Débouchés : Portugal, Espagne.

264. — Chichorro (Antonio Maria), Portalegre.

Huile d'olive, 1876 et 1877.
P. a. 1.800 hectolitres.
Prix : 0 fr. 94 par litre.
Huile d'olive, 1877.
P. a. 1.800 hectolitres.
Prix : 0 fr. 94 par litre.
Débouchés : Nationaux et ceux d'Espagne.
Médaille de cuivre à l'Exposition de Philadelphie.

265. — Collaço (Manuel Antonio), Condeixa (Coimbra).

Huile d'olive, 1877, Bruscos.
P. a. 10 hectolitres.
Prix : 0 fr. 39 par litre.
Débouchés : ceux du canton.

266. — Commission districtale de Angra do Heroismo.

Fromages, Ile S. Jorge.
Prix : 1 fr. 96 par kilo.
Produit d'exportation.

267. — Costa (Antonio da), Elvas (Portalegre).

Huile d'olive, 1877, Carvalhinho.
P. a. 600 hectolitres.
Prix : 0 fr. 75 par litre.
Débouchés : ceux du pays.

Médaille en cuivre à l'Exposition internationale de 1876, à Philadelphie.

268. — **Costa** (Antonio Jacome da), Gaviaõ (Portalegre).
Huile d'olive, Atalaia e Commenda.
Prix : 1 fr. par litre.
Fromages de chèvre, Atalaia e Commenda.
Prix : 0 fr. 22 à 0 fr. 27 chacun.
Débouchés : ceux du canton.

269. — **Costa** (Domingos Antonio da), Elvas (Portalegre).
Huile d'olive, 1876 et 1877, Quinta de D. Clara.
P. a. 200 hectolitres.
Prix : 0 fr. 75 par litre.
Huile d'olive, 1876 (Quinta de D. Clara).
P. a. 200 hectolitres.
Prix : 0 fr. 75 par litre.
Débouchés : ceux du pays.

270. — **Costa** (José Maria Rodrigues da), Penamacor (Castello Branco).
Huile d'olive.
P. a. 1,400 hectolitres.
Prix : 0 fr. 79 par litre.
Débouchés : ceux du canton et de Porto.

271. — **Costa** (Manuel Joaquim), Portalegre.
Huile d'olive, 1875 et 1877, Olho d'Agua (S. Julião).
Huile d'olive, 1877 (Olho d'agua, S. Julião).
P. a. 80 hectolitres.
Débouchés : ceux du pays et de l'étranger.

272. — **Goutinho** (D. Miguel Pereira), Abrantes (Santarem).
Huile d'olive, 1872 (Freguezia d'Alvega).
Huile d'olive, 1876 (Freguezia d'Alvega).
Huile d'olive, 1877 (Freguezia d'Alvega).
P. a. 360 hetolitres.
Prix : 1 fr. 11 par litre.
Débouchés : Abrantes, Porto, Lisbonne.

273. — **Gruz** (Antonio José Marinho da), Portalegre.
Huile d'olive, 1877.
P. a. 26 hectolitres.
Prix : 0 fr. 90 par litre.
Débouchés : Portugal et ceux de l'étranger.

274. — **Cruzeiro** (baron do), Anadia (Aveiro).
Huile d'olive, 1876.
P. a. 14 hectolitres.
Prix : 1 fr. 51 par litre.

275. — **Cruz** (Francisco Borges Mendes), Oliveira do Hospital, Coimbra.

Huile d'olive.
P. a. 48 hectolitres.
Prix : 0 fr. 56 à 0 fr. 64 par litre.
Exportation pour l'étranger.

276. — **Cunha** (Doutor Antonio da Costa e). Idanha a Nova, (Castello Branco). ·

Huile d'olive, 1877.

277. — **Cunhado** (Francisco Robalo e), Fundão, Castello Branco.

Huile d'olive.

278. — **Cunha** (Doutor Frederico Augusto da), Idanha a Nova (Castello Branco).

Huile d'olive, 1877.

279. — **Duarte** (Antonio Maria), Cantanhede (Coimbra).

Huile d'olive (Cantanhede).
Prix : 0 fr. 83 par litre.
Débouchés : Porto.

280. — **Durão** (Pedro Manuel), Castello de Vide (Portalegre).
Huile d'olive.
Prix : 0 fr. 83 par litre.
Médaille de cuivre à l'Exposition de Philadelphie.

281. — **Eça** (Antonio da Cunha d') Condeixa (Coimbra).

Huile d'olive, 1876.
P. a. 10 hectolitres.
Prix : 0 fr. 81 par litre.
Débouchés : Coimbra, Porto.

282. — **Escobar** (Hermenegildo da Silva), Souzel, Portalegre.

Huile d'olive (Serra e Coutos de Souzel).
P. a. 60 hectolitres.
Prix : 0 fr. 77 par litre.
Débouchés : Lisbonne et environs.

283. — **Esperança** (Vicomte da), Cuba (Beja).

Fromages de brebis (Quinta da Esperança).
Fromages de chèvre (Quinta da Esperança).

284. — **Falcão** (Francisco da Costa de Oliveira). Constancia (Santarem).

Huile d'olive, 1876 (Quinta de D. João).
P. a. 50 hectolitres.

Prix : 0 fr. 88 par litre.
Consommation à Lisbonne.

285. — Falcão (Jeronymo Marques), Covilhã (Castello Branco).

Huile d'olive.

286. — Falcão (Maximo), Aznihaga (Santarem).

Huile d'olive, 1877.
Prix : 0 fr. 88 par kilog.
Destinée particulièrement à des usages industriels.
Débouchés : Lisbonne, Angleterre.

287. — Falcão (Sébastião Caetano), Portalegre.

Huile d'olive, 1877 (Mouta).
P. a. 10 hectolitres.
Prix : 0 fr. 81 par litre.
Débouchés : ceux du pays.

288. — Ferme districtale de Bragança.

Beurre salé.
P. a. 150 kilog.
Prix : 0 fr. 33 par kilogr.
Consommation à Bragança.

289. — Fernandes (Joaquim Filippe), Beja.

Huile d'olive (Almocrevas, S. Thiago).
Débouchés : Lisbonne.
Médaille en cuivre à l'Exposition de 1876, à Philadelphie.

290. — Fernandes (Joaquim Pinto), Baião, Porto.

Huile d'olive (Ansede).
P. a. 156 hectolitres.
Prix : 1 fr. 42 à 1 fr. 55 par litre.
Récompense à l'Exposition de Vienne.

291. — Ferraz (Casimiro Barreto), Aveiro.

Huile d'olive, 1877 (Oliveirinha).

292. — Ferreira (Doutor Adriano Baptista), Mealhada (Aveiro).

Huile d'olive, 1875.
Prix : 1 fr. 11 par litre.

293. — Ferreira (D. Antonia Adelaide), Quinta das Nogueiras, (Pezo da Regoa, Guarda).

Huile d'olive, 1875 (Quinta do Vezuvio, Numão, Villa Nova de Foscôa).
Huile d'olive, 1876 (Quinta do Vezuvio, Numão, Villa Nova de Foscôa).
P. a. 508 à 636 hectolitres.
Débouchés : Regoa et Porto.

294. — **Ferreira** (José Nicolau), Chamusca (Santarem).

Huile d'olive (Ulme).
P. a. 291 hectolitres.
Prix : 0 fr. 84 par litre.
Débouchés : Lisbonne et Porto.

295. — **Ferreira** (Manuel Gonçalves), Gondomar (Porto).

Huile d'olive (Lomba).

296. — **Fevereiro** (Doutor Agostinho Nunes da Silva), Fundão
(Castello Branco).

Huile d'olive.

297. — **Figueiredo** (João Tenreiro de), Villa-Flôr (Bragança).

Huile d'olive (Athaïde).
P. a. 105 hectolitres.
Prix : 1 fr. par litre.
Consommation à Porto.

298. — **Fonseca** (José Pinto Guedes da), Baião (Porto).

Huile d'olive, 1876.
Prix : 1 fr. 41 à 1 fr. 51 par litre.
Consommation dans le canton.

299. — **Fortes** (Francisco), Aviz, Portalegre.

Fromages de chèvre.
P. a. 40,000.
Prix : 100 fr. le millier.
Débouchés : Extremoz, Fronteira, Ponto de Sôr.

300. — **Franco** (José da Costa), Beja.

Fromages de brebis (Herdade da Misericordia).
P. a. 700 fromages.
Prix : 4 fr. 44 à 5 fr. 55 le fromage.
Consommation dans la localité.
Récompenses à différentes Expositions et médaille à l'Exposition de
Philadelphie.

301. — **Franco** (José Joaquim), Fundão, Penamacor (Castello
Branco).

Huile d'olive (Fundão, Penamacor).

302. — **Freire** (Doutor Bernardo Xavier), Guarda.

Huile d'olive.

303. — **Freixedas** (João Felix de Faria de Almeida), Castello de
Vide, Portalegre.

Huile d'olive (Penedo Torto).
P. a. 12 hectolitres.

Prix : 0 fr. 96 par litre.
Consommation dans la localité.

304. — Galvão (Antonio Polycarpo Fernandes), Covilhã (Castello Branco).

Huile d'olive.

305. — Gama (Albino Leite Rebello da), Lonsada (Porto).

Huile d'olive (Reguengo).
P. a. 6 hectolitres.
Prix : 1 fr. 29 par litre.
Consommation dans la localité.

306. — Geraldes (Manuel Vaz Preto), Castello Branco.

Huile d'olive « carrasquenho », 1877 (Lousa).
Huile d'olive « cordovil », 1877 (Lousa).
Huile d'olive « gallego », 1877 (Lousa).

307. — Gomes (João Manuel), Portalegre.

Huile d'olive, 1877 (Carvalhas).
Prix : 0 fr. 90 par litre.
Consommation dans la localité.

308. — Graciosa (Comte da), Anadia (Aveiro).

Huile d'olive, 1876 (Arcos).
Prix, 1 fr. 32 par litre.
Huile d'olive (vierge), 1876.
Prix : 1 fr. 48 par litre.
Débouchés : Porto.
Prix à l'Exposition de Philadelphie.

309. — Guapo (Antonio Vicente), Portalegre.

Huile d'olive, 1877.
Prix : 0 fr. 84 par litre.
Consommation dans la localité.

310. — Guardado (José Alves), Montemor-o-Velho, (Coimbra).

Huile d'olive, 1876 (Verride).
P. a. 46 hectolitres.
Prix : 0 fr. 89 par litre.
Consommation à Montemor-o-Velho.

311. — Guedes (Vicomte de), Evora.

Huile d'olive (Quinta do Xarrama).
Prix : 1 fr. 32 par litre.
Fromages de brebis. (Quinta do Xarrama).
Prix : 5 fr. 55.
Fromages de chèvre (S. Sebastião da Girsteira).
Prix 0 fr. 16.

312. — **Guerra** (Francisco do Amaral), Coimbra.

Huile d'olive, 1876 (Quinta do Pinheiro).
P. a. 30 hectolitres.
Prix : 1 fr. 12 par litre.
Débouchés : Ceux du canton et ses environs.

313. — **Guerra** (João Joaquim da), Elvas, Portalegre.

Huile d'olive, 1877 (Suburbios d'Elvas).
P. a. 100 hectolitres.
Prix : 0 fr. 73 par litre.
Consommation dans la localité.

314. — **Guimarães** (José Lopes), Coimbra.

Huile d'olive, 1876.
Prix : 1 fr. 42 par litre.

315. — **Herculano** (successeurs de Alexandre), Val-de-Lobos
(Santarem).

Huile d'olive « Herculano » (Quinta de Val-de-Lobos).
Prix : 2 fr. la bouteille.
Débouchés : Portugal, Brésil, etc.
Prix à toutes les Expositions nationales et à différentes Expositions
internationales.

316. — **Junqueira** (Comte da), Alimeirim (Santarem).

Huile d'olive (vierge), 1874 (Quinta d'Alorna),
Huile d'olive ordinaire, 1874 (Quinta d'Alorna).

317. — **Larcher** (B. Maria José), Portalegre.

Huile d'olive, 1875.
Prix : 0 fr. 88 par litre.
Médaille de cuivre à l'Exposition de Philadelphie.

318. — **Le Coq** (João José), Castello de Vide (Portalegre).

Huile d'olive, 1876 (Prado).
Prix : 0 fr. 88 par litre.
Prix à l'Exposition de Philadelphie.

319. — **Lemos J**or (João Cardoso de), Souzel (Portalegre).

Huile d'olive (Casa Branca).
P. a. 60 hectolitres.
Prix : 0 fr. 88 par litre.
Débouchés : Lisbonne.

320. — **Levita** (Joaquim Fortunato), Portalegre.

Huile d'olive « virgem » (Senhora da Esperança).
P. a. 50 hectolitres.
Prix : 0 fr. 88 par litre.
Débouchés : Portugal, Espagne.

321. — Levita (José Eduardo), Portalegre.

Huile d'olive, 1876, Mauta-Cancello.
P. a. 45 hectolitres.
Prix : 1 fr. 06 par litre.
Débouchés : Portugal, Espagne.
Prix à l'Exposition de Philadelphie.

322. — Lima (Honorio Fiel), Portalegre.

Huile d'olive (Portalegre).
Prix : 0 fr. 86 par litre.
Débouchés : ceux du Portugal et d'Espagne.

323. — Lima (Jorge Abraham de Almeida), Seixal (Lisbonne).

Huile d'olive, Quinta da Palmeira.
Prix : 2 fr. 53 par litre.
Débouchés : Lisbonne.

324. — Lobo (André Chichorro da Gama), Monforte (Portalegre).

Huile d'olive, Coutos.
P. a. 30 hectolitres.
Prix : 0 fr. 77 par litre.
Débouchés : Lisbonne.

325. — Lobo (Dr José de Vasconcellos Souza), Mealhada (Aveiro).

Huile d'olive, 1876, Pedrinhas.
P. a. 300 décalitres.
Prix : 1 fr. 11 par litre.
Débouchés : Porto, Coimbra.

326. — Macedo (Francisco de Freitas), Santarem.

Huile vierge d'olive, 1861, Teixeira, S. Nicolau.
P. a. 126 hectolitres.
Prix : 0 fr. 81 par litre.
Débouchés : Santarem, Lisbonne et Porto.
Prix à l'Exposition de 1862, à Londres.
Huile vierge d'olive, 1872, Teixeira.
P. a. 126 hectolitres.
Prix : 0 fr. 98 par litre.

327. — Macedo (Joaquim Augusto de), Thomar, Santarem.

Huile d'olive, Thomar.
Prix : 1 fr. 83 par litre.
Huile d'olive, Thomar.
Prix : 1 fr. 73 par litre.
Débouchés : Lisbonne.
Récompense à l'Exposition de Philadelphie.

328. — Macedo (José Ignacio de Torres), Aviz (Portalegre).

Huile d'olive, Oráda.

P. a. 61 hectolitres.
Prix : 0 fr. 96 par litre.
Débouchés : Lisbonne, Abrantes.

329. — Macedo Jᵒʳ (Camillo de), Peso da Regua (Villa Real).
Huile d'olive, 1877, Regua.
P. a. 25 hectolitres.
Prix : 1 fr. 33 par litre.
Consommation dans la localité.

330. — Machado (José), Portalegre.
Huile d'olive, 1877, Mouta.
P. a. 100 hectolitres.
Prix : 0 fr. 77 par litre.
Débouchés : ceux du pays.

331. — Madeira (Manuel), Condeixa (Coimbra).
Huile d'olive, 1877, Rebolia.
P. a. 8 hectolitres.
Prix : 0 fr. 81 par litre.
Débouchés : Condeixa, Coimbra, Porto.

332. — Madeira (Manuel Rodrigues), Condeixa (Coimbra).
Huile d'olive, 1877, Avenal.
P. a. 10 hectolitres.
Prix : 0 fr. 81 par litre.
Débouchés : Coimbra, Porto.

333. — Maduro (José Pereira), Condeixa (Coimbra).
Huile d'olive, 1877, Sébal.
P. a. 12 hectolitres.
Prix : 0 fr. 81 par litre.
Débouchés : Condeixa, Figueira.

334. — Magalhães (José Joaquim da Silva), Gaia, à Porto.
Huile d'olive, 1876 et 1877.
Prix : 1 fr. 11 par litre.
Huile d'olive, 1877.
Prix : 1 franc par litre.
Débouchés : Porto.

335. — Magalhães (Luiz Antonio de), Fundao (Castello Branco).
Huile d'olive, Aldeia Nova.

336. — Magalhães (Simeão Pinto de Mesquita Carvalho), Louzada, à Porto.
Huile d'olive, 1876.
Prix : 1 fr. 55 par litre.
Consommation dans la localité.
Mention honorable.

337. — Manzarra (Jeronymo José), Idanha, a Nova (Castello Branco).
Huile d'olive, 1877.

338. — Margiochi J^{or} (Francisco Simões), Evora.
Huile d'olive, Monte das Flores (Evora).
Prix : 1 fr. 66 la bouteille.
Débouchés : Lisbonne.
Prix à l'Exposition internationale de 1876 à Philadelphie.

339. — Marques (Antonio Paes da Silva), Aviz (Portalegre).
Huile d'olive, Ervedal.
P. a. 30 hectolitres.
Prix : 0 fr. 95 par litre.
Débouchés : Lisbonne, Abrantes, Extremoz.

340. — Mascarenhas (Diego Rangel de), Torres Novas.
P. a. 168 hectolitres.
Prix : 1 fr. 29 par litre.
Consommation dans la localité.

341. — Massa (Manuel Joaquim), Guarda.
Fromage « Serra da Estrella. »

342. — Mattos (Manuel Antonio de), à Campo Maior (Portalegre).
Huile d'olive, (valle d'Alveira).
Prix : 1 fr. 16 par litre.
Consommation dans la localité.

343. — Meirelles (Antonio Nunes de Chaves), à Taboxa (Coimbra).
Huile d'olive, Povoa.
Prix : 1 fr. 99 par litre.
Débouchés : Porto, Coimbra.

344. — Mello (Augusto de à Osorio de), à Celorico (Guarda).
Huile d'olive.

345. — Mello (Joaquim José de), Mealhada (Aveiro).
Huile d'olive, 1874, Pampilhosa.

346. — Mendes (Dr Iartos da Costa Pereira), à Thomar (Santarem).
Huile d'olive, 1875, Quinta das Cabeças.
S. c. 400 hectares.
Prix : 0 fr. 77 à 1 fr. 33 par litre.
Débouchés : Londres, Liverpool, Brésil.
Diplôme et médaille à l'Exposition de Philadelphie.

347. — Menezes (José de Vasconcellos Carneiro de), Marco de Canavezes (Porto).

Huile d'olive da Quinta Soalbães.
P. a. 30 hectolitres.
Prix : 1 fr. 08 par litre.
Consommation dans la localité.

348. — Mimoso (Francisco Antonio), Castello de Vide (Portalegre).
Huile d'olive da Quinta da Amieira.
Prix : 1 fr. 94 par litre.
Consommation dans la localité.

349. — Mimoso (João Antonio), Castello de Vide (Portalegre).
Huile d'olive, Relva.
Prix : 0 fr. 96 par litre.
Consommation dans la localité.

350. — Mimoso (José Antonio), Castello de Vide (Portalegre).
Huile d'olive de Ribeiro da Fonte.
Prix : 0 fr. 94 par litre.
Consommation dans la localité.

351. — Monteiro (Dr Abilio Affonso da Silva), Mealhada (Aveiro)
Huile d'olive, 1876 (Ventosa).

352. — Monteiro (José Justino Teixeira), Villa Real.
Huile d'olive, 1876. Carrasedo de Vallé d'Ermida.

353. — Montenegro (Francisco Antonio de Carvalho), Poiares (Coimbra).
Huile d'olive, 1877. Pereiro d'Alem.
P. a. 10 à 15 hectolitres.
Prix : 1 franc par litre.
Débouchés : Porto.

354. — Moraes (Camilo de), Peso da Regua (Villa Real).
Huile d'olive, 1877. Regua.
Prix : 1 fr. 33 par litre.
Consommation dans la localité.

355. — Moraes (José Basilio de), Arronces (Portalegre).
Huile d'olive de Nossa, senhora d'Assumpçaõ.
P. a. 50 hectolitres.
Prix : 0 fr. 95 par litre.
Consommation dans la localité.

356. — Morgado (João Alves), Constancia (Santarem).
Huile d'olive, 1877, de Euxertal.
P. a. 50 hectolitres.
Prix : 0 fr. 94 par litre.
Consommation dans la localité.

357. — **Moura** (Francisco d'Assis Marinho de), Vizeu.

Huile d'olive, 1875, de Quinta de Crestello, Povolide.
P. a. 22 hectolitres.
Prix : 1 franc par litre.
Débouchés : Vizeu.

358. — **Mourato** (Mathias), Niza (Portalegre).

Huile d'olive (Alpalhaõ.
Prix : 0 fr. 88 par litre.
Fromages de brebis. Alpalhaõ.
Prix : 2 fr. 77 chacun.
Fromages de chèvre. Alpalhaõ.
Prix : 0 fr. 66 le fromage.
Consommation dans la localité.

359. — **Neves** et frère, Pinhel (Guarda).

Huile d'olive de Pinhel.

360. — **Norton** (Thomaz Mendes), Ponte de Lima (Vianna de
Castello).

Huile d'olive. Quinta de Morteiro.
P. a. 25 hectolitres.
Prix : 1 fr. 99 à 2 fr. 22 par litre.
Consommation dans la localité.

361. — **Nunes** (Guilherme Francisco Pereira), Oliveira do Hospital (Coimbra).

Huile d'olive d'Oliveira do Hospital.
Prix : 0 61 à 0 fr. 70 par litre.
Débouchés : ceux d'exportation pour l'étranger.

362. — **Oliveira** (Antonio Simões d'), huile d'olive, 1877, de
Mollêdo, Castro-Baire (Vizeu).

P. a. 7 hectolitres.
Prix : 0 fr. 89 par litre.
Débouchés : Castro-Daire, Sinfaes.

363. — **Oliveira** (Cesar Augusto de), à Guarda.

Huile d'olive.

364. — **Oliveira** (Gabriel d'), Chamusca (Santarem).

Huile d'olive. Gorjaõ.
P. a. 10 hectolitres.
Prix : 0 fr. 84 par litre.
Débouchés : Lisbonne.

365. — **Oliveira** (Joaõ Marques Ferreira Annes d'), Constancia
(Santarem).

Huile d'olive, 1876. Montalvo.

Prix : 1 franc par litre.
Débouchés : Lisbonne.

366. — Oliveira (Manuel Joaquim d'), Miranda (Bragança).

Fromages. S. Martinho.
Prix : 2 fr. 40 par kilogramme.

367. — Oliveira (Verissimo Ferreira Annes de), Constancia, (Santarem).

Huile d'ólive. Montalho.
P. a. 450 hectolitres.
Prix : 1 franc par litre.
Consommation à Constancia.

368. — Oliveira (Vicente Ferreira Annes de), Constancia (Santarem.

Huile d'olive, 1876 et 1877. Trombeiro.
P. a. 60 hectolitres.
Prix : 1 fr. 05 par litre.
Huile d'olive, 1877. Trombeiro.
P. a. 60 hectolitres.
Prix : 1 franc par litre.
Consommation à Lisbonne.

369. — Ornelhas (Francisco Lourenço d') Condeixa (Coimbra).

Huile d'olive, 1876.
P. a. 8 hectolitres.
Prix : 0 fr. 81 par litre.
Débouchés : Coimbra, Porto.

370. — Osorio (Joaquim Felisardo da Coimbra), Campo-Maior
(Portalegre).

Huile d'olive. Porto de Manez.
P. a. 20 hectolitres.
Prix : 0 fr. 94 par litre.
Consommation dans la localité.
Prix à l'Exposition de Philadelphie.

371. — Paiva (Candido Henriques de), Idanha-a-Nova (Castello
Branco).
Huile d'olive, 1877.

372. — Paiva (Joaquim Pedro Godinho de), Castello de Vide
(Portalegre).

Huile d'olive. Valle do Serraõ.
P. a. 10 hectolitres.
Prix : 1 franc par litre.
Consommation dans la localité.

373. — Patricio (Francisco Antonio), Guarda.

Huile d'olive.

374. — Pedroso (Norberto José), Chamusca (Santarem).

Huile d'olive. Quinta das Trevas, Casal da Pereira.
Débouchés : Lisbonne et Porto.

375. — Pelouro (Joaő Gonçalves), Castello de Vide (Portalegre).

Huile d'olive. Ribeirinho.
Prix : 0 fr. 94 par litre.
Consommation dans la localité.

376. — Perdigão (José Maria Ramalho Diniz), S. Pedro (Evora).

Huile d'olive, 1876. Herdade da Fiuza.
P. a. 400 hectolitres.
Prix : 1 fr. 11 par litre.
Débouchés : Lisbonne et Porto.
Prix à l'Exposition internationale de Philadelphie.

377. — Pereira (José Ignacio), Elvas (Portalegre).

Huile vierge d'olive, 1876. Elvas.
P. a. 50 hectolitres.
Prix : 0 fr. 75 par litre.
Débouchés : ceux du pays.
Médaille de cuivre à l'Exposition internationale de 1864, à Porto.

378. — Pereira (José Mocinha), Campo Maior (Portalegre).

Huile d'olive, 1877. Vinha de Mel.
P. a. 80 hectolitres.
Prix : 0 fr. 73 par litre.
Débouchés : ceux du pays.

379. — Picão (Amaro José de Bastos), Elvas (Portalegre),

Fromages de chèvre, 1877. Torre Sequeira.
P. a. 10,000 fromages.
Prix : 168 francs par millier.
Consommation dans la localité.

380. — Pimenta (José Victorino de Bento), Castello de Vide (Portalegre).

Huile d'olive. Manitta, Santa Maria.
Prix : 0 fr. 94 par litre.
Débouchés : ceux du pays.

381. — Pimentel (José Reis), Castello de Vide (Portalegre).

Fromages. Povoa e Meadas.
P. a. 6,000 fromages.
Prix : 0 fr. 77 le fromage.

Consommation dans la localité.
Huile d'olive,

382. — **Pina** (Antonio de Calça e), à Souzel (Portalegre).
Huile d'olive de Souzel.
P. a. 140 hectolitres.
Prix : 0 fr. 88 par litre.
Débouchés : Extremoz, Lisbonne et Porto.
Fromages de Souzel.

383. — **Pinto** (Antonio de Serpa), Marco de Canavezes
  (Porto).
Huile d'olive. Quinta de Vimieiro.
P. a. 13 hectolitres.
Prix : 1 fr. 19 par litre.
Consommation à Porto.

384. — **Pinto Basto** (Reynaldo Ferreira), Figueira da Foz
  (Coimbra).
Huile d'olive. Quinta da Fója.
P. a. 16 hectolitres.
Prix : 0 fr. 88 par litre.

385. — **Pinto** (Francisco Gamboa Sousa), Fundão (Castello
  Branco).
Huile d'olive, 1877.

386. — **Ponce** (Mathias Gomes), Arronches (Portalegre).
Huile d'olive. Nossa Senhora d'Assumpção.
P. a. 7 hectolitres.
Prix : 0 fr. 90 par litre.
Consommation dans la localité.

387. — **Proença** (D. Maria Rosalia Tavares), Covilhã (Castello-
  Branco).
Huile d'olive.

388. — **Pygnatelli** (D. Maria do Resgate). S. Vicente da
  Beira (Castello-Branco).
Huile d'olive, 1876.

389. — **Quaresma** (Antonio Egypcio), Condeixa (Coimbra).
Huile d'olive, 1876.
P. a. 35 hectolitres.
Prix : 0 fr. 79 par litre.
Débouchés : Coimbra, Porto.

390. — **Ramalho** (Francisco de Lemos), Condeixa (Coimbra).
Huile d'olive, 1875 et 1876, Ega.
P. a. 500 hectolitres.

Prix : 0 fr. 84 par litre.
Huile d'olive, 1876. Ega.
P. a. 500 hectolitres.
Prix : 0 fr. 84 par litre.
Débouchés : Porto.

391. — Ramos (Jeronymo dos), Aviz (Portalegre).

Fromages de brebis. Aviz Sᵗ da Orada.
P. a. 20,000.
Prix : 61 fr. le millier.
Débouchés : Estremoz, Fronteria, etc.

392. — Regalo (D. Maria Rita Pereira), Portalegre.

Huile d'olive, 1876.
P. a. 45 hectolitres.
Prix : 0 fr. 94 par litre.
Débouchés : nationaux et étrangers.

393. — Regalo (José Maria da Fonseca), Campo Maior (Portalegre).

Huile d'olive, 1877. Rossilhaõ.
P. a. 60 hectolitres.
Prix : 0 fr. 73 par litre.
Consommation dans le pays.
Médaille de cuivre à l'Exposition de 1876, à Philadelphie.

394. — Relvas (Carlos), Gollegã (Santarem).

Huile d'olive, 1876. Gollegã.
P. a. 900 hectolitres.
Prix : 0 fr. 92 par litre.
Médailles aux expositions universelles de Vienne, 1873 et de Philadelphie, 1876.

395. — Rijo (Atillano António da Silva), Elvas (Portalegre).

Huile d'olive, 1877. Quinta de S. José.
P. a. 300 hectolitres.
Prix : 0 fr. 75 par litre.
Débouchés : ceux du pays.

396. — Rijo (Joaquim Antonio), Elvas (Portalegre).

Huile d'olive, 1877. Olivaes, Alcaçova.
P. a. 100 hectolitres.
Prix : 0 fr. 75 par litre.
Débouchés : ceux du pays.
Médaille à l'Exposition internationale de 1876, à Philadelphie.

397. — Rosa (Domingos Maria), Beja.

Fromages de brebis. Quintos.

398. — Rosa (José da Graça Pereira), Niza (Portalegre).

Huile d'olive (Niza).
Prix : 0 fr. 88 par litre.
Consommation dans la localité.

399. — Sá (José Felippe de), Santarem.

Huile d'olive (Azoia de Baixo).
P. a. 84 hectolitres.
Prix : 1 fr. 68 par litre.
Consommation à Lisbonne.
Prix aux Expositions internationales de 1873 à Vienne, et de 1876
à Philadelphie.

400. — Salgado (Gaudencio Rodrigues), Anadia (Aveiro).

Huile d'olive, 1875 (Povoa de Pereiro).
P. a. 474 litres.
Prix : 1 fr. 51 par litre.

401. — Sant Anna (José Candido de), Elvas (Portalegre).

Huile d'olive, 1877 (Fonte Branca).
P. a. 40 hectolitres.
Prix : 0 fr. 75 par litre.
Consommation dans la localité.
Médaille de cuivre à l'Exposition internationale de 1876, à Phila-
delphie.

402. — Santos (João Rodrigues dos), Fundão (Castello
Branco).

uile d'olive.

403. — Santos (Julio Rodrigues dos), Portalegre.

Huile d'olive (S. Julião, Portalegre).
P. a. 20 hectolitres.
Prix : 2 fr. 82 par litre.
Consommation dans la localité.

404. — Seabra (Dr Alexandre de), Anadia (Aveiro).

Huile d'olive.
P. a. 14 hectolitres.
Prix : 1 fr. 51 par litre.

405. — Semedo (João Lourenço), Arronches (Portalegre).

Huile d'olive (Arronches).
Prix : 0 fr. 94 par litre.
Consommation dans la localité.

406. — Sepulveda (D. Adelaide), Condeixa (Coimbra).

Huile d'olive, 1876.
P. a. 6 hectolitres.

Prix : 0 fr. 81 par litre.
Consommation dans la localité.

407. — Serra (José Maria), Portalegre.

Saindoux, 1878.
P. a. 1.000 kilogrammes.
Prix : 2 fr. 22 le kilogramme.
Débouchés : Portugal.

408. — Silva (D. Maria Adelaïde da), Idanha-a-Nova.

Huile d'olive, 1877.

409. — Silva (Joaquim Nunes da), Elvas (Portalegre).

Huile d'olive, 1877.
P. a. 100 hectolitres.
Prix : 0 fr. 73 par litre.
Débouchés : Portugal, Russie, Angleterre.
Prix à l'Exposition de Vienne de 1873.

410. — Silva (Paulino da Cunha e), Santarem, à Santarem.

Huile d'olive, 1877 (Quinta da Commenda).
P. a. 200 hectolitres.
Prix : 1 fr. 50 par litre.
Récompense à l'Exposition universelle de Vienne, 1873.

411. — Simões (Antonio Joaquim), Montemor-o-Velho (Coimbra).

Huile d'olive, 1877 (Montes de Verride).
P. a. 720 hectolitres.
Prix : 0 fr. 88 par litre.
Débouchés : ceux de Montemor-o-Velho.

412. — Sousa (Antonio de Sampaio Coelho e), Guarda.
Huile d'olive.

413. — Sousa (Francisco José de), Covilhã (Castello Branco).
Huile d'olive.

414. — Sousa (José de Andrade e), Portalegre.

Huile d'olive, 1875.
P. a. 30 hectolitres.
Prix : 0 fr. 88 par litre.
Débouchés : ceux du Portugal et de l'Espagne.

415. — Sousa (José Xavier Cerveira), Anadia (Aveiro).
Huile d'olive, 1877 (Aguim).

416. — Sousa (Manuel Lopes de), Guarda.
Huile d'olive.

417. — Souto Maior (Manuel de Macedo), Montemor-o-Velho (Coimbra).

Huile d'olive (Amieiro, Arasede et ses environs).
Prix : 0 fr. 88 par litre.
Consommation dans la localité.

418. — Tavares (Antonio Bernardo Xavier), Portalegre.

Huile d'olive, 1877 (Ribeira de Niza).
P. a. 10 hectolitres.
Prix : 0 fr. 86 par litre.
Consommation dans la localité.
Récompense à l'Exposition internationale de 1876, à Philadelphie.

419. — Tavares (Dr Luiz Pinto), Covilhã, (Castello Branco).

Huile d'olive.

420. — Tavares (Pedro da Silva), Guarda.

Huile d'olive.

421. — Torre (Antonio Barbas da), Covilhã (Castello Branco).

Huile d'olive.

422. — Torres (Manuel Joaquim das), Alcaçovas (Portalegre).

Huile d'olive, 1875 (Olivaes d'Elvas).
P. a. 84 hectolitres.
Prix : 0 fr. 99 par litre.
Débouchés : ceux du pays.

423. — Trincão (Romão Antunes), Torres Novas (Santarem).

Huile d'olive, 1876 (Lappas).
P. a. 150 kilogrammes.
Prix : 1 fr. 27 le kilogramme.
Débouchés : Lisbonne.

424. — Vahia (Diego de Souza), Lamego (Vizeu).

Huile d'olive (Quinta de Baganote).
P. a. 18 hectolitres.
Prix : 1 fr. 64 par litre.
Débouchés : Porto.

425. — Varella Junior (José Gomes), Serpa (Beja).

Huile d'olive, 1876 (Coutos da Villa).
Huile d'olive, 1re, 1877 (Coutos da Villa).
Huile d'olive, 2me, 1877 (Coutos da Villa).
P. a. 180 hectolitres.
Prix : 0 fr. 88 par litre.
Débouchés : ceux du canton.

426. — Vasconcellos (Antonio Teixeira Brandão de), Arouca, Aveiro.

Huile d'olive, 1876.

427. — Vasconcellos (Joaquim Guilherme de), Elvas (Portalegre).

Huile d'olive, 1877 (Suburbios d'Elvas).
P. a. 84 hectolitres.
Prix : 0 fr. 84 par litre.
Débouchés : ceux du canton.
Médailles de cuivre à l'Exposition de 1876, à Philadelphie.

428. — Moimenta da Beira (vicomte de), Sernancelhe (Vizeu).

Huile d'olive, 1877.
Prix : 1 fr. 49 par litre.

429. — Vidal (doutor Antonino José Rodriguez), Mealhada
(Aveiro).

Huile d'olive (vierge), Travaço.
P. a. 100 hectolitres.
Débouchés : Brésil.

430. — Villa Garcia (vicomte de), Lousada (Porto).

Huile d'olives, 1877 (Quinta de Lobrigos).
P. a. 6 hectolitres.
Prix : 1 fr. 32 par litre.
Consommation dans la localité.

431. — Villarinho de S. Romão (vicomte de), Miragaia
(Porto).

Huile d'olive (Quinta de Villarinho de S. Romão).
P. a. 16,50 hectolitres.
Prix : 1 fr. 08 à 1 fr. 30 par litre.
Débouchés : ceux du pays.
Prix à l'Exposition internationale de 1865, à Porto.

CLASSE 72

VIANDES ET POISSONS

432. — Administration de l'arrondissement da Vidigueira (Beja).

Saucissons.
P. a. 3 000 kilogrammes.
Prix : 2 fr. 24 par kilogramme.
Consommation dans la localité.

433. — **Campelo** (Leon Casiano), à Vianna (Vianna do Castello).

Sardines.
Huile de sardine.

434. — **P. Cavalleri et Cie**, à Lisbonne.

Conserves alimentaires.

435. — **Commission** industrielle de Vianna do Castello, à Vianna do Castello.

Poissons conservés.

436. — **Commission** industrielle, à Melgaço (Vianna do Castello).

Jambons de Melgaço.

437. — **Correia Belem** (Silvestre Polycarpo), 327, rue da Rosa, à Lisbonne.

Conserves alimentaires : poissons et viandes.

438. — **Costa** (Boaventura), Portalegre.

Saucissons.
P. a. 400 kilogrammes.
Prix : 3 fr. 33 le kilogramme.
Petites saucisses.
P. a. 1,000 kilogrammes.
Prix : 2 fr. 77 le kilogramme.
Débouchés : Portugal, Brésil.

439. — **Ferreira** (José Atanasio), Vinhaes (Bragança).

Saucissons (Vinhaes).
Prix : 2 fr. 46 par kilo.
Jambons (Vinhaes).
Prix : 1 fr. 66 par kilo.

440. — **Fonseca** (João Reis da), Olhão, Faro.

Thon mariné, 1re.
Prix : 0 fr. 30 par kilo.
Thon mariné, 2me.
Prix : 0 fr. 17 por kilo.
Préparation sur une grande échelle.
Débouchés : nationaux et étrangers.

441. — **Gamellas et fils** (José dos Santos), à Aveiro.

Conserves alimentaires : poissons.

442. — **Macias** (Alonso Ponce), Campo Maior (Portalegre).

Saucissons, 1877, Talha (Bolças).
P. a. 100 kilogrammes.
Prix : 2 fr. 24 le kilogramme.

Boudins, 1877, Talha (Bolças).
P. a. 100 kilogrammes.
Prix : 1 fr. 79 le kilogramme.

443. — C. Menezes et Cie, à Porto.
Poissons et viandes conservées.

444. — Mimoso (Filippe Antonio), Castéllo de Vide (Portalegre).
Saucissons.
P. a. 2,000 kilogrammes.
Prix : 2 fr. 77 le kilogramme.
Débouchés : Lisbonne, Brésil, etc.

445. — Oliveira (Manuel Joaquim d'), Miranda (Bragança).
Saucissons (Sendim).
Prix : 3 fr. 33 par kilo.

446. — Ornellas Junior (I. H. de), à Lisbonne.
Conserves alimentaires : poissons et sardines.

447. — Pereira (José Mocinha), Campo Maior (Portalegre).
Saucissons (Campo Maior).
P. a. 120 kilogrammes.
Prix : 2 fr. 68 le kilogramme.
Débouchés : ceux du pays.

448. — Picão (Amaro José de Bastos), Elvas (Portalegre).
Gros saucissons, 1877 (Torre Segueira).
P. a. 200 kilogrammes.
Prix : 2 fr. 22 par kilo.
Consommation dans la localité.

449. — Serra (José Maria), Portalegre.
Saucissons, 1878.
P. a. 1,200 kilogrammes.
Prix : 3 fr. 33 le kilogramme.
Saucisses, 1878.
P. a. 1,500 kilogrammes.
Prix : 1 fr. 66 le kilogramme.
Andouilles, 1878.
P. a. 1,200 kilogrammes.
Prix : 3 fr. 77 le kilogramme.
Boudins, 1878.
P. a. 1,500 kilogrammes.
Cervelas, 1878.
P. a 1,200 kilogrammes.
Prix : 1 fr. 17 le kilogramme.
Consommation dans tout le royaume.

450. — Silva et Cie, à Figueira (Coimbra).
Poissons conservés.

CLASSE 73

LÉGUMES ET FRUITS.

451. — Abreu (José Vicente d'). Elvas (Portalegre).

Pois-chiche, 1877 (Abreu) S. Ildefonso.
P. a. 80 hectolitres.
Prix : 0 fr. 39 par litre.
Débouchés : ceux du pays.

452. — Abreu (Manuel Joaquim d'), Elvas (Portalegre).

Pois chiche, 1877, de Herdade da Fortaleza.
P. a. 200 hectolitres.
Prix : 0 fr. 39 par litre.
Fèves, 1877, de Herdade d'Allagada.
P. a. 200 hectolitres.
Prix : 0 fr. 22 par litre.
Débouchés : ceux du canton.

453. — Adelino (José Manuel Joaquim), Elvas (Portalegre).

Pois chiche, 1877, Ameimõas.
P. a. 200 hectolitres.
Prix : 0 fr. 36 par litre.
Débouchés : ceux du pays.

454. — Administration de l'arrondissement d'Agueda, Agueda (Aveiro).

Haricots (deux variétés).

455. — Administration de l'arrondissement de Beja, à Beja.

Pois chiche (Salvador).
P. a. 1,920 hectolitres.
Prix : 0 fr. 33 par litre.
Fèves.
P. a. 6,403 hectolitres.
Prix : 0 fr. 78 par litre.
Gesse (Santa Maria).
P. a. 400 hectolitres.
Prix : 0 fr. 18 par litre.
Haricot moine (Santa Maria).
Prix : 0 fr. 33 par litre.
Amandes (Neves).
P. a. 359 hectolitres.

Prix : 0 fr. 16 par litre.
Noix (Neves).
P. a. 470 hectolitres.
Prix : 0 fr. 23 par litre.
Glands.
Prix : 0 fr. 09 par litre.

456. — Administration de l'arrondissement de Castro Marim (Faro).

Haricots.
Prix : 0 fr. 22 par litre.
Fèves.
Prix : 0 fr. 13 par litre.
Pois chiches.
Prix : 0 fr. 22 par litre.
Gesse.
Prix : 0 fr. 16 par litre.
Caroubes.
Prix : 0 fr. 06 par litre.
Amandes.
Prix : 0 fr. 13 par litre.

457. — Administration de l'arrondissement de Feira (Aveiro).

Six variétés de haricots.

458. — Administration de l'arrondissement de Lagos, à Lagos (Faro).

Pois chiches.
Prix : 0 fr. 27 à 0 fr. 33 par litre.
Fèves.
Prix : 0 fr. 16 par litre.
Amandes à coques tendres.
Figues sèches (Comadre).
Gabelle de pois chiches.

459. — Administration du canton de Ourique (Beja).

Glands.
Prix : 0 fr. 07 par litre.

460. — Administration de l'arrondissement de Serpa (Beja).

Glands (Serpa).
Gesses (Serpa).
P. a. 405 hectolitres.

461. — Administration de l'arrondissement de Vidigüeira (Beja).

Fèves (Ferrejïaes) Vidigueira.
P. a. 50 hectolitres.
Prix : 0 fr. 33 par litre.
Consommation dans la localité.

462.— Administration de l'arrondissement de Vidigueira (Beja).

Oranges (Quinta do Carmo).
P. a. 1,571 milliers.
Prix : 22 fr. 40 par millier.
Mandarines (Quinta do Carmo).
P. a. 100 milliers.
Prix : 25 fr. 20 par millier.
Limons (Quinta do Carmo).
P. a. 249 milliers.
Prix : 19 fr. 20 par millier.
Consommation dans la localité.

463. — Albuquerque (José Freire de Carvalho e), Arganil (Coïmbra).

Haricots (deux variétés), Barril, Villa Cova.
P. a. 450 hectolitres.
Prix : 0 fr. 29 par litre.
Consommation dans la localité.

464. — Alcantara (Joao José d'), Elvas (Portalegre).

Olives conservées, 1877 (Suburbios d'Elvas).
P. a. 10 hectolitres.
Prix : 0 fr. 39 par litre.
Débouchés : ceux du pays.

465. — Almeida (Daniel Antonio Maria d') Alter do Chão.

Haricots à grains jaunes (Alter).
Prix : 0 fr. 53 par litre.
Consommation dans la localité.

466. — Alvares (Sabino), Elias (Portalegre).

Fèves, 1877 (Cruz de S. Domingos).
P. a. 100 hectolitres.
Prix : 0 fr. 19 par litre.
Débouchés : ceux du pays.

467. — Alves (Agostinho Branco), Bragança.

Haricots (chichare), Ferreiro.
Prix : 0 fr. 27 par litre.
Pommes de terre blanches (Valle d'Ovelha).
Prix : 0 fr. 04 par kilogrammes.
Pommes de terre jaunes (Valle d'Orelhas).
Prix : 0 fr. 04 par kilogramme.
Consommation : à Alivandella et Bragança.

468. — Andrade (Antonio Garcia d'), Elvas, (Portalegre).

Pommes de terre (Quinta do Sameiro).
P. a. 3,000 kilogrammes.
Prix : 0 fr. 17 par kilogramme.
Débouchés : ceux du pays.

469. — Andrade (Antonio Pequito Sexas de), Gaviao (Portalegre).

Haricot de Lombardie (Quinta do Polvorão.
P. a. 17 hectolitres.
Prix : 0 fr. 45 par litre.
Débouchés : ceux du pays.

470. — Andrade (José Navaro Pereira d'). Fundao (Castello
Branco).

Haricots.

471. — Andrade (Ramiro Castello), Arronches (Portalegre).

Pois chiche en herbe (plante entière).
Pois chiche (Fonte de Elvas).
P. a. 10 hectolitres.
Prix : 0 fr. 33 par litre.
Pommes de terre (S. Antonio).
P. a. 700 kilogrammes.
Prix : 0 fr. 14 le kilogramme.
Consommation dans la localité.

472. — Antonio (Nicolau), Portalegre.

Haricot panaché (Fonte Fornos).
Prix : 0 fr. 30 par litre.

473. — Aragão (José d'), Fundão (Castello Branco).

Chataignes (Aldeia Nova).
Pois chiche (Aldeia Nova).
Haricots (Aldeia Nova).

474. — Avillez (Comte d'), Portalegre.

Haricot vert à œil noir « carrapato » (Quinta dos Campos).
P. a. 5 hectolitres.
Prix : 0 fr. 31 par litre.
Haricot rouge (Quinta dos campos).
P. a. 10 hectolitres.
Prix : 0 fr. 29 par litre.
Haricot Sainte-Catherine (Quinta dos Campos).
P. a. 18 hectolitres.
Prix : 0 fr. 29 par litre.
Haricot blanc (Quinta dos Campos).
P. a. 15 hectolitres.
Prix 0 fr. 29 par litre.
Haricot moine (Quinta dos Campos).
P. a. 30 hectolitres.
Prix : 0 fr. 22 par litre.
Marrons secs (Quinta dos Campos).
P. a. 2,000 kilogrammes.
Prix : 0 fr. 29 le kilogramme.
Débouchés : Portugal, Espagne.

475. — **Azevedo** (Pe Jeronymo Henriques d'), Condeixa (Coimbra).

Pois chiche (Zambujal).
P. a. 10 hectolitres.
Prix : 0 fr. 78 par litre.
Gesse (Zambujal).
P. a. 20 hectolitres.
Prix : 0 fr. 23 par litre.
Débouchés : Condeixa, Coimbra.

476. — **Bacellar** (José d'Abreu), Condeixa (Coimbra).

Haricot jaune « da boiça ».
P. a. 1 hectolitre.
Prix : 0 fr. 14 par litre.
Haricot blanc.
P. a. 2 hectolitres.
Prix : 0 fr. 17 par litre.
Consommation à Condeixa.

477. — **Balhau** (Germano Joaquim), Villa Franca de Xira (Lisbonne).

Haricots (Villa Franca).
Prix : 0 fr. 38 par litre.
Consommation dans la localité.

478. — **Barjona** (Pedro Simões Affonso), Mira (Coimbra).

Haricot moine (Costa de Mira).
Prix : 0 fr. 17 par litre.
Haricot blanc (Costa de Mira).
Prix : 0 fr. 19 par litre.
Haricot noir (Costa de Mira).
Prix : 0 fr. 28 par litre.
Haricot gris jaspe (Costa de Mira).
Prix : 0 fr. 28 par litre.
Haricot rouge « mangalhaõ » (Costa de Mira).
Prix : 0 fr. 28 par litre.
Débouchés : ceux du nord du pays et Porto.

479. — **Barros** (Francisco Antonio de), Constancia (Santarem.)

Haricot rouge, 1877 (Campo de Montalvo).
P. a. 9 hectolitres.
Prix : 0 fr. 27 par litre.

480. — **Bicho** (Joaquim Pedro), Castello de Vide (Portalegre).

Haricot blanc (Lage preta).
Prix : 0 fr. 32 par litre.
Haricot jaune (Lage preta).
Prix : 0 fr. 32 par litre.
Noix (Lage preta).
Prix : 0 fr. 19 par litre.

481. — Bivar (Jeronymo), Olhao (Faro).

Figues sèches « comadre ».
P. a. 4,500 kilogrammes.
Prix : 0 fr. 55 par kilogramme.
Figues sèches « mercador ».
P. a 75,000 kilogrammes.
Prix : 0 fr. 40 par kilogramme.

482. — Bogalho (Vicente Joaquim), Castello de Vide (Portalegre).

Haricots « arrebenta calçaõ » (Quinta da Agna Formosa).

483. — Borralha (le Vicomte da), S. Vicente (Castello Branco).

Olives conservées, 1876.

484. — Botelheiro (José Fernandes), Marvaõ (Portalegre).

Haricots jaunes (Porto da Espada).
Prix : 0 fr. 28 à 0 31 par litre.
Noix (Porto da Espada).
Consommation dans la localité.

485. — Braga (Luiz Barbosa), Pénafiel (Porto).

Haricot moine à l'œil vert (Calvario).
Prix : 0 fr. 16 par litre.

Haricot moine à l'œil noir (Calvario).
Prix : 0 fr. 16 par litre.
Haricot « moleiro » (Calvario).
Prix : 0 fr. 22 par litre.
Consommation dans la localité.

486. — Bretes (Augusto Tereira), Torres-Novas (Santarem).

Haricot panaché (Torres Novas).
P. a. 16 hectolitres.
Prix : 0 fr. 31 par litre.
Consommation dans la localité.

487. — Brito (José Maria de Barros de Carvalhaes e), Niza (Portalegre).

Haricots jaunes (Niza, Espirito Santo).
Prix : 0 fr. 33 par litre.
Haricot moine (Niza, Espirito Santo).
Prix : 0 fr. 22 par litre.
Consommation dans la localité.

488. — Cabrita et Cie (Gustavo), Olhão (Faro).

Figues sèches, renfermées en livres à reliure dorée.
Prix : 2 fr. le livre.

489. — **Callado** (Joaquim da Silva), Condeixa (Coimbra).

Haricot blanc (Traveira).
P. a. 4 hectolitres.
Prix : 0 fr. 28 par litre.
Débouchés Coimbra, Condeixa.

490. — **Camara** (Tristão Vaz F. B. da) F. Pedro (Funchal), à l'île de Madère).

Lentilles, Senhora da Piedade.
P. a. 40 hectolitres.
Prix : 0 fr. 47 par litre.
Débouchés : Funchal, Demérara.

491. — **Campos** (Successeurs de Lino José de), Miragaia, à Porto.

Olives conservées en caisses de fer-blanc.
P. a. 30,000 caisses.
Prix : 1 fr. 11 la caisse.
Débouchés : Brésil.
Diplôme et médaille à l'Exposition de Philadelphie.

492. — **Cardoso** (Antonio Augusto Corrêa da Silva), Celorico (Guarda).

Légumes secs (deux variétés).

493. — **Carrilho** (Joanna), Aviz (Portalegre.

Gesse (Figueira, S. Braz).
Prix : 0 fr. 22 par litre.
Consommation dans la localité.

494. — **Carvalho** (Antonio Augusto de), Condeixa (Coimbra).

Haricots noirs (Sebal).
P. a. 2 hectolitres.
Prix : 0 fr. 22 par litre.
Haricots rouges (Sebal).
P. a. 2 hectolitres.
Prix : 0 fr. 22 par litre.
Débouchés : Condeixa.

495. — **Carvalho** (Pe Francisco Xavier de), Condeixa (Coimbra).

Pois chiche (Sebal).
P. a. 3 hectolitres.
Prix : 0 fr. 28 par litre.
Haricot moine (Sebal).
P. a. 7 hectolitres.
Prix : 0 fr. 14 par litre.
Consommation à Condeixa.

496. — **Carvalho** (Dr João Augusto de), Castello de Vide (Portalegre).

Haricots blancs (Herdade da Torre).
P. a. 3 hectolitres.
Prix : 0 fr. 94 par litre.
Châtaignes pelées (Herdade da Torre).
Prix : 0 fr. 29 par litre.
Amandes (Herdade da Torre).
P. a. 2,000 kilogrammes.
Prix : 0 fr. 24 le kilogramme.
Consommation dans la localité.

497. — **Carvalho** (Wenceslau Martins de), Condeixa (Coimbra).

Haricots jaspés à rame (Atadoa, Condeixa a Velha).
Haricots ronds blancs (Atadoa, Condeixa a Velha).
Haricots longs blancs (Atadoa, Condeixa a Velha).
Haricots blancs, déprimés (Atadoa, Condeixa a Velha).
Prix : 0 fr. 22 par litre.
Haricots « da Boiça » (Atadoa, Condeixa a Velha).
Prix : 0 fr. 14 par litre.
Fèves (Atadoa, Condeixa a Velha).
Prix : 0 fr. 16 par litre.
Noix, cinq variétés (Atadoa, Condeixa a Velha).
Prix : 0 fr. 18 par litre.
Débouchés : Condeixa, Figueira, Lisbonne, Brésil.
Prix à l'Exposition de 1852 à Londres et à celle de 1869, à Coimbra.

498. — **Castello** (José Diogo), Portalegre.

Haricot panaché (Amieiro, S. Lourenço).
Prix : 0 fr. 31 par litre.
Pois chiche (Amieiro, S. Lourenço).
Prix : 0 fr. 30 par litre.
Consommation dans la localité.

499. — **Castello Branco** (José Maria Ferreira), Cantanhede (Coimbra).

Haricots, trois variétés (Cantanhede).
P. a. 16 hectolitres.
Prix : 0 fr. 31 par litre.

500. — **Castro** (Alberto de), Baiao (Porto).

Châtaignes (Novelhaes, Viaris).
P. a. 64 hectolitres.
Prix : 0 fr. 15 par litre.

501. — **Chichôrro** (Antonio Maria), Portalegre.

Haricot Sainte-Catherine (Loureiro).
P. a. 4 hectolitres.
Prix : 0 fr. 30 par litre.

Pommes de terre (Loureiro).
P. a. 7,000 kilogrammes.
Prix : 1 fr. 33 par 15 kilogrammes.
Débouchés : ceux du Portugal.

502. — **Coelho** (Manuel Diogo), Castello de Vide (Portalegre).
Pois chiche (Montosa).
P. a. 4 hectolitres.
Prix : 0 fr. 29 par litre.
Haricot jaune (Valle da Manceba).
P. a. 2 hectolitres.
Prix : 0 fr. 29 par litre.
Haricot Sainte-Catherine (Manceba).
P. a. 2 hectolitres.
Prix : 0 fr. 27 paa litre.
Haricot moine (Valle da Manceba).
P. a. 20 hectolitres.
Prix : 0 fr. 16 par litre.
Récompense à l'Exposition de 1876, à Philadelphie.

503. — **Commission** de l'arrondissement de Angra do Heroismo;
Haricot vert à œil noir « carrapato » (Lagos).
Prix : 0 fr. 39 par litre.
Haricot noir (Cabo da Praia).
Prix : 0 fr. 33 par litre.
Haricot rouge (Canada do Capitão Mor).
Prix : 0 fr. 39 par litre.
Débouchés : Lisbonne, Madère, Brésil.

504. — **Commission** de l'Arrondissement de Horta, à l'île de Fayal.
Haricots (six variétés).
Prix : 0 fr. 60 par litre.
Pois (deux variétés).
Prix : 0 fr. 73 par litre.
Gesses (deux variétés).
Prix : 0 fr. 73 par litre.

505. — **Commission** districtale Agricole de Vianna do Castello.
Chataignes pelées (Santa Martha).
Prix : 0 fr. 19 par litre.
Noisettes (San Bento).
Prix : 0 fr. 38 par litre.
Noix (Santa Martha).
Prix : 0 fr. 25 par litre.
Débouchés : Vianna, Ponte da Lima.

506. Commission districtale agricole de Vianna do Castello.
Haricot rouge.
Prix : 0 fr. 38 par litre.

12*

Haricot jaune.
Prix : 0 fr. 30 par litre.
Haricots (mélange de différentes variétés).
Prix : 0 fr. 28 par litre.

507. — Conseil central et agricole de l'arrondissement d'Aveiro.

Pois blanc, San Salvador (Ilhavo).
Pois de la « Gafanha » San Salvador (Ilhavo).
Pois génevois, San Salvador (Ilhavo).
Pois nain vert, San Savador (Ilhavo).
Haricots (différentes variétés), nains et à rames.

508. — Conseil central et agricole de l'arrondissement de Funchal, à Madère.

Haricot blanc (San Vicente, Funchal).
P. a. 500 hectolitres.
Prix : 0 fr. 30 par litre.
Haricot brésilien (San Vicente. Funchal).
P. a. 335 hectolitres.
Prix : 0 fr. 27 par litre.
Haricot rond, blanc (San Vicente, Funchal).
P. a. 480 hectolitres.
Prix : 0 fr. 27 par litre.
Haricot nain-rouge « rasteiro » (San Vicente, Funchal).
P. a. 490 hectolitres.
Prix : 0 fr. 30 par litre.
Haricot rouge, à rame « de vara » (San Vicente, Funchal).
P. a. 200 hectolitres.
Prix : 0 fr. 30 par litre.
Haricot « feijonico » (San Vicente, Funchal).
P. a. 205 hectolitres.
Prix : 0 fr. 23 par litre.
Consommation à Funchal.

509. — Correia Belem (Silvestre Polycarpo), 321, rue da Rosa, à Lisbonne.

Légumes conservés.
Médaille aux expositions de Porto, 1865 ; de Lisbonne, 1873 ; de Vienne, 1873 ; de Philadelphie, 1876.

510. — Corte Real (José Corges Leal), Angra do Heroismo.

Fèves (San Carlos, San Pedro).
P. a. 60 hectolitres.
Prix : 0 fr. 22 par litre.
Débouchés : Lisbonne.

511. — Costa (Antonio da), Elvas (Portalegre).

Olives conservées, 1877 (Carvalhinhos).
P. a. 100 hectolitres.
Prix : 0 fr. 28 par litre.

Débouchés : ceux du Portugal.
Médaille en cuivre à l'Exposition internationale de Philadelphie, 1876.

512. — Costa (Domingos Antonio), à Elvas (Portalegre).
Olives.
Olives conservées de 1876 et 1877.
P. a, 100 hectolitres.
Prix : 0 fr. 33 par litre.
Débouchés : ceux du pays.

513. — Costa (José Maria Rodriguez da), Penamacôr (Castello Branco).
Olives « gallegas » conservées, 1877.
Olives « cordovis » conservées, 1876.

514. Cunha (José Duarte da), Vallongo (Porto).
Haricots blancs.

515. — Duarte (Antonio Maria), Cantanhede (Coimbra).
Pois (Cantanhede).
Prix : 0 fr. 30 par litre.
Haricot blanc (Cantanhede).
Prix : 0 fr. 31 par litre.
Haricot à rame (Cantanhede).
Prix : 0 fr. 31 par litre.

516. — Durão (Pedro Manuel), Castello de Vide (Portalegre).
Haricot jaune (Logar do (Sapeira).
P. a. 5 hectolitres.
Prix : 0 fr. 30 par litre.
Haricot Sainte-Catherine. (Sapeira).
P. a. 6 hectolitres.
Prix : 0 fr. 30 par litre.
Consommation dans la localité.

517. — Eça (Antonio da Cunha d'), Condeixa (Coimbra).
Haricots « Janieiro » (Condeixa).
Prix : 0 fr. 17 par litre.
Haricots gros, à rames (Condeixa).
Prix : 0 fr. 17 par litre.
Débouchés : ceux du canton.

518. — Epiphanio (Sebastião), Setubal, Lisbonne.
Haricot gris, à rame (de San Simão d'Azeitão).
Prix : 0 fr. 33 à 0 fr. 38 par litre.
Haricot blanc, à rame (de San Simão d'Azeitão).
Prix : 0 fr. 33 à 0 fr. 38 par litre.
Pois nain d'Hollande « meia palha » (de San Simão d'Azeitão).
Prix : 0 fr. 50 à 0 fr. 55 par litre.
Débouchés : Setubal, Porto.

519. — Epiphanio (Xavier), Setubal (Lisbonne).

Gesse (San Simão de Azeitao).
Prix : 0 fr. 05 à 0 fr. 07 par litre.
Pois-chiche (San Simão d'Azeitao).
Prix : 0 fr. 22, à 0 fr. 27 par litre.
Haricot moine (San Simão d'Azeitão).
Prix : 0 fr. 16 à 0 fr. 22 par litre.
Haricot incarnat (San Simão d'Azeitão).
Prix : 0 fr. 29 à 0.35 par litre.
Débouchés : Setubal, Lisbonne.

520. — Esperança (Vicomte da), Cuba (Beja).

Gesses (Quinta da Esperança).
Fèves (Quinta da Espérança).

521. — Espirito Santo (Maria Clara do), Constancia (Santarem).

Lupins, 1877.
Prix : 0 fr. 12 par litre.
Consommation à Constancia.

522. — Faleão (Francisco da Costa de Oliveira), Constancia (Santarem).

Haricot blanc, 1877 (Valle de Zebro).
Prix : 0 fr. 23 par litre.
Haricot noir, 1877 (Valle de Zebro).
Prix : 0 fr. 17 par litre.
Haricot rouge, 1877 (Valle de Zebro).
Prix : 0 fr. 27 par litre.
Haricot jaune, 1877 (Valle de Zebro).
Prix : 0 fr. 27 par litre.
Haricots Sainte-Catherine, 1877 (Valle de Zebro).
Prix : 0 fr. 27 par litre.
Haricot perle, 1877 (Valle de Zebro).
Prix : 0 fr. 17 par litre.
Fèves, 1877 (Valle de Zebro).
Prix : 0 fr. 16 par litre.
Debouchés : Constancia, Sardoal, Abrantes.

523. — Falcão (Jacintho da Costa d'Oliveira), Constança (Santarem).

Haricot noir, 1877.
P. a. 25 hectolitres.
Prix : 0 fr. 17 par litre.
Haricot blanc, 1877.
P. a. 25 hectolitres.
Prix : 0 fr. 23 par litre.
Haricot jaune, 1877.
P. a. 8 hectolitres.
Prix : 0 fr. 27 par litre.

Noix, 1877.
Prix : 0 fr. 17 par litre.
Amandes à coques dures, 1877.
Prix : 0 fr. 16 par litre.
Amandes à coques tendres, 1877.
Prix : 0 fr. 23 par litre.

524. — Falcão (José da Costa de Oliveira), Constancia (Santarem).

Haricot blanc, 1877 (Tainha).
P. a. 50 hectolitres.
Prix : 0 fr. 23 par litre.
Haricot jaune, 1877 (Tainha).
P. a. 25 hectolitres.
Prix : 0 fr. 27 par litre.
Haricot Sainte-Catherine (Tainha).
P. a. 25 hectolitres.
Prix : 0 fr. 27 par litre.
Débouchés : Abrantes, Sardoal.

525. — Falcaõ (Luiz da Costa de Oliveira), Constancia (Santarem).

Haricot blanc, 1877.
Prix : 0 fr. 23 par litre.
Haricot noir, 1877.
Prix : 0 fr. 17 par litre.
Haricot jaune, 1877.
Prix : 0 fr. 27 par litre.
Pois chiches.
Prix : 0 fr. 23 par litre.
Amandes douces.
Prix : 0 fr. 16 par litre.
Amandes amères.
Prix : 0 fr. 14 par litre.
Consommation à Lisbonne et dans la localité.

526. — Falcaõ (Maximo), Azinhaga (Santarém).

Haricot moine, 1877.
Prix : 0 fr. 23 par litre.
Débouchés : Lisbonne et Santarem.

527. — Fernandes (Joaõ José), Chaves (Villa Real).

Haricot jaune, de Chaves.
Prix : 0 fr. 22 par litre.
Haricot gros-blanc, de Chaves.
Prix : 0 fr. 22 par litre.
Haricot nain-blanc, de Chaves.
Prix : 0 fr. 22 par litre.
Haricot nain-moine, de Chaves.
Prix : 0 fr. 17 par litre.

Haricot vert à rames, de Chaves.
Prix : 0 fr. 22 par litre.
Pois chiche, de Chaves.
Prix : 0 fr. 28 par litre.
La production des haricots monte à 877 hectolitres à la commune de Chaves. Celle du pois chiche à 12 hectolitres.

528. — Fernandes (Joaquim Pinto), Baião (Porto).

Haricot nain commun.
Prix : 0 fr. 24 par litre.
Châtaignes.
Prix : 0 fr. 12 par litre.
Débouchés à Porto et Baião.

529. — Fernandes (Manuel Ignacio), Villa Pouca d'Aguiar (Villa Real).

Haricot rouge, Telloès.
P. a. 15 hectolitres.
Prix : 0 fr. 33 par litre.
Haricot à rames. Telloès.
P. a. 2 hectolitres.
Prix : 0 fr. 36 par litre.
Haricot blanc. Telloès.
P. a. 12 hectolitres.
Prix : 0 fr. 30 par litre.
Châtaignes pelées. Telloès.
P. a. 151 hectolitres.
Prix : 0 fr. 22 par litre.
Débouchés : Villa Pouca, Villa Real, Sabroza.

530. — Ferraz (Casimiro Barrêto), Aveiro.

Haricots à rames, 1877. Moita, Oliveirinha.
Haricots grivelés à rames, 1877. Moita, Oliveirinha.
Haricots « larangeiro », 1877. Moita, Oliveirinha.
Haricot blanc, 1877. Moita, Oliveirinha.
Haricot nain, blanc, 1877. Moita, Oliveirinha.

531. — Ferreira (Antonio José), Vinhaes (Bragança).

Châtaignes. Sobreiro.
Prix : 0 fr. 14 par litre.

532. — Ferreira (Antonio Manuel), Torres Novas (Santarem).

Figues sèches. Torres Novas.
Prix : 0 fr. 24 par litre.
Débouchés : Torres Novas, Lisbonne.

533. — Forte (José Pinheiro), Cantanhede (Coimbra).

Haricot blanc. Quinta das Eiras, Porcariça.
Haricot blanc d'Espagne. Quinta das Eiras.

534. — Fragoso (Adriano Diniz), Niza (Portalegre).

Haricot moine. Niza, Espirito Santo.
P. a. 15 hectolitres.
Prix : 0 fr. 22 par litre.
Consommation dans la localité.

535. — Franco (João Joaquim), Fundaõ (Castello-Branco).

Olives conservées, 1876.

536. — Freixedas (Joaõ de Faria), Castello de Vide (Portalegre).

Haricot Sainte-Catherine. Quinta das Escusas.
P. a. 4 hectolitres.
Prix 0 fr. 30 par litre.
Haricot jaune. Quinta das Escusas.
P. a. 2 hectolitres.
Prix : 0 fr. 30 par litre.
Consommation dans la localité.

537. — Freixedas (Joaõ Felix de Faria de Almeida), Castello de Vide (Portalegre).

Amandes. Quinta da Vidella.

538. — Fresco (Pe José Maria Ferreira), Condeixa (Coimbra).

Gesses. Sebal.
P. a. 8 hectolitres.
Prix : 0 fr. 22 par litre.
Consommation à Condeixa.

539. — Froes (José Duarte), Villa Franca (Lisbonne).

Gesses.
Prix : 0 fr. 16 par litre.
Consommation dans la localité.

540. — Gamacho (Antonio Meyrelles Cardoso), Fundaõ (Castello-Branco).

Châtaignes pelées.
Haricots (huit variétés différentes).

541. — Garção (José Maria), à Elvas (Portalegre).

Olives.
Olives conservées, 1877. Quartel da Côrte.
P. a. 15 hectolitres.
Prix : 0 fr. 39 par litre.
Consommation dans la localité.

542. — Geraldes (D. Maria Emilia de Vera), Fundaõ (Castello-Branco.

Figues sèches.

Châtaignes pelées.
Haricots.

543. — Gomes (Joaquim Guilherme), Aviz (Portalegre).

Pois chiche. Figueira S. Braz.
Prix : 0 fr. 35 par litre.
Consommation dans la localité.

544. — Gonçalves (José), Villa Franca (Lisbonne).

Fèves. Villa Franca, aux terrains salés.
Prix : 0 fr. 13 à 0 fr. 12 par litre.
Débouchés : ceux de Lisbonne et de la localité de production.

545. — Guardado (José Alves), Montemór-o-Velho (Coimbra).

Haricots blancs. Verride.
P. a. 14 hectolitres.
Prix : 0 fr. 24 par litre.
Haricot jaspés. Verride.
P. a. 10 hectolitres.
Prix : 0 fr. 17 par litre.
Haricots « d'abaiça ». Verride.
P. a. 13 hectolitres.
Prix : 0 fr. 24 par litre.
Haricots jaunes. Verride.
P. a. 10 hectolitres.
Prix : 0 fr. 24 par litre.
Débouchés : Montemor-o-Velho.

546. — Guerra (Joaõ Joaquim da), Elvas (Portalegre).

Pois chiches, 1877. Suburbios d'Elvas.
P. a. 10 hectolitres.
Prix : 0 fr. 36 par litre.
Débouchés : ceux du pays.

547. — Juchado (José Antonio Dias), Marvão (Portalegre).

Haricot jaune. Santo Antonio das Areias.
Prix : 0 fr. 29 par litre.
Noix. Santo Antonio das Areias.
Prix : 0 fr. 25 par litre.
Débouchés : ceux du pays.

548. — Lago (Ramiro Augusto Pereira do), Penafiel (Porto).

Haricot rouge. Souto.
P. a. 15 hectolitres.
Prix : 0 fr. 22 par litre.
Haricot jaune. Souto.
P. a. 20 hectolitres.
Prix : 0 fr. 20 par litre.
Haricot jaune-pois « ervikeiro ». Souto.
P. a. 40 litres.

Prix : 0 fr. 29 par litre.
Haricot blanc. Souto.
P. a. 10 hectolitres.
Prix : 0 fr. 22 par litre.
Haricot-pois « ervilheiro ». Souto.
P. a. 50. litres.
Prix : 0 fr. 30 par litre.
Haricot moine. Souto.
Prix : 0 fr. 19 par litre.
Deux récompenses aux expositions.

549. — Larcher (B. Emilia Andrade), Portalegre.

Griottes à l'eau-de-vie. Sé, Portalegre.
Prix à l'Exposition internationale de 1876, à Philadelphie.

550. — Lôbo (André Chichôrro da Gama), Monforte (Porta-legre).

Pois chiche. Fonte do Chaõ.
P. a. 10 hectolitres.
Prix : 0 fr. 33 par litre.
Consommation dans la localité.

551. — Lourenço (Manuel), (Portalegre).

Glands doux (quercus ballota). Herdade da Marianna.
Employés dans la nourriture et engraissement de la race porcine de l'Alemtejo.

552. — Lourinho (Antonio José), (Portalegre).

Haricot vert « carrapato ». Monte Carvalho.
Prix : 0 fr. 30 par litre.
Noir. Monte Carvalho.
P. a. 20 hectolitres.
Prix : 0 fr. 22 par litre.
Noisettes. Monte Carvalho.
Prix : 0 fr. 11 par litre.
Consommation dans la localité.

553. — Macedo (Francisco de Freitas), à Santarem.

Raisins secs et fruits conservés.
Haricot « manteiga ». Teixeira.
P. a. 8 hectolitres.
Prix : 0 fr. 25 par litre.
Topinambour. Teixeira.
Récolte d'essai.
Prix : 0 fr. 23 par litre.
Débouchés : Santarem, Lisbonne et Porto.

554. — Maduro (José Pereira), Condeixa (Coimbra).

Lupins. Sebal.
P. a. 16 hectolitres.

Prix : 0 fr. 14 par litre.
Haricots blancs à rame.
P. a. 4 hectolitres.
Prix : 0 fr. 17 par litre.
Haricots moines.
P. a. 2 hectolitres.
Prix : 0 fr. 14 par litre.
Consommation à Condeixa.

555. — Magalhães (Luiz Antonio de), Fundão (Castello-
Branco).

Châtaignes pelées.
Haricots.

556. — Magro (Francisco Antonio), Arronches (Portalegre).

Olives conservées. Cerlã.
Prix : 0 fr. 24 par litre.
Consommation dans la localité.

557. — Maria (Sabina), Setubal (Lisbonne).

Haricot « carraço ». S. Simão d'Azeitaõ.
Prix : 0 fr. 29 à 0 fr. 33 par litre.
Haricot mignon blanc. S. Simao d'Azeitaõ.
Prix : 0 fr. 24 à 0 fr. 29 par litre.
Haricot blanc d'Hollande. S. Simao d'Azeitaõ.
Prix : 0 fr. 33 à 0 fr. 38 par litre.
Débouchés : Setubal, Lisbonne.

558. — Maria da Gloria et Cie, à Porto.

Abricots secs.
Prix : 13 fr. 88 la caisse.
Prunes longues sèches.
Prix : 9 fr. 55 la caisse.
Prunes rondes, sèches.
Prix : 9 fr. 55 la caisse.
Figues sèches.
Prix : 9 fr. 66 la caisse.
Poires sèches.
Prix : 7 fr. 55 la caisse.
Citrons confits.
Prix : 7 fr. 55 la caisse.

559. — Marques (Antonio Paes da Silva), Aviz (Portalegre).

Pois chiche (Ervedal).
Prix : 0 fr. 33 par litre.
Consommation dans la localité.

560. — Mascarenhas (Diego Rangel de), Torres Novas (Santarem).

Haricots blancs (Torres Novas).

P. a. 8 hectolitres.
Prix : 0 fr. 31 par litre.
Amandes (Torres Novas)
P. a. 16 hectolitres.
Prix : 0 fr. 23 par litre.
Consommation dans la localité.

561. — Matta (Francisco Rodrigues Gallego), Portalegre.

Olives (Gallegas) conservées (Lixosa).
P. a. 40 hectolitres.
Prix : 0 fr. 25 par litre.
Olives de Cordoue, conservées (R. d'Azenha).
P. a. 30 hectolitres.
Prix : 0 fr. 39 par litre.
Débouché : Portugal, Angleterre et Brésil.

562. — Matta (José Antonio da), Marvao (Portalegre.

Haricots jaunes (Portagem).
P. a. 250 hectolitres.
Prix : 0 fr. 33 par litre.
Châtaignes pelées (Portagem).
P. a. 500 hectolitres.
Prix : 0 fr. 33 par litre.
Débouchés : Portugal, Angleterre, Brésil.

563. — Mattos (Pe Antonio de), Campo Maior (Portalegre).

Pois chiches en herbé (plantes complètes).
P. a. 6 hectolitres.
Prix : 0 fr. 47 par litre.
Consommation dans la localité.

564. — Mattos (Bernardo Gonçalves de), Mondim de Basto
(Villa Real).

Haricots (trois variétés) Moduim.
P. a. 14 Hectolitres.
Prix : 0 fr. 22 à 0 fr. 25 par litre.
Consommation dans la localité.

565. — Mattos (Francisco Maria de), Condeixa (Coimbra).

Haricots (Maccarao).
Prix : 0 fr. 17 par litre.
Haricots (Bruto).
Prix : 0 fr. 19 par litre.
Haricots (Careta).
Prix : 0 fr. 14 par litre.
Haricots (Moines).
Prix : 0 fr. 14 par litre
Prix : 0 fr. 19 par litre.
Haricots nains.
Prix : 0 fr. 17 par litre.

Haricots nains-blancs.
Prix : 0 fr. 17 par litre.
Haricots jaunes à rame.
Haricots (janieiro).
Consommation dans la localité.
Lentilles (Sebal).
Prix : 0 fr. 44 par litre.
Haricots-riz (Sebal).
Prix : 0 fr. 19 par litre.
Consommation dans la localité.

566. — Mattos (Joaquim Antonio Pereira de), à Faro.

Fèves (Lejana).
Prix : 0 fr. 19 par litre.
Pois chiches (Carreiros).
Prix : 0 fr. 38 par litre.
Pois (Garganta).
Prix : 0 fr. 17 par litre.
Gesse (Má-Vontade).
Prix : 0 fr. 16 par litre.
Haricots rouges, arrosés (Lejana).
Prix : 0 fr. 38 par litre.
Figues sèches.
Prix : 0 fr. 72 par kilog.

567. — Mattos (Manuel Antonio de), Campo Maior (Portalegre).

Pois chiche (Expectação) Campo Maior.
P. a. 56 hectolitres.
Prix : 0 fr. 38 par litre.
Fèves (Expectação), Campo Maior.
P. a. 50 hectolitres.
Prix : 0 fr. 30 par litre.
Consommation dans la localité.

568. — Mattos (D. Maria do Livramento Gomes de), Santo Ildefonso, à Porto.

Abricots secs.
Prix : 12 fr. 50 la caisse.
Prunes sèches.
Prix : 10 fr. 27 la caisse.
Figues sèches.
Prix : 8 fr. 50 la caisse.
Prunes (Carangueijo), sèches.
Prix : 9 fr. 33 la caisse.
Poires sèches.
Prix : 8 fr. 33 la caisse.
Citrons confits.
Prix : 8 fr. 33 la caisse.
Prix à l'exposition de Philadelphie.

569. — **Meira** (Izidoro José), Portalegre.

Pommes de terre (Bangalva), S. Lourenco.
P. a. 1,500 kilog.
Prix : 0 fr. 14 par kilog.
Haricots rouges (Bagalva) S. Louranco.
P. a. 195 hectolitres,
Prix : 0 fr. 30 par litre.
Débouchés : ceux du canton.

570. — **Mendonça** (Antonio Pedro de), Albufeira (Porto).

Figues sèches (Valle do Carro).
P. a. 60,000 kilog.
Prix : 0 fr. 33 par kilog.
Débouchés : France, Hollande, Angleterre.
Prix à l'Exposition de Vienne.
Amandes à coques dures (Orada).
P. a. 32 hectolitres.
Prix : 0 fr. 22 par litre.
Débouchés : Lisbonne, Angleterre.

571. — **Menezes** (José de Vasconcellos e), Marco de Canavezes (Porto).

Haricots (Soalhaes).
Prix : 0 fr. 13 à 0 fr. 14 par litre.
Noix (Soathaes).
Prix : 0 fr. 22 à 0 fr. 24 par litre.
Débouchés : ceux de l'arrondissement.

572. — **C. Menezes et Cie**, à Porto.

Olives.

573. — **Mesquita** (Filippe da), Portalegre.

Glands doux (Quercus ballota), Herdade da Mesquita.
Employés dans la nourriture et l'engraissement des races por-
cines.

574. — **Mesquita** (José d'Abreu): Arganil (Coimbra).

Haricot moine (Villa Cova).
Prix : 0 fr. 28 par litre.
Débouchés : Côja. Louroza et Oliveira do Hospital.

575. — **Milhinhos** (Bento Rodrigues), Portalegre.

Haricots panachés (Lixosa).
Prix : 0 fr. 30 par litre.
Consommation dans la localité.

576. — **Milhinhos** (José Rodrigues), Portalegre.

Haricots jaunes (Monta).
Prix : 0 fr. 31 par litre.

Pois chiche (Monta).
Prix : 0 fr. 32 par litre.
Débouchés : dans la localité.

577. — Milhinhos (Manuel), Portalegre.

Pois chiches (S. Lourenço).
Prix : 0 fr. 30 par litre.
Pommes de terre (S. Lourenço).
Prix : 0 fr. 15 par kilog.

578. — Miranda (Antonio Augusto de), Condeixa (Coimbra).

Haricots (Carêta).
Prix : 0 fr. 19 par litre.
Haricots (bruto), Condeixa.
Haricots jaunes à ramés (Condeixa).
Prix : 0 fr. 19 par litre.
Haricots blancs à rames (Condeixa).
Prix : 0 fr. 19 par litre.
Haricots à 7 semaines (Condeixa).
Prix : 0 fr. 19 par litre.
Haricots nain blancs (Condeixa).
Prix : 0 fr. 14 c. par litre.
Haricots jaspés (Condeixa).
Prix : 0 fr. 14 par litre.
Culture sarclée en mélange avec le maïs pour les variétés (haricots jaunes à rames) et (haricot nain blanc).
Consommation dans la localité.

579. — Miranda (Antonio Augusto Lobo de), Lagos (Faro).

Figues sèches mêlées aux amandes.
Prix : 0 fr. 44 le kilog.
Figues sèches (Comadre) d'exportation.
P. a. 21,500 kilog.
Prix : 0 fr. 28 par kilog.
Amandes (coco).
P. a. 720 kilogrammes.
Prix : 0 fr. 85 le kilogramme.
Amandes à coques tendres.
P. a. 350 kilogrammes.
Prix : 0 fr. 45 le kilogramme.
Amandes douces à coques dures.
P. a. 5,000 kilogrammes.
Prix : 0 fr. 40 le kilogramme.
Caroubes.
P. a. 1,200 kilogrammes.
Prix : 0 fr. 09 le kilogramme.
Fèves.
P. a. 90 hectolitres.
Prix 0 fr. 17 par litre.

Gesses.
P. a. 8 hectolitres.
Prix : 0 fr. 19 par litre.
Lupins.
P. a. 18 hectolitres.
Prix : 9 fr. 08 par litre.
Débouchés : France, Angleterre, Belgique, Hollande, Danemark, Russie, Suède, l'Allemagne du Nord et le Portugal.

580. — Miranda (Joaquim Lôbo de), Lagos (Faro).

Amandes à coques tendres.
P. a. 16,000 kilogrammes.
Prix : 0 fr. 66 par litre.
Amandes à coques dures.
P. a. 16,000 kilogrammes.
Prix : 0 fr. 66 par litre.
Figues sèches 1re.
P. a. 250,000 kilogrammes.
Prix : 0 fr. 44 par kilogramme.
Figues sèches 2mo.
P. a. 250,000 kilogrammes.
Prix : 0 fr. 44 par kilogrammes.
Caroubes.
P. a. 10,700 kilogrammes.
Prix : 0 fr. 44 par kilogramme.
Pois.
Prix : 0 fr. 33 par litre.
Pois chiches.
Prix : 0 fr. 33 par litre.
Fèves.
P. a. 156 hectolitres.
Prix : 0 fr. 44 par litre.
Débouchés : France, Angleterre, Belgique, Hollande et ceux de Lisbonne et du nord du pays.

581. — Mourato (Mathias), Niza (Portalegre).

Haricots blancs (Alpalhao, S. da Graça).
P. a. 7 hectolitres.
Prix : 0 fr. 33 par litre.
Haricot moine (Alpalhao, S. da Graça)·
P. a. 10 hectolitres.
Prix : 0 fr. 22 par litre.
Haricots panachés (Alpalhao. S. da Graça).
P. a. 5 hectolitres.
Prix : 0 fr. 33 le litre.
Pommes de terre (Alpalhao, S. de Graça.
P. a. 1,800 kilogrammes.
Prix : 2 fr. 22 par kilog.

582. — Moutinho. (Joaquim Thomé), Gondomar (Porto).

Haricot rose (Rio Tinto).
Prix : 0 fr. 25 par litre.
Débouchés (Porto).

583. — Murteira (Antonio Maria), Campo Maior (Portalegre).

Pois chiches (Herdade de Linhares).
P. a. 17 hectolitre.
Prix : 0 fr. 47 par litre.
Débouchés : Portalegre.
Prix à l'Exposition de 1873, à Vienne, d'Autriche.

584. — Nascimento (Manuel Antonio do), Ponta Delgada.

Haricots blancs (Ponta Delgada à l'île de St-Michel).
Prix : 0 fr. 56 par litre.
Haricots jaune (Ponta Delgada à l'île de St.-Michel).
Prix : 0 fr. 56 par litre.
Haricots roses (Ponta Delgada à l'île de St Michel).
Prix : 0 fr. 56 par litre.
Haricots (Soldado) (Ponta Delgada à l'île de St-Michel).
Prix : 0 fr. 56 par litre.
Haricots jaspés (Ponta Delgada à l'île de St-Michel).
Prix : 0 fr. 56 par litre.
Fèves de marais (Ponta Delgada, à l'île de St.-Michel.
Féverolles (Ponta Delgada à l'île de St.-Michel).
Prix : 0 fr. 17 par litre.
Débouchés : ceux de l'île.

585. — Nunes (Antonio), Elvas (Portalegre).

Pois chiche, 1877 (Campos).
P. a. 1,000 hectolitres.
Prix : 0 fr. 28 par litre.
Haricot jaune 1877 (Elvas) Alcaçosa.
P. a. 750 hectolitres.
Prix : 0 fr. 33 par litre.
Débouchés : ceux du pays.

586. — Neves (Fortunato Augusto Jorge), n. 42-43, Place
de D. Pedro à Lisbonne.

Tomates conservées (Torres Novas), Santarem.

587. — Nunes (Guilherme Francisco Pereira), Oliveira do Hospital
Coimbra).

Olives conservées (Oliveira do Hospital).
Prix : 0 fr. 11 à 0 fr. 14 par litre.
Haricot géant, à fleurs rouges (Oliveira do Hospital).
Haricots jaunes (jaspés) à rames (Oliveira do Hospital).
Prix : 0 fr. 25 par litre.

Haricots blancs, jaspés de rouge (Oliveira do Hospital).
Prix : 0 fr. 19 par litre.
Haricots verts, ronds-violets, à rames (Oliveira do Hospital).
Prix : 0 fr. 23 par litre.
Haricots jaspés, gris et noir (Oliveira do Hospital).
Prix : 0 fr. 16 par litre.
Débouchés : Oliveira do Hospital, Louroza, Boa-Vista et Lagares.
Olives (Cordouaises) conservées.
Prix : 0 fr. 17 par litre.
Pois chiche (Oliveira do Hospital).
Prix : 0 fr. 58 par litre.
Haricot blanc, moine (Oliveira do Hospital).
Prix : 0 fr. 11 par litre.
Haricot jaune-moine (Oliveira do Hospital).
Haricot blanc (Oliveira do Hospital).
Prix : 0 fr. 25 par litre.
Haricot jaune-soufré (ganga) Oliveira do Hospital).
Prix : 0 fr. 14 par litre.
Haricot blanc à rame (Oliveira do Hospital).
Prix : 0 fr. 22 par litre.
Haricot à rames à sept semaines (Oliveira do Hospital).
Prix : 0 fr. 25 par litre.
Haricot (Manteiga) à rames (Oliveira do Hospital).
Prix : 0 fr. 25 par litre.
Haricot violet (Mocho) (Oliveira do Hospital).
Prix : 0 fr. 12 par litre.
Haricot jaune à rames (Oliveira do Hospital).
Prix : 0 fr. 22 par litre.
Haricot (Serrano) (Oliveira do Hospital).
Prix : 0 fr. 22 par litre.
Haricot demi-blanc, jaspé violet (Oliveira do Hospital).
Prix : 0 fr. 22 par litre.
Lupins (Oliveira do Hospital).
Prix : 0 fr. 12 par litre.
Débouchés : Oliveira do Hospital, Louroza, Boa Vista et Lagares.
Haricots à rames, couleur du chocolat (Oliveira do Hospital).
Prix : 0 fr. 19 par litre.
Haricots blancs (macarrão) (Oliveira do Hospital).
Prix : 0 fr. 27 par litre.
Haricots à rames (Rasteiro) (Oliveira do Hospital).
Prix : 0 fr. 25 par litre.
Haricots gros blancs (Fidalgo), (Oliveira do Hospital).
Prix : 0 fr. 25 par litre.
Poires sèches.
Prix : 0 fr. 51 à 0 fr. 57 le kilog.
Reine-Claude sèche.
Prix : 0 fr. 39 à 0 fr. 47 le kilogramme.
Débouchés : ceux de l'arrondissement.

588. — Oliveira (Jacintho Cesar Ferreira Annes de), Constancia
(Santarem).

Haricot blanc (Montalvo).
Prix : 0 fr. 16 par litre.
Haricot noir (Montalvo).
Prix : 0 fr. 10 par litre.
Haricot jaune (Montalvo).
Prix : 0 fr. 18 par litre.
Haricot rouge (Montalvo).
Prix : 0 fr. 23 par litre.
Haricot Sainte Catherine (Montalvo).
Prix : 0 fr. 23 par litre.
Consommations dans la localité.

589. — Oliveira (João Marques Ferreira Annes de), Constancia (Santarem).

Haricot noir (Montalvo).
Prix : 0 fr. 10 par litre.
Haricot blanc (Montalvo).
Prix : 0 fr. 16 par litre.
Haricot jaune (Montalvo).
Prix : 0 fr. 18 par litre.
Haricot gris (Montalvo).
Prix : 0 fr. 18 par litre.
Haricots Sainte Catherine (Montalvo).
Prix : 0 fr. 23 par litre.
Pois chiche (Montalvo).
Prix 0 fr. 30 par litre.
Consommation : à Constancia.

590. — Oliveira (João Martins d'), Condeixa (Coïmbra).

Haricot impérial, Ega.
P. a. 8 hectolitres.
Prix : 0 fr. 39 par litre.
Débouchés : Coïmbra, Condeixa.

591. — Oliveira (Manuel Maximiano), Aviz (Portalegre).

Pois-chiches, Nossa Senhora da Orada.
Prix : 0 fr. 32 par litre.
Consommation dans la localité.

592. — Oliveira (Pedro Julio Ferreira Annes de), Constancia (Santarem).

Haricot blanc, Montalvo.
Haricot noir, Montalvo.
Haricot jaune, Montalvo.
Haricot Sainte-Catherine, Montalvo.
Pois chiches, Montalvo.

593. — Ornellas (Francisco Laurenço Tavares), à Condeixa (Coïmbra).

Haricots blancs « Assario », Condeixa.

Prix : 0 fr. 19 par litre.
Haricot « flageolet, » Condeixa.
Haricot gros-blanc, Condeixa.
Haricot « careta, » Condeixa.
Prix : 0 fr. 14 par litre.
Haricot moine, Condeixa.
Prix : 0 fr. 14 par litre.
Haricot « bruto, » Condeixa.
Prix : 0 fr. 14 par litre.
Haricot jaspé à rames, Condeixa.
Prix : 0 fr. 14 par litre.
Haricot à sept semaines, Condeixa.
Prix : 0 fr. 14 par litre.
Pois-chiche, Condeixa.
P. a. 10 hectolitres.
Prix : 0 fr. 28 par litre.
Gesse, Condeixa.
P. a. 8 hectolitres.
Prix : 0 fr. 14 par litre.
Débouchés : Condeixa, Coïmbra, Sonre, Montemor-o-Velho.

594. — Ornellas Junior (I. H. de), à Lisbonne.

Légumes conservés.
Etablissement fondé en 1871.

595. — Paixaõ (José Joaquim da), Penacova (Coïmbra).

Haricots blancs, Lorvão.
Haricots jaspés, Lorvão.
Prix à l'Exposition districtale de 1869, à Coïmbra.

596. Palmeiro (Joaquim Mendes), Portalegre.

Haricot jaspé, valle de Manteiros.
Prix : 0 fr. 28 par litre.
Haricot blanc, valle de Manteiros.
Prix : 0 fr. 28 par litre.
Haricot moine, valle de Manteiros.
Prix : 0 fr. 19 par litre.
Pois-chiches, valle de Manteiros.
Prix : 0 fr. 28 par litre.
Fèves, valle de Manteiros.
Prix : 0 fr. 25 par litre.
Débouchés : Portalegre.

597. — Patrocimo (Serafim Augusto do), Castello de Vide (Portalegre).

Haricots jaunes, Vidella.
P. a. 2 hectolitres.
Prix : 0 fr. 30 par litre.
Consommation dans la localité.

598. — Paula (Bernardino de), Vinhaes (Bragança).

Noix, Rio de Fornos.
Prix : 0 fr. 38 par litre.

599. — Pelouro (João Gonçalves), Castello de Vide (Portalegre).

Pois-chiche, Ribeirinho.
Prix : 0 fr. 30 par litre.
Consommation dans la localité.

600. — Pena (Antonio José), Condeixa (Coïmbra.

Haricots blancs à rame, Condeixa.
Prix : 0 fr. 27 par litre.
Haricots jaspés, Condeixa.
Prix : 0 fr. 27 par litre.

601. — Pereira (Gaetano), Baião (Porto).

Pommes de terre, Quinta.
Prix : 0 fr. 13 par litre.
Châtaignes, Botica.
Prix : 0 fr. 14 par litre.
Consommation dans la localité et Mesaõ-frio.

602. — Pereira (José Ignacio), à Elvas (Portalegre).

Olives conservées, 1877.
P. a. 30 hectolitres.
Prix : 0 fr. 36 par litre.
Débouchés : ceux du pays.
Médaille de cuivre dans l'Exposition nationale portugaise de 1861
à Porto.

603. — Piedade (D. Maria da), Alcobaça (Leiria.

Poires sèches, Aljubarrota.
Prix : 1 fr. 66 par litre.

604. — Pimentel (José Pedro), Marvão (Portalegre).
Pois-chiche en paille (plante complète).

605. — Pimentel (José Reis), Marvão (Portalegre).

Haricots moines, Herdade do Pereiro.
Prix : 0 fr. 33 par litre.
Pois-chiche, Herdade do Pereiro.
Prix : 0 fr. 22 par litre.
Débouchés : ceux du Portugal.
Haricots jaunes, Povoa e Meadas.
Prix : 0 fr. 55 par litre.
Haricots moines, Povoa e Meadas.
Prix : 0 fr. 25 par litre.
Pois-chiches, Povoa e Meadas.
Prix : 0 fr. 33 par litre.
Consommation dans la localité.

606. — Pina (Antonio de Calça e), Souzel (Portalegre).

Lupins, Souzel.
P. a. 250 hectolitres.
Prix : 0 fr. 07 par litre.
Débouchés : Extremoz, Lisbonne et Porto.

607. — Pinto (Antonio João Marques), Elvas (Portalegre).

Fèves, Courellas de Villa Boim.
P. a. 240 hectolitres.
Prix : 0 fr. 33 par litre.
Pois, Courellas de Villa Boim.
P. a. 120 hectolitres.
Prix : 0 fr. 44 par litre.
Fèves en paille (plante complète).
Pois en paille (plante complète).
Consommation dans la localité.

608. — Pinto (Francisco de Gamboa Sousa), Fundão (Castello Branco).

Haricots.

609. — Pinto (Francisco Luiz), Villa Franca (Lisbonne).
Pois génevois et nain, Villa Franca.
Prix : 0 fr. 33 à 0 fr. 44 par litre.
Consommation à Lisbonne et dans la localité.

610. — Pinto (Joaquim Marques), Elvas (Portalegre).

Pois-chiches, 1877, Villa Boim.
P. a. 230 hectolitres.
Prix : 0 fr. 39 par litre.
Gesse, 1877, Villa Boim.
P. a. 250 hectolitres.
Prix : 0 fr. 15 par litre.
Débouchés : ceux du pays.

611. — Pinto Basto (Reynaldo Ferreira), Figueira da Foz, (Coimbra).

Haricots-Foja (Ferreira).
P. a. 100 hectolitres.
Prix : 0 fr. 19 par litre.
Débouchés : ceux de la localité.

612. — Polido (Manuel), Marvão Portalegre.

Haricot blanc.
Prix : 0 fr. 40 par litre.
Haricot jaune.
Prix : 0 fr. 40 par litre.
Haricot panaché.
Prix : 0 fr. 40 par litre.

Pois-chiche.
Prix : 0 fr. 35 par litre.
Chataignes pelées.
P. a. 1,200 kilos.
Prix : 0 fr. 29 par kilo.
Consommation dans la localité.

613. — Portilheiro (Manuel de Jesus), Marvão (Portalegre).

Haricot noir (Casa Branca).
P. a. 10 hectolitres.
Prix : 0 fr. 30 par litre.
Haricot panaché (Asseiceira).
P. a. 4 hectolitres.
Prix : 0 fr. 30 par litre.
Châtaignes. (Vedeira).
P. a. 200 hectolitres.
Prix : 0 fr. 07 par kilo.
Noix (Vedeira).
P. a. 40 hectolitres.
Prix : 0 fr. 26 par litre.
Débouchés : ceux du pays.

614. — Preto (Antonio Joaquim), Bragança.

Haricots blancs.
Prix : 0 fr. 35 par litre.
Pois-chiches.
Prix : 0 fr. 35 par litre.
Consommation dans la localité.

615. — Quaresma (Manuel Lopez), Condeixa (Coimbra).

Noix (Condeixa).
P. a. 5 hectolitres.
Prix : 0 fr. 22 par litre.
Haricot jaune-doré (Condeixa),
P. a. 2 hectolitres.
Prix : 0 fr. 28 par litre.
Consommation à Condeixa.

616. — Queiroz (Joaquim Carneiro Leão), Paços de Ferreira (Porto).

Haricot jaune (Meixomil).
Prix : 0 fr. 23 par litre.
Haricot jaune-canari.
Prix : 0 fr. 24 par litre.
Débouchés : Ceux du canton.
Prix aux Expositions de Vienne et Philadelphie.

617. — Queiroz (José de Sequira Pinto), Darque (Vianna do Castello).

Haricots (Quinta de Caes Novo).

Prix : 0 fr. 18 par litre.
Consommation à Vianna do Castello.

618. — Queiroz (José de Sequeira Pinto), Darque, Vianna do
Castello.

Noix (Quinta de Caes Novo).
Prix : 0 fr. 25 par litre.
Haricot blanc « vassoura » (Quinta de Caes Novo).
Prix : 0 fr. 38 par litre.
Haricot blanc « vassoura » en herbe (Quinta de Caes Novo).
Haricot à rame en herbe (Quinta de Caes Novo).
Asperges en pattes (racines et plantes complètes).

619. — Religiosas do convento de San Bento, à Sattam
(Viseu).

Fruits confits.

620. — Ramalho (Francisco de Lemos), Condeixa (Coimbra).
Haricots noirs (Condeixa).
P. a. 2 hectolitres.
Prix : 0 fr. 17 par litre.
Haricots « pateta » (Condeixa).
P. a. 3 hectolitres.
Prix : 0 fr. 17 par litre.
Haricots rouges « de Boiça » (Condeixa).
P. a. 8 hectolitres.
Prix : 0 fr. 17 par litre.
Haricots blancs à rames (Condeixa).
P. a. 10 hectolitres.
Prix : 0 fr. 19 par litre.
Haricots jaunes à rames (Condeixa).
P. a. 4 hectolitres.
Haricots « carêta » (Condeixa).
P. a. 4 hectolitres.
Prix : 0 fr. 28 par litre.
Consommation à Condeixa.
Poix-chiche (Condeixa).
P. a. 32 hectolitres.
Prix : 0 fr. 35 par litre.
Pois blanc (Condeixa).
P. a. 5 hectolitres.
Prix : 0 fr. 17 par litre.
Fève de marais « assaria » (Condeixa).
P. a. 48 hectolitres.
Prix : 0 fr. 17 par litre.
Consommation à Condeixa.
Noix (Condeixa).
P. a. 18 hectolitres.
Prix : 0 fr. 19 par litre.
Noisettes (Condeixa).

P. a. 1 hectolitre.
Prix : 0 fr. 30 par litre.
Haricots rouges d'Italie (Condeixa).
Prix : 0 fr. 17 par litre.
Haricots moines, à rames (Condeixa).
Prix : 0 fr. 16 par litre.
Haricots jaunes d'Italie (Condeixa).
Prix : 0 fr. 19 par litre.
Haricots gros « bruto » (Condeixa).
Prix : 0 fr. 19 par litre.
Haricots gros-blancs à rames (Condeixa).
Haricots gros-jaunes (Condeixa).
Haricots gros « de Sines » (Condeixa).
Haricots gros-blancs (Condeixa).
Débouchés : Coimbra, Condeixa, Lisbonne.

620ᵃ. — Ribeiro (Jayme da Silva), Agueda (Aveiro).
Haricot blanc « da terra ».

621. — Rigor (Antonio Marques), Alcobaça (Leiria).
Pommes sèches (Vestiaria).

622. — Rijo (Joaquim Antonio), à Elvas (Portalegre).
Olives conservées, 1877 (Olivaes, Alcaçova).
P. a. 100 hectolitres.
Prix : 0 fr. 36 par litre.
Debouchés : ceux du pays.
Médaille de cuivre à l'Exposition internationale de 1876, à Philadelphie.

623. — Rijo (Filippe de Jesus), Elvas (Portalegre).
Pois-chiche, 1877 (Torre das Arcas).
P. a. 45 hectolitres.
Prix : 0 fr. 36 par litre.
Haricot jaune, 1877 (Torre das Arcas).
P. a. 40 hectolitres.
Prix 0 fr. 56 par litre.
Débouchés : ceux du pays.
Médaille en cuivre à l'Exposition de 1876, à Philadelphie.

624. — Rodrigues (Antonio Joaquim), Elvas (Portalegre.
Pois-chiche (Fonte Braça).
P. a. 8 hectolitres.
Prix : 0 fr. 44 par litre.
Pois en herbe (plante complète).
Consommation dans la localité.

625. — Rolo (Manuel Braz), Castello de Vide (Portalegre).
Haricot blanc (Ameixial.
Prix : 0 fr. 29 par litre.

626. — **Rolo** (Rosa Joaquina), Marvão (Portalegre).

Haricot blanc (Marvão, Santa Maria).
Prix : 0 fr. 29 par litre.
Consommation dans la localité.

627. — **Roquete** (José Ferreira), Salvaterra de Magos (Santarem).

Haricot moine (Paúl de Magos).
Prix . 0 fr. 19 par litre.
Débouchés : Lisbonne.

628. — **Rosa** (João Baptista da), Ponte de Sor (Portalegre).

Haricot moine (Horta do Arneiro).
P. a. 4 hectolitres.
Prix : 0 fr. 14 par litre.
Haricot Saint-Catherine (Horta do Arneiro).
P. a. 3 hectolitres.
Prix : 0 fr. 19 par litre.
Consommation dans la localité.

629. — **Rosa** (José de Graça Pereira), Niza (Portalegre).

Haricots (Niza).
Prix : 0 fr. 35 par litre.
Fèves (Niza).
Prix : 0 fr. 14 par litre.
Consommation dans la localité.

630. — **Sant'Anna** (José Candido de), Elvas (Portalegre).

Olives conservées, 1877 (Algravanha).
P. a. 15 hectolitres.
Prix : 0 fr. 39 par litre.
Consommation dans la localité.
Médaille de cuivre à l'Exposition de Philadelphie, 1876.

631. — **Santos** (P. Joaquim Ferreira dos), Vallongo (Porto).

Haricots panachés.

632. — **Santos** (Julio Rodrigues dos), Portalegre.

Olives conservées (Campo Maior).
P. a. 1000 flacons.
Prix : 1 fr. 72 le flacon.
Débouchés : ceux du pays.

633. — **Sequeira** (P. Serafim Pedro de Carvalho de), Castello de
Vide (Portalegre).

Pois-chiches (Pechola).
P. a. 25 hectolitres.
Prix : 0 fr. 33 par litre.
Consommation dans la localité.

634. — Serpa (J. J.), Villa Nova de Portimao (Faro).

Figues sèches, 1re.
Prix : 0 fr. 39 le kilogramme.
Figues sèches, 2e.
Prix : 0 fr. 56 le kilogramme.
Amandes en coque.
Prix : 0 fr. 89 le kilogramme.
Caroubes.
Prix : 0 fr. 07 le kilogramme.

635. — Serra (João Matheus), Portalegre.

Haricot blanc (Boi d'agua).
Prix : 0 fr. 31 par litre.
Pois-chiches (Boi d'agua).
Prix : 0 fr. 32 par litre.
Consommation dans la localité.

636. — Silva (Antonio José de Souza e), Vallongo (Porto).

Haricots noirs « preto azeviche ».
Haricots blancs, à œil noir « olho preto ».
Haricots blancs et rouge-violets « rôxo et branco ».
Haricots rouges, ronds « redôndo vermelho ».
Haricots jaunes, ronds « redondo amarello ».
Haricots-lilas « lilaz ».
Haricots violets, ronds « rôxo redondo ».
Haricots jaune-canari, « côr de canario ».
Haricots rouges, panachés « vermelho raiado ».
Haricots blancs, ronds.
Haricots jaunes.
Haricots, petit moine, « fradinho meudo ».
Haricots blancs « travesseiro ».
Haricots grivelés « cinzento raiado ».
Haricots noirs.
Haricots violets, longs « roxo grande ».
Haricots bruns, longs « escuro grande ».
Pois-chiches.
Prix à l'Exposition de Porto.

637. — Silva (José Caetano Tavares da), Agueda (Aveiro).

Haricot blanc.

638. — Silva (José Dias da) Vallongo (Porto).

Haricot rouge (sobrado).

639. — Silva (José Maria Pereira e), Crato (Portalegre).

Fèves (Crato, S. da Conceição).
Prix : 0 fr. 17 par litre.
Pommes de terre.
Prix : 0 fr. 66 les 15 kilos.
Consommation dans la localité.

640. — **Silva** (Luiz da), Carrazeda d'Anciaes (Bragança).
Figues sèches (Valle do Anjo, Fonte-Longa).
P. a 700 kilos.
Prix : 0 fr. 27 par kilo.
Consommation à Porto.

641. — **Silva** et Cⁱᵉ, à Figueira (Coimbra).
Légumes.

642. — **Simões** (Antonio), Marvão (Portalegre).
Haricot blanc (Celorico).
Prix : 0 fr. 44 par litre.
Haricot « capitão » (Celorico).
Prix : 0 fr. 44 par litre.
Chataignes pelées (Fonte do Sonto).
P. a. 200 kilos.
Prix : 0 fr. 29 par litre.
Pommes de terre (Celorico).
Prix : 1 fr. 77 les 15 kilos.
Débouchés : ceux du pays.

643. — **Simões** (Antonio Joaquim), Montemor-ô-Velho (Coimbra).
Pois (Montes de Verride).
P. a. 10 hectolitres.
Prix : 0 fr. 19 par litro.
Pois-chiche (Mantes de Verride).
P. a. 112 hectolitres.
Prix : 0 fr. 19 par litre.
Débouchés : Montemor-o-Velho.

644. — **Sousa** (José de Andrade e), Portalegre.
Haricot jaune. Quinta da Queijeirinha.
P. a. 25 hectolitres.
Prix : 0 fr. 30 par litre.
Consommation dans la localité.

645. — **Tavera** (Luiz), Angra do Heroismo.
Lentille. Grota do Valle.
Prix : 0 fr. 25 par litre.
Haricot jaune. Grota do Valle.
P. a. 72 hectolitres.
Prix : 0 fr. 56 par litre.
Patates. Grota do Valle.
P. a. 91 hectolitres.
Prix : 0 fr. 08 par litre.
Débouchés : Lisbonne, Madère.

646. — **Thelhada** (José da Silva), Villa Franca (Lisbonne).
Pois chiches. Villa Franca.
Prix : 0 fr. 19 par litre.
Consommation à Lisbonne et dans la localité.

647. — Varella (Simão Telles), Aviz (Portalegre).

Pommes de terre. Aviz, Santo Antonio.
P. a. 600 kilogrammes.
Prix : 1 fr. 99 les 15 kilogrammes.
Consommation dans la localité.

648. — Ventura (Antonio José), Portalegre.

Haricot jaune. S. Bernardo.
Prix : 0 fr. 30 par litre.
Consommation dans la localité.

649. — Vasconcellos (Joaquim Guilherme de), Elvas (Portalegre).

Lentilles. S. Braz, Elvas.

650. — Vasconcellos (Vital de Bettencourt), Angra do Heroismo).

Pois chiches. Arrifes.
P. a 11 hectolitres.
Prix : 0 fr. 22 par litre.
Pas d'exportation.

651. — Victoria (Comte da Praia da), Angra do Heroismo.

Fèves rouges. Ladeira branca. S. Luria.
P. a. 90 hectolitres.
Prix : 0 fr. 15 par litre.
Débouchés : Lisbonne.

652. — Vicomte de Moimenta da Beira, Moimenta da Beira (Vizeu).

Haricots blancs.

653. — Viuva Abudarham e Filhos, Funchal, à Madère.
Cédrats conservés.

CLASSE 74

CONDIMENTS ET STIMULANTS : SUCRES ET PRODUITS DE LA CONFISERIE.

654. — Administration de l'arrondissement de Serpa (Beja).
Vinaigre. Serpa.
P. a. 55 hectolitres.

Miel. Serpa.
P. a. 4,000 kilogrammes.

655. — Administration de l'arrondissement da Vidigueira, Beja.
Vinaigre. S. Pedro, Vidigueira.
P. a. 60 hectolitres.
Prix : 0 fr. 30 par litre.
Débouchés : Lisbonne.

656. — Alcantara (João José de), Elvas (Portalegre).
Vinaigre. 1877. Suburbios d'Elvas.
P. a. 10 hectolitres.
Prix : 0 fr. 19 par litre.
Débouchés : ceux du pays.

657. — Alves de Sousa (Conceição Marques), à Santo Ildefonso (Porto).
Fruits confits.

658. — Andrade (Antonio Garcia), à Elvas (Portalegre).
Coings confits. Quinta do Sameiro.
P. a. 500 flacons.
Prix : 1 fr. 66 le flacon.
Citrouille confite. Quinta do Sameiro.
P. a. 500 flacons.
Prix : 1 fr. 66 le flacon.
Débouchés : ceux du pays.

659. — Andrade (Bazilio Augusto Xavier de), Coimbra.
Vinaigre blanc. Quinta de S. João.
P. a. 16 hectolitres.
Prix : 0 fr. 39 par litre.
Débouchés : Porto et Coimbra.

660. — Avillez (Comte d'), Portalegre.
Vinaigre.
P. a. 18 hectolitres.
Prix : 0 fr. 18 par litre,
Miel. Apostolos, S. Thiago.
P. a. 20 hectolitres.
Prix : 0 fr. 75 par litre.
Consommation dans la localité.

661. — Caldeira (João de Salles), Funchal, à Madère.
Échantillon de café, 1847.

662. — Camello (Victorino Antonio dos Reis), Cantanbede,
(Coimbra).
Vinaigre. Ança, Cantanbede.

663. — Carvalho (Benedicto Continho da Silva), Montemor-o-Velho (Coimbra).

Vinaigre rouge. Eiras.
Prix : 0 fr. 22 par litre.
Consommation dans la localité.

664. — Castanheiro (Balthasar Rodrigues), à Lisbonne.

Fruits confits et autres produits de la confiserie.

665. — Ceia (João Pedro Alfonso Videira), Castello de Vide (Portalegre).

Vinaigre. Valle Sarrão.
P. a. 5 hectolitres.
Prix : 0 fr. 29 par litre.
Consommation dans la localité.

666. — Chichôrro (André Avelino), Portalegre.

Vinaigre. Ribeira de Niza.
P. a. 3 hectolitres.
Prix : 0 fr. 42 par litre.
Consommation dans la localité.

667. — Commission départementale d'Angra do Heroismo, à Angra.

Fruits confits.
Dragées.

668. — Commission districtale agricole de Vianna do Castello, à Vianna do Castello.

Vinaigre de vin du Douro.
Prix : 0 fr. 83 par litre.
Consommation à Vianna.

669. — Commission Industrielle de Porto, à Porto.

Boudin doux (murcella) d'Arouca.

670. — Commission industrielle de Porto, à Porto.

Fruits confits.

671. — Conceição (João Nunes da), à Elvas (Portalegre).

Fruits confits.

672. — Conceição (João Nunes da), à Elvas (Portalegre).

Fruits confits.

673. — Correia Belem (Silvestre Polycarpo), 327, rue da Rosa à Lisbonne.

Fruits confits et marmelade.

674. — **Costa** (Antonio Jacome da), Gavião (Portalegre).

Miel. Atalaia.
P. a. 100 hectolitres.
Prix : 0 fr. 88 par litre.
Vinaigre. Alto Tejo.
P. a. 80 hectolitres.
Prix : 0 fr. 22 par litre.
Débouchés : ceux de l'arrondissement.

675. — **Costa** (Lourenço Justiniano da Fonseca e), Oliveira do
Hospital (Coimbra).

Vinaigre de vin. Oliveira do Hospital.

676. — **Duarte** (Antonio Maria), Cantanhede.

Prix : 0 fr. 39 par litre.
Débouchés : ceux de l'arrondissement.

677. — **Durão** (Pedro Manuel), Castello de Vide (Portalegre).

Vinaigre (Sapeira.)
Prix : 0 fr. 27 par litre.

678. — **Esperança** (Vicomte da), Cuba (Beja).

Vinaigre (Quinta da Esperança).
Médaille à l'Exposition internationale de 1876 à Philadelphie)

679. — **Falcão** (Jacintho de Souza de Oliveira), Constancia (Santarem).

Tomates conservées (Quinta da Santa Barbara).
P. a. 15,000 kilogrammes.
Prix : 0 fr. 06 par kilogramme.
Consommation totale à Lisbonne.

680. — **Ferreira** (Antonio José) Vinhaes (Bragança).

Vinaigre (Vinhaes).
Prix : 0 fr. 27 par litre.

681. — **Ferreira** et Cie, à Lisbonne.

Chocolats et bonbons fondants.
Etablissement fondé en 1866.
Salaires des hommes : de 1 fr. 22 à 4 fr. 44 cent.; des femmes :
1 fr. 33 cent.
Machines à vapeur de la force de 12 chevaux.
Valeur de la production annuelle : 88,888 fr.
Débouchés : Portugal et colonies.
Médailles aux Expositions de Vienne et de Philadelphie.

682. — **Fragoso** (Adriano Diniz), Niza (Portalegre).

Vinaigre (Niza, Espirito Santo).
P. a. 12 hectolitres.

Prix : 0 fr. 27 par litre.
Consommation dans la localité.

683. — Freitas e Macedo, Funchal, à Madère.

Vinaigre de vin (Victoria, S. Martinho, Funchal).
P. a. 2 hectolitres.
Prix : 1 fr. 33 par litre.
Débouchés : Funchal, Açores.
Ce genre de fabrication ne prospère pas, à cause de la rareté de vins propres et convenables.

684. — Gamellas et Fils (José dos Santos), à Aveiro.

Produits divers de la confiserie.
Œufs confits « óvos molles d'Aveiro ».
Prunes confites.

685. — Garcia (C. Francisco Rioz), à Castello de Vide (Portalegre).

Chocolats.

686. — Gloria et Cⁱᵉ (Maria da), à Porto.

Fruits confits.

687. — Gomes (Manuel Pereira), Lisbonne.

Vinaigre (Villa Nova d'Ourem).
Prix : 0 fr. 88 par litre.
Débouchés : Lisbonne.

688. — Guapo (João Daniel Correia), Portalegre.

Vinaigre blanc.
Vinaigre rouge.
P. a. 6 hectolitres.
Prix : 0 fr. 29 par litre.
Consommation dans la localité.

689. — Guerra (Francisco do Amaral), Coimbre.

Vinaigre, 1876 (Quinta do Pinheiro).
P. a. 15 hectolitres.
Prix : 0 fr. 44 par litre.
Consommation dans la localité.
Prix à l'Exposition de Philadelphie, 1876.

690. — Guerra João Joaquim da), Elvas (Portalegre).

Vinaigre, 1876 (Valles de S. Lourenço).
P. a. 5 hectolitres.
Prix : 0 fr. 19 par litre.
Consommation dans la localité.

691. — Guerra (José de Conçeicão), à Elvas (Portalegre).

Fruits confits.

692. — **Larcher** (D. Emilia Andrade), Portalegre.

Vinaigre (Sé, Portalegre).
Consommation chez l'exposant.

693. — **Larcher** (D. Maria José), Portalegre.

Vinaigre blanc.
Prix : 0 fr. 19 par litre.
Vinaigre rouge.
Prix : 0 fr. 19 par litre.
Cerises à l'eau-de-vie.
Médaille de cuivre à l'Exposition de Philadelphie.

694. — **Levita** (José Eduardo), Portalegre.

Vinaigre (Carvalhal).

P. a. 5 hectolitres.
Prix , 0 fr. 33 par litre.
Consommation dans la localité.
Prix à l'Exposition de Philadelphie.

695. — **Lima** (Honorio Fiel), Portalegre.

Vinaigre (Carvalhal).
Prix : 0 fr. 19 par litre.
Débouchés : ceux de l'arrondissement.

696. — **Lôbo** (André Chichorro da Gama), Monforte (Portalegre).

Vinaigre blanc (Herdade de Annanhas).
P. a. 3 hectolitres.
Prix : 0 fr. 27 par litre.
Vinaigre rouge (Herdade de Annanhas).
P. a. 3 hectolitres.
Prix : 0 fr. 22 par litre.
Consommation dans la localité.

697. — **Macedo** (Francisco de Freitas), Santarem.

Raisins secs « formosas » conservés à l'eau-de-vie (Teixeira).
P. a. 12 caisses.
Prix : 10 fr. la caisse.
Nèfles conservées à l'eau-de-vie (Teixeira).
Production pas importante.
Griottes conservées à l'eau-de-vie (Teixeira).
Production pas importante.
Débouchés : Angleterre.

698. — **Magalhães** (Luiz Antonio de), Fundão (Castello Branco).

Prunes confites (Aldeia Nova).

699. — **Mattos** (Francisco Maria de), Condeixa (Coimbra).

Vinaigre blanc, 1875 (Sebal).

14*

P. a. 5 hectolitres.
Prix : 0 fr. 67 par litre.
Consommation dans la localité.

700. — **Mattos** (Maria do Livramento Gomes), à Porto.
Fruits confits.

701. — **Mesquita** (José d'Abreu), Arganil (Coimbra).
Vinaigre (Villa Cóva).

702. — **Miranda** (Manuel Patricio de), Castello de Vide (Portalegre).
Vinaigre (Povoa e Meadas).
Prix : 0 fr. 27 par litre.
Consommation dans la localité.

703. — **Monteiro** (José Antonio), à Porto.
Chocolats.

704. — **Monteiro** (José Joaquim Lopes), à Lisbonne.
Marmelade, fruits confits, etc.

705. — **Nunes** (Guillaume Francisco Pereira), Oliveira do Hospital (Coimbra).
Vinaigre blanc (Povoa de S. Cosme).
Prix : 0 fr. 25 par litre.
Vinaigre rouge (Povoa de S. Cosme).
Prix : 0 fr. 19 par litre.
Exportation pour l'étranger.

706. — **Oliveira** (Jacintho Cesar Ferreira Annes de), Constancia (Santarem).
Vinaigre (Montalvo).
Prix : 0 fr. 22 par litre.

707. — **Oliveira** (João Marques Ferreira Annes d'), Constancia (Santarem).
Vinaigre (Montalvo).
Prix : 2 fr. 22 par litre.

708. — **Oliveira** (Rafael Rodrigues d') Torres Novas (Santarem).
Tomates conservées (arrondissement de Torres Novas).
P. a. 90,000 kilogrammes.
Prix : 1 fr. 12 par kilogramme.
Débouchés : Lisbonne.

709. — **Ornellas Junior** (I.-H. de), à Lisbonne.
Fruits confits.
Marmelade, gelée, etc.

710. — **Pessanha** (José Pereira de Castro), Santa Comba (Vianna de Castello).

Vinaigre blanc. — Rives du Lima.

711. — **Pimentel** (Maria Candida Teixeira de Souza), Santa-Martha de Penaguião (Villa Real).

Abricots confits.
Pêches confites.
Reines-Claude confites.
Prunes confites.
Poires confites.
Figues confites.
Marmelade.
Citrouille sucrée.

712. — **Pinto** (Joaquim Marques), Elvas (Portalegre).

Vinaigre 1877. Villa Boin.
P. a. 40 hectolitres.
Prix : 0 fr. 19 par litre.
Débouchés : ceux du pays.

713. — **Pires** (Antonio Joaquim), à Lisbonne.

Fruits confits et autres produits de la confiserie.

714. — **Pinto Basto** (Alberto Ferreira), Cantanhede (Coimbra).

Vinaigre, 1877. Quinta do Rol, Ançã.

715. — **Portilheiro** (Manuel de Jesus), Massão (Portalegre.)

Vinaigre. Asseiceira.
Prix : 0 fr. 29 par litre.
Consommation dans la localité.

716. — **Proença** (N. Maria Rosalia Tavares), Covilhã (Castesllo Branco).

Vinaigre.

717. — **Ramalho** (Francisco de Lemos), Condeixa (Coimbra).

Vinaigre rouge, 1878.
P. a. 15 hectolitres.
Prix : 0 fr. 84 par litre.
Vinaigre blanc, 1870.
P. a. 20 hectolitres.
Prix 0 fr. 84 par litre.
Débouchés : Coimbra, Porto.

718. — **Ribeiro** (Jayme da Silva), Agueda (Aveiro).

Oignons confits.

719. — **Rosa** (José da Graça Pereira), Niza (Portalegre).

Vinaigre. Niza.
Prix : 0 fr. 27 par litre.
Consommation dans la localité.

720. — **Royal** (Monastère de Cellas), à Coimbra.

Fruits confits et marmelade.

721. — **Royal** (Monastère de Sainte-Clara), à Coimbra.

Fruits confits.

722. — **Silva** (José Maria da), Elvas (Portalegre).

Vinaigre, 1877. S. Gonçalo.
P. a. 10 heures. Prix : 0 fr. 22 par litre.
Consommation dans la localité.

723. — **Silva** (Manuel Mendes da), à Lisbonne.

Fruits confits.

724. — **Silva** et Cⁱᵉ, à Figueira (Coimbra).

Gelées.

725. — **Sousa** (José de Andrade e), Portalegre.

Vinaigre.
P. a. 50 hectolitres.
Prix : 0 fr. 19 par litre.
Consommation dans le pays.

726. — **Sousa Pimentel** (D. Maria Candida Teixeira), à Lobrigos (Villa Real).

Fruits confits.

727. — **Vargas** (Pierre-Joaquim), Beja.

Vinaigre-Contos.

Prix : 0 fr. 50 par litre.

728. — **Vasconcellos** (Joaquim Guilherme de), Elvas (Portalegre).

Vinaigre, 1877. — S. Braz, Elvas.
Consommation dans la localité.

CLASSE 75

BOISSONS FERMENTÉES.

729. — Abranches (Joaquim Paes), Taboa (Coimbra).

Vin rouge. Seixos alvos, Taboa.
P. a. 241 hectolitres.
Débouchés. — Portugal, l'Amérique.
Prix à l'exposition de 1876, à Philadelphie.

730. — Abranches (D. Modesta-Flaminia de Vascon cellos), Taboa (Coimbra).

Vins rouge et blanc Midões.
P. a. 60 hectolitres.
Prix : 0 fr. 39 centimes par litre.
Vin blanc Midões.
P. a. 60 hectolitres.
Prix : 0 fr. 39 par litre.
Débouchés : Brésil, France, Portugal.

731. — Abreu (Aniceto-Madeira da Costa), Oliveira do Hospital (Coimbra).

Eau-de-vie d'Arbouses. Alvones de Varzeas.
P. a. 100 hectolitres.

732. — Abreu (José Julio da Rocha), Angra do Heroïsmo.

Vin, 1851. Ile S. Jorge.
Prix : 5 fr. 04 par litre.
Vin 1877, île Terceira.
Eau-de-vie de nèfles.

733. — Abrigada. (le vicomte d'), Alemquer (Lisbonne).

Vin blanc, vieux
Vin blanc, sec   } Abrigada, Alemquer.
Vin rouge, vieux
Prix : 0 fr. 63 par litre.
Vin rouge de table. Abrigada, Alemquer.
P. a. 2,520 hectolitres.
Prix 0 fr. 45 par litre.
Débouchés : ceux de l'Europe, l'Asie, l'Afrique et l'Amérique.
Prix aux expositions nationales et à celle de 1876, à Philadelphie.

734. — Eril Dirmao, 13, Rue das Galhinheiras, à Lisbonne.

Vin rouge, 1872.
Prix : 2 fr. 77 la bouteille.
Vin rouge, 1874.
Prix : 2 fr. 22 la bouteille. } Cazal do Barril, Santa Maria
Vin rouge, 1875.
Prix : 2 fr. la bouteille. } d'Aldmoster, Cartaxo.
Vin rouge, 1876.
P. a. 88 hectolitres.
Prix : 1 fr. 66 la bouteille. /
Vin blanc, 1872.
Campo grande, Olivaes.
P. a. 135 hectolitres.
Prix : 2 fr. 77 la bouteille.
Vin blanc, 1874.
Salvaterra de Magos, Benavente.
P. a. 66 hectolitres.
Prix : 2 fr. 77 la bouteille.
Débouchés : Lisbonne.

735. — Administration de l'arrondissement d'Agueda, à Agueda, Aveiro.

Vin rouge, 1877.

736. — Administration de l'arrondissement de Beja, à Beja.

Vin blanc. Neyes.
Prix : 0 fr. 33 par litre.
Vin rouge. Pombaes, S. Thiago.
P. a. 4,639 hectolitres.
Prix : 0 fr. 33 par litre.
Débouchés : Beja, Lisbonne.

737. — Administration de l'arrondissement de Serpa, Beja.

Vins blanc et rouge et eau-de-vie Serpa.
P. a. 565 hectolitres.
Vin rouge Serpa.
P. a. 85 hectolitres.

738. — Administration de l'arrondissement de Valle de Passos, Villa Real.

Vin.

739. — Administration de l'arrondissement de Vidigueira, Beja.

Vins rouge et blanc et eau-de-vie. S. Pedro, Vidigueira.
P. a. 2,180 hectolitres.
Prix : 0 fr. 33 par litre.
Débouchés : Lisbonne.

740. — Affonso (Domingos). Almada, Lisbonne.

Vins rouges et blancs 1er Termo de diverses qualités.
Vin rouge. 2e Termo.
P. a. 1,800 hectolitres.
Prix : 1 fr. 11 par litre.
Vin blanc, Termo.
P. a. 450 hectolitres.
Prix : 1 fr. 83 par litre.
Vins Lavradio, muscat, carcavellos et madère.
P. a. 180 hectolitres.
Prix : 2 fr. 22 par litre.
Vin muscat.
P. a. 135 hectolitres.
Prix : 3 fr. 33 par litre.
Vin Carcavellos.
P. a. 225 hectolitres.
Prix : 2 fr. 22 par litre.
Vin Bucellas.
P. a. 20 hectolitres.
Prix : 1 fr. 83 par litre.
Vin Arinto.
P. a. 373 hectolitres.
Prix : 2 fr. 22 par litre.
Débouchés : Brésil.

741. — Agrella (Roque F. d'), Funchal, à Madère.
Vins de Madère.

742. — Aguilar (Bernardo de Lemos Teixeira de), S. João da
Pesqueira, Vizeu.

Vins rouge et blanc et eau-de-vie.
Vin blanc.
Consommation à Porto.
Prix : 8 fr. 33 la bouteille.
Eau de-vie Méda, Guarda.
Consommation dans le Douro.

743. — Aguilares e Noronhas, à Porto.

Vins du Porto, 1840 et 1863. Quinta de Sedovim.
P. a. 437 à 546 hectolitres.
Vins de Porto, 1863. Quinta de Sedovim.
P. a. 437 à 546 hectolitres.
Débouchés : Portugal, Londres et d'autres villes.
Médailles aux expositions de 1862, à Londres et de 1867, à Paris.

744. — Albergaria (Dr. Thomaz Antonio Pinho Soares d'), Macieira de Cambra, Aveiro.

Vins vert et blanc, 1877. Quinta do Muradal.
P. a. 224 hectolitres.
Prix : 0 fr. 35 par litre.

Vin blanc 1877.
P. a. 35 hectolitres.
Récompense à l'exposition de Philadelphie, par différents produits agricoles.

745. — Albuquerque (Antonio Marques d'), Guarda.
Vin.

746. — Albuquerque (José d'Almeida Cardoso e), Mangualde, Vizeu.

Vin rouge, 1877.
P. a. 110 hectolitres.
Prix : 0 fr. 25 par litre.
Consommations dans la localité.

747. — Albuquerque (Manuel Lopes d'), Barcellos, Braga.

Vin vert Igreja, Alv°. S. Pedro Barcellos.
P. a. 30 hectolitres.
Prix : 0 fr. 63 par litre.
Débouchés : ceux du canton de Barcellos.
Prix à l'exposition de 1876, à Philadelphie.

748. — Alçacovas (le comte das), Oeiras, Lisbonne.

Vin blanc, 1874. Paço d'Arcos, Oeiras.
P. a. 200 hectolitres.
Prix : 0 fr. 55 par litre.
Débouchés : ceux du Brésil.
Prix à l'Exposition internationale de 1876, à Philadelphie.

749. — Alcantara (Francisco Augusto Mendes d'). Oliveira do Hospital, Coimbra.

Vin-Lagares.
Consommation chez l'exposant.

750. — Alegre (Manuel Simões), Condeixa (Coimbra).

Vin rouge, 1877, Alcabideque.
P. a. 40 hectolitres.
Prix : 0 fr. 39 par litre.
Consommation à Condeixa.

751. — Alexandre (Manuel), Taboa (Coimbra).

Vin rouge, Pavoa.
P. a. 35 hectolitres.
Prix : 0 fr. 56 par litre.
Débouchés : Porto, Coimbra, Figueira.

752. — Alijó (Vicomte da Ribeira d'), Alijó (Villa-Real).

Vin « Malvoisie et Bastardo », 1858, et de Soalheira, Ribeirinho, Rebenta, Nogueira e Miranda.

Vin rouge « touriga », 1870.
P. a. 82 hectolitres.
Prix : 0 fr. 81 par litre.
Débouchés : Angleterre, États-Unis et Brésil.
Mention honorable à l'Exposition de 1867, à Paris ; à celle de 1873, à Vienne d'Autriche ; médaille et mention honorable à l'Exposition de 1876, à Philadelphie.

753. — Allen (Rebello Valente), Alijó (Porto).

Vins rouges des récoltes de 1756, 1790, 1797, 1800, 1804, 1810, 1815, 1820. Ferme du Noval, à Val de Mendiz.
Vins rouges de 1827, 1834, 1840, 1842, 1844, 1837, 1858, 1870, etc.
Prix : 15 fr. la bouteille..
Vins rouges de 1834.
Prix : 14 fr. la bouteille.
Vins rouges de 1840.
Prix : 12 fr. la bouteille.
Vins rouges de 1842.
Prix : 14 fr. la bouteille.
Vin Bastardo 1858, vin Maurisco, 1872, vin muscat et autres vins.
Vin rouge de 1844.
Prix : 12 fr. la bouteille.
Vin rouge de 1847.
Prix : 13 fr. la bouteille.
Vin rouge de 1851.
Prix : 13 fr. la bouteille.
Vin rouge de 1853.
Prix : 10 fr. la bouteille.
Vin rouge de 1858.
Prix : 2,500 fr. la futaille (534 litres).
Vin rouge de 1860.
Prix : 2,200 fr. la futaille (534 litres).
Vin rouge de 1863.
Prix : 2,000 fr. la futaille (534 litres).
Vin rouge de 1867.
Prix : 1,800 fr. la futaille (534 litres).

754. — Almeida (Manuel Lourenço), rue Sainte-Catherine, 14 à 16, à Porto.

Vin muscat du Douro-Regoa (Gervide).
P. a. 267 hectolitres.
Prix : 3 fr. 88 par litre.
Prix : 335 fr. 77 les 12 bouteilles.
Débouchés : Brésil et Angleterre.
Prix à l'Exposition internationale de 1876, à Philadelphie.

755. — Almeida et Irmãos (Albino José de Freitas), Condeixa (Coimbra).

Vin blanc Condeixa ; vins rouges Bastardo, Barrio.

Prix : 0 fr. 80 par litre.
Cazal da Cruz. Vins blancs divers.

756. — Alte (Francisco de Paulo Rapozo de Souza d') Alemquer
(Lisbonne).

Vin rouge, Cadafaes, 1873 et 1874.
Prix : 22 fr. la douzaine de bouteilles.
Vin rouge, Cadafaes, 1874.
Prix : 21 fr. la douzaine.
Vin blanc, Cadafaes, 1873, 1874 et 1866.
Prix ; 25 fr; la douzaine.
Vin blanc, Cadafaes, 1874.
Prix : 24 fr. la douzaine de bouteilles.
Vin blanc, Cadafaes, 1866.
Prix : 38 fr. la douzaine de bouteilles.
Vin rose, Cadafaes, 1876.
Prix : 27 fr. la douzaine de bouteilles.
Débouchés : Rio de Janeiro, Berlin, Lisbonne.

757. — Amaral (Feliciano Paes do), Fundão (Castello
Branco).

Vin rouge, 1877.

758. — Amaral (Joaquim José Fernandes do), Covilhã (Castello Branco).

Vin rouge.

759. — Amorim (Antonio Candido da Silva), Amares
(Braga).

Vin vert, Monte, Dornellas.
Prix : 0 fr. 62 par litre.
Consommation dans la localité.

760. — Andrade (Antonio Garcia de), Elvas (Portalegre).

Vin, 1857. Palmeira de Baixo.
Consommation chez l'exposant.

761. — Andrade (Antonin Pequito Seixas de), Gavião (Portalegre).

Vins blancs et rouges, Valle do Forno, Alto Tejo.
P. a. 22 hectolitres.
Prix : 0 fr. 33 par litre.
Vin blanc, Valle do Forno, Alto Tejo.
P. a. 22 hectolitres.
Prix : 0 fr. 33 par litre.
Vins rouges, Valle do Forno e Meirinha, Alto Tejo.
P. a. 18 hectolitres.
Prix : 0 fr. 33 par litre.
Vente en détail au cellier.

762. — Andrade (Bazilio-Augusto-Xavier d'), Coimbra.

Vins blanc et rouge, 1875. Quinta de S.-João.
P. a. 62 hectolitres.
Prix : 0 fr. 33 par litre.
Vin rouge, 1875. Quinta de S.-João.
P. a. 25 hectolitres.
Prix : 0 fr. 33 par litre.
Débouchés : Coimbra et Porto.

763. — Andrade (Bernardo-Antonio da Silva), Vouzella (Vizeu).

Vin vert, 1877. Vouzella.
P. a. 437 hectolitres.
Prix : 0 fr. 44 par litre,
Débouchés : Vizeu.

764. — Andreson (J.-H.), Campanhã (Porto).

Vins du Haut-Douro n° 1.
Prix : 6 fr. 25 la bouteille.
Vins du Haut-Douro n° 2.
Prix : 3 fr. 70 la bouteille.
Vins du Haut-Douro n° 3.
Prix : 3 fr. 70 la bouteille.
Vins du Haut-Douro n° 4.
Prix : 3 fr. 70 la bouteille.
Vins du Haut-Douro, n° 5.
Prix : 3 fr. 23 la bouteille.
Vins du Haut-Douro n° 6.
Prix : 2 fr. 77 la bouteille.
Vins du Haut-Douro n° 7.
Prix : 2 fr. 08 la bouteille.
Vins du Haut-Douro n° 8.
Prix : 1 fr. 37 la bouteille.
Débouchés : tous les pays du monde.
Prix à l'Exposition de Philadelphie et à celle du Chili.

765. — Antonio (Caetano Jose), Condeixa (Coimbra).

Vin rouge, 1877. Bruscos.
P. a. 4 hectolitres.
Prix : 0 fr. 84 par litre.
Consommation à Penella.

766. — Antonio Caetano (Rodrigues e Cie), Miragadia (Porto.

Vins blancs et rouges de diverses années et de diverses récoltes, 1874, VB.
ɤ B 4
Prix 362 fr. la futaille.
Vin blanc, 1873, VB. Quinta de « Nandufe », Beira-Alta.
7 I 3
Prix 473 fr. la futaille.

Vin rouge, 1876, N. Quinta de « Nandufe, » Beira-Alta.

76

Prix : 334 fr. 50 la futaille.

Vin rouge, 1874, DB. Quinta de « Nandufe, » Beira-Alta.

74

Prix : 472 fr. la futaille.

Vin rouge, 1873, NB. Quinta de « Nandufe, » Beira-Alta.

73

Prix : 667 fr. la futaille.

Vin rouge, 1861, TB. Quinta de « Nandufe, » Beira-Alta.

61

Prix : 3 fr. la bouteille.

Vin rouge, 1873, VL. Quinta de « Nandufe, » Beira-Alta.

61

P. a. 508 à 636 hectolitres.

Prix : 835 fr. la futaille.

Le 5e et le 6e sont préparées selon les méthodes de fabrication usitées pour les vins du Haut-Douro.

Médaille d'argent à l'Exposition internationale de 1865, à Porto; médaille d'or à Paris, 1867; médaille de progrès à Vienne d'Autriche, 1873; médaille de cuivre à Philadelphie, 1876.

Vin blanc « Cartaxo, » 1873, VB. Cartaxo, Santarem.

7 C 3

Prix : 750 fr. la futaille.

Vin rouge « Cartaxo, » 1873, PB. Cartaxo, Santarem.

7 C 3

Prix : 750 fr. la futaille.

Vin rouge « Roncão, » 1865, CC.

65

Prix : 2 fr. 50 la bouteille.

6 8

Vin rouge, Lote Val Mendiz W.

Prix : 1,000 fr. la futaille.

767. — **Antonio** (Gomes de Moura et Cie), Porto.

Vins du Douro, 1847, 1858, 1860, 1873, 1874, 1876.

Prix : 3 fr. 33 le litre.

Vin du Douro, 1858.

Prix : 2 fr. 77 le litre.

Vin du Douro, 1860.

Prix : 2 fr. 22 le litre.

Vin du Douro, 1873.

Prix : 1 fr. 11 le litre.

Vin du Douro, 1874.

Prix : 1 fr. 11 le litre.

Vin du Douro, 1876.

Prix : 0 fr. 55 le litre.

Prix aux Expositions de Vienne et de Philadelphie.

768. — **Antonio Nunes d'Almeida** J^{or} et Irmão, Porto, à Porto.

Vin de table nº 1. Alto Corgo, Folgoza, Armamar.
Vin de table nº 2. Alto Corgo, Folgoza, Armamar.
Vin de table nº 3. Alto Corgo, Folgoza, Armamar.
Vin de table nº 1. Baixo Corgo, Folgoza, Armamar.
Vin de table nº 2. Baixo Corgo, Folgoza, Armamar.
Vin de table nº 3. Baixo Corgo, Folgoza, Armamar.
Vin clairet nº 1. Baixo Corgo, Folgoza, Armamar.
Vin clairet nº 2. Baixo Corgo, Folgoza, Armamar.
Vin de table. Cabeda, Traz-os Montes.
Vin de table nº 1. Beira-Alta.
Vin de table nº 1. Beira Baixa.
Prix : 361 fr. 12 la futaille de 546 litres.
Vin « de Souzão. » Alto Corgo, Folgoza, Armamar.
Prix : 400 fr. 60 la futaille de 546 litres.
Vin rouge. Tavora, Traz-os-Montes.
Prix : 333 fr. 33 la futaille de 546 litres.
Vin rouge. Villariça, Traz-os-Montes.
Vin rouge nº 2. Beira Alta;
Vin rouge nº 2. Beira Baixa.
Vin clairet. Beira Alta.
Prix : 333 fr. 33 la futaille de 546 litres.
Vin rouge « Alvarelhão, » 1870. Baixo-Corgo.
Prix : 1,666 fr. 66 la futaille de 546 litres.
Vin rouge « Bastardo, » 1870. Baixo Corgo.
Prix : 1,611 fr. 11 la futaille de 546 litres.
Vin blanc, 1870. Baixo Corgo.
Prix : 1,000 fr. la futaille de 546 litres.
Vin sec « Malvoisie. » Baixo Corgo.
Prix : 1,055 fr. 55 la futaille de 546 litres.
Vin rouge, 1870. Baixo Corgo.
Prix : 1,444 fr. 44 la futaille de 546 litres.
Vin blanc « Lachrima » nº 1. Baixo Corgo.
Vin blanc « Lachrima » nº 2. Baixo Corgo.
Prix : 1,555 fr. 55 la futaille de 546 litres.
Vin rouge, Rio Porto, 1874. Alto Corgo.
Prix : 666 fr. 66 la futaille de 546 litres.
Vin rouge, 1871. Alto Corgo.
Prix : 1,000 fr. la futaille de 546 litres.
Vin riche, 1863. Alto Corgo.
Vin rouge, 1860. Alto Corgo.
Prix : 1,777 fr. 77 la futaille de 546 litres.
Vin rouge, 1857. Alto Corgo.
Vin rouge, 1858. Alto Corgo.
Prix : 2,000 fr. la futaille de 546 litres.
Vin rouge, 1855. Alto Corgo.
Prix : 2,055 fr. 54 la futaille de 546 litres.
Vin rouge, 1847. Alto Corgo.
Vin rouge, 1851. Alto Corgo.

Prix : 2,333 fr. 33 la futaille de 546 litres.
Vin « Corva d'Ouro, » 1860. Alto Corgo.
Prix : 1,888 fr. 88 la futaille de 546 litres.
Vin rouge, 1840. Alto Corgo.
Prix : 2,777 fr. 77 la futaille de 546 litres.
Vin blanc, 1870. Malvedo, Alto Corgo.
Prix : 1,055 fr. 54 la futaille de 546 litres.
Vin « Lachrima Christi, » 1868. Alto Corgo.
Prix : 1,777 fr. 77 la futaille de 546 litres.
Vin « Mourisco. » Traz-os-Montes.
Prix : 2,111 fr. 10 la futaille de 546 litres.
Débouchés : Ceux du Portugal et Brésil pour les vins rouges ordinaires ; ceux de l'Angleterre et des pays du nord de l'Europe pour les vins supérieurs.
Prix aux Expositions internationales de Vienne et Philadelphie.

769. — Antonio (Ricardo), Tabóa (Coimbra).

Vin. Povoa.
P. a. 50 hectolitres.
Prix : 0 fr. 56 par litre.
Débouchés : Figueira, Coimbra.

770. — Aragão (Alexandre Manuel Alvares Pereira de), Villa-Flor (Bragança).

Vin blanc. Chandasna.
P. a. 210 hectolitres.
Prix : 0 fr. 37 par litre.
Débouchés : Porto.

771. — Aragão (José de), Fundão (Castello Branco).

Vin. Aldeia Nova.

772. — Araujo (Joaquim Manuel de), Monção (Vianna do Castello).

Vin blanc, dit vert.
P. a. 45 hectolitres.
Prix : 0 fr. 33 à 0 fr. 36 par litre.
Consommation dans la localité.
Culture sur des treillages en forme de contre-espalier, autour des champs de céréales.

773. — Araujo (João Gonçalves), Barbeita, Monção (Vianna de Castello).

Vin rouge, dit vert. Barbeita.
P. a. 300 hectolitres.
Prix : 0 fr. 31 par litre.
Consommation dans la localité.

774. — Atalaya (le comte d'). Almeirim (Santarem).

Vins rouges, 1870, 1875, 1877 ; vin blanc, 1876. Quinta de Santa-Martha. Almeirim.

Vin rouge, 1875. Quinta de Santa-Martha. Almeirim.
Vin rouge, 1877. Quinta de Santa-Martha. Almeirim.
Vin blanc, 1876. Quinta de Santa-Martha. Almeirim.
Débouché : Lisbonne.
Diplômes d'honneur et médaille en cuivre à l'Exposition de Philadelphie.

775. — Hunt Roope Teage et Cie. Villa Nova de Gaia (Porto).

Vin rouge de Porto, « Lagares réserve, » 1875, de divers crus et de diverses années. Quinta dos Lagares. Haut-Douro.
Prix : 1,250 fr. la futaille.
Vin rouge de Porto « Riche », 1870. Quinta dos Lagares. Alto-Douro.
Prix : 1,625 la futaille.
Vin rouge de Porto « sec », 1870. Quinta dos Lagares. Haut-Douro.
Prix : 1,625 fr. la futaille.
Vin rouge de Porto, récolte 1868. Quinta dos Lagares. Haut-Douro.
Prix : 1,750 la futaille.
Vin rouge de Porto, vieux mis en cave. Quinta dos Lagares. Haut-Douro.
Prix : 1,875 fr. la futaille.
Vin rouge de Porto, réserve 1840, tiré en bouteilles, 1842. Quinta dos Lagares. Haut-Douro.
Prix : 125 fr. par caisse de 12 bouteilles.

776. — Avillez (le comte d'), Portalegre.

Vin.
P. a. 75 hectolitres.
Prix : 0 fr. 38 par litre.
Débouchés : ceux de l'arrondissement.

777. — Azevedo (Antonio-Luiz da Costa), Barcellos (Braga).

Vin vert. Villa-Meão, Villa-Fresquinha, Barcellos.
P. a. 40 hectolitres.
Prix : 0 fr. 68 par litre.
Consommation dans la localité et ses environs.

778. — Azevedo (Dr Antonio-Pires da Silva), Nellas (Vizeu).

Vin rouge, 1876. Moreira. Santar.
P. a. 200 hectolitres.
Prix : 0 fr. 55 par litre.
Consommation à Nellas.

779. — Azevedo (Dr Lourenço d'Almeida de), Arganil (Coimbra.)

Vins rouges du Haut-Douro, 1866 et 1876, Quinta de Bestello.
Vin de table, 1876. Quinta de Bestello.

P. a. 150 hectolitres.
Prix : 0 fr. 28 par litre.
Débouchés : Coimbra, Porto et la presque totalité pour l'Angleterre.

780. — Azevedo (Francisco Xavier d'), Sabroza, Villa Real.

Vin rouge, 1876.
Vins rouges, 1er, 1877.
Vin rouge, 2e, 1877.

781. — Azevedo (P. Jeronymo H. Diaz d'), Condeixa (Coimbra).

Vin rouge, 1877. Zambujal.
P. a. 15 hectolitres.
Prix : 0 fr. 39 par litre.
Débouchés : Condeixa.

782. — Bandeira (Fortunato Maria dos Santos), Condeixa (Coimbra.)

Vin rouge, 1875. Barrio.
P. a. 35 hectolitres.
Prix : 0 fr. 39 par litre.
Consommation à Condeixa.

783. — Bandeira (Frederico), Taboa (Coimbra).

Vin blanc. Oliveirinha.
P. a. 8 hectolitres.
Consommation dans la localité.

784. — Bandeira (João Carlos Leittão), Bragança.

Vin rouge. Calvario, Santa Maria.
P. a. 77 hectolitres.
Prix : 0 fr. 16 par litre.
Débouchés : Minho et Bragança.

785. — Barata (Christovão Cardoso d'Albuquerque), Campo Maior, Portalegre.

Vin rouge de table. Cabeça Aguda, Campo Maior.
P. a. de 86 à 129 hectolitres.

786. — Barbeita (José Manuel), Barbeita, Monção, Vianna de Castello.

Vin rouge, dit vert.
P. a. 190 hectolitres.
Prix : 0 fr. 27 par litre.
Consommation dans la localité.

787. — Barbosa (P. Antonio Dias da Costa), Santo Thyrso (Porto).

Vin vert. Refojos.
Prix : 0 fr. 31 par litre.
Débouchés : ceux du pays.

788. — **Baron du Calvario.** Penafiel (Porto).

Vin, 1877, vins blanc 1872. Penafiel.
P. a. 150 hectolitres.
Prix : 0 fr. 20 par litre.
Vin blanc, 1872. Penafiel.
Prix : 1 fr. 17 par litre.
Vin blanc, 1872. Penafiel.
Prix : 1 fr. 11 par litre.
Débouchés : ceux de l'arrondissement.

789. — **Baron da Conceição,** Funchal, à l'île de Madère.

Vin « Madère » (Verdial), 1869.

790. — **Baron do Cruzeiro,** Mogofóres, Anadia, Aveiro.

Vins rouges, 1877.
Prov. ann. : 118,50 hectolitres.
Vin rouge, 1877.
Prod. ann. : 47 hectolitres.
Prix : 0 fr. 46 par litre.

791. — **Baron da Roeda** (John-Alexandre-Fladgate). Gaia (Porto).

Vin rouge de Porto, 1868. Casal de Loivos, Roêda, Villa Real.
Vin rouge de Porto, 1870. Casal de Loivos, Roêda, Villa Real.
Vin rouge de Porto, 1872. Casal de Loivos, Roêda, Villa Real.
Vin rouge de Porto, 1873. Casal de Loivos, Roêda, Villa Real.
Vin rouge de Porto, 1874. Casal de Loivos, Roêda, Villa Real.
Vin rouge de Porto, 1875. Casal de Loivos, Roêda, Villa Real.
Vin rouge de Porto, 1876. Casal de Loivos, Roêda, Villa Real.
P. a. 1,093 hectolitres.
Superficie cultivée, 100 hectares.
Débouchés : Grande-Bretagne et d'autres à l'étranger.
Deux tableaux contenant le plan et la vue générale de la Ferme de Roêda, où sont récoltés les vins de ce nom.

792. — **Barreira** (Silvestre-Jos.), rue Larga de Saint-Roque, 105-107, à Lisbonne.

Liqueur de figues bananes.
Proposée par l'exposant pour régulariser les fonctions diges-
tives.

793. — **Barros** (Adriano de Magalhães), Lousada (Porto.)

Vin blanc. Ride, Mezao-Frio.
P. a. 132 hectolitres.
Prix : 0 fr. 69 par litre.
Vins blanc et rouge des hautains. Villa Meam.
P. a. 6 hectolitres.
Prix : 0 fr. 29 par litre.
Vin rouge des hautains. Villarinho.

P. a. 132 hectolitres.
Prix : 0 fr. 30 par litre.
Débouchés : ceux de l'arrondissement et Porto.

794. — Barros (Francisco-Antonio de). Constancia, Santarem.

Vins blanc, 1874 et rouge 1876. Montalvo.
P. a. 15 hectolitres.
Prix : 0 fr. 25 par litre.
Vin rouge, 1876. Montalvo.
P. a. 45 hectolitres.
Prix : 0 fr. 23 par litre.
Consommation dans la localité de production.

795. — Barros (José-Correia de). Villa Real.

Vin rouge, 1859.
Vin rouge, 1859, « bastardo » 1874, muscat 1876, blanc 1864.
Vin muscat, 1876.
Vin blanc, 1864.

796. — Basto (Manuel-José-Teixera). Cabeçeiras de Basto (Braga).

Vin vert. Abações, Refôjos, Cabeceiras.
P. a. 351 hectolitres.
Prix : 0 fr. 47 à 0,59 par litre.
Débouchés : Porto, Lisbonne, Brésil.
Prix à l'Exposition de Philadelphie, 1876.

797. — Belford (Joaquim de Souza). Torres Vedras (Lisbonne.)

Vins rouge, 1877. Quinta de Charnixe, S. Mamede de Ventosa.
P. a. 435 hectolitres.
Prix : 0 fr. 26 à 0 fr. 28 par litre.
Débouchés : Portugal, Brésil, France et l'Afrique. Stock important pour exportation.

798. — Bello (Antonio-Marcellino-Camillo). Castello de Vide, Portalegre.

Vin rouge, 1868. Mem-Soares.
P. a. 54 hectolitres.
Prix : 1 fr. 33 la bouteille.
Récompense à l'Exposition de Philadelphie.

799. — Bernardes (Antonio-José). Carregal, Vizeu.

Vin rouge, 1877. Cabanas.
P. a. 338 hectolitres.
Prix : 0 fr. 56 par litre.
Débouchés : Brésil, Afrique, Figueira da Foz.

800. — Bicho (Antonio), Niza, Portalegre.

Vin. Niza, Espirito Santo.

Prix : 0 fr. 44 par litre.
Consommation dans la localité.

801. — **Bivar** (Jéronymo). Marxil, Faro.

Vins rouge et blanc.
Production annuelle : 120 hectolitres.
Prix 1 fr. 11 par litre.
Récompense à l'Exposition de Philadelphie.
Vin blanc.
Production annuelle : 22 hectolitres.
Prix : 1 fr. 11 par litre.
Récompense à l'Exposition de Philadelphie.

802. — **Boavida** (Dr Francisco-Antonio). Idanha-a-Nova (Castello Branco).

Vin rouge, 1877.
Prix : 0 fr. 44 par litre.

803. — **Borga** (Francisco-Maximino). Villa Nova d'Ourem (Santarem).

Vins rouges 1870, 1876, 1877. Vin muscat 1875. Vins blancs 1870; 1875-1876.
Prix : 3 fr. 33 par litre.
Vin rouge, 1876.
Prix : 1 fr. 66 par litre.
Vin rouge, 1877.
Prix : 1 fr. 10 par litre.
Vin « Muscat », 1875.
Prix : 5 fr. 55 par litre.
Vin blanc, 1870.
Prix : 1 fr. 66 par litre.
Vin blanc, 1870.
Prix : 2 fr. 22 par litre.
Vin blanc, 1875.
Prix : 1 fr. 10 par litre.
Vin blanc, 1876.
Prix : 1 fr. 10 par litre.
P. a. 2 hectolitres du muscat et 18 hectolitres de chacun des autres.
Débouchés : Loanda et Dondo en Afrique.

804. — **Borges** (Antonio-José). Murça, Villa Real.

Vin clairet. Noura.
P. a. 250 hectolitres.
Prix : 0 fr. 28 par litre.
Consommmation dans la localité.

805. — **Borges** (Francisco-Domingues-Martins). Coruche (Santarem).

Vins rouge et blanc, 1877. Coruche.

P. a. 168 hectolitres.
Prix : 0 fr. 40 par litre.
Vin blanc, 1877. Coruche.
P. a. 126 hectolitres.
Prix : 0 fr. 50 par litre.
Débouchés : Lisbonne.

706. — Borges (Joaquim-Mendes). Oliveira de Hospital (Coimbra.)

Vin rouge. Lagares.
P. a. 186 hectolitres.
Prix : 0 fr. 22 par litre.

707. — Borralha (vicomte da). Agueda, Aveiro.

Vin ordinaire, 1877. Borralha.

708. — Botelho (Antonio da Costa). Santarem.
Vin rouge, 1874. Romeira.
Vin rouge, 1875. Romeira.
Vin rouge, 1876. Romeira.
Vin clairet, 1877. Romeira.
Vin blanc, 1874. Romeira.
Vin blanc, 1875. Romeira.
Vin blanc, 1876. Romeira.
P. a. 90 à 101 hectolitres.
Prix : 0 fr. 6i par litre.
Débouchés : ceux du pays et le Brésil.
Médaille de cuivre à l'Exposition internationale de 1876, à Philadephie.
Conservation par un puissant soufrage. Pas d'alcool additionné.
Culture de la vigne selon les procédés du Dr Guyot.

709. — Brandão (Augusto-Ferreira). Mealhada, Aveiro.

Vin rouge « Bastardo », 1875. Quinta das Mustellas.
Prix : 1 fr. 28 par litre.
Production ann. : 1,680 litres.
Récompense à l'Exposition de Philadelphie.

710. — Brandão (Antonio-Joaquim d'Oliveira). Braga, à Braga.

Vin vert. Villar, Saint-Victor, Braga.
Prix : 0 fr. 27 à 0 fr. 69 par litre.
Vin vert. Baixète, Tenoès, Braga.
Prix : 0 fr. 20 à 0.57 par litre.
Débouchés : ceux du pays.
Prix aux expositions de Braga et de Vienne d'Autriche.

811. — **Bretes** (Augusto-Pereira). Torres Novas (Santarem).

Vin « Geropiga », 1877. Vins rouges 1876. Eau-de-vie Torres Novas.
Prix : 0 fr. 74 par litre.
Vin rouge, 1877. Torres Novas.
Prix : 0 fr. 46 par litre.
Vin rouge, 1877. Torres Novas.
Prix : 0 fr. 46 par litre.
Eau-de-vie. Torres Novas.
P. a. des vins. 600 hectolitres.
Débouchés : Lisbonne (Porto).
Médaille à l'Exposition de 1876, à Philadelphie.

812. — **Brito** (João de). Olivaes (Lisbonne.)

Vins rouges. Lisboa, Estramadura et Termo.
Vins blancs. Estremadura, Termo, Arinto et Carcavellos.
Vins muscat et Lavradio.

813. — **Brito** (João Rodrigues de). Almodovar, Beja.

Eaux-de-vie d'arbouses, 1re qualité. Santa Clara Nova.
Prix : 1 fr. 12 par litre.
Eaux-de-vie d'arbouses, 2e qualité. Santa Clara Nova.
P. a. 50 hectolitres.
Prix : 0 fr. 80 par litre.
Débouchés : ceux du pays.

814. — **Brito** (P. Francisco-Madeira de). Oliveira do Hospital (Coimbra).

Vin blanc. Chamusca, Lagos.
P. a. 357 hectolitres.
Prix : 0 fr. 25 par litre.

815. — **Brum** (M. M. da Terra). Horta, Ilha do Fayal (Açores).

Vins « Madère », 1826, 1869, 1876 et 1877.
Prix : 3 fr. le litre.
Vins « Madère », 1869.
Prix : 2 fr. 50 le litre.
Vins « Madère », 1876.
Prix : 2 fr. le litre.
Vins « Madère », 1877.
Prix : 1 fr. 50 le litre.
Vin « Madère » Angelica.

816. — **Bugalho** (Vidcente Joaquim), Castello de Vide, Portalègre.

Vin rouge, 1871. — Canada da Moura.

817. — **C. N. Kipkee Comp**le, à Porto.

Vins rouges du Douro, trop vieux, de diverses années.

Prix, à bord : 2,500 fr. la futaille (Quinta de Roriz).
Vin rouge du Douro, 1834.
Prix, à bord : 2,250 fr. la futaille   —
Vin rouge du Douro, 1847.
Prix, à bord : 2,000 la futaille.   —
Vin rouge du Douro, 1860.
Prix, à bord : 1,750 fr. la futaille.   —
Vin rouge du Douro, 1870.
Prix, à bord : 1,500 fr. la futaille   —
Vin rouge du Douro, 1875.
P. a. 763 hectolitres. Prix, à bord, 1,300 fr. la futaille.
Débouchés : l'Angleterre et les principaux du monde.
Médaille à l'exposition internationale de 1876, à Philadelphie.
Les exposants sont, depuis un siècle, les seuls exportateurs des vins de la ferme de Roriz.

818. — **Cabral** (Affonso do Valle Coelho), rue das Flores, 139, à Porto.

Vins do Seixo, 1812, 1815, 1820, 1830, 1840, 1863 et 1858. Vins de Mourisco 1847 et 1858.
Prix : 2 fr. 22 la bouteille.
Vins do Seixo, 1858.
Prix : 2 fr. 77 la bouteille.
Vins do Seixo.
Prix : 3 fr. 33 la bouteille.
Vins do Mourisco, 1858.
Prix : 3 fr. 88 la bouteille.   Vins de Valença,
Vins do Mourisco, 1847.
Prix : 4 fr. 44 la bouteille.   do Douro,
Vins do Seixo VB, 1847.
Prix : 4 fr. 44 la bouteille.   Sarzedinho,
Vins do Seixo, 1840.
Prix : 5 fr. 55 la bouteille.   Valle de Figueira,
Vins do Seixo, 1834.
Prix : 6 fr. 66 la bouteille.   à Haut-Douro.
Vins do Seixo 1830.
Prix : 6 fr. 66 la bouteille.
Vins do Seixo, 1812.
Prix : 7 fr. 77 la boutoille.
Vins do Seixo, 1820.
Prix : 8 fr. 33 la bouteille.
Vins do Seixo, 1815.
Prix : 8 fr. 88 la bouteille.
P. a. 1908 à 2544 hectolitres.
Débouchés : Paris, Londres, Bremen, Allemagne, Russie. Prix à l'Exposition de Paris, 1855 ; à celle de Philadelphie, 1876.

819. — **Cabral** (Agostinho Gaudencio Ribeiro), Celorico, Guarda.
Vin.

820. — **Cabral** (João d'Albuquerque), Mangualde Vizeu.

Vin rouge, 1877.

P. a. 100 hectolitres.

Prix : 0 fr. 27 par litre.

Consommation dans la localité.

821. — **Callado** (Antonio José Ferreira), Covilhã, Castello-Branco.

Vin rouge.

822. — **Camacho** J^{or} (Alexandre Fernandes), Funchal île de Madère.

W

Vin Madère, marque CL, 1860. — Camara de Lobos.

Prix : 55 fr. 55 les 12 bouteilles.

V

Vin Madère, marque CL, 1872. — Camara de Lobos.

T

Vin Madère, marque CL, 1875. — Camara de Lobos.

Prix : 33 fr. 33 les 12 bouteilles.

Débouchés : Rio de Janeiro, Demerara, Lisbonne, Londres, Canaries, Frindade, etc.

823. — **Camacho** (Henrique José Maria), Fuuchal, Madère.

Vins Madère, de diverses années et de diverses qualités.

Vins Madère Verdial, 1870.

Prix : 1,500 fr. par pipe de 438 litres.

Vins Madère Verdial, 1868.

Prix : 1,625 fr. par pipe de 438 litres.

Vins Madère Bastardo, 1867.

— — 1868.

— Muscat, 1865.

Prix : 2,000 fr. par pipe de 438 litres.

Vins Madère Tinta, 1865.

Prix : 1,750 fr. par pipe de 438 litres.

Vins Madère Réserve, 1862.

Prix : 2,500 fr. par pipe de 438 litres.

Vins Madère Réserve, 1860.

Prix : 3,000 fr. par pipe de 438 litres.

Vins Madère Boal, 1860.

Prix : 3,250 fr. par pipe de 438 litres.

Vins Madère Malvoisie, 1840.

Prix : 3,000 par pipe de 438 litres.

Vins Madère Sercial, 1835.

Prix : 5,000 fr. par pipe de 438 litres.

.Vin Madère réserve, 1834.

Prix : 5,000 fr. par pipe de 438 litres.

Débouchés : Les principaux en Europe et l'Amérique.

Prix à l'Exposition universelle de Paris, 1867 ; Exposition internationale de 1865, à Porto ; Exposition industrielle portugaise, 1861 ; Exposition internationale de 1876, à Philadelphie.

824. — **Camara** (F. Perestrello da), Funchal, à Madère.

Vin Madère de diverses années et de divers crus.
Vin Madère « sercial réserve », 1820.
Prix : 300 fr. la caisse de 12 bouteilles.
Vin madère « malvoisie », 1843.
Prix : 100 fr. la caisse de 12 bouteilles.
Vin Madère « sec », 1843.
Prix : 100 fr. la caisse de 12 bouteilles.
Vin Madère « Boal », 1850.
Prix : 75 fr. la caisse de 12 houteilles.
Vin Madère « sercial », 1845.
Prix : 80 fr. la caisse de 12 bouteilles.
Vin Madère sec extra-fin, 1856.
Prix : 50 fr. la caisse de 12 bouteilles.
Vin Madère « fin », 1860.
Prix : 40 fr. la caisse de 12 bouteilles.
Vin Madère « sec supérieur », 1860.
Prix : 43 fr. la caisse de 12 bouteilles.
Vin Madère récolte de 1870.
Prix : 30 fr. la caisse de 12 bouteilles.
Vin Madère récolte de 1874.
Prix : 28 fr. la caisse de 12 bouteilles.
Fournisseur de Sa Majesté l'Empereur du Brésil.
Médaille à l'Exposition internationale de 1876, à Philadelphie.

825. — **Campo** (Joaquim Simões de), Condeixa, Coimbra.

Vin rouge, 1877 (Melhora).
P. a. 75 hectolitres.
Prix : 0 fr. 39 par litre.
Consommation à Condeixa et Soure.

826. — **Campos** (Adelino de Freitas, Anadia, Aveiro.

Vin rouge.
Prix : 0 fr. 42 par litre.
Prod. ann. : 38 hectolitres.

827. — **Campos** (Antonio de Freitas), Anadia, Aveiro.

Vin rouge, 1877 (Antas).
Prod. ann. : 38 hectolitres.
Prix : 0 fr. 42 par litre.
Récompense à l'Exposition de Philadelphie.

828. — **Campos** (José de Barros Goelho de), Oliveira do Hospital, Coimbra.

Vin rouge. Valle do Melro et Castellos, Ervedal.
P. a. : 2,400 hectolitres.
Prix : 0 fr. 25 par litre.
Vin rouge. Castellos, Ervedal.
P. a. : 1520 hectolitres.
Prix : 0 fr. 25 par litre.
Exportation pour l'étranger.

829. — **Campos** (José Pereira de), Vianna do Castello, à Vianna do Castello.

Vin d'oranges, 1870. Serreleis.

830. Cancella (Dr Francisco), Anadia, Aveiro.

Vin rouge, 1864. Valle de Estevas.
Vins rouges et blancs, 1877. Valle de Santo.
P. a. : 165 hectolitres.
Prix : 0 fr. 40 par litre.
Vin rouge, 1877. Quinta das Nogueiras.
P. a. : 165 hectolitres.
Prix : 0 fr. 40 par litre.
Vin blanc, 1877. Valle Santo.
P. a. : 142 hectolitres.
Prix : 0 fr. 40 par litre.
Récompense à l'Exposition de Philpdelphie.

831. — **Capello** (Manuel da Silva), Cuba, Beja.

Vins rouges et blancs. Vill' Alva.
P. a. : 96 hectolitres.
Prix : 0 fr. 67 par litre.
Vin blanc. Vill' Alva.
P. a. : 48 hectolitres.
Prix : 0 fr. 61 par litre.
Débouchés : Lisbonne, Setubal.

832. — **Cordoza** (Catharina do Amaral), Celerico, Guarda.

Vin.

833. — **Cardoso** (Joaquim do Amaral), Bairrada, Anadia, Aveiro.

Vins rouges et blancs, 1877. Bairrada.
P. a. : 142 hectolitres.
Prix : 0 fr. 47 le litre.
Vin blanc, 1877. Bairrada.
P. a. : 56 hectolitres.
Prix : 0 fr. 47 le litre.
Débouchés : Brésil, France, Angleterre.

834. — **Cordosa** (José d'Abreu Bacellar), Condeixa, Coimbra.

Vin rouge, 1877. Sebal.
P. a. : 50 hectolitres.
Prix : 0 fr. 39 par litre.
Consommation dans la localité.

835. — **Cardoso** (le Conseiller José d'Almeida), Villa Nova de Gaia, Porto.

Vin de Porto de diverses qualités.
—   « très-supérieur. » Haut-Douro.

muscat « très-supérieur » Haut-Douro.
Débouchés : Ceux de la Grande-Bretagne.

836. — Cardoso (Manuel Gaudino Gameiro), Torres-Novas,
Santarem.

Vin « geropiga ». Torres-Novas.
P. a. : 450 hectolitres.
Prix : 0 fr. 73 par litre
Eau-de-vie. Torres-Novas.
Débouchés : Porto, Lisbonne.
Médaille de cuivre à l'Exposition de 1876, à Philadelphie.

837. — Cardoso Jᵒʳ (Antonio Pedro), Setubal, Lisbonne.

Vin d'abricot, 1863.
P. a. : 5 hectolitres.
Prix : 7 fr. 40 par litre ; 66 fr. 60 la caisse de 12 bouteilles.
Vin « Alicante » 1867.
P. a. 50 hectolitres.
Prix : 3 fr. 70 par litre ; 33 fr. 30 la caisse de 12 bouteilles.
Vin « Ferme d'Alcacer », 1876. Alcacer.
P. a. 200 hectolitres.
Prix : 0,80 à 1 fr. 30 par litre.
Vin muscat, 1871. Setubal.
P. a. : 50 hectolitres.
Prix : 3 fr. 70 par litre ; 33 fr. 30 la caisse de 12 bouteilles.
Crême de rose.
Crême de menthe.
Prix : 4 fr. 44 par litre ; 26 fr. 66 la caisse de 12 bouteilles.
Punch.
Prix : 5 fr. 55 par litre ; 33 fr. 30 la caisse de 12 bouteilles.
Débouchés : Lisbonne, Porto, Alcacer do Sal, Setubal et les
principaux de l'étranger.

838. — Carlos R. Blandy, Funchal.

Vin Madère de diverses années et de diverses qualités.
Prix : 1,500 fr. par pipe de 400 litres.
Vin Madère, 1868. Camara de Lôbos.
Prix : 2 500 fr. par pipe de 400 litres.
Vin Madère « vieux sec », 1853.
Prix : 3,500 fr. par pipe de 400 litres.
Vin Madère « Boal vieux », 1838.
Prix : 7,000 fr. par pipe de 400 litres.
Vin Madère « Sercial vieux », 1838.
Prix : 7,000 fr. par pipe de 400 litres.
Vin Madère « Malvoisie sèche », 1838.
Prix : 7,000 fr. par pipe de 400 litres.
Débouchés : ceux de tout le monde.

839. — Carneiro (Custodio Gil dos Reis), Sto-Thyrso, Porto.

Vin vert. Refojos.
P. a. 74 hectolitres.
Prix : 0 fr. 31 par litre.
Débouchés : Vente au détail.

840. — Carneiro (Francisco Antunés de Brito), Sto-Ildefonso,
à Porto.

Vin de table, 1877. Haut-Douro.
Prix, à bord : 333 fr. 33 la futaille de 534,24 litres.
Débouchés : ceux du Brésil.
Fabrication dressée par M. A. da Rocha Leão.

841. — Carneiro (Joaquim Pires), Covilhã, Castello Branco.

Vin.

842. — Caroço (Joaquim Maria), Portalègre.

Vin blanc. Alegrete.
P. a. : 10 hectolitres.
Prix : 0 fr. 30 par litre.
Consommation dans la localité.

843. — Carreira (Luiz José), Alcobaça, Leiria.

Eau-de-vie d'Arbouses. Alcobaça.
Prix : 0 fr. 83 par litre.
844. — Carreira et Candido, Elvas, Portalegre.
Vin rouge, 1877. Vinhas.
P. a. : 50 hectolitres.
Prix : 0 fr. 56 par litre.
Consommation dans la localité.

845. — Carvalho (Albino Justiniano de), Condeixa, Coimbra.

Vin rouge, 1877. Condeixa.
P. a. : 24 hectolitres.
Prix : 0 fr. 44 par litre.
Consommation dans la localité.

846. — Carvalho (Antonio Marques de), Chamusca, Santarem.

Vins blancs et rouges, 1876. Chamusca.
P. a. : 100 hectolitres.
Prix : 0 fr. 40 par litre.
Vin blanc, 1876. Chamusca.
P. a. : 100 hectolitres.
Prix : 0 fr. 40 par litre.
Vin rouge, 1876. Chamusca.
P. a. : 250 hectolitres.
Prix : 0 fr. 36 par litre.
Débouchés : Lisbonne et Porto.
Prix à l'Exposition de Philadelphie.

847. — **Carvalho** (Antonio Maximo Lopes de), Alemquer (Lisbonne).

Vin rouge, 1860, vin blanc 1873 et muscat 1876 (Quinta do Valle, (Labrugeira).
P. a. 458 hectolitres.
Prix : 0 fr. 56 par litre.
Vin blanc, 1873 (Quinta do Valle, (Labrugeira).
P. a. 184 hectolitres.
Prix : 0 fr. 56 par litre.
Vin Muscat, 1876 (Quinta do Valle), Labrugeira).
Prix : 0 fr. 56 par litre.
Débouchés : Lisbonne.

848. — **Carvalho** (Elisiario Manuel de), Mafra (Lisbonne).

Vin rouge, 1877.
Prix : 0 fr. 44 par litre.

849. — **Carvalho** (Francisco de Peira), Celorico da Beira (Guarda).
Vin.

850. — **Carvalho** (Francisco José Ferreria Nobre de), Beja.

Vin blanc (Santa Maria).
Prix : 0 fr. 38 par litre.
Débouchés : Lisbonne, Setubal, Algarve.
Vin rouge (Chão-d'el-Rei).

851. — **Carvalho** (Joao Ferreira de), Poiares (Coimbra).

Vin blanc « Fernam Pires », 1877 (Vendinha).
Prix : 0 fr. 39 par litre.
Consommation dans la localité.

852 — **Carvalho** (José Pereira de), Amarante (Porto).

Vin rouge, dit vert (S. Gonçalo).
Prix : 0 fr. 27 par litre.
Culture en hautains et quelquefois en palissades sur des treillages en forme de contre-espaliers autour des champs de céréales. On récolte, en moyenne, 800 hectolitres dans tout l'arrondissement.
Débouchés : Porto et Brésil.

853. — **Carvalho** (P. Francisco Xavier de), Condeixa (Coimbra).

Vin blanc, 1877 (Sebal).
Prix : 0 fr. 39 par litre.
Consommation à Condeixa.

854. — **Carvalho** (Wenceslau Martins de), Condeixa (Coimbra).

Vin rouge, 1877 (Atadoa).
P. a. 30 hectolitres.
Prix : 0 fr. 39 par litre.
Consommation à Condeixa.

856. — **Castello Branco** (D. Joaquina Ferrão de), Olivaes (Lisbonne).

Vin blanc, 1876 (Quinta do Boição, Bucellas, Olivaes).
P. a. 36 hectolitres.
Prix aux expositions internationales de 1873, à Paris et de 1876 ; à Philadelphie.

857. — **Castello Branco** (José Ferrão de), Arruda (Lisbonne).

Vin rouge, 1877. (Quinta da Martinasca (S. Quintino, Arruda).
P. a. 270 hectolitres.

860. — **Castello Branco** (José Maria Caldeira), Portalegre.

Vin (R² de Seda).
P. a. 20 hectolitres.
Prix : 0 fr. 44 par litre.
Consommation dans la localité.

861. — **Castro** (Antonio José Tavares e), Oliveira do Bairro (Aveiro).

Vin rouge, 1877 (Quinta do Cabeço).
P. a. 88 hectolitres.
Prix : 0 fr. 45 par litre.

862. — **Castro** (Antonio Pereira de), Baião (Porto).

Vin rouge (Espinhal, Tresouras).
P. a. 72 hectolitres.
Prix : 0 fr. 27 par litre.
Débouchés : Baião, Amarante.

863. — **Castro** (José Martins Gomes de), Gondomar (Porto).

Vin vert (Bôa Vista).
P. a. 11 hectolitres.
Consommation chez l'exposant.

864. — **Ceia** (João Pedro Affonso Videira), Castello de Vide (Portalegre).

Vin rouge (Valle Sarrao).
P. a. 70 hectolitres.
Prix : 0 fr. 50 par litre.
Consommation dans la localité.

865. — **Cerdeira** (Manuel Antonio Francisco), Pezo da Regôa (Villa Real).

Vin « Mourisco » de 1860-1870.
P. a. 29 hectolitres.
Prix : 2 fr. 30 par litre,
Vin « Mourisco » de 1870.
P. a. 29 hectolitres.
Prix : 1 fr. 70 par litre.

863. — Cerveira (Dr José Rodrigues), Bairrada, Anadia, Aveiro.

Vin rouge, 1877. Bairrada.
P. a. 165 hectolitres.
Prix : 0 fr. 47 le litre.
Vin blanc, 1873. Bairrada.
P. a. 71 hectolitres.
Prix : 0 fr. 29 le litre.
Débouchés : Brésil, Angleterre et France.
Récompense à l'Exposition de Philadelphie.

864. — Chainço (João Maria), Condeixa, Coimbra.

Vin rouge, 1877. Ega.
P. a. 16 hectolitres.
Prix : 0 fr. 39 par litre.
Débouchés : Condeixa, Soure.

865. — Chaves (D. Anna Augusta de), Taboa, Coimbra.

Vin rouge. Povoa.
P. a. 40 hectolitres.
Prix : 0 fr. 56 par litre.
Débouchés : Figueira: Coimbra, etc.

866. Chaves (P^e Luiz Rodrigues), Monção, Vianna de Castello.

Vin rouge, dit vert. Cambezes.
P. a. 370 hectolitres.
Prix : 0 fr. 33 par litre.
Consommation dans la localité.

867. — Chichorro (André Avelino), Portalegre.

Eau de vie. Ribeira de Niza.
P. a. 3,5 hectolitres.
Prix : 0 fr. 90 par litre.
Consommation dans la localité.

868. — Clamouse Brown (e Cie), Gaia, à Porto.

Vins de Porto, différentes récoltes du Douro.
Débouchés : Les principaux à l'étranger.

869. — Claro (Francisco Germano), 23, rue de S. Francisco e Paula, à Lisbonne.

Vin m at.
Prix : 4,000 fr. la futaille de 500 litres.
Vin Geropiga.
Prix : 500 fr. la futaille de 500 litres.
Vin Carcavellos.
Prix : 500 fr. la futaille de 506 litres.
Vin blanc.

Prix : 250 fr. la futaille de 500 litres.
Vin rouge Cartaxo.
Prix : 250 fr. la futaille de 500 litres.
Vin rouge Termo.
Prix : 200 fr. la futaille de 500 litres.
Débouchés : Ceux du pays et le Brésil, l'Afrique portugaise et la France.
Médaille en cuivre à l'Exposition internationale de 1876, à Philadelphie.

870. Meneres (e Cⁱᵉ), Miragaya, Porto.

Vin de Porto. Cabeda, Douro.
—   —   Villariça, Traz-os-Montes.
Débouchés : Ceux du Brésil.
Prix à l'Exposition universelle de Vienne, d'Autriche, de 1873 ; prix à l'Exposition internationale de Philadelphie de 1876.

871. — Commission départementale agricole de Vianna do Castello.

Eau de vie de figues.
Prix : 1 fr. 55 par litre.
Eau de vie de vin.
Prix : 3 fr. 10 par litre.
Eau de vie de vin.
Prix : 1 fr. 77 par litre.
Eau de vie d'Arbouses.
Prix : 1 fr. 75 par litre.
Consommation dans la localité.

872. — Commission agricole départementale de Vianna do Castello.

Vin rouge, dit vert. Quinta de Jésus-Maria-José.
P. a. 35 hectolitres.
Prix : 0 fr. 64 par litre.
Vin rouge, dit vert. Différentes localités à Sainte-Marthe.
P. a. 80 hectolitres.
Prix : 0 fr. 46 par litre.
Vin rouge, dit vert. Quinta do Barreiro.
P. a. 100 hectolitres.
Prix : 0 fr. 64 par litre.
Vin rouge, dit vert. Quinta do Paço de Giella.
P. a. 80 hectolitres.
Prix : 0 fr. 55 par litre.
Vin rouge, dit vert. Reiriz, Troviscozo, Monsão.
P. a. 100 hectolitres.
Prix : 0 fr. 33 à 0 fr. 57 par litre.
Vin blanc, dit vert. Pinheiros, Monsão.
P. a. 100 hectolitres.
Prix : 0 fr. 32 à 0 fr. 60 par litre.
Débouchés : Vianna do Castello, Ponte de Lima, Monsão.

Ces vins désignés particulièrement sous le nom de « vins verts » sont fabriqués avec des raisins récoltés sur des hautains ou sur des treillages en forme de contre-espaliers qui garnissent les champs destinés, au nord du Portugal, aux récoltes céréales, sarclées, fourragères et industrielles. La vigne y est principalement mariée aux châtaigniers et aux érables sur lesquels on taille chaque année ses sarments.

873. — **Compagnie** générale de l'Agriculture des vignobles du Haut-Douro, à Porto.

Companhia geral d'agricultura das vinhas do Alto-Douro.
Vin rouge de Porto « Duque ».
Prix : 2,500 fr. la futaille de 534,24 litres.
Vin rouge de Porto, 1815.
Prix : 1375 fr. la futaille de 534,24 litres.
Vin rouge de Porto, 1820.
Prix : 2,250 fr. la futaille de 534,24 litres.
Vin rouge de Porto, 1830.
Prix : 2,125 fr. la futaille de 534, 24 litres.
Vin rouge de Porto 1834.
Prix : 2,000 fr. la futaille de 534,24 litres.
Vin rouge de Porto, 1840.
Prix : 1875 fr. la futaille de 534,25 litres.
Vin rouge de Porto, 1847.
Prix : 1750 fr. la futaille de 534,25 litres.
Vin rouge de Porto, 1851.
Prix : 1,625 fr. la futaille de 534,25 litres.
Vin rouge de Porto, 1853.
Prix : 1,550 fr. la futaille de 534,25 litres.
Vin rouge de Porto, 1858.
Prix : 1,500 fr. la futaille de 534,25 litres.
Vin rouge de Porto, 1861.
Prix : 1.375 fr. la futaille de 534,24 litres.
Vin rouge de Porto, 1863.
Prix : 1,500 fr. la futaille de 534,24 litres.
Vin rouge de Porto, 1868.
Prix : 1,250 fr. la futaille de 534,24 litres.
Vin rouge de Porto, 1870.
Prix : 1,125 fr. la futaille de 534,24 litres.
Vin rouge de Porto, 1872.
Prix : 1,000 fr. la futaille de 534,24 litres.
Vin rouge de Porto, 1873.
Prix : 1,000 fr. la futaille de 534,24 litres.
Vin rouge de Porto, 1875.
Prix : 875 fr. la futaille de 534,24 litres.
Vin rouge de Porto, 1876.
Prix : 750 fr. par futaille de 534,24 litres.
Vin rouge de Porto, 1877.
Prix : 750 fr. la futaille de 534,24 litres.
Vin blanc de Porto, 1830.

Prix : 2,500 fr. la futaille de 534,24 litres.
Vin blanc de Porto, 1834.
Prix : 2,125 fr. la futaille de 534,24 litres.
Vin blanc de Porto, 1840.
Prix : 1,875 fr. la futaille de 534,24 litres.
Vin blanc de Porto, 1847.
Prix : 1,750 fr. la ftuaille de 534, 4 litres.
Vin blanc de Porto, 1851.
Prix : 1,625 fr la futaille de 534,24 litres,
Vin blanc de Porto, 1858.
Prix : 1,500 la futaille de 534,24 litres
Vin blanc de Porto, 1863.
Prix : 1,375 fr. la futaille de 534,24 litres.
Vin blanc de Porto, 1868.
Prix : 1,250 fr. la futaille de 534,24 litres.
Vin blanc de Porto, 1870.
Prix : 1,125 fr. la futaille de 534,24 litres.
Vin blanc de Porto, 1873.
Prix : 1,000 fr. la futaille 534,24 litres.
Vin blanc de Porto, 1875.
Prix : 875 fr. la futailla de 534,24 litres.

875. — Coelho Junior (Antonio Fernandes), Caldas da Rainha. Leiria.

Vin Malvazia, 1876.
Prix à Lisbonne : 0 fr. 66 par litre.
Vin Marialva, 1776.
Prix à Lisbonne : 0 fr. 83 par litre.
Récompense à l'Exposition internationale de 1876 à Philadelphie pour le vin « Malvazia ».

876. — Collaço (Manuel Antonio), Condeixa, Coimbra.

Vin rouge, 1877. Bruscos.
P. a. 50 hectolitres.
Prix : 0 fr. 39 par litre.
Consommation dans la localité.

877. — Comte de Sobral. Almcirim, Santarem.

Vin blanc, 1872 et 1873. Cazal Branco.
P. a. 200 hectolitres.
Prix : 0 fr. 84 par litre.
Vin blanc. 1875. Cazal Branco.
P. a. 200 hectolitres.
Prix : 0 fr. 67 par litre.
Vin rouge 1875.
P. a. 900 hectolitres.
Prix : 0 fr. 65 par litre.
Débouchés : Lisbonne.

16*

878. — Corte-Real (José Barbosa Leal), Angra do Heroismo.

Eau de vie. Andaia, 1875, Ile Graciosa.

879. — Cossart (Gordon et Cⁱᵉ), Funchal.

Vin Madère.
Ancienne maison fondée en 1745.
Débouchés : Europe et Amérique, etc.

880. — Costa (Antonio Jacome da), Gaviao, Portalegre,

Vin. Alemtejo.
Prix : 0 fr. 28 par litre.
Eau de vie. Alemtejo.
Prix : 1 fr. 33 par litre.
Débouchés : ceux de l'arrondissement de Porto.

881. — Costa (Antonio José Teixeira), Bragança.

Vin rouge. Pedaço-Santa Maria.
P. a. 206 hectolitres.
Superficie cultivée, 5 hectares.
Prix : 0 fr. 16 par litre.
Débouchés : Mirandella, Bragança.

882. — Costa (Laerenço Justiniano da Fonseca), Oliveira do
Hospital, Coimbra.

Vin de table. Oliveira do Hospital.
P. a. 447 à 536 hectolitres.
Prix : 0 fr. 22 par litre.

883. — Costa e Silva (Francisco-Joaquim da), Cintra, Lisbonne.

Vin rouge « Collares », 1876.
P. a. 210 hectolitres.
Prix : 1 fr. 18 par litre.
Débouchés : ceux du Portugal et Rio de Janeiro.
Prix à différentes expositions nationales et étrangères.

884. — Costa (José-Maria-Rodrigues da), Penamacor, Castello
Branco.

Vin rouge. Penamacor.
P. a. 80 hectolitres.
Prix : 0 fr. 28 par litre.
Consommation dans la localité.
Récompense à l'Exposition internationale de Philadelphie, 1876.

885. — Couceiro (Antonio-João), Mexthada, Aveiro.

Vin blanc 1875-1877 Cazal Comba.
Vin rouge. Géropiga 1875-1877. Cazal Comba.

886. — Continho (Albano), Bairrada. Anadia, Aveiro.

Vin rouge, 1866. Bairrada.
Prix par litre : 1 fr.

887. — Coutinho (Bernardo de Magalhaes), Penalia do Castello Vizeu.

Vin rouge. Castendo.
Prix : 0 fr. 22 par litre.
Consommation dans la localité.

888. — Coutinho (Fernando Affonso d'Almeida), Cantanhede. Coimbra.

Vins rouges 1875. Sepins.
P. a. 320 hectolitres.
Prix : 0 fr. 39 par litre.
Vin rouge, 1875.
P. a. 32 hectolitres.
Prix : 0 fr. 39 le litre.
Débouchés : Figueira da Foz, Porto et Lisbonne.
Prix aux expositions internationales de 1873, à Vienne, et de 1876 à Philadelphie.

889. — Coutinho (Luiz da Siva). Cascaes, Lisbonne.

Vin blanc, 1874. Rebelva.
Prix : 0 fr. 88 par litre.
Vin blanc « geropiga », 1874. Rebelva.
Prix : 1 fr. 11 par bouteille.
Vin rouge, 1876. Rebelva.
Prix : 0 fr. 88 par bouteille.
Vin rouge « geropiga », 1876. Rebelva.
P. a. 63 hectolitres.
Prix : 1 fr. 11 par bouteille.
Vente au cellier.

890. — Creswell e Cie, 136, rue Nova da Princeza, à Lisbonne.

Vin rouge « Montijo-Lavradio », 1873. Quinta do Esteiro Furado, Nossa S^a da Bôa Viagem.
Vin rouge « Montijo-Lavradio », 1874. Quinta do Esteiro Furado, Nossa S^a da Bôa Viagem.
Vin rouge « Montijo-Lavradio », 1875. Quinta do Esteiro Furado, Nossa S^a da Bôa Viagem.
P. a. 168 à 252 hectolitres.
Superficie cultivée : 30 hectares.
Prix à la cave : 0 fr. 63 par litre.
Débouchés : Le Brésil, les Indes, l'Angleterre.
Médaille en cuivre à l'Exposition internationale en 1876, à Philadelphie.

891. — **Croft et C°,** villa Nova de Gaia.

Vin de Porto de diverses années et de diverses qualités vieux supérieur, de 1847.

Vin de Porto de diverses années et de diverses qualités vieux supérieur, de 1850. Haut-Douro.

Vin de Porto de diverses années et de diverses qualités vieux supérieur, de 1851, Haut-Douro.

Vin de Porto de diverses années et de diverses qualités vieux supérieur de 1858. Haut-Douro.

Vin de Porto de diverses années et de diverses qualités vieux supérieur, de 1870, Haut-Douro.

Vin de Porto de diverses années et de diverses qualités vieux supérieur, de 1875, Haut-Douro.

Vin de Porto de diverses années et de diverses qualités vieux supérieur, E. X. S. Haut-Douro.

Vin de Porto de diverses années et de diverses qualités vieux supérieur, P. Haut-Duro.

Vin de Horto de diverses années et de diverses qualités vieux supérieur, Haut-Douro.

Débouchés : les Anglais et ceux d'autres pays.

Marque à feu usitée par l'exposant. T C.

892. — **Crujo** (Manuel-Gonçalves), Beja.

Vin blanc. Fonte d'Aréia, Nèves.

P. a. 424 hectolitres.

Prix : 0 fr. 67 par litre.

Débouchés : Beja, Algarve.

893. — **Cruz** (Manuel-Mendes da). Oliveira do Hospital, Coimbra.

Vin rouge. Lagares.

P. a. 24 hectolitres.

Prix : 0 fr. 22 par litre.

Exportation pour l'étranger.

894. — **Cunha** (Bernardino-Alves-Teixeira da), Celorico de Basto, Braga.

Vin vert. Quintella, Mollares, Colorico de Basto.

P. a. 92 hectolitres.

Prix : 0 fr. 23 à 0 fr. 53 par litre.

Consommation chez l'exposant. Vente au détail à la cave.

Médaille en cuivre à l'Exposition de 1876, à Philadelphie.

895. — **Cunha** (Faustino Albano Ferreira da), Mealhada (Aveiro)

Vins rouge et Geropiga, 1877.

P. a. 118 hectolitres.

Prix : 0 fr. 40 le litre.

Vin rouge, 1877.

Débouchés : Porto, Figueira.

896. — **Cunha** (Dr Frederico Augusto da), Idanha a-Nova (Castello Branco).

Vin rouge, 1877.
Prix : 0 fr. 44 par litre.

897. — **Cunha** (Joaquim Maria da), Fundaõ (Castello Branco).
Vin rouge, 1877.

898. — **Cunha** (Dr Manuel Baptista da), Agueda (Aveiro).
Vin ordinaire, 1877, Espinhel.

899. — **Cunhado** (Francisco Robalo e), Fundaõ (Castello-Branco).

Vin rouge, 1877.
Vin rouge « Geropiga, » 1877.
Eau-de-vie.

900. — **Cunhal** (Alexandre de Sena), Coruche (Santarem).

Vin rouge, Milbaracs.
P. a. 300 hectolitres.
Prix : 0 fr. 40 par litre.
Débouchés : Lisbonne.

901. — **Deus** (Joao Rodrigues de), Torres Novas (Santarem).

Vin blanc « Xerez, » 1874 et 1863, Lapas.
P. a. 90 hectolitres.
Prix : 1 fr. 58 par litre.
Vin blanc « Xerez, » 1874.
P. a. 100 hectolitres.
Prix : 1 fr. 24 par litre.
Débouchés : Lisbonne, Torres Novas.
Médaille de cuivre à l'Exposition de 1876, à Philadelphie.

902. — **Dias** (José da Fonseca), Oliveira do Bairro (Aveiro).

Vins rouge et blanc, 1877.
P. a. 176 hectolitres.
Prix : 0 fr. 50 par litre.
Vin blanc, 1877.
P. a. 26 hectolitres.
Prix : 0 fr. 53 par litre.
Consommation dans la localité de production.

903. — **Diniz** (Alexandre), Oliveira do Bairro (Aveiro).

Vin rouge, 1877, Quinta do Carvalhal.
P. a. 35 hectolitres.
Prix : 0 fr. 50 par litre.

904. — D^{ch} **Matth. Feuerheerd J^{or} et Cie**, Porto.
Vin de Porto, 1873, 1875 et vieux supérieur.

Prix à bord : 625 fr. la futaille.
Vin de Porto.
Prix : 600 fr. la futaille.
Vin de Porto.
Prix à bord, 1,150 fr. la futaille.
Vin de Porto, 1875.
Prix à bord : 1,250 fr. la futaille.
Vin de Porto « vieux supérieur. »
Prix à bord : 2,000 fr. la futaille.
Vin de Porto « vieux supérieur sec. »
Prix à bord : 2,050 fr. la futaille.
Débouchés : l'Angleterre et les principaux débouchés du globe
Médaille d'or à l'Exposition internationale de 1867, à Paris.

905. — **Direcção** da Companhia fabril de assucar Madei-
rense, à Funchal.

(Direction de la Compagnie de fabrication de sucre à Madère).
Echantillon de sucre de premier jet. — Fabrique de S. Joao, sise
à S. Pedro (Funchal), à l'île de Madère.
P. a. 300,000 kilogrammes.
Prix : 1 fr. 29 le kilogramme.
Rendement moyen : environ 9 kilogr. 800 de sucre pour 0/0 du
poids des canes à sucre.
Débouchés : ceux du Portugal.
Fabrique fondée en 1871 et montée avec les appareils les plus
modernes et perfectionnés des constructeurs français Lecointe et
Villette, de St-Quentin (Aisne) : triple effet, cuite en grain, filtres-
presses.
La canne à sucre est cultivée par les agriculteurs de l'île.

906. — **Duarte** (Antonio Ferreira), Arcas, Anadia (Aveiro).

Vin rouge, 1877.
P. a. 7,110 litres.
Prix : 0 fr. 40 par litre.

907. — **Duarte** (Julio Cesar Ferreira), Anadia (Aveiro).

Vin « Geropiga, » vins rouge et blanc, Anadia.
Vin rouge, Anadia.
Prix : 0 fr. 40 par litre.
Vin blanc, Anadia.
Prix : 0 fr. 40 par litre.
Production annuelle : 47 hectolitres.
Récompense à l'Exposition de Philadelphie.

908. — **Elvas** (Francisco Maria d'), Taboa (Coïmbra).

Vin rouge, Taboa.
P. a. 10 hectolitres.
Prix : 1 fr. 11 par litre.

909. — **Empresa** de Vinhos filtrados de Portugal, à Lisbonne.

(Compagnie pour la filtration des vins du Portugal).
Vin « Collares. »
Prix : 456 fr. la futaille de 504 litres.
Vin « Bucellas. »
Prix : 20 fr. les douze bouteilles.
Vin « Arintho. »
Prix : 27 fr. 77 les douze bouteilles.
Vin « muscat. »
Prix : 33 fr. 33 les douze bouteilles.
Vin rouge « Lisbonne. »
Prix : 375 fr. la futaille de 504 litres.

910. — **Esperança** (vicomte da), Cuba (Beja).

Vin blanc S. Vicente.
P. a. 516 hectolitres.
Prix : 0 fr. 55 par litre.
Mention honorable à l'Exposition de Vienne.

911. — **Espregueira** (Bernardo José Affonso), Vianna do Castello.

Vin rouge, dit vert, Quinta de Jesus-Maria, José.
P. a. 35 hectolitres.
Prix : 0 fr. 64 litre.
Consommation à Vianna.

912. — **Facho** (José Maria da Silva), à Vizeu (Vizeu).

Vin rouge, 1877, Fragozella.
P. a. 150 hectolitres.
Prix : 0 fr. 44 par litre.
Consommation dans la localité.

913. — **Falcão** (Dr João Carlos da Costa), Fundão (Castello Branco.

Vin blanc, 1875, Alcaido (Fundão).
Vin blanc, 1876, Alcaido (Fundão).
Vin blanc, 1877, Alcaido (Fundão).

914. — **Falcão** (Francisco da Costa d'Oliveira), Constancia (Santarem).

Vin blanc, 1856.
Vins rouges, 1866, 1870, 1875 et 1876.
Vin rouge, 1870.
Vin rouge, 1875.
Vin rouge, 1876.
Prix : 0 fr. 38 par litre.
Consommation à Lisbonne.

915. — Falcão (Jacintho da Costa de Oliveira), Constancia (Santarem).

Eau-de-vie, 1877, Alpiarça.
P. a. 50 hectolitres.
Prix : 1 fr. 44 par litre.
Destinée à l'amélioration des vins.
Débouchés : Lisbonne et Porto.

916. — Falcão (João de Souza), Almeirim (Santarem).

Vin blanc « geropiga » et eau-de-vie « Alpiarça. »
P. a. des vins : 2,940 hectolitres.
Superficie cultivée : 180 hectares.
Prix de la « geropiga » : 0 fr. 78 par litre.
Débouchés : Lisbonne et Porto.
Médaille de cuivre à l'Exposition de Philadelphie.
Eau-de-vie « Alpiarça. »
Prix : 1 fr. 66 par litre.

917. — Falcão (Luiz da Costa de Oliveira), Constancia (Santarem).

Vin blanc Muscat, 1874, Quinta do Lombaõ.
P. a. 100 litres.
On ne vend pas.
Médaille à l'Exposition de Philadelphie.

918. — Falcaõ (Maximo), Azinhaga (Santarem).

Vin rouge, 1877.
P. a. 168 hectolitres.
Prix : 0 fr. 19 par litre.
Débouchés : Lisbonne et Santarem.

919. — Falcaõ (Nicolau Pereira de Mendonça), Vizéu.

Vins blanc. rose et rouge, 1876, Quinta de S. Salvador.
P. a. 60 hectolitres.
Prix : 0 fr. 36 à 0 fr. 38 par litre.
Vin rose, 1876, Quinta de S. Salvador.
P. a. 60 hectolitres.
Prix : 0 fr. 30 à 0 fr. 36 par litre.
Vin rouge, 1876, Quinta de S. Salvador.
P. a. 250 hectolitres.
Prix : 0 fr. 25 à 0 fr. 28 par litre.
Consommation dans le pays.

920. — Faria (José Joaquim Figueiredo de), Barcellos (Braga).

Vin vert, 1876 et 1877, Logar da Igreja.
Prix : 0 fr. 55 par litre.
Débouchés : villa do Conde, Povoa de Varzim.
Vin vert, 1877, villa Nova de Famalicaõ, Quinta do Outez.
Prix : 0 fr. 55 par litre.
Débouchés : villa do Conde, Povoa de Varzim.

921. — **Feijo** (Anselmo Guilherme Borges), Pezo da Regua (villa Real.

Vin rouge, 1858. Jugueiro.
P. a. 250 hectolitres.
Prix : 1 fr. 55 par litre.
Débouchés : ceux de l'Angleterre.
Mention honorable et médaille en cuivre à l'Exposition internationale de 1876, à Philadelphie.

922. — **Felgueiras** (João Manuel), Mouçaõ, Vianna do Castello.

Vin rouge, dit *vert*, Lapella.
P. a. 500 hectolitres.
Prix : 0 fr. 28 par litre.
Consommation dans la localité.

923. — **Fera** (José Augusto dos Santos), à Figueira da Foz (Coïmbra).

Vins rouge et blanc, Cannas (Nellas).
Prix : 0 fr. 28 par litre.
Vin blanc, Cannas (Nellas).
Prix : 0 fr. 33 par litre.
Débouchés : Brésil.
Médaille à l'Exposition de 1876, à Philadelphie.

924. — **Ferme-école** départementale de Bragança.

Vin rouge de table.
Prix : 0 fr. 19 par litre.
Superficie des vignobles : 5 hectares 34 ares 44 centiares.
Consommation à Bragance.

925. — **Ferraz et Irmaõs** (fabrique de sucre de), Funchal, à l'île de Madère.

Échantillons de sucres : Rua dos Netos, Sé, Funchal.
P. a. 40 à 150,000 kilogrammes.
Prix : 1 fr. à 1 fr. 48 le kilogramme.
Débouchés : Lisbonne, Madère.
La canne est achetée aux agriculteurs à raison de 7 à 11 centimes le kilogramme.

926. — **Ferreira** (D. Adrian Baptista), à Mealhada (Aveiro).

Vins rouges, 1868 et 1877.
Vins blancs, 1873 et 1877.

927. — **Ferreira** (Dr Antonia Adelaïde), Pezo da Regoa (Villa Real.

Vins rouges, 1815, 1820, 1830, 1834, 1840, 1847, 1851, 1853, 1858, 1863, 1864, 1868, 1870, 1875.
Vins rouges « Malvoisie, » 1871 et 1872.

928. — **Ferreira** (Antonio Manuel), Torres Novas (Santarem).

Vin rouge, 1877, Torres Novas.
P. a. 300 hectolitres.
Prix : 0 fr. 42 par litre.
Vin rouge, 1877 et eau-de-vie de figues à 30° centigr., Torres Novas.
P. a. 60 hectolitres.
Prix : 0 fr. 73 par litre.
Débouchés : Torres Novas, Lisbonne.
Médaille de cuivre à l'Exposition de 1876, à Philadelphie.

929. — **Ferreira** (João d'Almeida), Oliveira do Hospital (Coimbra).

Vin « Meruje, »
P. a. 180 hectolitres.
Prix : 0 fr. 22 par litre.

930. — **Ferreira** (José Atanasio), Vinhaes (Bragança).

Eau-de-vie, Vinhaes.
Prix : 0 fr. 66 par litre.

931. — **Ferreira et Dourado**, S. Nicolau (Porto).

Vin de Porto-Haut-Douro.
Débouchés : ceux de l'Europe et Amérique.
Prix à l'Exposition internationale de 1876, à Philadelphie.

932. — **Ferreira et Irmaõs** (Lino José), Povoa de Pereiro, Anadia (Aveiro).

Vins rouge et blanc, 1877.
P. a. 331 hectolitres.
Prix : 0 fr. 40 par litre.
Vin blanc, 1877.
P. a. 94 hectolitres.
Prix : 0 fr. 40 par litre.
Débouchés : Lisbonne.

933. — **Ferro** (Narciso Teixeira Martins), Villa Nova de Gaia, à Porto.

Vins rouges, 1812, 1834, 1851.
Vin blanc, 1834.
Prix : 25 fr. la bouteille.
Vin rouge, 1834.
Prix : 17 fr. la bouteille.
Vin blanc, 1834.
Prix : 15 fr. la bouteille.
Vin rouge, 1851.
Prix : 15 fr. la bouteille.

934. — **Fevereiro** (Dr Agostinho Nunes da Silva), Fundaõ (Castello Branco).

Vin rouge, 1877.

Vin blanc, 1877.
Eau-de-vie.

935. — Fialho et F° (Jacinto Maria), à Ferreira (Beja).

Vin rouge ordinaire.
P. a. 33 hectolitres.
Prix : 0 fr. 35 par litre.
Débouchés : Setubal, Lisbonne et Algarve.
Prix à l'Exposition de Philadelphie.

936. — Fialho et Irmão, Seixal, Lisbonne.

Vin rouge de table « Saint-Nicolau ».
Prix : 0 fr. 55 par litre.
Débouchés : Brésil.

937. — Figueiredo (D. Manuel Gonçalves de), Aveiro.

Vin rouge, 1877. Quinta da Granja.
P. a. 65 hectolitres.
Prix : 0 fr. 45 par litre.
Prix à l'Exposition de Philadelphie.

938. — Fonseca (José Maria da), Setubal (Lisbonne).

Vins rouges « Palmella », 1873.
P, a. 1,050 hectolitres.
Prix : 12 fr. la caisse de 12 bouteilles.
Vins rouges « Palmella supérieur », 1873.
P. a. 840 hectolitres.
Prix : 17 francs la caisse de 12 bouteilles.
Vins rouges « Muscat de Setubal », 1872.
P. a. 840 hectolitres.
Prix : 30 francs la caisse de 12 bouteilles.
Cognac, 1875.
P. a. supérieure à 210 hectolitres.
Prix : 20 francs la caisse de 12 bouteilles.
Débouchés : Tous à l'étranger et principalement au Brésil,
Buenos-Ayres, la République Argentine.
Prix à différentes expositions.

939. — Fonseca (Manuel Coelho da), Oliveira do Hospital
(Coimbra).

Vin. Gavinhos.
Destiné seulement à la consommation du ménage.
Prix à l'Exposition de 1876, à Philadelphie.

940. — Fortes (José Maria Coelho), Nellas (Vizeu.

Vin rouge et blanc.
Vin blanc première.
Vin blanc deuxième.
Vin blanc troisième.

941. — Commission départementale de Porto.

Vin blanc primordial, 1700.
Vins rouges de Porto 1805, 1810, 1815, 1820, 1834, 1840, 1850.

942. — Franco (José Joaquim), Penamacor (Castello Branco).

Vin rouge, 1876. Penamacor, Fundaõ.
Vin blanc, 1876. Penamacor, Fundaõ.

943. — Franqueira (Romaõ), Carrazêda d'Anciaês (Bragança).

Vins, 1872 et 1874. Canaes Beira-Grande.
Vin, 1874. Canaes, Beira Grande.
P. a. 630 hectolitres.
Prix : 0 fr. 72 par litre.
Débouchés : Angleterre.

944. — Freire (Dr Bernardo Xavier), Guarda.

Vin.

945. — Freire (Frederico Carlos Franco a), Fundaõ (Castello-Branco).

Vin rouge, 1876.
Vin rouge, 1877.

946. — Freitas (Manuel José de), Carrazêda d'Anciaês (Bragança).

Vin rouge, 1877. Barrábaz Pombal.
P. a. 504 hectolitres.
Prix : 0 fr. 27 par litre.
Débouchés : Porto.

947. — Freitas Jor (Ricardo José), Funchal, à Madère.

Vin, Madère, 1877. Au nord de l'île.
P. a. 1,250 hectolitres.
Prix : à bord. 0 fr. 85 par litre.
Consommation à Funchal.

948. — Freitas e Macedo, Funchal, à Madère.

Rhum. Victoria, S. Martinho, Funchal.
P. a. 22 hectolitres.
Prix : 2 fr. 22 par litre.
Débouchés : Funchal, Lisbonne.
On fabrique l'eau-de-vie des vins depuis 1820 ; celle qu'on extrait
de la canne à sucre (arundo saccharifera), a été distillée pour la
première fois à Madère, en 1854. Les méthodes de fermentation et
distillation sont modernes et perfectionnées.

949. — Freixedas (José Felix de Faria d'Almeida), Castello de Vide (Portalegre).

Vin, 1876. Cabeço do Arranhado.

Prix : 0 fr. 77 par litre.
Médaille en cuivre à l'Exposition de 1876, à Philadelphie.

950. — Galope (Fernando dos Santos), Portalegre.

Vins rouge et blanc, 1877. Carvalhal, S. Lourenço.
P. a. 300 hectolitres.
Prix : 0 fr. 29 par litre.
Médaille de cuivre à l'Exposition de Philadelphie.
Vin blanc, 1877. Carvalhal, S. Lourenço.
P. a. 400 hectolitres.
Prix : 0 fr. 28 par litre.
Sirop de Groseilles. Serra. S. Gregorio.
P. a. 270 kilogrammes.
Prix : 0 fr. 55 par kilogramme.
Consommation dans la localité.

951. — Galvão (Antonio Polycarpo Fernandes), Covilha, (Branco).

Vin.

952. — Galvão (Sabino José Maltez), Mafra (Lisbonne).

Vin rouge, 1877.
Prix : 0 fr. 53 le litre.
Vin « Muscat », 1874.
Prix : 2 francs par litre, 25 francs par caisse d'une douzaine de bouteilles.
Prix à diverses expositions étrangères et nationales.

953. — Gama (Albino Leite Rebello da), Lousada (Porto).

Vin vert. Reguengo, Valle de Douro.
P. a. 132 hectolitres.
Prix : 0 fr. 33 par litre.
Vente au détail, à la cave.

954. — Garcia (P. S.), Extremoz (Evora).

Vin clairet, 1872.
Vin rouge, 1875.
Vin rouge, 1876.

955. — Gregorio Nunes), Covilhã (Castello-Branco).

Vin rouge

956. — Geraldes (Manuel Vaz Preto), Castello Branco.

Vin blanc, 1877. Lousa, Castello Branco.
Vin rouge, 1877. Lousa, Castello Branco.

957. — Geraldes (D. Maria Emilia de Vera), Fundaõ (Castello Branco).

Vin.

958. — **Guedes** (Miguel de Souza), rue de S. Miguel, 47, Porto.
Vin de Porto de divers crus et de diverses années.
Prix : 6 fr. 66 la bouteille.
Vin de Porto, 1840. Haut-Douro.
Vin de Porto, 1851. Haut-Douro.
Prix : 5 fr. 55 la bouteille.
Vin « Bastardo ». Haut-Douro.
Prix : 3 fr. 88 la bouteille.
Vin Muscat. Haut-Douro.
Prix : 2,222 fr. 22 la futaille.
Vin Muscat. Haut-Douro. WP
Prix : 1,666 fr. 66 la futaille.
Vin de Porto « blanc vieux ». Haut-Douro.
Prix : 2,000 francs la futaille.
Vin de Porto « sec ». Haut-Douro.
Prix : 1,000 francs la futaille.
Vin de Porto, W Haut-Douro.
Prix : 1,222 fr. 22 la futaille.
Vin de Porto, 1872. Haut-Douro.
Prix : 833 fr. 33 la futaille.
Vin de Porto, Haut-Douro.
Prix : 888 fr. 88 la futaille.
Vin de Porto. Haut-Douro.
Prix : 722 fr. 22 la futaille.
Vin de Porto, 1875, riche. Haut-Douro.
Prix : 833 fr. 33 la futaille.
Vin de Porto, 1875, sec. Haut-Douro.
Prix : 777 fr. 77 la futaille.
Débouchés : Angleterre, Baltique, Brésil.

959. — **Guedes** (Vicomte de), Evora.
Vins rouge et blanc. Quinta do Xarrama.
P. a. 478 hectolitres.
Prix : 0 fr. 66 par litre.
Vin blanc. Quinta de Xarrama.
P. a. 130 hectolitres.
Prix : 0 fr. 66 par litre.
Débouchés : Evora, Lisbonne.

960. — **Guerra** (Francisco do Amaral), Coimbra.
Vin de table et eaux-de-vie, 1877. Quinta do Pinheiro.
P. a. 250 hectolitres.
Prix : 0 fr. 36 par litre.
Eau-de-vie de marc de raisins, 1877. Quinta do Pinheiro.
P. a. 150 hectolitres.
Prix : 1 fr. 12 par litre.
Eau-de-vie, 1877. Quinta do Pinheiro.
P. a. 150 hectolitres.
Prix : 1 fr. 20 par litre.
Consommation dans la localité.
Prix à l'exposition de 1876, à Philadelphie.

961. — Guerra (João Joaquim da), Elvas (Portalegre).

Vins rouge et blanc, 1876. Valle de S. Lourenço.
P. a. 100 hectolitres.
Prix : 0 fr. 56 par litre.
Vin blanc, 1876. Valle de S. Lourenço.
P. a. 100 hectolitres.
Prix : 0 fr. 58 par litre.
Consommation dans la localité.

962. — Guerra (José da Conceiçao), Elvas (Portalegre).

Vins rouge et blanc.
Prix : 0 fr. 27 par litre.
Production annuelle : 508 hectolitres.
Vin blanc.
Prix : 0 fr. 16 par litre.
Production annuelle : 42 hectolitres.
Débouchés : Portugal et Brésil.
Récompense à l'Exposition de Philadelphie.

963. — Guerra (José de Conceiçaõ), Elvas (Portalegre).

Alcool à 30°, 1877 (Elvas).
P. a. 30 hectolitres.
Prix : 2 fr. par litre.
Débouchés : Lisbonne et Porto.
Prix à l'Exposition nationale de 1864, à Lisbonne.

964. — Guimarães (José Lopes), Coimbra.

Vins rouges, 1876.
Prix : 1 fr. par litre.
Vins rouges, 1876.
Prix : 3 fr. 88 la bouteille.
« Geropiga » rouges 1864. (Employés par l'exposant dans la boni-
fication des vins d'exportation).
« Geropiga » rouges 1870. (Employés par l'exposant dans la boni-
fication des vins d'exportation).
« Geropiga » rouges 1872. (Employés par l'exposant dans la boni-
fication des vins l'exportation).
« Geropiga » rouges 1873. (Employés par l'exposant dans la boni-
fication des vins d'exportation).
« Geropiga » rouges 1876. (Employés par l'exposant dans la boni-
fication des vins d'exportation).
« Geropiga » blanc 1870. (Employés par l'exposant dans la boni-
fication des vins d'exportation).
Eau-de-vie, récoltes de 1864, 1868, 1869, 1871, 1872, 1873, 1874,
1875, 1876. (Pour additionner aux vins d'exportation).
Débouchés : le Portugal et le Brésil.

965. — Gᵐᵉ et João Graham (e Cⁱᵉ), Gaia (Porto).

Vin rouge de Porto, pour exportation, nº 1 (Haut-Douro).
Prix à bord : 550 fr. la futaille de 546 litres 96.

Vin rouge de Porto, pour exportation, n° 2 (Haut-Douro).
Prix à bord : 650 fr. la futaille de 546 litres 96.
Vin rouge de Porto, pour exportation, n° 3 (Haut-Douro).
Prix à bord : 700 fr. la futaille de 546 litres 96.
Vin rouge de Porto, pour exportation, n° 4 (Haut-Douro).
Prix à bord : 750 fr. la futaille de 546 litres 96,
Vin rouge de Porto, pour exportation, n° 5 (Haut-Douro).
Prix à bord : 800 fr. la futaille de 546 litres 96.
Vin rouge de Porto, pour exportation, n° 6 (Haut-Douro).
Prix à bord : 875 fr. la futaille de 546 litres 96.
Vin rouge de Porto, pour exportation, n° 7 (Haut-Douro).
Prix à bord : 1,125 fr. la futaille de 546 litres 96.
Vin rouge de Porto, pour exportation, n° 8 (Haut-Douro).
Prix à bord : 1,350 fr. la futaille de 546 litres 96.
Vin rouge de Porto, pour exportation, n° 9 (Haut-Douro).
Prix à bord : 1,800 fr. la futaille de 546 litres 96.
Vin rouge de Porto, pour exportation, n° 10 (Haut-Douro).
Prix à bord : 2,375 fr. la futaille de 546 litres 96.
Vin rouge de Porto, récolte de 1834 (Haut-Douro).
Prix : 10 fr. la bouteille de 0 litre 79.
Vin rouge de Porto, récolte de 1858 (Haut-Douro).
Prix : 8 fr. 33 la bouteille de 0 litre 79.
Vin rouge de Porto, récolte de 1851 (Haut-Douro).
Prix : 11,11 la bouteille de 0 litre 79.
Vin rouge de Porto, récolte de 1847 (Haut-Douro).
Prix : 14 fr. 66 la bouteille de 0 litre 79.
Vin rouge de Porto, récolte de 1834 (Haut-Douro).
Prix : 25 fr. la bouteille de 0 litre 79.
Vin rouge de Porto, récolte de 1827 (Haut-Douro).
Prix : 26 fr. 66 la bouteille de 0 litre 99.
Vin rouge de Porto, récolte de 1820 (Haut-Douro).
Prix : 29 fr. 99 la bouteille.
Vin rouge de Porto, récolte de 1815 (Haut-Douro).
Prix : 33 fr. 33 la bouteille.
Vin rouge de Porto, récolte de 1875 (Haut-Douro).
Prix à bord : 1 250 fr. la futaille de 546 litres 96.
Vin rouge de Porto, récolte de 1873 (Haut-Douro).
Prix à bord : 1,500 fr. la futaille de 546 litres 96.
Vin rouge de Porto, récolte de 1870 (Haut-Douro).
Prix à bord : 1,875 fr. la futaille de 546 litres 96.
Vin rouge de Porto, récolte de 1868 (Haut-Douro).
Prix à bord : 2,000 fr. la futaille de 546 litres 94.
Vin rouge de Porto, récolte de 1867 (Haut-Douro).
Prix à bord : 2,125 fr. la futaille de 546 litres 96.
Vin rouge de Porto, récolte de 1863 (Haut-Douro).
Prix à bord : 2,250 fr. la futaille de 546 litres 96.
Vin rouge de Porto, récolte de 1861 (Haut-Douro).
Prix : 6 fr. 66 la bouteille.
Vin rouge de Porto, récolte de 1860 (Haut-Douro).
Prix : 7 fr. 22 la bouteille.
Vin rouge de Porto, trop vieux et encore encuvé.

Prix : 25 fr. la bouteille.

Débouchés : Grande-Bretagne, Allemagne, Norwége, Danemarck, Amérique du Nord, etc.

Marque à feu usitée par l'exposant GRAHAM.

Dépôt supérieur à 6,000 futailles annuelles (de 546 litres 96).

Exportation annuelle jamais inférieure à 16,408 hectolitres de vin.

Maison fondée depuis 60 ans et avec des succursales à Lisbonne, Londres, Glasgow, Liverpool, Manchester, Bombaim, Calcutta.

C'est la première fois qu'elle se présente dans une exposition.

966. — Guizado (Joaõ Baptista Ribeira), Peniche (Lisbonne).

Vin blanc, 1873.

967. — Godinho (D. Anna Barbara dos Santos), Almeirim (Santarem).

Vin rouge, 1873 (Talhão).
P. a. 900 hectolitres
Prix : 0 fr. 33 par litre.
Vin blanc, « gerópiga » 1876 (Talhão).
P. a. 180 hectolitres.
Prix : 0 fr. 56 par litre.
Débouchés : Lisbonne et Porto.

968. — Gonçalves (José dos Santos), Taboa (Coimbra).

Vin rouge (Taboa).
P. a. 57 hectolitres.
Prix : 0 fr. 22 par litre.
Consommation dans la localité.

969. — Gouvêa (Manuel Moniz), Condeixa (Coimbra).

Vins rouge et vert, 1877 (Ega).
P. a. 30 hectolitres.
Prix : 0 fr. 28 par litre.
Vin vert, 1877 (Ega).
P. a. 5 hectolitres.
Prix : 0 fr. 28 par litre.
Consommation à Condeixa, Soure et dans la localité.

970. — Graciosa (le comte da), Idanha-a-Nova (Castello Branco).

Vin rouge, 1877.
Prix : 0 fr. 44 par litre.

971. — Granjão (Baron do), Mesaõ-Frio (Villa-Real).

Vins muscat, 1858, 1868, 1877 (Quinta do Granjão).
Prix : 0 fr. 95 par litre.
Vin muscat, 1868 (Quinta do Granjão).
Prix : 0 fr. 84 par litre.
Vin muscat, 1877 (Quinta do Granjão).
P. a. 35 hectolitres.

17*

Prix : 0 fr. 53 par litre.
Diplôme d'honneur et médaille en cuivre à l'Exposition internationale de 1876, à Philadelphie.
Débouchés : Angleterre.

972. — **Henriques** (João Cesar): Almeirim (Santarem.

Vin, 1875 (Almeirim).
Prix : 1 fr. 68 par litre.
Consommation à Lisbonne.

973. — **Henriques** (José Ferreira), Vizeu.

Vin rouge (S. João da Lurvoza).
P. a. 300 hectolitres.
Prix : 0 fr. 56 le litre.
Débouchés : Figueira et ceux de l'étranger.

974. — **Institut** général de l'agriculture de Lisbonne, à Lisbonne.

Collection des vins du commerce de Lisbonne.

975. — **Jansen et C**ie (J. H.), Porto, rue du Mello, 3.

Bière et porter (Porto, rue du Mello, 3).
P. a. 200 hectolitres.
Prix : 0 fr. 33 le litre.
Porter (Porto, rue du Mello, 3).
P. a. 100 hectolitres.
Prix : 0 fr. 44 par litre.
Débouchés : ceux du pays.
Prix aux Expositions de Paris, Vienne d'Autriche, Philadelphie et d'autres.

976. — **Jansen et C**ie (J. H.), à Lisbonne.

Bière, porter, soda-water et limonade gazeuse (Brasserie à Lisbonne, rue do Thesouro Velho, 2).
Prix : 0 fr. 38 par litre.
Porter (Brasserie à Lisbonne, rue do Thesouro Velho, 3).
Prix : 0 fr. 39 par litre.
Soda-water (Brasserie à Lisbonne, rue do Thesouro Velho, 2).
Prix : 0 fr. 18 la bouteille.
Limonade gazeuse (Brasserie à Lisbonne, rue do Thesouro Velho, 2).
Prix : 0 fr. 18 la bouteille.
Récompenses à l'Exposition internationale de 1865, à Porto ; à celle de 1867, à Paris ; à celle de 1876, à Philadelphie. Prix à différentes Expositions nationales.

977. — **Jardim** (José dos Santos Pereira), Figueira da Foz (Coimbra).

Vin rouge (Beira Alta), 1872 et 1877.
Prix : 1 fr. 33 par litre.

Vin rouge « Beira Alta » 1877.
Prix : 0 fr. 78 par litre.
Débouchés : ceux du Brésil.
Exportation sur une grande échelle, jamais inférieure à 5,000 hectolitres.

978. — Jordão (Francisco Ferreira), Coruche (Santarem).

Vin rouge, 1877 (Coruche).
P. a. 168 hectolitres.
Prix : 0 fr. 34 par litre.
Débouchés : Lisbonne.

979. — Jorge (Bazilio Fernandes), Mealhada (Aveiro).

Vin rouge « Geropiga ». Cavadas.
P. a. 95 hectolitres.
Prix : 0 fr. 60 le litre.
Vin rouge. De trás da Matta.
P. a. 95 hectolitres.
Prix : 0 fr. 54 le litre.
Débouchés : Brésil.

980. — Jorge (Pe Manuel Ferreira), Mealhada (Aveiro).

Vin rouge, 1877. S. Miguel.
P. a. 28 hectolitres.
Prix : 0 fr. 26 le litre.
Débouchés : Porto, Figueira.

981. — Jorge (Paulo), Oeiras (Lisbonne).

Vin rouge, 1873. Vin blanc, 1876.
P. a. 34 hectolitres.
Prix : 1 fr. 47 par litre.
Vin blanc, 1876.
P. a. 63 hectolitres.
Prix : 1 fr. 30 par litre.
Débouchés : Rio de Janeiro, Angleterre, Russie.
Médaille d'argent à l'Exposition de Porto, 1861. Mention honorable à l'Exposition de la Société royale d'agriculture portugaise, 1870. Diplôme d'honneur aux Expositions de Vienne, 1873 et de Philadelphie, 1876.

982. — Junqueira (Comte da), Alimeirim (Santarem).

Vins blanc et rouge, 1876. Quinta d'Alorna.

983. — Lagos (Joaquim Emilio Lopes), Azoia (Leiria).

Vin blanc et rouge, 1877.
P. a. 500 hectolitres.
Prix : 0 fr. 38 par litre.
Vin rouge, 1877, première.
P. a. 20 hectolitres.
Prix : 0 fr. 77 par litre.

Vin rouge, 1877, deuxième.
P. a. 20 hectolitres.
Prix : 0 fr. 57 par litre.
Vin rouge, 1877, troisième.
P. a. 200 hectolitres.
Prix : 0 fr. 38 par litre.

984. — Laranja (Manuel Duarte), Coruche (Santarem).

Vin blanc, 1877, S. Joao Baptista (Coimbra).
P. a. 42 hectolitres.
Prix : 0 fr. 43 par litre.
Débouchés : Lisbonne.

985. — Larcher (D. Emilia Andrade), Portalegre.

Sirop de groseilles et cognac, Sé (Portalegre).
Cognac, Sé (Portalegre).
Consommation chez l'exposant.

986. — Laviados (José Fernandes), Bragança.

Vin rouge ordinaire, Guinoude.
P. a. 206 hectolitres.
Prix : 0 fr. 16 par litre.
Débouchés : Bragança, Miranda.

987. — Leacock et Cie, Funchal, à Madère.

Vin Madère de diverses qualités.
Prix : 2,500 fr. par pipe de 400 litres.
Vin Madère S. 4.
Prix : 1,750 fr. par pipe de 400 litres.
Vin Madère, A.
Prix : 1,200 fr. par pipe de 400 litres.
Vin Madère, D.
Prix : 950 fr. par pipe de 400 litres.
Vin Madère, DD.
Prix : 850 fr. par pipe de 400 litres.
Vin Madère « S. Joaõ Verdelho, 1872. »
Prix : 1,500 fr. par pipe de 400 litres.
Vin Madère « Camara de Lobos-Verdelho, 1872. »
Prix : 1,500 fr. par pipe de 400 litres.
Vin Madère « Camara de Lobos-Verdelho, 1873. »
Prix : 1,500 fr. par pipe de 400 litres.

988. — Leal Jor (Joaquim José de Figueirêdo), Almeirim (Santarem).

Vin rouge, Alpiarça.
P. a. 2,652 hectolitres.
Prix : 0 fr. 33 par litre.
Vin blanc « geropiga », Alpiarça.
Prix : 0 fr. 75 par litre.
Eau-de-vie, Alpiarça.

Prix : 1 fr. 45 par litre.
Débouchés : Lisbonne et Porto.

989. — Le Coq (João José), Castello de Vide (Portalegre).

Vin commun, 1863, Prado.
Vin ordinaire, 1876, Prado.
P. a. 200 hectolitres.
Prix : 0 fr. 44 par litre.
Prix aux Expositions de Londres et de Philadelphie.

990. — Leitão (Antonio Baptista Alves), à Covilhã (Castello
Branco).

Vin rouge.
Vin blanc.

991. — Leitão et Filhos.

Vin Madère de différentes années.
Prix : 1,500 par pipe de 400 litres.
Vin Madère « Malv., » 1871.
Vin Madère G., 1872.
Prix : 1,250 fr. par pipe de 400 litres.
Vin Madère, R., 1869.
Prix : 1,500 fr. par pipe de 400 litres.
Vin Madère, C. L., 1873.
Prix : 1,125 fr. par pipe de 400 litres.
Vin Madère, C. do M., 1874.
Vin Madère, F, 1873.
Prix : 1,000 fr. par pipe de 400 litres.
Vin Madère « X. », 1874.
Prix : 650 fr. par pipe de 400 litres.
Vin Madère « Canteiro », 1876.
Prix : 500 fr. par pipe de 400 litres.
Vin Madère « Blanc », 1875.
Prix : 1,125 fr. par pipe de 400 litres.
Vin Madère « Rouge », 1876.
Prix : 525, par pipe de 400 litres.
Vin Madère « Rouge », 1877.

992. — Leite (Guilherme da Costa), Santo Thyrso (Porto).

Vin vert, 1re et 2e qualités (Argemil).
Prix : 0 fr. 28 par litre.
Vin vert, 2e qualité (Argemil).
Prix : 0 fr. 23 par litre.
Débouchés : vente au détail.
Médaille de cuivre à l'Exposition de Philadelphie.

993. — Leite (Joaquim Pinheiro d'Azevedo), Sabroza (Villa Real).

Vin rouge, 1858.
P. a. 540 hectolitres.
Prix : 0 fr. 36 par litre.

Vin rouge, Muscat, 1876.
P. a. 54 hectolitres.
Prix : 0 fr. 44 par litre.
Débouchés : ceux de l'Angleterre et le Porto.

994. — Lemos (M. N. O.), à Gaia (Porto).
Vin.

995. — Levita (Joaquim Fortunato), Portalegre.
Eau-de-vie (Vargem), S. Lourenço.
P. a. 10 hectolitres.
Prix : 1 fr. 66 par litre.
Consommation dans la localité.
Médaille de cuivre à l'Exposition de Philadelphie.

996. — Lima (Antonio dos Santos), Taboa, Coimbra.
Vin blanc. Valle d'Orca.
P. a. 15 hectolitres.
Prix : 0 fr. 64 par litre.
Débouchés : Porto, Coimbra, Figueira.

997. — Lima (Honorio Fiel), Portalegre.
Vin, Carvalhal.
Prix : 0 fr. 44 par litre.
Débouchés : ceux du pays.
Médaille de cuivre à l'Exposition de Philadelphie.

998. — Lima (João de Barro Mimoso Abreu e), Ponte de Lima,
Vianna de Castello.
Vin rouge, dit vert. Quinta da Carcareira.
P. a. 40 hectolitres.
Prix : 0 fr. 54 par litre.
Débouchés : Ponte de Lima.

999. — Lima (Jorge Abraham d'Almeida), Quinta da Palmeira,
Seixal, Lisbonne.
Vin rouge.
Prix : 1 fr. 90 par litre.
Vin blanc.
Prix : 2 fr. 37 par litre.
Débouchés : Lisbonne.

1000. — Lima (José Duarte), Cartaxo, Santarem.
Vin, 1874. Casal do Nobre, Cartaxo.
Prix : 0 fr. 36 par litre.
Vin geropiga 1874, 1875, 1876, 1877, Casal do Nobre Cartaxo.
Prix : 0 fr. 78 par litre.
Vin 1875, Casal do nobre Cartaxo.
Prix : 0 fr. 30 par litre.

Vin 1876, Casal do Nobre, Cartaxo.
Prix : 0 fr. 36 par litre.
Vin 1877. Casal do Nobre, Cartaxo.
P. a. 440 hectolitre.
Prix : 0 fr. 48 par litre.
Débouchés : Lisbonne et Brésil.
Prix à l'exposition de Philadelphie.

1001. — **Lima** (D. Maria da Gloria Ponces de Mello), Nellas, Vizeu.

Vin rouge, 1877.
P. a. 450 hectolitres.
Vin blanc, 1877.
P. a. 50 hectolitres.
Prix : 0 fr. 36 par litre.

1002. — **Lisbão** (Antonio da Silva), Penafiel, Porto.

Vin vert, Chello.
P. a. 16 hectolitres.
Prix : 0 fr. 67 par litre.
Débouchés : ceux du pays.

1003. — **Lobo** (Bazilio Botelho de Lacerda), Vaccariça, Mealhada, Aveiro.

Vin rouge, 1877, Vaccariça, vin rouge « geropiga », 1877, Vaccariça.

1004. — **Lobo** (M. Filomena da Conceição Vaz), Celorico de Basto, Braga.

Vin vert, Soutello, Mollares, Celorico de Basto.
P. a. 168 hectolitres.
Prix : 0 fr. 17 à 0 fr. 47 par litre.
Débouchés : Fafe, Guimarães, Braga, Porto et Brésil.
Prix à l'exposition de Philadelphie de 1876.

1005. — **Lobo** (Joaquim Rodrigues), Oliveira do Hospital, Coimbra.

Vin rouge, Oliveira do Hospital.
P. a. 33 hectolitres.
Prix : 0 fr. 22 par litre.
Consommation dans la localité.

1006. — **Lomelino** (Tarquinio T. da Camara), Punchal, à Madère.

Vin Madère « verdial »
Prix : 16 fr. 31 la bouteille.
Vin Madère « sercial ».
Prix : 57 fr. 85 la bouteille.
Vin Madère « Malvoisie ».
Prix : 27 fr. 86 la bouteille.
Vin Madère « boal ».

Prix : 49 fr. 52 la bouteille.
Vin Madère « muscat »
Prix : 6 fr. 22 la bouteille.
Débouchés : France, Angleterre, Russie, Suède, Allemagne, Danemark, Pays-Bas, Portugal, Etats-Unis d'Amérique et Brésil.

1007. — Lousada (João Baptista), Bragança.

Vin rouge ordinaire, Gimonde.
P. a. 77 hectolitres.
Prix 0 fr. 16 par litre.
Consommation à Mirandella et Bragança.

1008. — Macedo (Camillo de), Peso da Regua, à Régua, Porto.

Vin rouge, 1877. Regua.
P. a. 636 hectolitres.
Prix : 0 fr. 86 par litre.
Vin rouge, 1877. Regua.
Prix : 0 fr. 86 par litre.
Vin blanc, 1877. Regua.
Prix : 0 fr. 86 par litre.
Vin rouge, 1877. Regua.
P. a. 636 hectolitres.
Prix : 0 fr. 86 par litre.
Vin rouge, 1877. Regua.
Prix : 0 fr. 86 par litre.
Vin rouge « Bastardo » 1877. Regua.
Prix : 0 fr. 86 par litre.
Vin rouge « Bastardo », 1877. Regua.
Prix : 0 fr. 86 par litre.
Vin rouge, 1877 Regua.
Prix : 0 fr. 86 par litre.
Vin rouge, 1877. Regua.
Prix : 0 fr. 87 par litre.
Débouchés : Brésil, Angleterre.

1009. — Macedo (Francisco de Freitas), Santarem.

Vin « boal », 1872. Teixeira.
P. a. 8 hectolitres.
Prix : 0 fr. 86 par litre.
Vin « muscat », 1873. Teixeira.
P. a. 17 hectolitres.
Prix : 0 fr. 86 par litres.
Vin « boal », geropiga, 1875. Texeira.
P. a. 12 hectolitres.
Prix : 0 fr. 64 par litre.
Débouchés : Lisbonne, Santarem, Porto.
Prix à l'Exposition de 1862, à Londres.

1010. — Macedo (Joaquim Augusto de), Thomar, Santarem.

Vin rouge « geropiga » (J. M.).

Prix : 1 fr. 40 par litre.
Vin blanc « geropiga » (I. M.).
Prix : 1 fr. 35 par litre.
Vin blanc (I. M.).
Prix : 0 fr. 88 par litre.
Vin blanc (I. S.).
Prix : 0 fr. 88 par litre.
Vin rouge (I. M.).
Prix : 0 fr. 81 par litre.
Vin rouge (I. S.).
Prix : 0 81 par litre.
Vin clairet (I. M.).
Prix : 0 fr. 79 par litre.
Vin clairet (J. S.).
Prix : 0 fr. 79 par litre.
Débouchés : Lisbonne.
Médaille en cuivre à l'Exposition de Philadelphie.

1011. — Macedo. (Pe-Manuel-Homem de), Agueda, Aveiro.

Vin ordinaire, 1877.

1012. — Macedo Jor (Camillo de). Peso da Regua, Villa Réal.

Vin rouge, n° 1, 1873.
P. a. 500 hectolitres.
Prix : 1 fr. 44 par litre.
Vin de table, n° 2, 1877.
P. a. 500 hectolitres.
Prix : 0 fr. 56 par litre.
Vin rouge, n° 3, 1873.
P. a. 500 hectolitres.
Prix : 1 fr. 44 par litre.
Vin de table, n° 4, 1877.
Prix : 0 fr. 56 par litre.
Vin Muscat, n° 5, 1876.
P. a. 250 hectolitres.
Prix : 1 fr. 44 par litre.
Vin Muscat, n° 6, 1876.
Vin de table, n° 7, 1877.
P. a. 500 hectolitres.
Prix : 0 fr. 56 par litre.
Vin blanc, n° 8, 1877.
P. a. 250 hectolitres.
Prix : 0 fr. 56 par litre.
Débouchés : ceux de l'Angleterre.
Mention honorable à l'Exposition de 1873, à Vienne d'Autriche,
et diplôme d'honneur et médaille en cuivre à l'Exposition interna-
tionale de 1876, à Philadelphie.

1013. — Machado (Antonio Anastacio), Santa Martha de Penaguião, Villa Real.

Vin rouge, 1877, Santa Martha.
Prix : 0 fr. 33 par litre.
Consommation dans la localité.

1014. — Machado (Domingos-Alves), Celorico de Basto, Braga.

Vin vert. Carriço, Veade, Celorico de Basto.
P. a. 27 hectolitres.
Prix : 0 fr. 26 par litre.
Débouchés : Rio de Janeiro.
Prix à l'Exposition de 1876, à Philadelphie.

1015. — Machado (José), Portalegre.

Vin blanc, 1858-1877 (Carvalhal).
P. a. 160 hectolitre.
Prix : 0 fr. 30 par litre.
Vin blanc, 1858 (Carvalhal).
Consommation dans la localité.

1016. — Machado (Torquato Ezequiel dos Prazeres), Olivaes, Lisbonne.

Vin blanc (Bucellas), 1876-1877.
Vin blanc (Bucellas), 1876.

1017. — Macias (Alonso Ponce), Campo Maior (Portalegre).

Vin blanc, 1877 (Talha-Bolças).
P. a. 200 hectolitres.
Prix : 0 fr. 53 par litre.
Débouchés : ceux du pays.

1018. — Mackenzie Driscolle e Cie, Santa Marinha, à Porto.

Vins rouges de Porto, 1, 8, 5, 4 secs, riches.
Vins rouges de Porto 1, 8, 5, 4 secs, riches.
Vins rouges de Porto 1, 8, 7, 0, riches.
Vins rouges de Porto, 1, 8, 7, 2.
Vins rouges de Porto, 1, 2, 7, 4, secs.
Vins rouges de Porto, 1, 8, 7, 7.
Vins rouges de Porto (fins), récemment tirés en bouteilles.
Vins rouges de Porto (fins), vieux mis en bouteilles.
Débouchés : les principaux du globe.

1019. — Magalhães (Luiz Antonio de) Fundão (Castello Branco).

Vin rouge, 1877 (Aldeia Nova, Fundão).
Vin blanc, 1877 (Aldeia Nova, Fundão).

1020. — Magalhães (Simeão Pinto de Mesquita Carvalho), Louzada (Porto).

Vin rouge, 1876 (Quinta do Balde).
Prix : 0 fr. 33 par litre.
Mention honorable.

Vin rouge, 1877 (Quinta do Valle da Cunha).
Prix : 0 fr. 33 par litre.
Vin vert, 1877 (Quinta do Paço).
Prix : 0 fr. 27 par litre.
Culture et exploitation des vignobles, en contre-espaliers (latadas) et surtout pour les vins verts, en hautains (vinha d'embarrado), sur les chênes, les peupliers, les ormeaux et les châtaigniers).

1021. — Maior (Lourenço da Cunha Velho Sotto), Braga, à Braga.

Vin vert, Ordem (S. Martinho de Dume), Braga.
Prix : o fr. 30 à 0 fr. 62 par litre.
Consommation au détail chez l'exposant.
Prix à l'Exposition de 1876, à Philadelphie.

1022. — Marinho (Manuel José Gonçalves). Monção (Vianna do Castello).

Vin blanc (Betlo), Monção.
P. a. 46 hectolitres.
Prix : 0 fr. 33 par litre.
Consommation dans la localité.

1023. — Marques (Antonio Bernardo de Meyrelles), Villa Real.

Vin vert, 1877, Matheus, S. Martinho).
P. a. 48 hectolitres.
Prix : 0 fr. 22 le litre.
Vin mûr, 1877 (Maurisca, (Ermida).
P. a. 12 hectolitres.
Prix : 0 fr. 25 par litre.
Consommation dans la localité.

1024. — Marques (Jacintho), Vizeu.

Vin rouge, 1873 (Quinta do Valle da Murta).
P. a. 400 hectolitres.
Prix : 0 fr. 67 par litre.
Vin rouge, 1877 (Quinta do Rio Dao.
P. a. 112 hectolitres.
Prix : 0 fr. 27 par litre.
Consommation dans la localité.

1025. — Marques (José), Agueda, Aveiro.

Vin ordinaire, 1877.

1026. — Marques et Cie (José Pedro), Gavião (Portalegre).

Vin blanc (Gavião).
P. a. 282 hectolitres.
Prix : 0 fr. 33 par litre.

1027. — **Martel** (João Campello Trigueiros), Olivaes (Lisbonne).

Vin blanc, 1874-1876 (Quinta da Francelha).
Prix : 1 fr. 42 par litre.
Vin rouge 1853, 1874, 1876 (Quinta da Francelha).
Vin rouge, 1874.
Prix : 1 fr. 42 par litre.
Vin rouge, 1876.
Prix : 1 fr. 11 par litre.
P. a. 113 hectolitres.

1028. — **Martins** (Antonio), Villa-Flôr (Bragança).

Vin clairet (Villarinho).
P. a. 105 hectolitres.
Prix : 0 fr. 30 par litre.
Consommation à Porto.

1029. — **Martins** (Thomaz Antonio Rodrigues), Villa Real.

Vin, 1877 (Avèlleda, Folhadella.
Prix : 0 fr. 22 par litre.
Consommation dans la localité.

1030. — **Martins et Irmão** (João), à Lisbonne.

Vin (Geropiga), Torres Novas.
Prix : 0 fr. 80 par litre.
Vin (Bastardinho), Santarem.
Prix : 1 fr. 13 par litre.
Vin (Bucellas), Bucellas.
Prix : 1 fr. 07 par litre.
Vin (Carcavellos) Carcavello.
Prix : 1 fr. 07 par litre.
Vin (Collares), Collares.
Prix : 0 fr. 83 par litre.
Vin (Lavradio), Lavradio.
Prix : 1 fr. 07 par par litre.
Vin (Malvoisie), Funchal, à Madère.
Prix : 1 fr. 46 par litre.
Vin (Muscat), Setubal.
Prix : 2 fr. 45 par litre.
Vin de Porto (Duque), Douro.
Prix 1 fr. 46 par litre.
Débouchés : Portugal, Brésil.
Prix à l'Exposition de Philadelphie.

1031. — **Matheus** (Antonio Francisco), Mogofôres, Anadia (Aveiro)

Vin rouge, 1877.
P. a. 71 hectolitres.
Prix : 0 fr, 46 par litre.

1032. — **Matta** (D. Maria Clara Fonseca da), Campo Maior, (Portalegre).

Vin rouge, 1877 (Figueira), N. S. da Esperança,
P. a. 154 hectolitres.
Prix : 0 fr. 40 par litre.
Vente au détail chez le propriétaire.

1033. — Matto (Vicomte da Fonte do), Angra do Heroismo.

Eau-de-vie, 1876. Ile Graciosa.
Prix : 2 fr. 52 par litre.
Fabrication avec le marc des raisins.

1034. — Mattos (Bento Manuel Fernandes de), Mondim de Basto
(Villa Real).
Eau-de-vie d'Arbouses. Mondim.
P. a. 9 hectolitres.
Prix : 0 fr. 56 par litre.
Vin vert. Mondim.
P. a. 143 hectolitres.
Prix : 0 fr. 36 par litre.
Consommation dans la localité.
Médaille en cuivre à l'Exposition universelle de 1876, à Philadelphie.

1035. — Mattos (Francisco Maria de), Coudeixa (Coimbra).

Vin rouge, 1876 et 1877. Carrasca.
P. a. 35 hectolitres.
Prix : 0 fr. 39 par litre.
Vin rouge, 1877.
P. a. 100 hectolitres.
Prix : 0 fr. 39 par litre.
Vin rouge, 1876.
Consommation dans la localité.

1036. — Mattos (Manuel Antonio de), Campo Maior (Portalègre).

Vin blanc « geropiga », 1875, 1876, 1877 de Valle d'Alveiras.
Prix : 1 fr. 11 par litre.
Vin blanc « geropiga », 1875. Valle d'Alveiras.
Prix : 1 fr. par litre.
Vin blanc « geropuga », 1876. Valle d'Alveiras.
Prix : 0 fr. 94 par litre.
Vin blanc ordinaire, 1875. Valle d'Alveiras.
Prix : 0 fr. 66 par litre.
Vin blanc ordinaire. Valle d'Alveiras.
Prix : 0 fr. 63 par litre.
Vin rouge de table, 1875. Valle d'Alveiras.
Prix : 0 fr. 66 par litre.
Vin rouge de table, 1876. Valle d'Alveiras.
Prix : 0 fr. 63 par litre.
Alcool à 30 degrés, 1876. Valle d'Alveiras.
Prix : 2 fr. 22 par litre.
Débouchés : ceux du pays.

Mention honorable à l'Exposition nationale agricole de 1864, à Lisbonne. Mention honorable à l'Exposition internationale de 1865, à Porto. Médaille en cuivre à l'Exposition internationale de 1876, à Philadelphie.

1037. — Mattos)Francisco Maria de) Condeixa, Coimbra.

Vin rouge, 1875.
P. a. 100 hectolitres.
Prix : 0 fr. 39 par litre.
Vin blanc, 1872, 1873, 1874, de Sebal.
P. a. 15 hectolitres.
Prix : 0 fr. 41 par litre.
Consommation dans la localité.

1038. — Meirelles (Antonio Nunes de Chaves), Taboa (Coimbra).

Vin. Póvoa.
P. a. 25 hectolitres.
Prix : 0 fr. 56 par litre.
Débouchés : Coimbra, Figueira, Lisbonne et Porto.

1039. — Mello (Joaquim José de), Mealhada (Aveiro).

Vin rouge, Pampilhosa, 1876, 1877.
Débouchés : Porto, Coimbra.

1040. — Mello (Dr José de), Thomaz (Santarem).

Vin rouge, 1876. Quinta de Santa Martha.
P. a. 200 hectares.
Prix : 0 fr. 38 à 0 fr. 66 par litre.
Débouchés : dans la localité et à Lisbonne.
Médaille à l'Exposition de Philadelphie.

1041. — Meneres (Antonio Ferreira), Cedofeita (Porto).

Vin Malvoisie, 1851. Quinta dos Curraes, Poiares, Regna.
P. a. 127 hectolitres.
Prix : 2,222 fr. 22 la futaille de 636 litres.
Vin Muscat du Douro, 1856. Quinta dos Curraes, Poiares, Regua.
P. a. 101 hectolitres.
Prix : 2,333 fr. 33 la futaille de 636 litres.
Débouchés : Londres, Brésil.
Prix aux Expositions internationales de Paris, Londres et Porto.

1042. — Menezes (José de Vasconcellos Carneiro e), Marco de Canavezes (Porto).

Vin, 1877. Boavista.
Prix : 0 fr. 25 par litre.
Vin, 1877. Cavalleiro.
Prix : 0 fr. 25 par litre.
Vin, 1877. Chouzal.
Prix : 0 fr. 25 par litre.

Vin, 1877. Telho.
Prix : 0 fr. 25 par litre.
Vin, 1875, 1876, 1877. Quinta.
Prix : 0 fr. 25 par litre.
Eau-de-vie première, du marc des raisins. Quinto.
Prix : 1 fr. 40 litre.
Eau-de-vie du marc des raisins, Quinto.
Prix : 0 fr. 84 par litre.
Débouchés : Penafiel et Porto.
Prix à l'Exposition de Philadelphie.

1043. — **Mesquita** (António da Silva), Cartaxo (Santarem).

Vin rouge. Arrudel, Cartaxo.
Vin blanc. Arrudel, Cartaxo.
P. a. 420 hectolitres.
Prix : 0 fr. 50 par litre.
Vin rouge. Gaio, Cartaxo.
Vin blanc. Gaio, Cartaxo.
P. a. 210 hectolitres.
Prix : 0 fr. 67 par litre.
Vin rouge. Ribeira de Pontevel, Cartaxo.
Vin blanc. Ribeira de Pontevel, Cartaxo.
P. a. 840 hectolitres.
Prix : 0 fr. 67 par litre.
Débouchés : Lisbonne et Brésil.
Prix à l'Exposition de Philadelphie.

1044. — **Mimoso** (João Antonio), Castello de Vide (Portalegre).

Vin rouge. Relva.
P. a. 14 hectolitres.
Prix : 0 fr. 57 par litre.
Consommation dans la localité.

1045. — **Mimoso** (Pe José Antonio), Castello de Vide (Portalegre).

Vin de table. Valle do Pereiro.
Prix : 0 fr. 66 par litre.
Consommation dans la localité.

1046. — **Minas** (le Marquis das), Setubal (Lisbonne).

Vin blanc, 1872 et 1875. Quinta da Torre, Palmella.
Vin blanc, 1875. Quinta da Torre, Palmella.
P. a. 45 hectolitres.

1047. — **Miranda** (Antonio Augusto Lobo de), Lagos (Faro).

Vin rouge de table.
P. a. 32 hectolitres.
Prix : 0 fr. 66 par litre.
Vin rouge supérieur.
P. a. 20 hectolitres.
Prix : 1 franc par litre.

Consommation dans la localité.
Prix aux Expositions de 1873, à Vienne d'Autriche et à celle de 1876, à Philadelphie.

1048. — Miranda (D. Joanna Maria de), Castello de Vide (Porta-legre).

Vin rouge. Povoa e Meadas.
P. a. 20 hectolitres.
Prix : 0 fr. 33 par litre.
Consommation dans la localité de production.

1049. — Miranda (Joaquim Lobo de), Lagos (Faro).

Vins blanc et rouge. Lagos.
Prix : 1 fr. 11 par litre.
Vin rouge, Lagos.
Prix : 1 fr. 11 par litre.
Débouchés : ceux du nord de Portugal et Lisbonne.

1050. — Miranda (Manuel-Patricio de), Castello de Vide (Porta-legre.

Vin blanc et eau-de-vie. Povoa e Meadas.
Prix 0 fr. 33 par litre.
Eau-de-vie. Povoa e Meadas.
Prix : 0 fr. 83 par litre.
Consommation dans la localité.

1051. — Moniz (Dr Antonio-Bernardo da Fonseca). Celorico da Beira, Guarda.

Vin.

1052. — Monteiro (Dr Abilio-Affonso da Silva), Ventosa, Meal-hada (Meiro).

Vin rouge, 1870 et 1871.
Récompense à l'Exposition de Philadelphie.
Vin rouge, 1871.
Débouchés : Porto et Figueira.

1053. — Monteiro (Joaquim-Soares), Baião (Porto).

Vin vert. Mesquinhata.
P. a. 60 hectolitres.
Prix : 0 fr. 27 par litre.
Débouchés : Mares, Baião et Porto.

1054. — Monteiro (José-Custodio), Porto.

Vin « commum ». Regua.
Prix : 0 fr. 44 par litre.
Vin « adamado ». Regua.
Prix : 0 50 par litre.
Vin « superior ». Regua.

Prix : 0 fr. 56 par litre.
Vin vert « do Minho ». Amarante.
Prix 0 fr. 56 par litre.
Vin, 1840. Regua.
Prix : 3 fr. 36 par litre.
Exportation sur une large échelle, jamais inférieure à 5,000 hectolitres.
Débouchés : Brésil et Portugal.
Mention honorable à l'Exposition industrielle du Porto.

1055. — Monteiro (José-Justino-Teixeira). Villa Real.

Vins rouges, 1856, 1858, 1865. Vin blanc 1870. Carraseda, do Valle d'Ermida.
Vin, 1858. Carrasedo do Valle d'Ermida.
Vin rouge. 1865. Carrasedo do Valle d'Ermida.
Vin blanc, 1870. Carrasedo do Valle d'Ermida.
P. a. 250 hectolitres.
Prix : 1 fr. 77 par litre.
Médaille en cuivre et diplôme d'honneur à l'Exposition internationale de 1876, à Philadelphie.

1056. — Monteiro (Manuel-Félix). Portalegre.

Eau de vie. Carvalhal.
Prix : 1 fr. par litre.
Consommation dans la localité.

1057. — Moraes (Antonio-Fernando de). Vianna do Castello, à Vianna do Castello.

Vin rouge, dit vert Abelheiras.
Vin rouge, dit vert. Dao.
P. a. 95 hectolitres.
Prix 0 fr. 56 par litre.
Débouchés : ceux de l'arrondissement et du Brésil.
Médaille en cuivre à l'Exposition universelle de 1876, à Philadelphie.

1058. — Moraes (C. de). Peso da Regua Villa Real.

Vins rouges. Regua, 1855, 1873, 1877.
Vins muscats. Regua, 1876.
Vin blanc. Regua, 1877.
Vin de Malvoisie.

1059. — Moraes (Joaquim-Claudino de). Peso da Regua, Villa Real.

Vin blanc. Malvoisie, 1858. Regua.
P. a. 75 hectolitres.
Prix : 2 fr. 22 par litre.
Vin rouge de raisins secs, 1868. Regua.
P. a. 750 hectolitres.

18*

Prix : 1 fr. 67 par litre.
Débouchés : Ceux de l'Angleterre.
Mention honorable et médaille d'honneur à l'Exposition de 1876, à Philadelphie.

1060. — Moraes (José-Alves de). Bragança.

Vin. Armoniz.
P. a. 259 hectolitres.
Prix : 0 22 par litre.
Récompense à l'Exposition de Philadelphie.

1061. — Moraes (José-Corrêa-Pinto de). Constancia, Santarem.

Vin rouge, 1876. Corredouras.
P. a. 12 hectolitres.

1062. — Moraes et Moura. Figueira da Foz.'(Coimbra).

Vin « Lagrima », 1877. Nellas.
Prix : 0 fr. 64 par litre.
Débouchés : ceux du Brésil.

1063. — Moreira (Jeronymo-José). Oeiras, Lisbonne.

Vins « Carcavellos ». Quinta da Alagôâ, Nossa Senhosa dos Remedios, Carcavellos.
P. a. 200 hectolitres.
Superficie cultivée : 30 hectares.
Prix moyen : 0 fr. 50 par litre.
Débouchés : Lisbonne et ceux de l'Europe et Amérique.
Culture perfectionnée selon les méthodes Dr Guyot.

1064. — Morgado (João Alves), Constancia, Santarem.

Vins rouge et blanc, 1877. Enxertal.
P. a. 75 hectolitres.
Prix : 0 fr. 38 le litre.
Vin blanc, 1877.
P. a. 10 hectolitres.
Prix : 2 49 par litre.
Eau-de-vie, 1877. Enxertal.
P. a. 15 hectolitres.
Prix : 2 fr. 66 par litre.
Consommation dans la localité.
Prix décerné au vin blanc et à l'eau-de-vie à l'Exposition de Philadelphie.

1065. — Moura (Christiano-Augusto da Silva), Taboa (Coimbra).

Vin rouge. Bogaria.
P. a. 50 hectolitres.
Débouchés : Brésil, France.
Médaille de cuivre à l'Exposition de 1876, à Philadelphie.

1066. — **Moura** (Francisco d'Assis Marinho e), Vizeu.

Vin rouge, 1877. Quinta de Crestello, Povolide.
P. a. 120 hectolitres.
Prix : 0 fr. 67 par litre.
Consommation à Vizeu.

1067. — **Mourão** (Luiz Teixeira), Alijó (Villa Real).

Vin « Roncao », 1850, 1860, 1861, 1865 (Roncão, Cazal dos Loi-vos).
Vin « Roncão » 1860.
Vin « Roncão » 1861.
Vin « Roncão » 1865 (Roncão, Cazal dos Loiros).
P. a. 133 hectolitres.
Prix : 0 fr. 58 à 0 fr. 64 par litre.
Débouchés : Angleterre, États-Unis, Brésil.
Médaille d'or à l'Exposition de 1867, à Paris ; diplôme d'honneur à l'Exposition de 1873, à Vienne ; médaille en cuivre à l'Exposition de 1876, à Philadelphie.

1068. — **Nascimento** (Manuel Antonio do), Ponta Delgada, à l'île Saint-Michel.

I. Les liqueurs et les eaux-de-vie suivantes :
Amande, « Parfait Amour », Ananas, Anisette, Bigarade, Cédrat, Café, Citron.
Prix : 3 fr. 33 la bouteille.
Argent (Eau d'), Fraise, Mandarine, Marasquin, Or (Eau d'), Perle (Eau de).
Prix : 4 fr. 44 la bouteille.
De Mélasse.
Prix : 1 fr. 66 la bouteille.
Orange (d').
Prix : 2 fr. 77 la bouteille.
Anis (d').
Prix : 1 fr. 66 la bouteille.
De Fenouil.
Prix : 1 fr. 66 la bouteille.
De Vin.
Prix : 3 fr. 33 la bouteille.
Cognac.
Prix : 3 fr. 88 la bouteille.
Débouchés : les îles Saint-Michel, Terceira, Saint-George, Gra-ciosa et Fayal.
Mention honorable à l'Exposition de Vienne, 1873.

1069. — **Navarro** (Joaquim), Fundao (Castello Branco).
Vin rouge, 1877.

1070. — **Neves** (Antonio), Condeixa (Coimbra).
Vin rouge, 1877 (Campires).
P. a. 15 hectolitres.

Prix : 0 fr. 39 par litre.
Consommation à Condeixa.

1071. — Niepoort et C^{le}, à Porto.

Vin de Porto, 1825, 1830, 1834, 1844, 1858, 1863, 1870, 1872.
Prix à bord : 3,000 fr. la futaille de 536 litres.
Vin de Porto, 1830.
Prix à bord : 2,500 fr. la futaille de 536 litres.
Vin de Porto, 1834.
Prix à bord : 2,250 fr. la futaille de 536 litres.
Vin de Porto, 1844.
Prix à bord : 2,500 fr. la futaille de 536 litres.
Vin de Porto, 1858.
Prix à bord : 1,750 fr. la futaille de 536 litres.
Vin de Porto, 1863.
Prix à bord : 1,250 fr. la futaille de 536 litres.
Vin de Porto, 1870.
Prix à bord 1,125 fr. la futaille de 536 litres.
Vin de Porto. 1872.
Prix à bord 1,000 fr. la futaille de 536 litres.
Débouchés : Grande-Bretagne, Allemagne, France, Belgique, Pays-Bas, Suède, Norvége, Russie, Brésil, États-Unis d'Amérique, Afrique, les Indes Orientales.
Exportation sur une grande échelle montant, l'année dernière, à 3,204 hectolitres.
Prix aux Expositions de Paris, 1867 (médaille d'argent), et de Philadelphie, 1876 (médaille de cuivre), obtenus sur la première raison de commerce de l'exposant *Eduard Kebe et C^{io}*.

1072. — Nobre (Manuel de Barros), Taboaço (Vizeu).

Vin blanc, 1876.
Vin rouge, 1877.
Prix : 0 fr. 28 par litre.
Débouchés : le Porto et Brésil.
On a de chaque récolte 150,000 litres pour exportation.

1073. — Nunes (Guilherme Francisco Pereira), Oliveira do Hospital (Coimbra).

Vin rouge (Povoa de S. Cosme).
P. a. 287 hectolitres.
Prix : 0 fr. 25 par litre.
Vin blanc et vin vert (Oliveira do Hospital).
Prix : 0 fr. 25 par litre.
Vin vert (Oliveira do Hospital).
Prix : 0 fr. 22 par litre.
Liqueurs de café, 1re sorte (Oliveira do Hospital).
Prix : 2 fr. 78 par litre.
Liqueurs de café, 2e sorte (Oliveira do Hospital).
Prix : 2 fr. 22 par litre.
Genièvre, cognac et eau-de-vie, 1re sorte (Oliveira do Hospital).

Prix : 2 fr. 22 par litre.
Genièvre, 2ᵉ sorte (Oliveira do Hospital).
Prix : 1 fr. 67 par litre.
Cognac (Oliveira do Hospital).
Prix : 2 fr. 22 par litre.
Récompenses aux Expositions suivantes : 1862 à Londres, 1869 à Coimbra et 1876 à Philadelphie.
On fait une large exportation des vins.

1074. — Nunes (José Jacintho), Grandola (Lisbonne).

Vin rouge, 1874 et 1876.
Vin rouge, 1876.
P. a. 96 hectolitres.
Prix : 2 fr. 37 par litre.
Récompense à l'Exposition de Philadelphie.

1075. — Offley, Cramps et Forresters, Gaia (Porto).

Vin rouge, 1867 (Boa-Vista, Cavas do Douro, Sabroza).
Vin rouge, 1868 (Boa-Vista, Cavas do Douro, Sabroza).
Vin rouge, 1870 (Boa-Vista, Cavas do Douro, Sabroza).
Vin rouge, 1874 (Boa-Vista, Cavas do Douro, Sabroza).
P. a. 279 hectolitres.
Débouchés : Grande-Bretagne et d'autres à l'étranger, où sont très-recherchés.
Prix à l'Exposition de 1876, à Philadelphie.

1076. — Oliveira (Antonio Simoes d'), Castro Daire (Vizeu).

Vin vert, 1877 (Mollédo, Castro Daire).
P. a. 125 hectolitres.
Prix : 0 fr. 36 par litre.
Débouchés : Castro Daire, Sinfães.

1077. — Oliveira (Cesar Augusto de), Guarda.
Vin.

1078. — Oliveira (Domingos Carnerio de), Santo Thyrso (Porto).

Vin vert (Agrella).
Prix : 0 fr. 31 par litre.
Débouchés.

1079. — Oliveira (Jacintho Cesar Ferreira Annes de), Constancia (Santarem).

Vin blanc, 1865, 1866 et 1877 (Montalvo).
Vin blanc, 1866 (Montalvo).
Prix : 0 fr. 33 par litre.
Vin blanc, 1877 (Montalvo).
Prix : 0 fr. 33 par litre.
Consommation dans la localité.

1080. — **Oliveira** (João Marques Ferreira Annes de), Constancia (Santarem).

Vin blanc, 1875 et 1876 (Montalvo).
Prix : 0 fr. 44 par litre.
Vin blanc, 1876 (Montalvo).
Prix : 0 fr. 44 par litre.

1081. — **Oliveira** (Manuel Alves d'), Sabroza (Villa Real).

Vin rouge, 1858 (Covas do Douro).
P. a. 116 hectolitres.
Prix : 0 fr. 33 par litre.
Débouchés : ceux de l'Angleterre et du Porto.

1082. — **Oliveira** (Verissimo Ferreira Annes de), Constancia (Santarem).

Vin, 1877 (Montalvo).
Prix : 0 fr. 27 par litre.

1083. — **Ordaz** (Antonio d'), Covilha, (Castello Branco).

Vin rouge, 1863.
Vin rouge, 1877.

1084. — **Ornellas** (Agostinho d') Porto Moniz, Funchal (Madère).

Vin sec « Madère », 1874.
P. a. 60 hectolitres.
Prix : 5 fr. 55 par litre.

1085. — **Ornellas** (Francisco Lourenço Tavares d'), Condeixa (Coimbra).

Vins blanc, clairet et rouge, 1874 et 1875, Rodam.
P. a. 75 hectolitres.
Prix : 0 fr. 39 par litre.
Vins rouge et blanc, 1876 et 1877, Rodam.
Vin blanc, 1876, Rodam.
Vin rouge, 1877, Rodam.
Vin blanc, 1877, Rodam.
P. a. 75 hectolitres.
Prix : 0 fr. 39 par litre.
Consommation dans la localité.

1086. — **Osorio** (Aurelio Pinto Tavares), à Fundão (Castello Branco).

Vin rouge, 1876.
Vin rouge, 1877.

1087. — **Osorio** (D. Maria Augusta F.), Ponte de Lima (Vianna de Castello.

Vin rouge, dit vert, Ponsada.

Prix : 0 fr. 54 par litre.
Consommation à Ponte de Lima.

1088. — Outeiro (le vicomte do), Fundaõ (Castello Branco).
Vin.

1089.— Pacheco (José Metello), Celorico da Beira (Guarda).
Vin.

1090. —. Paes et Fos (F. Cabral), Sernancelhe (Vizeu).
Vin « da Beira. »
Vin blanc, 1877.
Vin rouge, 1876, 1877.
P. a. 409 hectolitres.
Prix : 0 fr. 22 par litre.
Vin rouge, 1876.
Vin rouge, 1877.
Prix à l'Exposition de Philadelphie.

1091. — Paiva (Antonio Joaquim de), Oliveira do Hospital.
(Coimbra).
Vin « Sarnadella. »
P. a. 71 hectolitres.
Prix : 0 fr. 22 par litre.

1092.— Paiva (Candido Henriques de), Idanha a Nova (Castello
Branco).
Vin rouge, 1877.
Prix : 0 fr. 40 par litre.

1093. — P. de Magalhães et Cie, Lisbonne, à Lisbonne.
Vin de Porto 1815.
Prix : 8 fr. 33 la bouteille.
Vin de Porto, 1834.
Prix : 6 fr. 11 la bouteille.
Vin de Porto, 1840.
Prix : 5 fr. 55 la bouteille.
Vin de Porto, 1854.
Prix : 3 fr. 88 la bouteille.
Vin « Bucellas. »
Prix : 1 fr. 33 la bouteille.
Vin de Porto, 1858.
Prix : 3 fr. 33 la bouteille.

1094.— Paiva (Joaquim Pedro Godinho de), Castello de Vide
(Portalegre).
Vin rouge, 1877, valle do Serraõ.
P. a. 15 hectolitres.
Prix : 0 fr. 68 par litre.
Consommation dans la localité.

1095. — Paiva (José Daniel Ribeiro), Portalegre.

- Vin blanc, Ladeira de Alegrete.
Prix : 0 fr. 55 par litre.
Consommation dans la localité.

1096. — Pamplona J⁰ʳ (Raymundo Martins), Angra do Heroismo.

Vin chauffé à l'étuve, 1875 et 1876, île Graciosa.
Prix : 0 fr. 84 par litre.
Vin chauffé à l'étuve, 1876, île Graciosa.
Prix : 0 fr. 70 par litre.
Eau-de-vie, 1876, île Graciosa.
Prix : 3 fr. 36 par litre.
Débouchés : ceux de l'île.

1097. — Patricio (Francisco Antonio), Guarda.

Vin.

1098. — Pelouro (João Gonçalves), Castello de Vide (Portalegre).

Vin, 1876, Ribeirinho.
Prix : 0 fr. 77 par litre.
Consommation dans la localité.

1099. — Penso (Antonio José Gonçalves), Monção, Vianna de Castello.

Vin rouge, dit vert, Milagre.
P. a. 300 hectolitres.
Prix : 0 fr. 33 par litre.
Consommation dans la localité.
Culture en vignes naines.

1100. — Perdigão (José Maria Bamalho Diniz), Evora.

Vin rouge, 1873, 1874, 1875 et 1876, Quinta da Figueireda S. Pedro.
Vin rouge, 1874.
Vin rouge, 1875.
Vin rouge, 1876.
P. a. 200 hectolitres.
Prix : 0 fr. 55 par litre.
Débouchés : Lisbonne.
Prix à l'Exposition internationale de Philadelphie.

1101. — Pereira (Antonio d'Almeida), Vizeu.

Vin rouge, 1877, S. Christorão.
P. a. 112 hectolitres.
Prix : 0 fr. 28 par litre.
Débouchés : Vizeu.

1102. — Pereira (Antonio de Sá), Bragança.

Vin, 1875, Cana (Boã).
P. a. 62 hectolitres.
Prix : 0 fr. 26 par litre.
Consommation à Bragança.
Récompense à l'Exposition de Philadelphie.

1103. — Pereira (Domingos Dias), Oeiras, Lisbonne.

Vins blancs, n° 1, 1875 et 1876, Quinta da Cartaxeira(Carca-
vellos.
Vin blanc, n° 2, 1875, Quinta da Cartaxeira (Carcavellos).
Vin blanc, n° 3, 1875, Quinta da Cartaxeira (Carcavellos).
Vin blanc, n° 4, 1875, Quinta da Cartaxeira (Carcavellos).
Prix : 1 fr. 46 le litre.
Vin blanc, n° 5, 1876, Quinta da Cartaxeira (Carcavellos).
Vin blanc, n° 6, 1876, Quinta da Cartaxeira (Carcavellos).
Prix : 1 fr. 30 le litre.
Vins rouges, n° 1, 1874, 1875 et 1877, Quinta da Cartaxeira (Car-
cavellos).
Vins rouge, n° 2, 1874, Quinta da Cartaxeira (Carcavellos).
Prix : 1 fr. 95 le litre.
Vin rouge, n° 3, 1875, Quinta da Cartaxeira (Carcavellos).
Vin rouge, n° 4, 1875, Quinta da Cartaxeira (Carcavellos).
Prix : 1 fr. 46 le litre.
Vin rouge, n° 5, 1877, Quinta da Cartaxeira (Carcavellos).
Prix : 1 fr. 13 le litre.
Vin rouge, n° 6, 1877, Quinta da Cartaxeira (Carcavellos).
Prix : 0 fr. 97 le litre.
Vin clairet, Quinta da Cartaxeira (Carcavellos).
Prix : 1 fr. 30 le litre.
Vins blancs « mestre, », n° 1, 1876, Quinta da Cartaxeira (Car-
cavellos).
Prix : 2 fr. 93 le litre.
Vin blanc « mestre, » n° 2, 1876, Quinta da Cartaxeira (Carca-
vellos).
Vin rouge « mestre, » 1877, Quinta da Cartaxeira (Carcavellos).
Prix : 2 fr. 60 le litre.
Vin blanc « muscat, » 1876, Quinta da Cartaxeira (Carcavellos).
Prix : 3 fr. 90 le litre.
Vin rouge « muscat, » Quinta da Cartaxeira (Carcavellos).
Prix : 4 fr. 90 le litre.
Vin blanc de raisins secs, Quinta da Cartaxeira (Carcavellos).
Prix : 3 fr. 26 le litre.

1104. — Pereira (le commandeur Antonio Gomes), n° 67, rue
do Carvalho, à Lisbonne.

Vin rouge, Bemfica (Belem).
P. a. 300 hectolitres.
Prix : 1 fr. 66 la bouteille.

Vin rouge.
P. a. 200 hectolitres.
Prix : 1 fr. 11 la bouteille.
Vin « Arintho, » 1875, Bemfica (Belem).
P. a. 250 hectolitres.
Prix : 2 fr. 77 la bouteille.
Vin muscat, Setubal.
Prix : 11 fr. 11 la bouteille.
Vin « Arintho, » 1876, Bemfica (Belem).
Prix : 3 fr. 33 la bouteille.
Débouchés : ceux du Brésil.

1105.— Pereira (Simão Paes de Faria), Fowes Novas, Sasntanem.

Vin rouge, 1877, Vargos.
P. a. 450 hectolitres.
Prix : 0 fr. 36 par litre.
Eau-de-vie. Vargos.
P. a. 45 hectolitres.
Prix : 0 fr. 76 par litre.
Débouchés : Leiria, Forres Novas, Lisbonne.
Médaille de cuivre à l'Exposition internationale de 1876, à Phila-
delphie.

1106.— Pessanha (José Pereira de Castro). Santa Comba,
Vianna de Castello.

Vin rouge. Rives de Lima.
Prix : 0 fr. 56 par litre.
Médaille en cuivre à l'Exposition internationale de Philadelphie,
1876.

1107.— Pezzoni (Félix), S. Mamede, Lisbonne.

Les liqueurs suivantes :
Crème de vanille, alkermes de Florence, crème de roses, crème
vitaline, costume, curaçao, bitter, eau d'or, menthe, vermouth,
marasquin, punch anglais, parfait amour, anisette de Bordeaux.
Prix : 1 fr. 88 la bouteille.
Récompense à l'Exposition de Philadelphie.

1108.— Pimenta (José Victorino de Bentes). Castello de Vide,
Portalegre.

Vin. Manitta, Santa Maria.
Prix : 0 fr. 77 par litre.
Consommation dans la localité.

1109.— Pimeutel (Jose Reis). Castello de Vide, Portalegre.

Eau-de-vie. Povoa e Meadas.
Prix : 1 fr. 33 par litre.
Consommation dans la localité.

1110. — **Pinheiro** (Antonio Joaquim). Castello, Branco.
Vin rouge, 1874.

1111. — **Pinto** (Antonio Borges). Peso da Regua, Villa Real.
Vins rouges, n° 1, 1873-1877. Vin blanc 1877, vins muscats 1876.
Prix : 1 fr. 44 par litre.
Vin de table, n° 2, 1877.
Prix 0 fr. 56 par litre.
Vin de table, n° 3, 1873.
Prix : 1 fr. 44 par litre.
Vin de table, n° 4, 1877.
P. a. 250 hectolitres.
Prix : 0 fr. 56 par litre.
Vins muscats, n° 5, 1876.
P. a. 120 hectolitres.
Prix : 1 fr. 44 par litre.
Vin muscat, n° 6, 1876.
Prix : 1 fr. 44 par litre.
Vin de table, n° 7, 1877.
P. a. 250 hectolitres.
Prix : 0 fr. 56 par litre.
Vin blanc, n° 8, 1877.
P. a. 120 hectolitres.
Prix : 0 fr. 56 par litre.
Débouchés : Ceux de l'Angleterre.

1112. — **Pinto** (Antonio de Serpa). Marco de Canavezes, Porto.
Vin blanc (vert), 1866. Quinta do Vimieiro.
Vin blanc (vert), 1875. Quinta do Vimieiro.
Vin blanc (vert), 1876. Quinta do Vimieiro.
Vin « Bastardo » (vert), 1870. Quinta do Vimieiro.
Vin « Alvarelhas » (vert), 1876. Quinta do Vimieiro.
Vin « Bastardo » (vert) 1875. Quinta do Vimieiro.
Vin rouge (vert), 1875. Quinta do Vimieiro.
Vin rouge (vert), 1876. Quinta do Vimieiro.
Vin rouge (vert), 1877. Quinta do Vimieiro.
P. a. 163 à 218 futailles de 546 litres.
Prix 0 fr. 27 à 0 fr. 30 par litre.
Ces vins, qu'on nomme au nord du Portugal « vins verts » procèdent de vignes naines cultivées en palissades sur des treillages en forme de contre-espaliers.
Vin rouge (vert), 1876. Quinta de Bonssas.
P. a. 108 à 136 hectolitres.
Prix : 0 fr. 27 à 0 fr. 30 par litre.
Ce vin procède des hautains. Dans le nord du Portugal on marie fréquemment la vigne aux chataigniers, chênes, peupliers, érables, etc., qui servent de tuteurs aux ceps. La vigne ainsi cultivée est dite : « vigne d'enforcade ou d'embarrado ».
Débouchés : ceux du pays et du Brésil pour les vins de la « Quinta di Vimieiro » et le Porto pour le dernier procédant des hautains de la « Quinta de Boussas.

1113. — Pinto (Antonio Peixoto), Sabroza, Villa Réal.

Vin blanc, 1877.

1114. — Pinto (Antonio Rodrigues), Coimbra.

Vins, 1877. Beira e Bairrada.
Prix : 0 fr. 74 par litre.
Vin, 1877. Beira e Bairrada.
Prix : 0 fr. 56 par litre.
Exportation sur une grande chelle.
Débouchés : Brésil et Afrique.

1115. — Pinto Basto (Vasco Ferreira). Cedofeita, Porto.

Vin de Porto trop vieux. Villa Nova de Gaia. Haut-Douro.
Prix : 3.000 fr. la futaille de 534,24 litres. Haut-Douro.
Vin de Porto, trop vieux. Villa Nova de Gaia. Haut-Douro.
Prix : 3,500 fr. la futaille de 534,24 litres. Haut-Douro.
Récolte antérieure à 1815.
Débouchés : Porto.

1116. — Pinto (D. Iguez d'Assumpção), Vinhaes, Bragança.

Vin rouge. Vinhaes.
P. a. 45 hectolitres.
Prix : 0 fr. 20 par litre.
Consommation dans la localité.

1117. — Pinto Basto (Alberto Ferreira), Cantanhede, Coimbra.

Vin blanc, 1876 et 1877. Quinta do Rol, Ança.
Vin blanc, 1877. Quinta do Rol, Ança.

1118. — Pinto Basto (Reynaldo Ferreira (Quinta de Fója, Figueira
da Foz, Coimbra.

Vins rouges, 1874 et 1875.
Production annuelle : 106,50 hectolitres.
Prix : 0 fr. 31 par litre.
Vins rouges, 1875.
Production annuelle : 10,650 hectolitres.
Prix : 0 fr. 31 par litre.
Prix à l'Exposition universelle de Philadelphie.

1119. — Pires (Antonio Joaquim), rue de S. Bento, à Lisbonne.

Les liqueurs suivantes :
Anisette, rue de São Bento, Lisbonne.
Café, rue de São Bento, Lisbonne.
Digestive, rue de São Bento, Lisbonne.
Saint-Bento, rue de São Bento, Lisbonne.
Mandarine, rue de São Bento, Lisbonne.
Violette, rue de São Bento, Lisbonne.

P. a. 600 flacons de la liqueur Digestive, 800 de celle de Saint-
Bento et 500 de chacune des autres.
Prix : 2 fr. 22 le flacon.
Débouchés : ceux du pays.

1120. — Poiares (Antonio José da Silva), Cantanhede, Coimbra.

Vins rouges, 1874 et 1877. Bolho.
Prix : 0 fr. 39 par litre.
Vins rouges, 1re, 1877. Bolho.
Prix : 0 fr. 39 par litre.
Vin rouge, 2e, 1877. Bolho.
P. a. 160 à 200 hectolitres.
Prix : 0 fr. 39 par litre.
Débouchés : Porto, Figueira et les populations au nord de Can-
tanhede.

1121. — Pombal (le marquis de), Oeiras, Lisbonne.

Vin blanc, 1836, 1875, 1876, Oeiras.
De retour des Indes.
Vin blanc, 1875. Oeiras.
Vin blanc, 1876. Oeiras.
Vin rouge, 1875-1876. Oeiras.
Vin rouge, 1876. Oueiras.
P. A. 256 hectolitres.
Prix : 0 fr. 80 par litre de la dernière récolte.
Médaille à l'Exposition universelle de Philadelphie.

1122. — Ponces (Amandio G.), Beja.

Vin rouge. Ma do Valle.
P. a. 41 hectolitres.
Prix : 0 fr. 84 par litre.
Consommation dans la localité.

1123. — Portella (José Ferreira), Anadia, Aveiro.

Vin rouge, 1877. Aguim.
P. a. 150 hectolitres.
Prix : 0 fr. 46 par litre.
Débouchés : Lisbonne, Figueira.

1124. — Portella Jor (José Ferreira), Anadia, Aveiro.

Vins blanc et rouge. Aguim.
P. a. 30 hectolitres.
Prix : 0 fr. 40 par litre.
Vin rouge. Aguim.
P. a. 120 hectolitres.
Prix : 0 fr. 46 par litre.
Débouchés : Lisbonne, Porto, Figueira.

1125. — Prego (Ezequiel de Paula Sá), Quinta do Monte
d'Ouro, Alemquer, Lisbonne.

Vins. Freixial, Ventosa.)
P. a. 4,260 hectolitres.
Prix : 0 fr. 31 par litre.
Débouché : Lisbonne.
Prix à l'Exposition internationale de Philadelphie, 1876.

1126. — Prime (vicomte de), Vizeu.

Cidre.
Vin de raisins secs, « Prime ».
Vins rouges, « de Vr Secco, » n° 1.
P. a. 150 à 200 hectolitres.
Vins rouges n° 2.
Vin rouge, « de Prime. »
P. a. 100 à 150 hectolitres.
Débouchés : Vizeu, Figueira, Brésil.

1127. — Proença (D. Maria-Rosalia-Tavares). Covilhã, Castello-Branco.

Vin.
Eau-de-vie.

1128. — Pucci (José-Carlos). Lisbonne.
Vin Madère.
Prix : 1 fr. 07 par litre.
Mention honorable à l'Exposition de 1862, à Londres.

1129. — Quaresma (Antonio-Egypcio). Condeixa (Coimbra).

Vin rouge, 1875 et 1877.
Vin rouge, 1877.
P. a. 100 hectolitres.
Prix : 0 fr. 39 par litre.
Consommation à Condeixa et Coïmbra.

1130. — Quaresma (Manuel-Lopes). Condeixa (Coïmbra).

Vin rouge, 1877. Condeixa.
P. a. 40 hectolitres.
Prix : 0 fr. 39 par litre.
Consommation à Condeixa.

1131. — Queiroz (Bento-Pinto da Veiga). Alijó (Villa-Real).
Vins rouges, 1834, 1877 et vin blanc 1834. Quinta do Merouço.
Vin blanc, 1834. Quinta do Merouço.
Vin rouge, 1877. Quinta do Merouço.
P. a. 198 hectolitres.
Prix : 0 fr. 61 à 0 fr. 81 par litre.
Débouchés : Angleterre, Etats-Unis, Brésil.
Récompenses à différentes Expositions.

1132. — Queiroz (José de Sequeira Pinto). Darque (Vianna de Castello).

Vin blanc. Quinta de Caes Novo.
P. a. 35 hectolitres.
Prix: 0 fr. 63 par litre.
Consommation dans la localité.
Médaille en cuivre à l'Exposition internationale de 1876, à Philadelphie.

1133. — Ramalho (Francisco de Lemos). Condeixa (Coimbra).

Vins clairets, 1877. Sebal et Anobra.
P. a. 50 hectolitres.
Prix : 0 fr. 39 par litre.
Vin clairet, 1877. Anobra.
P. a. 54 hectolitres.
Prix : 0 fr. 39 par litre.
Vins rouges 1868, 1870 et 1877. Ega et 1833 Sebal.
P. a. 350 hectolitres.
Prix : 0 fr. 42 par litre.
Vin rouge, 1874. Ega.
Débouchés : Condeixa, Souze.
Vins Geropiga 1830 et 1873.

1134. — Ramires (Balthazar-Perez).

Vin blanc. Evora.
Prix : 5 fr. 55 la bouteille.

1135. — Raposo (Joaquim-Nunes-Vieira), Coruche (Santarem).
Vin blanc. S.-João-Baptista, Coruche.
P. a. 100 hectolitres.
Prix : 0 fr. 49 par litre.
Débouchés : Lisbonne.

1136. — Rebello (Augusto de Souza). Villa-Real.

Vin rouge, 1877.
Eau-de-vie, 1871.

1137. — Regalão (Dr José-Elisio da Gama). Oliveira do Hospital
     (Coimbra).

Vin rouge et Geropiga. Lagares.
P. a. 2,400 hectolitres.
Prix : 0 fr. 25 par litre.
Vin « Geropiga. » Lagares.
P. a. 200 hectolitres.
Prix 0 fr. 36 par litre.
Exportation pour l'étranger.

1138. — Reiriz (José-Maria-Gonçalves-Roma de). Monção (Vianna
     de Castello).

Vin blanc. Reiriz.
Prix : 0 fr. 33 par litre.
Consommation dans la localité.

Culture sur des treillages.
Prix à l'Exposition internationale de 1876, à Philadelphie.

1139. — Reixa (Joao-Antonio-Nunes). Villa-Viçosa (Evora).

Vin blanc, 1877.

1140. — Relvas (Carlos). Gollegã (Santarem).

Vin blanc, 1846. Barroca.
Prix à la 2e année : 2 fr. 77 la bouteille.
Vin rouge, 1865. Barroca.
Prix à la 2e année : 2 fr. 77 la bouteille.
Débouchés : ceux du pays.
Médailles aux Expositions universelles de Vienne d'Autriche, de
1873, et de Philadelphie, 1876.

1141. — Roquette (José-Ferreira). Salvaterra de Magos (Santarem).

Vins blanc et rouge. Quinta de Escaroupim.
Prix : 0 fr. 33 par litre.
Vin rouge. Quinta de Escaroupim.
Prix : 0 fr. 47 par litre.
Fabrication sur une grande échelle.
Débouchés, Lisbonne.
Diplôme et médaille de cuivre à l'Exposition de 1876, à Phila-
delphie.

1142. — Rosa (José da Graça-Pereira). Niza (Portalegre).

Vin et eau-de-vie. Niza.
Prix : 0 fr. 44 par litre.
Eau-de-vie. Niza.
Prix : 0 fr. 94 par litre.
Consommation dans la localité.

1143. — Ruella (José da Silva). Agueda (Aveiro).

Vin blanc, 1874.
Prix : 1 fr. 41 par litre.

1144. — Sá (José-Pereira de Castro e). Arcos de Valle de Vez
(Vianna do Castello).

Vin rouge, dit vert.
Prix : 0 fr. 54 par litre.

1145. — Sá (José-Philippe de). Santarem.

Vin, Azoia de Baixo.
P. a. 168 hectolitres.
Prix : 0 fr. 44 par litre.
Débouchés : Lisbonne.
Prix aux Expositions internationales de 1873, à Vienne, et de
1876, à Philadelphie.

1146. — **Saavedra** (José Augusto Pinto da Cunha), Sabroza, Villa Real.

Vin muscat, 1870, et vin rouge, 1850. Provezende.
P. a. 32 hectolitres.
Prix : 0 fr. 39 par litre.
Vin rouge, 1850. Provezende.
P. a. 271 hectolitres.
Prix : 0 fr. 28 par litre.
Débouchés : Ceux de l'Angleterre et le Porto.

1147. — **Saldanha** (Antonio Augusto), Bragança.

Vin rouge ordinaire. Cabeço de Sao Bartholomen.
P. a. 155 hectolitres
S. c. 4 hectares.
Prix : 0 fr. 14 par litre.
Consommation à Bragança.

1148. — **Salgado** (Gaudencio Rodrigues), Povoa de Pereiro, Anadia.

Vins rouges et blancs, 1877.
P. a. 71 hectolitres.
Prix : 0 fr. 45 par litre.
Vin blanc, 1877.
P. a. 284 hectolitres.
Prix : 0 fr. 40 par litre.

1149. — **Sampaio** (José da Cunha), Villa Nova de Famalicão, Braga.

Vin vert. Quinta de Bôamense.
Prix à l'Exposition de Philadelphie.

1150. — **Sandeman Brothers**, Lisbonne, à Lisbonne.

Vin Bucellas, Hoch-Villa de Rei, Bucellas.
P. a. 8460 hectolitres.
Prix : 500 fr. la futaille de 526,50 litres,
Débouchés : Grande-Bretagne, les Indes, l'Allemagne et les Etats-Unis de l'Amérique.
Pas d'alcool additionné.

1151. — **Sandeman et Cte**, Villa Nova de Gaia, Porto.

Vin de Porto de diverses qualités.
Prix : 3,750 fr. la futaille.
Vin de Porto. S. N° 2.
Prix : 2,000 fr. la futaille,
Vin de Porto. S. 1868.
Prix : 2,000 fr. la futaille.
Vin de Porto. S. 1870. N° 1.
Prix : 1,750 fr. la futaille.
Vin de Porto. S. 1870. N° 2.

Prix : 1,750 la futaille.
Vin de Porto, S. 1872.
Prix : 1,500 fr. la futaille.
Vin de Porto « blanc très-supérieur. » S. VB. N° 1.
Prix : 3,750 fr. la futaille.
Vin de Porto. S. VB. N° 2.
Prix : 3,000 fr. la futaille.

1152. — Santos (João Eduardo dos), à Porto.

Vin, 1812. — 1851, 1858, 1865, 1870. Haut-Douro.
Vin « Malvoisie, » 1815 — 1847. Haut-Douro.
Vin « Muscat » 1834 — 1847 1861. Haut-Douro.
Vin, 1841 — 1858 — 1865 — 1870. Haut-Douro.
Vin « Lacrima-Christi. » Haut-Douro.
Vin « Bastardo, » 1847. Haut-Douro.
Prix à l'Exposition internationale de 1865, à Porto, et à celle de
1867, à Paris.

1153. — Santos (João Rodrigues dos), Fundao, Castello-
Branco.

Vin rouge, 1877.

1154. — Santos (José Joaquim dos), Funchal, à Madère.

Bière. R. das Murças, S. Pedro, Funchal.
P. a. 109 hectolitres.
Prix : 1 fr. 11 par litre.
Consommation à Funchal.

1155. — Santos (Roberto Antonio dos), Funchal, Madère.

Vin Madère « Petit-clairet, » 1865.
Prix, à bord, 1,562,50 la pipe de 400 litres.
Vin Madère « Boal, » 1866.
Vin Madère « vieux, » 1866.
Même prix.

1156. — Saraiva (Dionysio Antonio), Almeirim, Santarem.

Vin blanc « Fernam Pires, » 1875. Talhão.
P. a. 135 hectolitres.
Prix : 0 fr. 44 par litre.
Vin rouge ordinaire, non préparé, 1877. Talhão.
P. a. 225 hectolitres.
Prix : 0 fr. 33 par litre.
Débouchés : Lisbonne.
La récolte de l'année dernière est encore en cave.
Frais de transport jusqu'à Lisbonne : 2 fr. 22 par hectolitre.

1157. — Saraiva (D. Lucia Leopoldina do Arnaral), Celorico
da Beira, Guarda.

Vin.

1158. — **Sarmento** (Guilherme d'Almeida e Silva), Baiao, Porto.

Vin rouge, 1877. Anquiaδ, Gestaço.
Prix : 0 fr. 30 par litre.
Débouchés : Baiao, Mesao-Frio.

1159. — **Seabra** (Dr Alexandre de), Anadia, Aveiro.

Vin rouge, 1864 et 1877. Quinta do Raso.
Vin rouge 1877. Quinta do Raso.
Vin rouge 1877. Pereiro.
Vin blanc, 1874 et 1877.
Vin blanc, 1877.
P. a. de la ferme : 284 hectolitres.
Superficie cultivée : 14 hectares.
Prix de la récolte dernière : 0 fr. 40 par litre.
Prix à l'Exposition de Londres et à celle de Philadelphie.

1160. — **Seabra** (Pº José dos Santos), Mealhada, Aveiro.

Vin rouge, 1870.
P. a. 47 hectolitres.
Prix : 0 fr. 26 le litre.
Débouchés : Brésil.

1161. — **Seixas** (José Maria Ayres de), Gaviao, Portalegre.

Vins blancs et rouges, Valle da Torre.
P. a. 7 hectolitres.
Prix : 0 fr. 33 par litre.
Vin rouge, Valle da Torre.
P. a. 29 hectolitres.
Prix : 0 fr. 38 par litre.
Débouchés : ceux du pays.
Prix à l'Exposition de Philadelphie.

1162. — **Sepulveda** (D Adelaïde), Condeixa, Coimbra.

Vin rouge, 1877, Condeixa.
P. A. 20 hectolitres.
Prix : 0 fr. 36 par litre.
Consommation à Condeixa.

1163. — **Serodio** (José-Antonio-Fernandes), Villa Real.

Vin rouge, 1860.
Eau-de-vie, 1870.

1164. — **Serodio** (Manuel-Gonçalves), Sabroza, Villa Real.

Vin blanc « geropïga », 1877. Paradellinhos.
P. a. 54 hectolitres.
Prix : 0 fr. 28 par litre.
Débouchés : ceux de l'Angleterre et le Porto.

1165. — Serrado (Vicomte do), Vizeu.

Vin rouge. Vizeu.
P. a. 375 hectolitres.
Prix : 0 fr. 56 par litre.
Débouchés : Figueira da Foz et Brésil.

1166. — Serrano (Manuel), Vinhaes, Bragança.

Vins. Espinhoso, Candêdo.
P. a. 67 hectolitres.
Prix : 0 fr. 22 par litre.
Consommation dans la localité.

1167. — Silva (Antonio-Lopes da). Coruche, Santarem.

Vin rouge, 1877. Coruche.
P. a. 63 hectolitres.
Prix : 0 fr. 40 par litre.
Débouchés : Lisbonne.

1168. Silva e Cosens Gaya, à Porto.

Vin de Porto REX. De différentes récoltes.
1830.
Prix : 4,500 la futaille de 534 litres 24.
Vin de Porto REX. De différentes récoltes.
1844.
Prix : 3,250 fr. la futaille de 534 litres 24.
Vin de Porto, 1868.
Prix : 1,750 fr. la futaille de 534 litres 24.
Vin de Porto Val de Mendiz. Val de Mendiz, Alijó.
1870.
Prix : 1,625 fr. la fataille de 534 litres 24.
Vin de Perdiz. Ervedoza, Pesqueira.
1873
Prix : 1,450 fr. la futaille de 534 litres 24.
Vin de Porto Val de Mendiz. Val de Mendiz, Alijó.
1875.
Prix : 1,200 fr. la futaille de 534 litres 24.
Vin rouge de Porto. Perdiz. Ervedoza, Pesqueira.
1875.
Prix : 1,250 fr. la futaille de 534 litres 24.
Vin rouge de Porto.
75
Prix : 1,200 fr. la fataille de 534 litres 24.
Débouchés : Europe, Australie, Etats-Unis, les Indes, etc.
Médaille et diplôme de 1re classe à l'Exposition internationale de
Philadelphie de 1876.

1169. — Silva (Francisco Candido da). Torres Novas, Santarem.

Vin « geropiga ». Torres Novas.
P. a. 300 hectolitres.

Prix : 0 fr. 73 par litre.
Débouchés : Porto, Lisbonne.
Médaille de cuivre à l'Exposition de 1876, à Philadelphie.

1170. — Silva (Francisco-Ribeiro da). Vizeu.

Vin rouge. Louroza.
P. a. 225 hectolitres.
Prix ; 0 fr. 34 par litre.
Consommation dans la localité.

1171. — Silva (Dr Joaquim-Maria da). Santarem.

Vin blanc. Campo.
P. a. 100 hectolitres.
Prix : 0 fr. 47 par litre.
Débouchés : Lisbonne et Santarem.

1172. — Silva (Joao-Vicente da). Funchal, à Madère.

Vins « Madère ».
Débouchés : Paris et Londres.

1173. — Silva (José-Fernandes da). Carrazêda d'Auciaes, Bragança.

Vin, 1877. Mira.
P. a. 126 hectolitres.
Prix : 0 fr. 27 par litre.
Débouchés : Dans la localité et à Porto.

1174. — Silva (José-Gonçalves da). Portalegre.

Vin 1875 et 1877. Barrocas.
Prix : 0 fr. 88 par litre.
Vin 1876. Ribeira de Niza.
Prix : 1 fr. 11 par litre.
Vin 1877. Barrocas.
Prix : 0 fr. 44 par litre.
Consommation dans la localité.
Médaille d'honneur à l'Exposition de Philadelphie.

1175. — Silva (José-Maria da). Elvas, Portalegre.

Vin rouge et eau-de-vie, 1877. San Gonçalo.
P. a. 80 hectolitres.
Prix : 0 fr. 56 par litre.
Eau-de-vie, 1877. Gonçalo.
P. a. 10 hectolitres.
Prix : 1 fr. 12 par litre.
Consommation dans la localité.
Médaille de cuivre à l'Exposition internationale de 1876, à Philadelphie.

1176. — Silva (Manuel-Ferreira da). Cantanhede (Coïmbra).

Vin blanc « Fernão Pires », 1877. Porcariça.
Prix : 0 fr. 48 par litre.
Consommation dans la localité.

1177. — Silva et Cᵉ, Figueira da Foz (Coimbra).

Vins clairet et rouge « Termo », 1877. Cannas, Mangualde.
Vin rouge « Termo », 1877. Cannas, Mangualde.
Prix 0 fr. 89 par litre.
Débouchés : Brésil, Afrique.

1178 — Silva (Paulino da Cunha e). Santarem.

Vin blanc « Arintho », 1877. Quinta da Commenda.
P. a. 100 hectolitres.
Prix : 1 fr. par litre.

1179. — Silveira (D. Maria-Balbina). Idanha-a-Nova (Castello Branco.

Vin rouge, 1877.
Prix ; 0 fr. 44 par litre.

1180. — Silveira (Antonio Vicente), Idanha-a-Nova (Castello Branco.

Vin rouge, 1873 et 1877.
Prix : 0 fr. 44 par litre.
Vin rouge, 1877.
Prix : 0 fr. 44 par litre.

1181. — Simoes (Dʳ Antonio Augusto da Costa), Mealhada (Avero).

Vin rouge 1873 et vins blancs 1868 et 1877 (Quinta do Murtal).
Production annuelle : 84 hectolitres.
Prix : 1 fr. 11 le litre.
Vin blanc, 1868 (Quinta do Murtal).
Production annuelle : 22 hectolitres.
Récompense à l'Exposition de Philadelphie.
Vin blanc, 1877 (Quinta do Murtal).
Production annuelle : 22 hectolitres.
Prix : 0 fr. 40 par litre.

1182. — Simoès (Joaquim Antonio), Figueira da Foz (Coimbra).

Vins rouges et secs, 1868, 1870, 1872, 1874, 1875.
Vins rouges et doux, 1872, 1873, 1876.
Vins blancs et secs, 1870, 1874, 1875.

1183. — Sobrinho (José Martius Lettaõ), Vidigueira (Beja).

Vin rouge (Valle de Rossim).
Prix : 0 fr. 33 par litre.
Débouchés : Lisbonne, Setubal, Evora et pour la consommation
à la mine de São Domingos.

1184. — **Société** commerciale et vinicole de la « Bairrada », Mealhada (Aveiro).

(Compagnia commercial e vinicola da Bairrada).
Vin blanc 1874 (Bairrada).
Prix : 3 fr. 96 le litre.
Vin « boal », 1875 (Bairrada).
Prix : 4 fr. 76 le litre.
Vins rouges et blancs, 1874, 1875 et 1876 (Bairrada).
Prix : 1 fr. 58 le litre.
Vin rouge « généreux », 1875 (Bairrada).
Prix : 3 fr. 11 le litre.
Viu rouge « supérieur », 1874 (Bairrada).
Prix : 2 fr. 37 le litre.
Vin rouge « Bussaco », 1876 (Bairrada).
Prix : 1 fr. 58 le litre.
Débouchés : France, Angleterre, États-Unis, Brésil, Afrique, etc.
Récompense à l'Exposition de Philadelphie.
Fondée en avril 1875.

1185. — **Sotto Mayor** (Gaetano Malheiro Sá), Ponte de Lima (Vianna da Castillo).

Vin rouge dit Vert (Quinta da Barreira).
Prix : 0 fr. 54 par litre.
Cidre.
Débouchés : ceux de la localité.

1186. — **Sotto Mayor** (Rodrigo da Cunha), Monçaõ (Vianna de Castello).

Vin clairet (Masedo).
P. a. 550 hectolitres.
Prix : 0 fr. 28 par litre.
Consommation dans la localité.

1187. — **Sousa** (Antonio de Sampaio Coelho), Guarda.
Vin.

1188. — **Sousa** (Bonifacio Moreira de), Vallongo (Porto).
Vin vert.
Consommation dans la localité.

1189. — **Sousa** (Eduardo Augusto de), Alijó (Villa Real).
Vins rouges, 1875 et 1877. Quinta da Barca, Castedo.
Vin rouge, 1877. Quinta da Barca, Castedo.
P. a. 198 hectolitres.

Prix : 0 fr. 61 par litre.
Débouchés : l'Angleterre, États-Unis, Brésil, Porto.
Mention honorable à différentes Expositions.

1190. — **Sousa** (Francisco José de), Alemquer (Lisbonne).

Vin. Labrugeira.
P. a. 255 hectolitres.
Prix : 0 fr. 25 à 0 fr. 31.
Consommation dans la localité.
Médaille en cuivre à l'Exposition de 1876, à Philadelphie.

1191. — **Sousa** (Heitor de Lemos e), Vizeu.

Vin rouge, 1877. Villa Chã.
P. a. 62 hectolitres.
Prix : 0 fr. 33 par litre.
Débouchés : ceux de l'arrondissement.

1192. — **Sousa** (Joaquim da Silva e), Batalha (Leiria).

Eau-de-vie, 30°.
Prix : 1 fr. 50 par litre.

1193. — **Sousa** (José Candido de Castro e), Beja.

Vin rouge. Pombaes, S. Thiago.
P. a. 180 hectolitres.
Prix : 0 fr. 44 par litre.
Débouchés : Beja.
Médaille à l'Exposition internationale de 1876, à Philadelphie.

1194. — **Sousa** (José Maximo Coelho e), Guarda.

Vin.

1195. — **Sousa** (José Xavier Cerveira), Anadia (Aveiro).

Vins rouge et blanc, 1877. Aguim.
Vin blanc, 1877. Aguim.

1196. — **Sousa** (Julio Cezar de), Sabroza (Villa Real).

Vins rouges, 1870 et 1877. Paradellinhos.
Prix : 0 fr. 30 par litre.
Vin blanc « geropuga », 1872 et vin blanc, 1876. Paradellinhos.
Prix : 0 fr. 44 par litre.
Vin blanc, 1876. Paradelhinos.
P. a. 217 hectolitres.
Prix : 0 fr. 39 par litre;
Vin rouge, 1877. Paradelhinhos.
P. a. 217 hectolitres.
Prix : 0 fr. 30 par litre.
Débouchés : Porto et Angleterre.

1197. — **Sousa** (Manuel Lopes de), Guarda.

Vin.

1198. — **Santo Maior** (Manuel de Macedo), Montemor-o-Velho, Coimbra.

Vins blancs, 1875, 1876 et 1877. Amieiro, Arasede, etc.
Prix : 0 fr. 44 par litre.
Vin blanc, 1876. Amieiro, Arasede, etc.
Prix : 0 fr. 44 par litre.
Vins rouges, 1874, 1875, 1876 et 1877. Amieiro, Arasede, etc.
Prix : 0 fr. 44 par litre.
Vin rouge, 1875, Amieiro, Arasede, etc.
Prix : 0 fr. 44 par litre.
Vin rouge, 1876. Amieiro, Arasede, etc.
Prix : 0 fr. 44 par litre.
Vin rouge, 1877. Amieiro, Arasede, etc.
Prix : 0 fr. 44 par litre.
Consommation dans la localité.

1199. — Tavares (Antonio Bernardo Xavier), Portalegre.

Vin 1866. Ribeira de Niza.
P. a. 30 hectolitres.
Prix : 0 fr. 39 par litre.
Consommation dans la localité.

1200. — Tavares (Dr Luiz Pinto), Covitha. (Castello Branco).
Vin.

1201. — Teixeira (Candido), Lisbonne.

Vin Madère de diverses années.
Prix : 5 fr. 55 la bouteille.
Vin Madère, 1867.
Prix : 4 fr. 45 la bouteille.
Vin rouge, Madère.
Prix : 2 fr. 50 la bouteille.
Vin muscat, Madère.
Prix : 5 fr. 5 la bouteille.
Vin Porto.
Prix : 2 fr. 20, la bouteille.
Débouchés : Angleterre, Russie.

1202. — Teixeira (José Antonio), Bragança.

Vin rouge. Cabeço grande.
P. a. 200 hectolitres.
S. c. 5 hectares.
Prix : 0 fr. 16 par litre.
Consommation dans la localité.

1203. — Teixeira Junior (Antonio Joaquim), Angra do Heroismo.

Bière, 1877.
Prix : 1 fr. 14 par litre.
Brasserie de nouvelle fondation.

1204 — Themudo (Antonio Dias), à Coimbra.

Les liqueurs suivantes :
Chartreuse, 1877.
Prix : 55 fr. la bouteille.
Cognac.
Absinthe de Bordeaux.
Crème de rose.
Crème de mandarine.
Prix : 2 fr. 77 la bouteille.
Père Kermann.
Prix : 3 fr. 04 la bouteille.
Vin « Geropiga », 1875.
Prix : 1 fr. 38 la bouteille.
Etablissement fondé en 1869 ; fabrication supérieure à 5,555 fr.,
importance moyenne annuelle des produits vendus. Un alambic pour
la distillation des liqueurs. Médaille en cuivre à l'Exposition dis-
trictale de Coimbra de 1869 ; médaille de progrès à l'Exposition uni-
verselle de Vienne d'Autriche, en 1873 ; médaille à l'Exposition in-
ternationale de 1876, à Philadelphie.

1205. — Thomaz (Antonio Fernandes), Condeixa, Coimbra.

Vin rouge, 1877. Bom-Velho.
P. a. 30 hectolitres.
Prix : 0 fr. 42 par litre.
Consommation à Condeixa.

1206 — Torre (Antonio Barbas da), Covilha, Castello Branco.

Vin rouge.

1207. — Trincaõ (Romão Antimes), Lappas, Torres Novas, Santarem.

Vin rouge, 1877. Lappas.
P. a. 450 hectolitres.
Prix : 0 fr. 46 par litre.
Débouchés : Lisbonne.
Médaille à l'Exposition de 1876 à Philadelphie.

1208 — Vahia (Diogo de Souza), Lamego, Vizeu.

Vin blanc, 1872. Quinta do Buganote.
P. a. 63 hectolitres.
Prix : 1,000 la futaille de 633,375 litres.
Vin « Lachrima », 1873.
P. a. 126 hectolitres.
Prix : 888 fr. la futaille de 33,375 litres.
Vin rouge, 1874. Quinta do Buganote.
P. a. 190 hectolitres.
Prix : 833 fr. la futaille de 33,375 litres.
Vin rouge sec, 1875. Quinta do Buganote.
P. a. 443 hectolitres.

Prix : 777 fr. le futaille de 33,376 litres.
Consommation dans le Porto.

1209. — Vanzellers e C^a, Santa Marinha, Villa Nova de Gaia, Porto.

Vin blanc et rouge de Porto REGINA de diverses années.
Prix : 2,500 fr. la futaille.
Vin blanc et rouge de Porto. Cima-Corgo, région du Douro à la province de Traz-os-Montes.
Prix : 2,250 fr. la futaille.
Vin rouge de Porto, REX. Cima-Corgo, région du Douro à la province de Traz-os-Montes.
Prix : 2.500 la futaille.
Vin rouge de Porto, 1851. Cima-Corgo, région du Douro, à la province de Traz-os-Montes.
Prix : 2,250 fr. la futaille.
Vin rouge de Porto, 1869. Cima-Corgo, région du Douro, à la province de Traz-os-Montes.
Prix : 1,500 fr. la futaille.
Vin blanc de Porto, 1870. Cima-Corgo, région du Douro, à la province de Traz-os-Montes.
Prix : 1,750 fr, 'a futaille.
Vin rouge de Porto, 1873. Cima-Corgo, région du Douro, à la province de Tras-os-Montes.
Prix : 1,250 fr. la futaille.
Vin rouge de Porto, 1875. Cima-Corgo, région du Douro, à la province de Traz-os-Montes.
Prix : 1,125 fr. la futaille.
Débouchés : Grande-Bretagne, Russie, Norwège, Allemagne, France et les Amériques.

1210. — Vasconcellos (Antonio de Villa Nova e), Vidigueira, Béja.

Vin blanc. Quinta dos Corvaes.
Prix : 0 fr. 28 par litre.
Débouchés : ceux du pays et particulièrement la Mine de São Domingos.

1211. — Vasconcellos (Antonio de Villa Nova e), Vidigueira, Béja.

Vin rouge. Quinta dos Corvaes.
Prix : 0 fr. 28 par litre.
Débouchés : Lisbonne, Setubal, Evora, Algarve, Mine de São Domingos et île de Saint-Michel.

1212. — Vasconcellos (Cesar de), Mafra (Lisbonne).

Vin rouge, 1877, Quinta da Abelheira.
Prix : 0 fr. 53 par litre.
Vin rouge, 1877, Quinta da Abelheira.
Prix : 0 fr. 52 par litre.

1213. — Vasconcellos (Gaspar de Queróz Botelho d'Almeida e) Ponte de Lima (Vianna do Castello).

Vin rouge, dit vert, Quinta da Bôa Vista.
P. a. 60 hectolitres.
Prix : 0 fr. 54 par litre.
Consommation dans la localité.

1214. — Vasconcellos (D' João da Camara Leme Homem de), Funchal, à Madère.

Alcool de betteraves, fabrica de S. João.
Fabrication d'essai.

1215. — Vaz (Joao José), Murça (Villa Real).

Vin blanc. Marlim.
P. a. 400 hectolitres.
Prix : 0 fr. 33 par litre.
Débouchés : Regua (Porto).

1216. — Vas (Manuel Martins), Fundaô (Castello Branco).

Vin liquoreux.

1217. — Velho (Miguel da Cuhha), Barcellos (Braga).

Vin vert, Ponte, Tamel, Barcellos.
P. a. 20 hectolitres.
Prix : 0 fr. 63 par litre.
Consommation dans la localité et ses environs.

1218. — Velloso (Francisco Antonio das Neves), Cantanhede (Coimbra).

Vin rouge, Ança, Cantanhede.
P. a. 30 à 40 hectolitres.
Prix : 0 fr. 48 par litre.
Débouchés : Coimbra.

1219. — Velloso (Luiz José da Fonseca), S. Pedro do Sul (Vizeu).

Vin vert, 1876 et 1877, Quinta da Pirraça.
Vin vert, 1877, Quinta da Pirraça.
P. a. 24 hectolitres.
Prix : 0 fr. 56 par litre.
Débouchés : Porto.

1220. — Vianna J°' (Antonio Luiz Gonçalves), Vianna do Castello.

Vin rouge, dit vert, Campo da Agonia.
P. a. 10 hectolitres.
Consommation à Vianna.

1221. — Vianna (Joao de Lemos), Idanha-a-Nova (Castello Branco).

Vin rouge, 1877.
Prix : 0 fr. 44 par litre.

1222. — Vicomte de Moimenta da Beira, Sernancelhe, Vizeu.

Vin rouge, 1877.

1223. — Victoria (comte da Praia da), Angra do Heroismo.

Vin, 1874, Porto Martins, Cabo da Praia.
Prix : 1 fr. 96 par litre.
Vin « Angélique », île Graciosa.
Prix : 1 fr. 96 par litre.
Consommation dans la localité.

1224. — Vidal (Dr Antonino José Rodrigues), Mealhada (Aveiro).

Vin rouge clairet, 1877.
P. a. 300 hectolitres.
Vin blanc, 1873.
P. a. 30 hectolitres.
Débouchés : Brésil.
Prix à l'Exposition de Philadelphie.

1225. — Vide (Domingos d'Almeida), Cambra (Aveiro).

Vin vert, Macieira et différentes localités.
Prix : 0 fr. 38 par litre.

1226. — Videira (Luiz), Vinhaes (Bragança).

Vin, Vinhaes.
P. a. 81 hectolitres.
Prix : 0 fr. 20 par litre.
Consommation dans la localité.

1227. — Vieira (Bernardo de Campos), Taboa (Coimbra).

Vin rouge, Valle.
P. a. 20 hectolitres.
Prix : 0 fr. 28 par litre.
Débouchés : Porto, Coimbra, Figueira.

1228. — Villa Garcia (vicomte de), Lousada (Porto).

Vin de table et vin vert, Quinta de Lobrigos.
P. a. 304 hectolitres.
Prix : 0 fr. 40 par litre.
Vin vert, Quinta de Lobrigos.
P. a. 198 hectolitres.
Prix : 0 fr. 36 par litre.
Débouchés : vente en détail à la cave.

1229. — Villa Real (la comtesse de), Olivaes (Lisbonne).

Vins rouges, 1851, 1852, 1858 et 1874 ; vin blanc, 1851, Charneca, S. Bartholomeu.

P. a. 170 hectolitres.
Prix : 0 fr. 52 par litre.
Récompenses aux Expositions de 1851, à Londres, 1867, à Paris
et 1870, à Lisbonne.
Vin blanc, 1re, 1868, S. Bartholomen, Charneca.
Vin blanc, 2e, 1878, S. Bartholomen, Charneca.
P. a. 170 hectolitres.
Prix : 0 fr. 52 par litre.
Médaille en cuivre aux Expositions internationales de 1851, à
Londres, et de 1867 à Paris. Mention honorable à l'Exposition de
la Royale Société d'Agriculture Portugaise de 1870, à Lisbonne.
Débouchés : Lisbonne.

1230. — Villarinho de S. Romão (le vicomte de), Miragaia
(Porto).

Vin de table, Quinta de Villarinho de S. Romão.
P. a. 437 hectolitres.
Prix : 0 fr. 51 par litre.
Vin clairet, Quinta de Villarinho de S. Romão.
Prix : 0 fr. 60 par litre.
Vin muscat, Quinta de Villarinho de S. Romao.
P. a. 82 hectolitres.
Prix : 0 fr. 80 par litre.
Vin malvoisie, sec, Quinta de Villarinho de S. Romão.
P. a. 109 hectolitres.
Prix : 0 fr. 80 par litre.
Débouchés : Portugal, Brésil, Grande-Bretagne, etc.
Prix à l'Exposition internationale de 1865, à Porto.
Médaille à l'Exposition internationale de 1876, à Philadelphie.

1231. — Vizeu (Henrique Nunes), Nellas (Vizeu).

Vin rouge, 1875, Quinta de Monte de Lobos.
P. a. 272 hectolitres.
Prix : 0 fr. 39 par litre.
Débouchés : Figueira da Foz et étranger.
Récompense à l'Exposition de 1876, à Philadelphie.

1232. — Warre e C⁰, Gaia, à Porto.

Vin rouge de Porto, 1847, Haut-Douro.
Prix : 22 fr. 22 la bouteille.
Vin rouge de Porto, 1851, Haut-Douro.
Prix : 16 fr. 66 la bouteille.
Vin rouge de Porto, 1854, Haut-Douro.
Prix : 13 fr. 88 la bouteille.
Vin de Porto, 1865, Haut-Douro.
Vin de Porto, 1870, Haut-Douro.
Prix à bord : 1,500 fr. la futaille de 546,96 litres.
Vin de Porto, 1873, Haut-Douro.
Prix à bord : 1,375 fr. la futaille de 546,96 litres.
Vin rouge, 1875, Haut-Douro.

Prix à bord : 1,200 fr. la futaille de 546,96 litres.
Vin rouge pour exportation, n° 1, Haut-Douro.
Prix à bord : 1,750 fr. la futaille.
Vin rouge pour exportation, n° 2, Haut-Douro.
Prix à bord : 1,600 fr. la futaille.
Vin rouge pour exportation, n° 3, Haut-Douro.
Prix à bord : 1,200 fr. la futaille.
Vin rouge pour exportation, n° 4, Haut-Douro.
Prix à bord : 800 fr. la futaille.
Vin blanc pour exportation, n° 5, Haut-Douro.
Vin rouge pour exportation, n° 5, Haut-Douro.
Prix à bord : 1,000 fr. la futaille, Haut-Douro.
Débouchés : Grande-Bretagne et d'autres à l'étranger.
Marque à feu usitée par l'exposant.
Maison de très-ancienne fondation.

1233. — Welsh Brothers, Funchal, à Madère.

Vins de Madère de diverses années et de divers crûs.

1234. — Wiese De Krohn, Gaïa (Porto).

Vin rouge de Porto, 1858.
Prix : 3,375 fr. la futaille de 546 litres.
Vin rouge de Porto, 1863.
Prix : 2,500 fr. la futaille de 546 litres.
Vin rouge de Porto, 1865.
Prix : 2,125 fr. la futaille de 546 litres.
Vin rouge de Porto, 1868.
Prix : 1,700 fr. la futaille de 546 litres.
Vin rouge de Porto, 1869.
Prix : 1,500 fr. la futaille de 546 litres.
Vin rouge de Porto, 1870.
Prix : 1,375 fr. la futaille de 546 litres.
Vin rouge de Porto, 1871.
Prix : 1,250 fr. la futaille de 546 litres.
Vin rouge de Porto, 1872.
Prix : 1,125 fr. la futaille de 546 litres.
Vin rouge de Porto. 1re et 2e, 1873.
Prix : 1,000 fr. la futaille de 546 litres.
Vin rouge de Porto, supérieur, deux sortes, 1875.
Prix : 875 fr. la futaille de 546.
Vin rouge de Porto, inférieur, deux sortes, 1875.
Prix : 750 fr. la futaille de 546 litres.
Vin rouge de Porto, 1876.
Prix : 700 fr. la futaille de 546 litres.
Vin rouge de Porto « S. claro » et « S. coberto. »
Prix : 625 fr. la futaille de 546 litres.
Vin blanc de Porto, n° 1.
Prix : 1,500 fr. la futaille de 546 litres.
Vin blanc de Porto. n° 2.
Prix : 1,250 fr. la futaille de 546 litres.

Vin blanc de Porto, n° 3.
Prix : 1,000 fr. la futaille de 546 litres.
Vin blanc de Porto, V B.
Prix : 750 fr. la futaille de 546 litres.
Médaille à l'Exposition universelle de 1873 à Vienne d'Autriche.

GROUPE VIII.

AGRICULTURE ET PISCICULTURE

CLASSE 76

SPÉCIMENS DES EXPORTATIONS RURALES
ET USINES AGRICOLES

1. — Queiroz (José de Sequeira Pinto), Darque, Vianna do Castello.

Échantillons de ceps taillés selon les procédés usités dans le pays viticole de cet arrondissement.

2. — Rocha et Comp². Fabrique de « guano animal, » Alcantara, Belem (Lisbonne).

Echantillon d'engrais animal, désigné particulièrement sous le nom de guano animal.
Prix : 1 fr. 66 à 2 fr. 22 les 15 kilogrammes.
Etablissement fondé en 1874.
Prix à l'Exposition internationale de 1876, à Philadelphie.

CLASSE 84

3. — **Administration** générale des forêts du royaume, à Lisbonne.

Position des madragues pour la pêche du thon sur la côte de l'Algarve.

Plan d'une madrague pour la pêche du thon à la portugaise.

Modèle d'un engin pour la pêche de la sardine sur la côte de Cezimbra et Setubal.

Madrague pour la pêche du thon au cap Santa Maria.

CLASSE 43

Leuschner.

Minerais de fer de Povoa.

Compª Transtagana.

Minerais d'Aljustrel.

CLASSE 47

Municipalité de Lisbonne (Abattoir).

Collection d'échantillons de suif.

CLASSE 49

Municipalité de Lisbonne (Abattoir).

Boyaux de bœuf préparés.

20*

CLASSE 52

Municipalité de Lisbonne.
Abattoir de Lisbonne. Collections et Vues photographiques.

CLASSE 64

Zuca (J. F. da Silva).
Machine à cirer les chaussures.

CLASSE 66

Direction des Travaux publics du Mondego.
Échantillons de marbres.

COLONIES PORTUGAISES

COLONIES PORTUGAISES

GROUPE II

ÉDUCATION ET ENSEIGNEMENT.
MATÉRIEL ET PROCÉDÉS DES ARTS LIBÉRAUX.

CLASSE 13

INSTRUMENTS DE MUSIQUE.

1. — **Musée des colonies**, à Lisbonne. — Collection d'instruments de musique des indigènes de l'Afrique et de l'Inde portugaise.

CLASSE 15

INSTRUMENTS DE PRÉCISION.

2. — **Musée des colonies**, à Lisbonne. — Collection de monnaies des colonies portugaises.

CLASSE 16

CARTES ET APPAREILS DE GÉOGRAPHIE ET DE COSMOGRAPHIE.

3. — Musée des colonies, à Lisbonne. — Cartes géographiques et topographiques d'Angola, Mozambique, Zambeze et de l'Inde portugaise.

GROUPE III

MOBILIER ET ACCESSOIRES.

CLASSE 20

CÉRAMIQUE.

1. — Musée des colonies, à Lisbonne. — Poterie commune de l'Afrique et de l'Inde portugaise.

CLASSE 24

ORFÉVRERIE.

2. — **Musée des colonies**, à Lisbonne. — Pièces diverses d'argenterie pour la table, de l'Inde portugaise, de Macao et de Timor.

CLASSE 29

MAROQUINERIE, TABLETTERIE ET VANNERIE.

3. — **Musée des colonies**, à Lisbonne. — Ouvrages sculptés en ivoire, bois et coco; objets divers en bois; corbeilles, paniers et ouvrages divers en paille, etc., confectionnés par les indigènes de l'Afrique et de l'Inde portugaise.

GROUPE IV

TISSUS, VÊTEMENTS ET ACCESSOIRES.

CLASSE 30

FILS ET TISSUS DE COTON.

1. — **Musée des colonies**, à Lisbonne. — Échantillons de fil et tissus de coton des indigènes de l'Afrique, de l'Inde portugaise, de Macao et de Timor.

CLASSE 31

FILS ET TISSUS DE LIN, DE CHANVRE, ETC.

2. — Musée des colonies, à Lisbonne. — Échantillons de tissus de lin et d'autres fibres végétales de l'Afrique et de l'Inde portugaise.

CLASSE 34

SOIES ET TISSUS DE SOIE.

3. — Musée des colonies, à Lisbonne. — Écharpe de soie confectionnée par les indigènes de l'île de Santo Thomé (St-Thomas et Prince).

CLASSE 36

DENTELLES, TULLES, BRODERIES ET PASSEMENTERIES.

4. — Musée des colonies, à Lisbonne. — Crochets et broderies en soie, confectionnés par les indigènes du Cap-Vert, de Macao et de Timor.

CLASSE 37

ARTICLES DE BONNETERIE ET DE LINGERIE; OBJETS ACCESSOIRES DU VÊTEMENT.

5. — Musée des colonies, à Lisbonne. — Éventails de palmier, de paille et de racines, confectionnés par les indigènes de l'Afrique et de l'Inde portugaise, etc.

CLASSE 38

—

HABILLEMENT DES DEUX SEXES.

6. — Borges (A. da Casta Ferreira), à l'île de Santo Thiago (Cap-Vert). — Chapeaux de paille fabriqués par les indigènes de l'île Brava.

7. — Musée des colonies, à Lisbonne. — Chapeaux de paille fabriqués par les indigènes de l'Afrique et de l'Inde portugaise; autres coiffures, pagnes, ceintures, colliers et manilles différentes de diverses provenances.

—

CLASSE 39

—

JOAILLERIE ET BIJOUTERIE.

8. — Musée des colonies, à Lisbonne. — Boucles d'oreilles, chaînes, broches, bagues d'or; boîte de dents d'hippopotame et d'or; manilles, chaînes, porte-cigares et autres objets d'argent de l'Afrique et de l'Inde portugaise.

—

CLASSE 40

—

ARMES PORTATIVES; CHASSE.

9. — Musée des colonies, à Lisbonne. — Collection d'armes de guerre et de chasse des indigènes de l'Afrique et de l'Inde portugaise.

GROUPE V

INDUSTRIES EXTRACTIVES.
PRODUITS BRUTS ET OUVRÉS.

CLASSE 43

PRODUITS DE L'EXPLOITATION DES MINES ET DE LA MÉTALLURGIE.

1. — Musée des colonies, à Lisbonne. — Échantillons de pierres et de marbres d'Angola et Cap-Vert; cuivre natif et minerais de cuivre, de fer, de plomb des provinces d'Angola, Cap-Vert, Mozambique et de l'Inde portugaise; or en pépite et en poudre de Mozambique; soufre de Cap-Vert et d'Angola; sel minéral des provinces d'Angola, Cap-Vert, Mozambique et Saint-Thomas et Prince, de l'Inde portugaise, et de Macao et Timor, etc.; plâtre d'Angola et Cap-Vert; houille d'Angola; cuivre et fer en barre d'Angola et de Mozambique; ustensiles de fer et de cuivre de l'Afrique et de l'Inde portugaise; riche et nombreuse collection d'ocres et de kaolins de l'Afrique et de l'Inde portugaise.

CLASSE 44

PRODUITS DES EXPLOITATIONS ET DES INDUSTRIES FORESTIÈRES.

2. — Camara (R. M. da), à l'île de Santo Thomé (Saint-Thomas et Prince). — Échantillons de bois divers.

3. — **Simas** (A. C. da Costa), à l'île de Santo Thomé (Saint-Thomas et Prince). — Échantillons de bois divers.

4. — **Musée des colonies**, à Lisbonne. — Riche et nombreuse collection d'échantillons de bois divers de l'Afrique et de l'Inde portugaise.

CLASSE 45

PRODUITS DE LA CHASSE; PRODUITS, ENGINS ET INSTRUMENTS DE LA PÊCHE ET DES CUEILLETTES.

5. — **Almeida** (J. J. de), à Benguella (Angola). — Orseille d'arbres.

6. — **Bastos** (M. J. A.), à Mossamedes (Angola). — Orseille d'arbres.

7. — **Benholeit** (I.), à l'île de Boa Vista (Cap-Vert). — Orseille.

8. — **Bentubo** (J. L.), à l'île de Santo Antão (Cap-Vert). — Orseille.

9. — **Borges** (A. da Costa Ferreira), à l'île de Santo Thiago (Cap-Vert). — Corail rouge; huile de « poisson gata, » huile de baleine et de tortue.

10. — **Carneiro** (A. D.), à Benguella (Angola). — Gomme copale.

11. — **Costa** (J. V. B.), à l'île de Santo Vicente (Cap-Vert). — Huile de « poisson gata. »

12. — **Gomes** (A. M.), à l'île de Santo Thiago (Cap-Vert). — Orseille des rochers.

13. — **Gonçalves** (J. P.), à Benguella (Angola). — Orseilles des arbres et des rochers.

14. — **Musée des colonies**, à Lisbonne. — Riche et nombreuse collection d'orseilles d'arbres et de rochers; collection de cornes de divers animaux, défenses d'éléphants et d'hippopotame; œufs d'autruche, carapaces de tortue; huiles de poissons; éponges; perles, etc.; fruits de plantes diverses obtenus sans culture; riche et nombreuse collection de gommes copales, etc.

15. — **Serruya** (I.), à l'île de Santo Thiago (Cap-Vert). — Coraux rouge, rose et blanc.

CLASSE 46

—

PRODUITS AGRICOLES NON ALIMENTAIRES.

16. — **Agua Isé** (Barão de), à l'île de Santo Thomé (Saint-Thomas et Prince). — Huile de palmier et de coco.

17. — **Azevedo** (D. L. de), à l'île de Santo Thiago (Cap-Vert). — Huile de coco.

18. — **Baptista** (E. J. da Costa), à Benguella (Angola). — Liamba.

19. — **Barroso** (P. R.), à Encoge (Angola). — Coton, safran, ricin et arachides.

20. — **Bastos** (M. J. A.), à Mosamedes (Angola). — Tabac en boules.

21. — **Borges** (A. da Costa Ferreira), à l'île de Santo Thiago (Cap-Vert). — Laine végétale « borbardeira, » cotons blanc et jaune; indigo; tabac; arachides; noir de palmier; gousses différentes, etc.

22. — **Benholeil** (I.), île de Boa Vista (Cap-Vert). — Pignons d'Inde.

23. — **Carvalho** (V. J. de), à Benguella (Angola). — Tabac en rouleaux.

24. — **Carvalho** (A. J. de Souza), île de Boa Vista (Cap-Vert). — Pignons d'Inde.

25. — **Carreira** (J. M.), à Benguella (Angola). — Tabac roulé.

26. — **Coimbra** (J. B. A.), à Capangombe (Angola). — « Montiate. »

27. — **Cunha** (F. P. da), à Encoge (Angola). — Coconote; pignons d'Inde et ricin.

28. — **Evora** (A. O.), île de Santo Thiago (Cap-Vert). — Pains d'indigo.

29. — **Ferreira** (F. de Salles), à Loanda (Angola). — Tabac en feuilles et cigares.

30. — **Fialho** (V. R.), à Zenza do Golungo (Angola). — Sésame.

31. — **Fortunato** (L. G.), à Zenza de Golungo (Angola). — Sésame en branches, palmitos et palmeirinhos.

32. — **Lima** (A. B.), île de Boa Vista (Cap-Vert). — Huile de pignons d'Inde.

33. — **Loff** (J. T.), île de Santo Thiago (Cap-Vert). — Pains d'indigo et pignons d'Inde.

34. — **Lopes** (G. A.), île de Boa Vista (Cap-Vert). — Laine de mouton blanche et noire.

35. — **Machado** (M. M. da Conceição), à Ambaca (Angola). — Tabac en feuilles, huile de coconote.

36. — **Marques** (A. S.), île de Santo Thomé (Saint-Thomas et Prince). — Arachides, graines d'isaquente; graines de pau caixão, ricin, pignons d'Inde, noix d'acajou; laine végétale; rocou; huile de palmier; huile de coco.

37. — **Musée des colonies**, à Lisbonne. — Riche et nombreuse collection d'échantillons de coton de l'Afrique et de l'Inde portugaise; riches et nombreuses collections d'échantillons de diverses fibres et de laines végétales, de graines diverses pour l'industrie, de plantes médicinales, de matières tinctoriales, de cires, d'huiles et tabacs divers.

38. — **Rocha** (J. N.), île de Santo Antaõ (Cap-Vert). — Tabac roulé et tabac en feuilles.

39. — **Silva** (B. J. da), Encoge (Angola). — Rocou.

40. — **Sponcio** (J. A.), île de Boa Vista (Cap-Vert). — Tabac roulé.

CLASSE 47

PRODUITS CHIMIQUES ET PHARMACEUTIQUES.

41. — **Borges** (A. da C. Ferreira), île de Santo Thiago (Cap-Vert). — Savon de pignons d'Inde.

42. — Carvalho (A. J. de Souza), île de Boa Vista (Cap-Vert). — Savon d'huile de palmier.

43. — Marques (A. S.), île de Santo Thomé (Saint-Thomas et Prince). — Savons; sirop de baume de Santo Thomé et sel marin.

44. — Musée des colonies, à Lisbonne. — Collections d'échantillons de sel marin de diverses provenances.

45. — Sponcio (J. A.), île de Boa Vista (Cap-Vert). — Savon.

CLASSE 49

CUIRS ET PEAUX.

46. — Ferrão (M. dos Santos), à Mossamedes (Angola). — Cuirs divers.

47. — Mello (S. L. de), à Cacheu (Cap-Vert). — Peau tannée.

48. — Santos (L. da Cruz dos), à Mossamedes (Angola). — Cuir tanné supérieur.

GROUPE VI

OUTILLAGE ET PROCÉDÉS DES INDUSTRIES MÉCANIQUES

CLASSE 50

MATÉRIEL ET PROCÉDÉS DE L'EXPLOITATION DES INDUSTRIES MÉCANIQUES.

1. — Musée des colonies, à Lisbonne. — Ustensiles de forgerons.

CLASSE 51

MATÉRIEL ET PROCÉDÉS DES EXPLOITATIONS RURALES
ET FORESTIÈRES.

2. — **Musée des colonies**, à Lisbonne. — Ustensiles agricoles
et forestiers.

CLASSE 52

MATÉRIEL ET PROCÉDÉS DES USINES AGRICOLES ET DES
INDUSTRIES ALIMENTAIRES.

3. — **Musée des colonies**, à Lisbonne. — Ustensiles pour les
industries agricoles.

CLASSE 56

MATÉRIEL ET PROCÉDÉS DU FILAGE ET DE LA CORDERIE.

4. — **Musée des colonies**, à Lisbonne. — Collections de cordes
diverses fabriquées avec des fibres de l'Afrique et de l'Inde
portugaise.

CLASSE 57

MATÉRIEL ET PROCÉDÉS DU TISSAGE.

5. — **Musée des colonies**, à Lisbonne. — Métiers pour la fabrication des tissus, employés par les indigènes de l'Afrique.

CLASSE 66

MATÉRIEL ET PROCÉDÉS DU GÉNIE CIVIL, DES TRAVAUX
PUBLICS ET DE L'AGRICULTURE.

6. — Musée des colonies, à Lisbonne. — Matériaux de construction employés par les indigènes du Cap-Vert, Angola et Saint-Thomas et Prince.

GROUPE VII

PRODUITS ALIMENTAIRES

CLASSE 69

CÉRÉALES, PRODUITS FARINEUX AVEC LEURS DÉRIVÉS.

1. — Ameida (J. J. de), à Benguella (Angola). — Massambala blanche et massango.

2. — Andrade (J. J. de Souza e), à Icolo e Bengo (Angola). — Maïs.

3. — Baptista (E. da Costa E.), à Benguella (Angola). — Farine de massambala.

4. — Bastos (Th. J. Alves), à Mossamedes (Angola). — Maïs.

5. — Borges (A. da C. Ferreira), île de Santo Thiago (Cap-Vert). — Farine de manioc.

6. — Carreira (J. M.), à Benguella (Angola). — Massambala, massango, farine de manioc et de maïs.

7. — **Carvalho** (V. J. **de**), à Benguella (Angola). — Riz écorcé.

8. — **Cordeiro** (M. L.), à Dombe Grande (Angola). — Farine de manioc.

9. — **Evora** (A. O.), île de Santo Thiago (Cap-Vert). — Maïs jaune.

10. — **Ferreira** (J. **de Paiva**), à Mossamedes (Angola). — Farine de manioc.

11. — **Gomes** (A. M.), île de Santo Vicente (Cap-Vert). — Maïs jaune.

12. — **Machado** (M. M. da **Conceïco**), à Ambaca (Angola). — Riz.

13. — **Marques** (A. **Sisinando**), île de Santo Thomé (Saint-Thomas et Prince). — Maïs blanc.

14. — **Mello** (S. L. **de**), à Cacheu (Cap-Vert). — Riz en paille et dépaillé et fundé.

15. — **Musée des colonies**, à Lisbonne. — Riches et nombreuses collections de céréales et farines.

16. — **Pina** (A. de **Bastos**), à Quilengues (Angola). — Massambala rouge.

17. — **Rosa et Irmão**, à Quilengues (Angola). — Massongo, massambala, blé et maïs.

18. — **Santos** (J. J. **dos**), à Benguella (Angola). — Maïs.

CLASSE 72

VIANDES ET POISSONS.

19. — **Almeida** (J. D. **de**), Mossamedes (Angola). — Conserves de viande et poisson.

20. — **Musée des colonies**, à Lisbonne. — Poissons; azeite sec; poisson-corvina sèche et poisson-pargo sec.

CLASSE 73

LÉGUMES ET FRUITS.

21. — **Almeida** (J. D. de), Mossamedes (Angola). — Conserves de légumes.

22. — **Barroso** (P. R.), à Encoge (Angola. — Haricots rayés.

23. — **Borges** (A. da Costa), île de Santo Thiago (Cap-Vert). — Haricots bouge; mancarra et haricot fava.

24. — **Carreira** (J. M.), à Benguella (Angola). — Haricot certanejo et haricots carrapato.

25. — **Evora** (A. O.), île de Santo Thiago (Cap-Vert). — Haricots bouge.

26. — **Fialho** (V. R.), à Zenza do Golungo (Angola). — Haricots gris et vasconcellos.

27. — **Fortunato** (L. G.), Zenza do Golungo (Angola). — Haricots frade, macunde et haricots blancs.

28. — **Mello** (S. L. de), à Cacheu (Cap-Vert). — Haricots fraadhino, haricots rouges et noirs.

29. — **Musée des colonies**, à Lisbonne. — Riche et nombreuse collection d'haricots de l'Inde portugaise.

CLASSE 74

CONDIMENTS ET STIMULANTS; SUCRES ET PRODUITS DE LA CONFISERIE.

30. — **Borroso** (P. T.), à Encoge (Angola). — Café décortiqué.

31. — **Borroso** (G. R.), à Encoge (Angola). — Café décortiqué.

32. — **Bastos** (M. J. A.), à Mossamedes (Angola). — Café décortiqué.

33. — **Bentubo** (J. L.), île de Santo Antao (Cap-Vert). — Sucre en poudre.

34. — **Borges (da Ferreira)** île de Santo Thiago (Cap-Vert). — Café.

35. — **Braga** (A. J. da Silva), île de Prince (Saint-Thomas et Prince). — Cacao.

36. — **Carreiro** (A. D.), à Benguella (Angola). — Café décortiqué.

37. — **Chamiço** (F. d'Oliveira), île de Santo Thomé (Saint-Thomas et Prince). — Café décortiqué et cacao.

38. — **Costa** (J. R. da), à Golungo Alto (Angola). — Café.

39. — **Ferreira** (C. P. A), île de Principe (Saint-Thomas et Prince). — Cacao.

40. — **Isé** (**Barão d'Agua**), île de Santo Thomé (Saint-Thomas et Prince). — Cacao.

41. — **Marques** (A. S.), île de Santo Thomé (Saint-Thomas et Prince). — Cacao et café.

42. — **Mello** (S. L. de), à Cacheu (Cap-Vert). — Poivre noir.

43. — **Pedronho** (A. R.), île de Prince (Saint-Thomas et Prince). — Cacao.

44. — **Lima** (A. J. de), île de Santo Antao (Cap-Vert). — Café.

45. — **Musée des colonies**, à Lisbonne. — Riche et nombreuse collection de cafés, poivres, sucre, moutarde, etc.

46. — **Rosa** (S. P. de Santa), île de Principe (Saint-Thomas et Prince). — Cacao.

47. — **Silva** (B. J. da), à Encoge (Angola). — Café.

48. — **Weeriniging** (A. H.), à Ambriz (Angola). — Café.

CLASSE 75

BOISSONS FERMENTÉES.

49. — **Musée des colonies**, à Lisbonne. — Collection de fruits de l'Afrique à l'eau-de-vie.

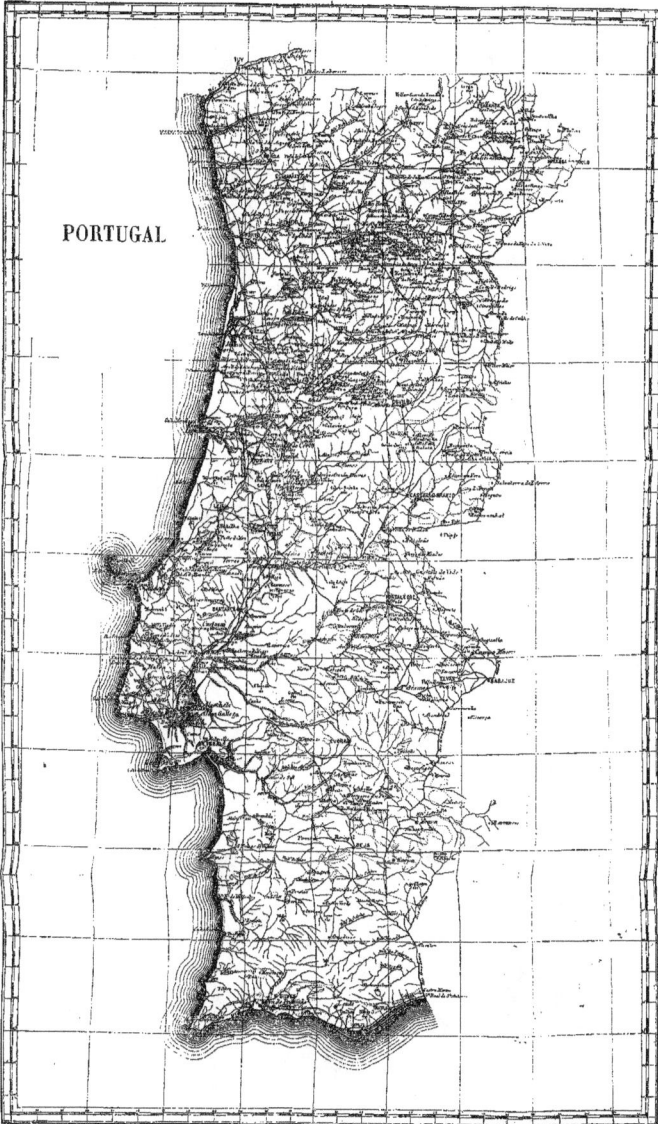

PORTUGAL

— IMPRIMERIE TYPOGRAPHIQUE DE A. POUGIN 12. QUAI VOLTAIRE — 11868.

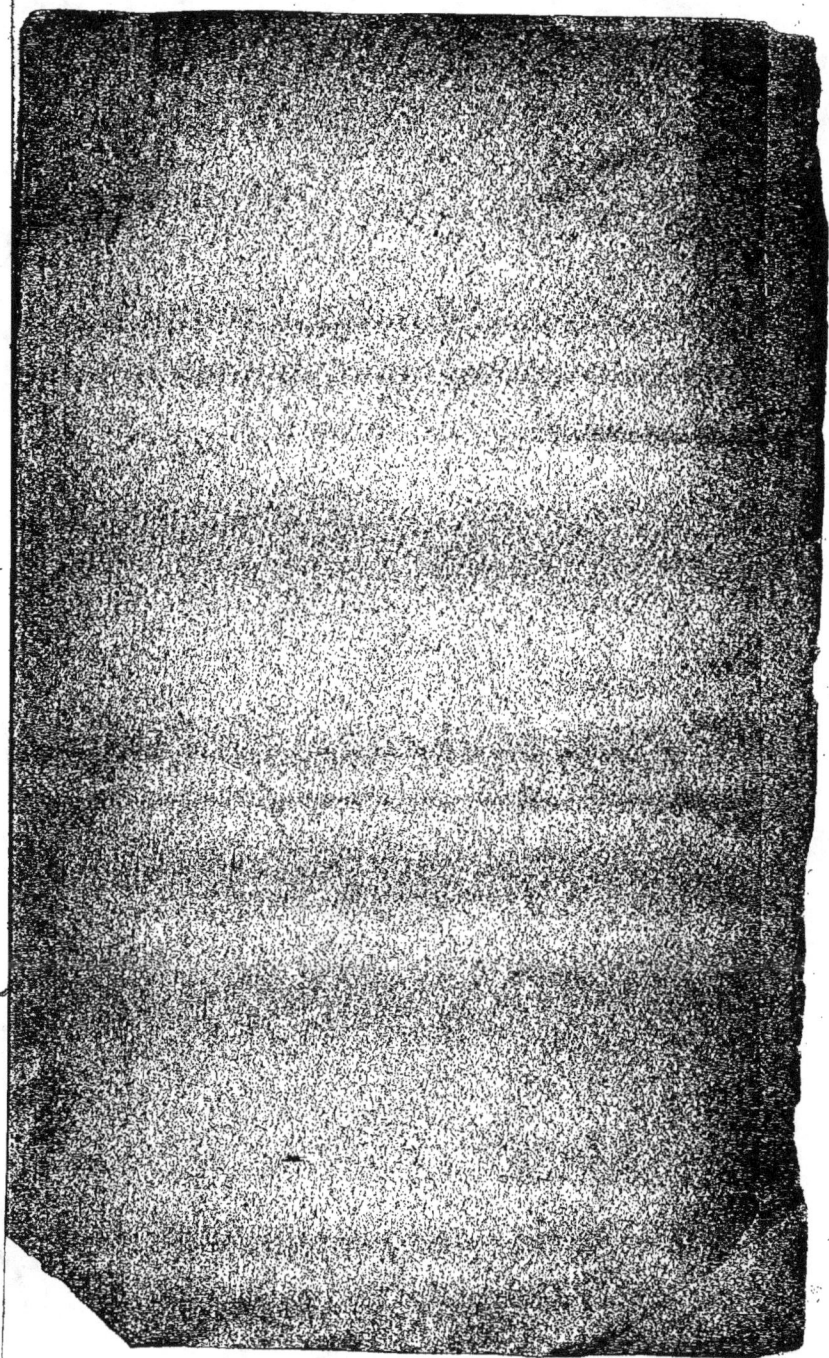

PARIS — IMPRIMERIE A. COUSIN, 13, QUAI VOLTAIRE — 1889.